国家社科后期资助项目：东亚视野的积极老龄化研究（16FJL010）

积极老龄化在东亚的发展

刘 文 等著

中国财经出版传媒集团

图书在版编目（CIP）数据

积极老龄化在东亚的发展/刘文等著．—北京：
经济科学出版社，2020.12
ISBN 978－7－5218－2228－1

Ⅰ.①积⋯ Ⅱ.①刘⋯ Ⅲ.①人口老龄化－研究－
东亚 Ⅳ.①D731.086

中国版本图书馆CIP数据核字（2020）第263940号

责任编辑：李一心
责任校对：齐 杰
责任印制：范 艳 张佳裕

积极老龄化在东亚的发展
刘 文 等著
经济科学出版社出版、发行 新华书店经销
社址：北京市海淀区阜成路甲28号 邮编：100142
总编部电话：010－88191217 发行部电话：010－88191522
网址：www.esp.com.cn
电子邮箱：esp@esp.com.cn
天猫网店：经济科学出版社旗舰店
网址：http://jjkxcbs.tmall.com
北京季蜂印刷有限公司印装
710×1000 16开 24.25印张 480000字
2021年5月第1版 2021年5月第1次印刷
ISBN 978－7－5218－2228－1 定价：86.00元

摘要

在经过17世纪、18世纪人均预期寿命和生育率平稳的发展后，全球人口规模逐渐扩大。伴随19世纪后期人口转变，老龄化现象开始在部分欧洲发达国家出现，随之向全球扩散。21世纪，老龄人口比重高、规模大的国家数量越来越多，人口老龄化已是一个全球现象，它清晰地预示着社会群体和结构将出现重大改变，经济结构和运行方式将面临巨大冲击。国际社会将如何应对？积极老龄化的理论和实践即是一份正在探索中的答卷。本书在分析全球老龄化趋势的基础上，阐释积极老龄化理论的提出及其政策设计，旨在为积极老龄化研究及其在东亚国家和地区的推进提供一个概括和广泛的分析框架。

首先，本书以人口老龄化的全球发展趋势为逻辑起点，刻画了“东亚特色”人口老龄化发展态势：东亚人口数量总体减少的同时，老年人口数量却在快速增长，65岁及以上人口占世界比重从1950年的23.11%，上升到2000年的27.73%，2100年将提高到30.35%。日本老龄人口比重最高，是最早进入老龄化社会的国家，也是全球老龄化程度最高的国家，目前已经进入“超老龄社会”水平。中韩两国则在2000年前后几乎同时步入老龄化社会。老龄化的重要原因是总和生育率、粗死亡率的下降和预期寿命的提高。2017年日本人口“总和生育率”为1.43，韩国则仅为1.05，中国为1.68。韩国连续13年列入“全球生育率超低”国家的行列，2018年继续下降为0.98，2019年更降至0.88，达到史上最低，成为全球老龄化速度最快的国家。

其次，本书从经济、社会和文化等因素对“东亚特色”的人口老龄化成因分析。东亚低生育率的国家都是典型的后发现代化国家，“后发现代化”国家的突出特点是经济跨越式发展，传统的家庭结构在现代化过程中被解构。女性拥有了更多的就业机会和发展空间，减少了组建家庭和生育子女的时间；城镇化的迅速发展带来了现代生产和生活方式，传统家庭的保障功能被社会保障制度的发展替代；住房、教育等投入使生育子女的直接成本提高，教育水平提高的女性所能创造的价值越来越高，生育子女的预期收益降低；医疗卫生体系的完善减少了婴儿死亡率，先进的避孕技术和流产方法出现，少生优生的现代生育观念逐渐形成；儒家文化对东亚低生育率也起到推动作用。

20 世纪 60 年代到 90 年代初期，以日本和亚洲“四小龙”为代表的东亚经济一直保持持续高速的增长，被称为“东亚奇迹”，对“东亚模式”的不同看法成为争论的焦点。中国发展与“东亚模式”既有相似之处，也有不同的地方。东亚早期经济发展以日本为领头雁的“雁阵”模式因中国经济的快速发展而改变。然而，人口老龄化的快速发展，极大地阻碍了东亚国家和地区的进一步发展，如何开发利用好“第二次人口红利”，对于东亚国家和地区的持续发展至关重要。

延迟退休是利用“第二次人口红利”的重要渠道。延迟退休涉及政府、政党、企业、工会等各方力量的博弈。日韩两国的实践证明，社会对话及各种力量的深度妥协是延迟退休推进所必不可少的，只有基于充分的协商才能达成社会契约，否则即使有最好技术设计的退休政策也会功败垂成。日本工会意识到其中的利弊，在与企业的集体谈判中达成了妥协，在政府出台延迟退休政策之前，大部分企业早已率先实行。韩国工会集体谈判起步较晚，还没有完全摆脱过去独裁政府时期从事地下斗争的不妥协惯性，在劳资的激烈碰撞中，即便政府已经出台延迟退休政策，也难以实行。

对东亚人口老龄化经济影响的实证研究主要从两个方面展开：一是利用 VAR 模型对中、日、韩三国人口老龄化对储蓄率的影响进行了理论推导和实证检验，分析了三国老龄化对储蓄率影响的不同发展趋势；二是利用个体固定效应模型对中、日、韩三国人口老龄化对人力资本投资的影响进行了理论推导和实证检验，发现三国人口老龄化水平与人力资本投资的关系符合倒“U”型曲线的普遍规律。

“保障”是积极老龄化实现的重要条件之一，公共养老储备金是老年人收入保障的基础。市场化运作和政府干预之间的平衡状态反映了各国公共养老储备基金管理体制的差异。与新西兰、挪威、澳大利亚等西方国家相对独立的公共养老储备基金投资运营管理体制不同，日韩均存在不同程度的政府干预过度问题，两国均在努力提高基金管理的独立性。各国公共养老基金投资策略各有侧重，呈现从单一到多元化的发展过程，政府干预较少的国家养老储备基金的投资业绩更好。中国由于全国社保基金成立时间晚，更关注基金规模和投资渠道，独立性问题尚未引起足够重视。

对中、日、韩三国养老产业的发展研究表明，受东亚文化圈内儒家思想的共同价值观影响，各国养老产业发展具有一定的共性也有各自的特色。各国养老产业基本包括养老服务、养老地产、养老金融和养老用品四个领域。从养老产业发展特点来看，中日韩都是以居家养老模式为主；日本的养老产业发展成熟，已形成完整的产业链和良性循环，成为国家经济发展的支柱性和战略性产业，并探索“走出去”的发展路径，展开了对韩国和中国养老产业市场的投资布局。从政府发布的养老政策来看，日韩养老产业基本是由政府牵头、引导发展起来的，政策先于产业，政策以长期规划为主，系统性较强。中国养老产业市场是由高端消费者催生的，然后政府出台政策予以规范、引导，是产业先于政策；从人力资源支持体系来看，各国都存在不同程度的养老服务业人才，尤其是高端人才缺乏的问题。日本养老产业人才培养体系比较完善，韩国高校养老专业教育和培训已初见成效，中国养老人才培养体系尚在初设阶段。

借鉴欧盟积极老龄化测度框架，设计“东亚特色”的积极老龄化指标体系，对东亚国家和地区积极老龄化的发展进行测度，发现东亚区域积极老龄化发展水平不一，经济基础较好的日本、新加坡与中国澳门和中国香港归为一类，第二类是中国和韩国，社会保障体系有待完善。同样借鉴欧盟积极老龄化测度框架，利用 CHARLS 和 CGSS 数据库，利用 AHP 与 DEA 相结合的方法，设计“中国特色”的积极老龄化指数，测度中国积极老龄化指数，结果显示中国区域间积极老龄化发展不平衡，呈现出东高西低的态势；城乡积极老龄化水平差异明显，男性水平总体高于女性，而且差距随着年龄的增长逐渐被拉大。

最后，基于老龄化背景下东亚经济一体化发展的特点，本书提出老龄服务贸易的概念，比较分析中国已签订的 17 个自由贸易协定（FTA）、韩国已签订的 16 个 FTA、日本已签订的 18 个经济伙伴关系协定（EPA）中老龄服务贸易条款的特点，指出 FTA 中体现的老龄服务贸易已成为东亚国家之间合作的新领域。提出了构建东亚老龄服务贸易机制的政策建议：构建“中、日、韩三国老龄服务贸易合作机制”；培育行业协会等社会性机构，推动中、日、韩三国养老服务、养老地产、养老金融和养老用品行业协会的交流，推动三国养老企业共同发展；促进中日韩老龄企业服务贸易和投资合作，三国企业优势互补，构建起东亚养老服务业领域的合作模式；探索跨境“政产学研用”合作机制，加强东亚老龄服务标准、认证和知识产权的合作，促进老龄服务专业人才的交流引进与培训。

全书由刘文教授负责框架的设计，主要章节和分工撰写情况如下：第1章人口老龄化的全球发展趋势，由刘文撰写；第2章“积极老龄化”的理论研究和政策设计，由刘文、焦佩撰写；第3章“东亚特色”的人口老龄化发展趋势，由刘文撰写；第4章“东亚特色”人口老龄化的成因分析，由刘文、李泰齐撰写；第5章“东亚模式”的提出与反思，由刘文、李凯丽撰写；第6章东亚国家的延迟退休和老龄就业，由刘文、焦佩撰写；第7章中、日、韩三国人口老龄化对人力资本投资的影响研究，由刘文、张琪、赵地撰写；第8章中、日、韩三国人口老龄化对储蓄率的影响研究，由刘文、徐荣丽、别安姊撰写；第9章东亚国家公共养老储备基金的资本化运作，由刘文、颜相子、黄艳华撰写；第10章中、日、韩三国养老产业发展研究，由刘文、黄艳华撰写；第11章东亚国家和地区积极老龄化水平测度，由杨馥萍、刘文撰写；第12章中国积极老龄化水平测度，由刘文、杨馥萍撰写；第13章东亚经济一体化与老龄服务贸易发展，由刘文、张晓毅撰写；附录由张天放、李凯丽、杨桂霞翻译整理。全书由刘文教授负责通稿、修改与定稿。

由于积极老龄化研究涉及的内容比较广泛，涉及的学科比较多，资料繁杂，各国统计口径不一，定义不同，把握起来有一定难度。而且，东亚积极老龄化实践正在发展，其演进、绩效的评价还需要进一步观察，限于研究者的水平和研究领域，本书中难免缺点和错误，衷心感谢专家的批评指正！

目录

第1章 人口老龄化的全球发展趋势

伴随19世纪后期人口转变，老龄化现象开始在部分发达国家出现。21世纪，老龄人口比重高、规模大的国家数量越来越多。本章主要刻画人口老龄化的全球发展趋势和地区分布特点，为东亚老龄化研究提供一个全球图谱背景。

1.1 全球人口增加主要体现在欠发达地区

在经过17~18世纪人均预期寿命和生育率的平稳发展后，全球人口规模逐渐扩大。19世纪后期，欧洲一些发达国家生育率率先进入持续下降的阶段，老龄化现象开始在部分国家出现（Ronald Lee，2003）。伴随人口转变，世界人口规模在经历急剧增长后呈缓慢增加态势（见表1-1）。

表1-1 世界人口发展趋势（1700~2100年）

年份	寿命（岁）			总生育率（每个妇女的生育数）	总人口（10亿人）	人口年增长率（%）	15岁以下人口占总人口比重（%）	65岁及以上人口占总人口比重（%）
	男性	女性	总体					
1700	—	—	27	6.0	0.68	0.5	36	4
1800	—	—	27	6.0	0.98	0.51	36	4
1900	—	—	30	5.2	1.65	0.56	35	4
1950	45.9	47.9	46.9	5.0	2.53	1.8	34	5
2000	64.9	69.3	67.1	2.7	6.13	1.22	30	7
2010	67.8	72.3	70.0	2.5	6.92	1.20	27	8
2020	68.8	73.3	71.0	2.4	7.79	1.09	25	9

续表

年份	寿命（岁）			总生育率（每个妇女的生育数）	总人口（10亿人）	人口年增长率（%）	15岁以下人口占总人口比重（%）	65岁及以上人口占总人口比重（%）
	男性	女性	总体					
2030	70.6	75.1	72.8	2.3	8.55	0.87	23	12
2040	72.2	76.7	74.4	2.2	9.19	0.70	22	14
2050	73.7	78.2	75.9	2.2	9.74	0.56	22	16
2100	79.9	83.7	81.8	1.99	10.87	0.11	18	22

注：“—”表示缺乏该年数据；表中数据根据中位预测数据整理。

资料来源：1700～2000年的数据来自 Ronald Lee. The Demographic Transition：Three Centuries of Fundamental Change［J］. The Journal ofEconomic Perspectives，Autumn，2003，17（4）：167－190；2010年以后的数据来自 United Nations. Department of Economic and Social Affairs，Population Division（2019）［EB/OL］. World Population Prospects：The 2019 Revision. New York：United Nations.

世界人口增长主要发生在欠发达地区。1950年，世界人口总数为25.26亿人，其中17.13亿居住在欠发达地区。2019年，世界人口达77.13亿人，其中64.4亿人（占83.52%）居住在欠发达地区，有10.33亿人居住在世界最不发达的地区，占世界总人口的13.4%；发达国家有12.7亿人口，占世界人口的17.5%。预计2050年世界总人口达到97.72亿人，发达国家人口增加到13亿人，有86.4%的人口居住在欠发达地区，其中19%的人生活在世界最不发达地区。2100年，世界将有88.2%的人口居住在欠发达地区，其中27%的人居住在最不发达的地区，只有11.8%的人口居住在发达国家（见图1－1）。

预计2050年前亚洲地区人口增长迅速，将从1950年的13.96亿人增加到2050年的52.9亿人，100年间增加30多亿人，但接下来的半个世纪增长速度放缓，2100年将为47.2亿人。非洲地区人口增长最快，从1950年的2.29亿人增加到2050年的24.9亿人，2100年将为42.8亿人。欧洲呈现从递增到递减的趋势，从1950年的5.49亿人口增加到2050年7.1亿人，2100年将为6.3亿人。拉丁美洲和加勒比地区将从1950年的1.68亿人，增加到2050年的7.6亿人，2100年将为6.8亿人。北美洲将从1950年的1.72亿人增加到2050年的4.25亿人，2100年将为4.91亿人。大洋洲将从1950年的0.13亿人增加到2050年的0.67亿人，2100年将为0.75亿人（见表1－2）。

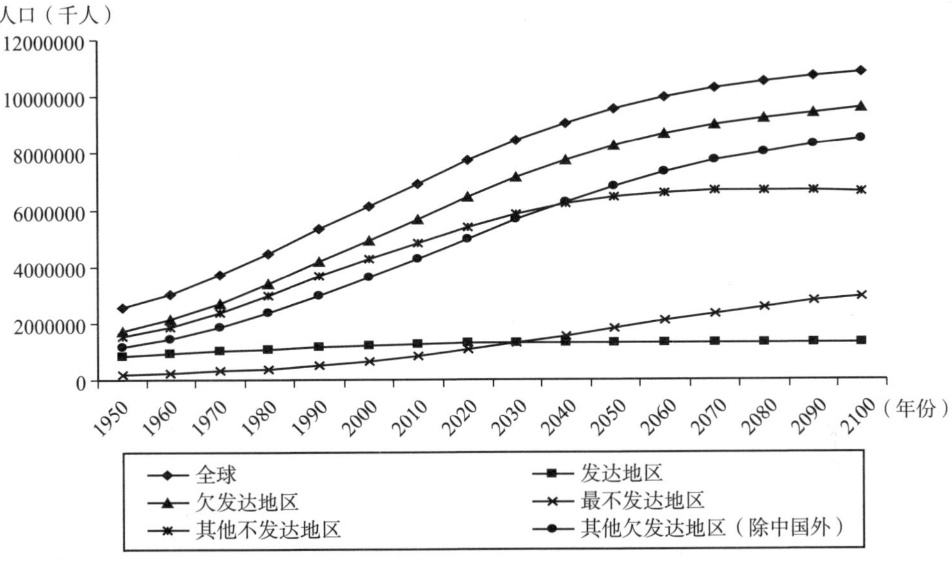

图 1－1　全球及发达地区和欠发达地区人口发展趋势

资料来源：United Nations. Department of Economic and Social Affairs，Population Division（2019）[EB/OL]. World Population Prospects：The 2019 Revision. New York：United Nations.

表 1－2　　2020～2100 年世界人口规模及分布　　单位：百万人

地区	2020 年	2030 年	2040 年	2050 年	2100 年
世界	7794799	8548487	9198847	9782062	10875394
非洲	1340598	1688321	2076750	2489275	4280127
亚洲	4641055	4974092	5188949	5290263	4719907
欧洲	747636	741303	727811	710486	629563
拉丁美洲和加勒比地区	653962	706254	742348	762432	679993
北美	368870	390599	410177	425200	490889
大洋洲	42678	47919	52814	57276	74913

资料来源：United Nations. Department of Economic and Social Affairs，Population Division（2019）[EB/OL]. World Population Prospects：The 2019 Revision. New York：United Nations.

1950 年，亚洲人口分布最多，占世界人口比重的 55.3%，其次是欧洲，占 21.7%，再次是非洲，占 9.1%，北美占 6.8%，拉丁美洲和加勒比地区占 6.6%，大洋洲占 0.5%。2019 年，亚洲人口比重还是最多，占世界人口的 59.65%，非洲上升到 16.96%，欧洲减少到 9.61%，北美减少到 4.75%，拉丁美洲和加勒比地区提高到8.4%，大洋洲继续占0.5%。2100年，亚洲人口比重还是最多，但占世界人口比重将下降到43.4%，非洲将上升到38.6%，欧洲将减少到5.9%，北美减少到4.7%，拉丁美洲和加勒比地区下降到6.8%，大洋洲保持0.5%（见图1-2）。

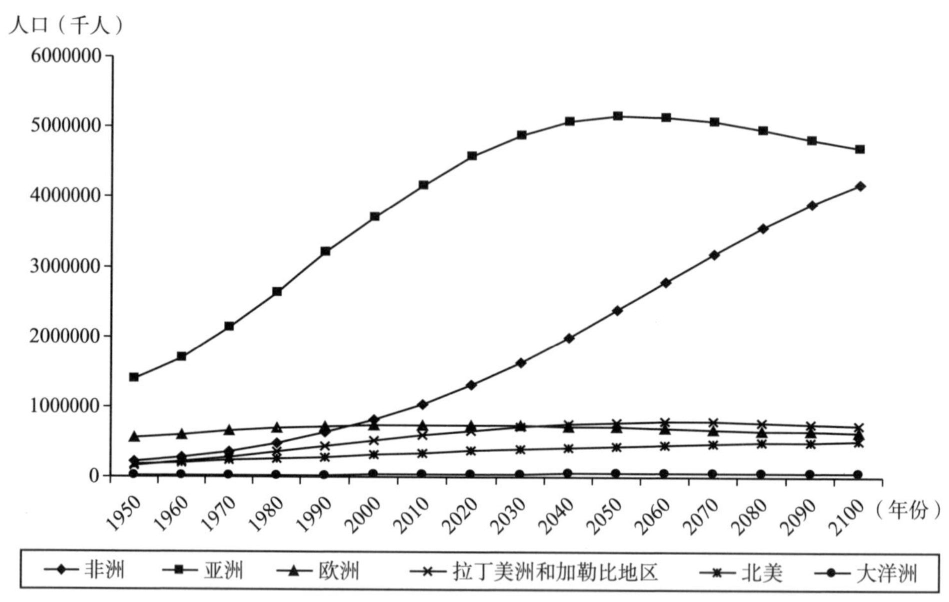

图1-2 各大洲人口发展趋势

资料来源：United Nations. Department of Economic and Social Affairs, Population Division (2019) [EB/OL]. World Population Prospects: The 2019 Revision. New York: United Nations.

1950年，全球总人口数为25.26亿人，人口最多的前10位国家合计为15.56亿人，占世界总人口数的61.60%，中国、印度、美国人口数居前3位。2019年前10位国家总人口数为44.66亿人，占全球总人口数（61.27亿人）的比例为72.89%，中国、印度、美国依然居前3位。2050年，世界总人口数预测为97.82亿人，人口最多的前10位国家总人口数为53.11亿人，占世界总人口数的54.29%，排名前3位的分别是印度、中国、尼日利亚，印度和中国的人口增加数量突出。2100年，世界总人口数预测为108.75亿人，人口最多的前10位国家总人口数为55.73亿人，占世界总人口数的51.24%，排名前3位的依然分别是印度、中国、尼日利亚。从发展趋势看，非洲国家人口在急剧增加，欧洲国家增加缓慢，拉丁美洲的人口大国一直维持在美国、巴西、墨西哥之间。世界总人口数在经历急剧增长后缓慢增长，但人口最多的前 10 名国家总人口数占全球比例在减少，说明人口分布有发散发展的趋势（见表 1－3）。

表 1－3　1950～2100 年人口数量排名前 10 位的国家　单位：百万人

排名	1950 年		2019 年		2050 年		2100 年	
	国家	人口数	国家	人口数	国家	人口数	国家	人口数
1	中国	543776	中国	1434	印度	1639	印度	1450
2	印度	376325	印度	1366	中国	1402	中国	1065
3	美国	157813	美国	329	尼日利亚	401	尼日利亚	733
4	苏联	102799	印度尼西亚	271	美国	379	美国	434
5	日本	82199	巴基斯坦	217	巴基斯坦	338	巴基斯坦	403
6	印度尼西亚	72592	巴西	211	印度尼西亚	331	刚果民主共和国	362
7	联邦德国	70094	尼日利亚	201	巴西	229	印度尼西亚	321
8	巴西	53975	孟加拉国	163	埃塞俄比亚	205	埃塞俄比亚	294
9	英国	50616	俄罗斯	146	刚果民主共和国	194	坦桑尼亚	286
10	意大利	46367	墨西哥	128	孟加拉国	193	埃及	225

资料来源：United Nations. Department of Economic and Social Affairs，Population Division（2019）[EB/OL]. World Population Prospects.

1.2　老龄化国家从欧洲向亚洲和拉美蔓延

就总人口超过 100 万人的国家来看，1950 年只有法国、拉脱维亚、比利时、英国、爱尔兰、爱沙尼亚、奥地利、瑞典、格鲁吉亚 9 个国家地区的 65 岁及以上老龄人口比重超过 10%，数值最高的法国也仅为 11.4%；1975 年有 26 个国家的 65 岁及以上老龄人口比重超过 10%，瑞典最高，为 15.1%，但除美国外还都是欧洲国家（地区）且占据了前 20 位；2000 年此类国家（地区）数和最高值再次攀升为 44 个和 18.1%，除欧洲国家（地区）外，美国和日本也跻进前 20 位。2050 年，将有 105 个国家的老龄人口比超过 10%，其中位居首位的西班牙更是高达 37.6%，日本其次，为 36.4%，意大利、斯洛文尼亚、希腊、奥地利、捷克、瑞士、德国、瑞典、比利时等欧洲国家（地区）的老龄人口比都超过30%。2100年，预计将有198个国家（地区）老龄化人口占总人口比重超过10%，新加坡、中国香港、韩国、古巴、日本、阿联酋等亚洲国家（地区）进入老龄人口比重高行列国家（地区）的前列（见表1－4）。

表1－4　全球老龄化国家（地区）的扩散趋势（百万人口以上）　单位：%

时间	国家（地区）	占比	国家（地区）	占比	国家（地区）	占比	国家（地区）	占比	国家（地区）	占比
1950年（9个）	法国	11.4	拉脱维亚	11.2	比利时	11.1	英国	10.7	爱尔兰	10.7
	爱沙尼亚	10.6	奥地利	10.4	瑞典	10.3	格鲁吉亚	10.1		
1975年（26个）	瑞典	15.1	奥地利	14.9	德国	14.8	英国	14.0	比利时	13.9
	挪威	13.7	法国	13.5	丹麦	13.4	捷克	12.9	拉脱维亚	12.7
2000年（41个）	意大利	18.1	希腊	17.6	瑞典	17.4	日本	17.2	比利时	17.0
	西班牙	17.0	德国	16.4	保加利亚	16.1	瑞士	16.0	法国	16.0
	美国	15.8	葡萄牙	15.6	奥地利	15.6	挪威	15.4	丹麦	15.0
2025年（64个）	日本	28.9	瑞士	27.1	意大利	25.7	瑞典	25.4	芬兰	25.2
	德国	24.6	斯洛文尼亚	24.3	希腊	24.3	奥地利	24.3	比利时	23.7
	西班牙	23.6	捷克	23.1	丹麦	22.5	法国	22.2	英国	21.9
2050年（105个）	西班牙	37.6	日本	36.4	意大利	35.9	斯洛文尼亚	34.8	希腊	34.1
	奥地利	34.0	捷克	32.7	瑞士	31.9	德国	31.0	瑞典	30.4
	比利时	30.1	葡萄牙	29.8	亚美尼亚	29.3	中国香港	29.2	波黑	29.2
2100年（190个）	新加坡	40.1	中国香港	37.0	韩国	37.0	古巴	36.5	日本	35.7
	葡萄牙	35.4	黎巴嫩	35.2	马尔代夫	34.9	阿联酋	34.6	马耳他	34.5
	马提尼克岛	34.3	阿尔巴尼亚	34.3	哥斯达黎加	34.3	德国	34.2	卡塔尔	34.1
	墨西哥	33.6	西班牙	33.3	泰国	33.2	智利	33.1	意大利	32.9

注：占比指65岁及以上人口占总人口比重；限于篇幅，1975年列出了排名前10位的国家（地区），2000～2050年仅列出排名前15位的国家（地区），2100年列出了前20位国家（地区）。

资料来源：United Nations. Department of Economic and Social Affairs, Population Division（2019）[EB/OL]. World Population Prospects.

1950年至2100年一个半世纪中，老龄化国家的发展将呈现以下特点：

首先，法国、意大利等欧洲国家呈现老龄化程度和老龄人口数量双轮驱动态势，马耳他、卢森堡等人口不足100万人的欧洲国家也会经历比较严重的老龄化。

其次，许多国家已从老龄化步入超老龄化，2000 年亚洲国家日本与欧洲 26 个国家均进入老龄化指数超 100 的行列①，意大利、日本和西班牙的指数甚至高于 130。

最后，老龄化国家正在从欧洲向亚洲和拉美蔓延，由于日本、中国、韩国的发展，到 2025 年东亚将会成为像欧洲一样的老龄化严重的地区。几乎所有的 21 世纪初的老龄化国家超过 65 岁的人口比例将超过 1/4，其中欧洲和东亚的 11 个国家将会遭遇“高度老龄化”。高度老龄化甚至引发对欧洲足球的担忧，2014 年世界杯前夕高盛分析师根据人口分析曾指出，“生育率低而又低的欧洲怕是与世界杯渐行渐远了”“2050 年的世界杯就基本没欧洲什么事了”（黄丽瑾，2014）。

1.3　老龄人口比重高和规模大的国家越来越多

1950 ~ 2100 年的 150 年间，老龄人口数将不断上升。世界人口总数在 2100 年将上升至 1950 年的 4.30 倍，然而老龄人口总数在 2100 年将上升至 1950 年的 18.50 倍，老龄人口比重大幅攀升。从各大洲看，欧洲老龄人口占世界人口比重在总体上呈下降趋势，非洲老龄人口占世界人口比重呈大幅攀升趋势。亚洲老龄人口占世界的比重长期保持在高位，印度人口增长极快，在 2080 年的老龄人口总数首次超越中国，跃居世界第一，并继续保持高速增长趋势。

在老龄人口比例没有显著差异的情况下，人口大国即老龄人口大国，因此中国、印度、美国是老龄人口最多的国家。1975 年，中国有 4100 万老龄人口，印度和美国也各有约 2300 万的老龄人口，老龄总人口超过了许多国家的总人口。到 2050 年，中国将以 3.2 亿老龄人口、印度以 2.3 亿老龄人口而成为两个老龄人口的“超级巨头”。21 世纪中叶，印度和中国的老龄人口将占世界老龄人口的 39%，是欧洲国家老龄人口的 3 倍。2000 年，有 14 个国家的老龄化人口达到和超过了 500 万人，2025 年有 28 个国家，2050 年有 42 个国家，2100 年将有 71 个国家。2024 年，印度将超过中国，成为世界上人口最多的国家。2100 年，印度将取代中国，成为人口最多、老龄人口最多的国家。更值得关注的是，一些欠发达地区的老龄人口增长率将在 23 年间增加一倍，出现未富先老的现象。2000 年，

① 老龄化指数指 65 岁及以上人口与 15 岁以下人口的比例。

除了中国和印度，只有三个发达国家的老龄人口超过了 500 万，但在 2025 年后，将会有更多发展中国家新进入这一行列（见表 1－5）。

表 1－5　　1950～2100 年超过 65 岁人口数量居前位的国家　　单位：百万人

1950 年（6 国）	人数	印度尼西亚	10	尼日利亚	8	泰国	17
中国	25	法国	9	加拿大	8	法国	17
美国	13	英国	9	波兰	8	埃及	16
印度	12	巴西	9	乌克兰	8	英国	16
联邦德国	7	乌克兰	7	菲律宾	7	2100 年（71 国）	人数
苏联	6	西班牙	7	埃及	7	印度	370
英国	5	巴基斯坦	5	伊朗	7	中国	306
1975 年（10 国）	人数	2025 年（28 国）	人数	阿根廷	6	美国	123
中国	41	中国	195	哥伦比亚	5	尼日利亚	99
印度	24	印度	112	2050 年（42 国）	人数	印度尼西亚	82
美国	23	日本	36	中国	332	巴西	63
苏联	12	俄罗斯	24	印度	233	孟加拉国	57
联邦德国	12	印度尼西亚	23	美国	84	巴基斯坦	56
日本	9	巴西	22	印度尼西亚	51	埃塞俄比亚	55
英国	8	联邦德国	19	巴西	44	墨西哥	47
法国	7	法国	14	日本	40	菲律宾	38
意大利	7	意大利	13	孟加拉国	29	坦桑尼亚	37
乌克兰	5	英国	13	俄罗斯	29	埃及	34
2000 年（14 国）	人数	墨西哥	12	巴基斯坦	29	刚果	32
中国	87	巴基斯坦	12	墨西哥	27	日本	30
印度	50	孟加拉国	11	联邦德国	22	乌干达	30
美国	35	西班牙	9	越南	21	伊朗	29
日本	22	泰国	9	尼日利亚	19	土耳其	28
俄罗斯	18	韩国	9	伊朗	18	肯尼亚	27
联邦德国	13	越南	9	菲律宾	18	越南	25
意大利	10	土耳其	8	土耳其	18	英国	23

注：仅包括 65 岁及以上人口超过 500 万人的国家；2050 年列出了排名前 20 位的国家，2100 年列出了排名前 21 位的国家。

资料来源：United Nations. Department of Economic and Social Affairs，Population Division（2019）[EB/OL]. World Population Prospects.

对比表 1－4 和表 1－5 可以发现，老龄人口比重最高和数量最多的国家由部分重叠到逐渐增多。2000 年两项数值均相对较高的国家中，最多的是欧洲国家、日本和美国。2050 年至少有包括中国在内的 20 个发展中国家也将进入这两项数值均高的行列。2100 年，更多的发展中国家进入这两项数值均高的行列。中国和日本，因成为两个老龄人口数和老龄人口比例双高的国家，而在钓鱼岛争端升温时，被澳大利亚洛伊国际政策研究所的研究人员撰文称：“我们从未看到过两个这么老的对手”（Daniel Blumenthal，2013）。

1.4 全球生育率和粗死亡率呈双下降趋势

老龄化的重要原因是总和生育率、粗死亡率的下降和预期寿命的提高[①]。首先，总和生育率在全球的下降表现突出。

1950 年，全球每个女性的总和生育率为 4.97，到 2050 年将下降为 2.24，2100 年达到 1.99。发达地区从 1950 年的 2.83 下降到 2000 年的最低点 1.58 后开始略有增加，2050 年提高到 1.85，2100 年为 1.93。欠发达地区则一直呈现下降趋势，将从 1950 年的 6.55 下降到 2050 年的 2.09，2100 年的 1.93（见图 1－3）。

从各大洲看，非洲地区生育率最高，但也呈现出显著的下降趋势，将从 1950～1955 年的 6.57 下降到 2050～2055 年的 2.92，2095～2100 年的 2.14。亚洲 2050 年前递减趋势明显，将从 5.83 下降到 2050～2055 年的 1.86，此后略有增加，2095～2100 年生育率将为 1.76。欧洲、拉丁美洲、北美洲都先是呈现递减趋势，到最低点后开始略有增加。欧洲从 1950～1955 年的 2.66 下降到 2000～2005 年的最低点 1.43，此后呈现轻微增加，2050～2055 年将提高到 1.73，2095～2100 年将为 1.77。拉丁美洲将从 1950～1955 年的 5.86 下降到 2085～2090 年的 1.72，此后也有轻微增加，2095～2100 年为 1.73。北美洲将从 1950～1955 年的 3.34 下降到 2015～2020 年的最低点 1.75，此后开始有轻微增加，2095～2100 年为 1.81。大洋洲则一直递减，将从 1950～1955 年的 3.89 下降到 2050～2055 年的 2.05，2100 年将下降为 1.84（见图 1－4）。

---

① 总和生育率（total fertility rate，TFR），也称总生育率，是指一国或地区的每个女性在育龄期间平均生育的子女数。女性育龄期一般以 15～49 岁为准。

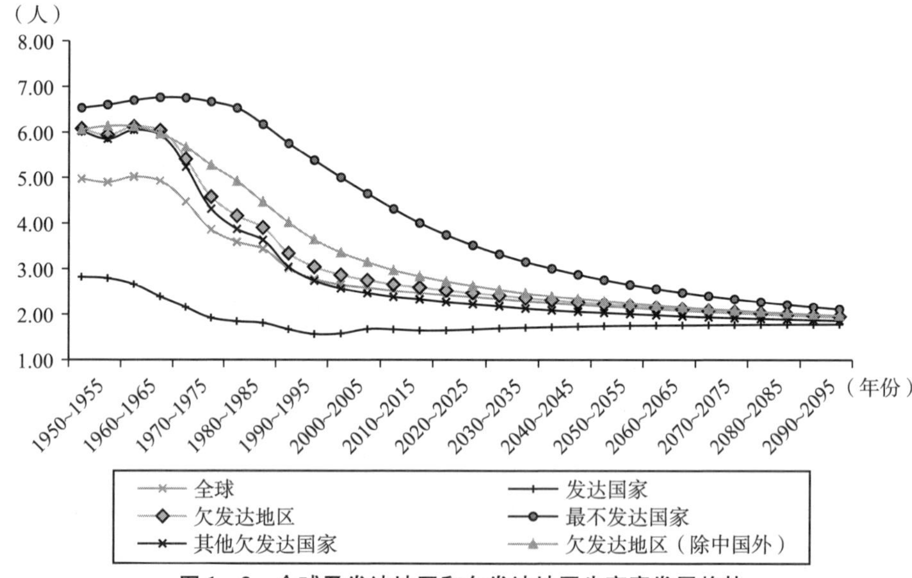

图1－3　全球及发达地区和欠发达地区生育率发展趋势

资料来源：United Nations. Department of Economic and Social Affairs，Population Division （2019） [EB/OL]. World Population Prospects.

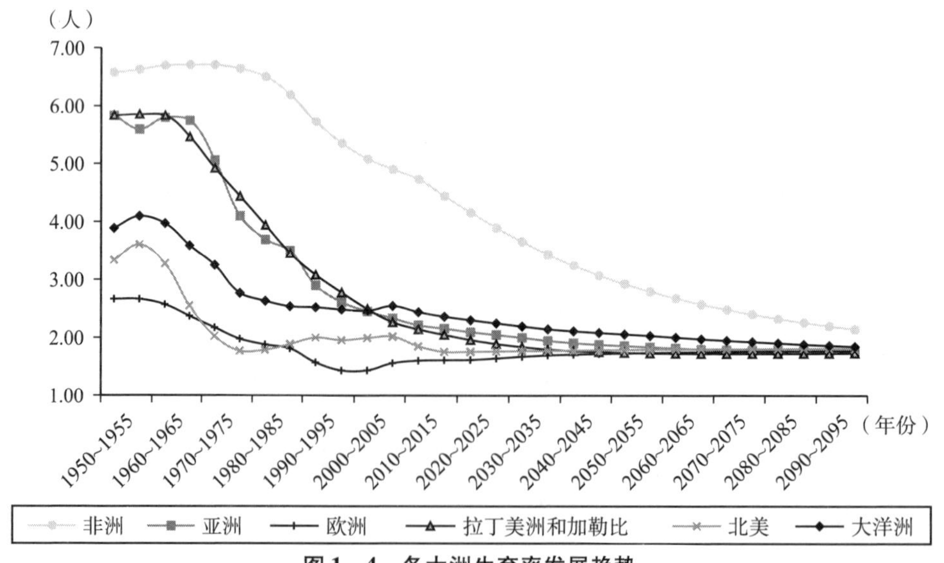

图1－4　各大洲生育率发展趋势

资料来源：United Nations. Department of Economic and Social Affairs，Population Division （2019） [EB/OL]. World Population Prospects.

大多数较发达国家经历了低于生育更替水平的生育率[①]，2005～2010年，日本、西欧和北欧的大多数国家及地区女性的生育率甚至低于1.5。1950年世界出生率平均值为4.97。排名前20的国家中有7个来自非洲，7个来自亚洲，3个来自拉丁美洲，2个来自波利尼西亚群岛，1个来自美拉尼西亚岛群。2000年世界出生率平均值为2.59，排名前20位的国家中，有18个来自非洲，2个来自亚洲。2050年世界出生率平均值将为2.24，排名前20位的全部来自非洲。2100年世界出生率平均值将为1.99，排名前20位的全部来自非洲。生育率最高的20个国家（地区）有明显向非洲集中的趋势，其出生率水平显著下降且较世界平均水平的差距经历了先增大后迅速缩小的过程（见表1－6）。

表1－6　1950～2100年全球生育率排名前20位的国家（地区）

排名	1950～1955年		2000～2005年		2050～2055年		2095～2100年	
	国家（地区）	生育率	国家（地区）	生育率	国家（地区）	生育率	国家（地区）	生育率
1	卢旺达	8.00	尼日尔	7.65	尼日尔	3.98	安哥拉	2.58
2	马约特[①]	7.91	索马里	7.47	安哥拉	3.68	坦桑尼亚	2.39
3	也门	7.80	乍得	7.24	索马里	3.63	索马里	2.37
4	萨摩亚[②]	7.63	阿富汗	7.18	尼日利亚	3.35	毛里塔尼亚	2.36
5	多米尼加共和国	7.60	马里	6.85	乍得	3.31	尼日尔	2.36
6	瓦努阿图	7.60	布隆迪	6.77	坦桑尼亚	3.31	赞比亚	2.35
7	洪都拉斯	7.50	乌干达	6.75	布隆迪	3.31	刚果（布）	2.35
8	肯尼亚	7.48	刚果（金）	6.72	马里	3.27	科特迪瓦	2.33
9	阿富汗	7.45	安哥拉	6.55	科特迪瓦	3.23	贝宁	2.30
10	科特迪瓦	7.45	布基纳法索	6.43	贝宁	3.21	尼日利亚	2.26
11	菲律宾	7.42	东帝汶	6.25	赞比亚	3.21	布隆迪	2.25
12	巴勒斯坦	7.38	埃塞俄比亚	6.18	毛里塔尼亚	3.19	塞内加尔	2.24
13	约旦	7.38	塞拉利昂	6.11	刚果（金）	3.17	喀麦隆	2.22

① 生育更替水平（replacement level）是指净人口再生产率为1.00。总生育率表明能够替代父母双方所需的平均子女数，目前发达国家普遍认为总生育率为2.1即达到了生育更替水平，之所以为2.1而不是2.0（一个孩子对应父母中的一个），是由于一部分孩子可能会在育龄期前死亡。发展中国家的死亡率较高，因此，达到生育更替水平的总生育率要高于2.1。

续表

排名	1950～1955年		2000～2005年		2050～2055年		2095～2100年	
	国家（地区）	生育率	国家（地区）	生育率	国家（地区）	生育率	国家（地区）	生育率
14	圣文森特和格林纳丁斯	7.33	尼日利亚	6.05	刚果（布）	3.14	所罗门群岛	2.21
15	马达加斯加	7.30	马拉维	6.00	布基纳法索	3.14	苏丹	2.21
16	汤加	7.30	南苏丹共和国	6.00	塞内加尔	3.11	圣多美和普林西比	2.20
17	尼日尔	7.30	赞比亚	5.95	喀麦隆共和国	3.05	乍得	2.20
18	伊拉克	7.30	几内亚	5.91	所罗门群岛	3.04	布基纳法索	2.17
19	阿尔及利亚	7.28	也门	5.90	苏丹	3.01	瓦努阿图	2.16
20	阿曼苏丹国	7.25	莫桑比克	5.80	圣多美和普林西比	2.99	马里	2.12
21	索马里	7.25					多哥	2.12

注：由于时间跨度大，某些国家或地区在不同时间段的性质不同，处于独立或非独立的地位，联合国人口报告将类型标注为“国家（地区）”。

资料来源：根据联合国人口报告整理，United Nations. Department of Economic and Social Affairs，Population Division（2019）［EB/OL］. World Population Prospects.

从“粗死亡率”① 看，除了欧洲地区，其他地区均呈现先下降后上升的趋势，20世纪人们经历了历史上最快的“粗死亡率”下降过程。欧洲地区粗死亡率波动幅度较小，整体呈现上升趋势。1950～1955年，世界粗死亡率为19.11‰，2000～2005年下降到8.5‰，2050～2055年将为9.7‰，2095～2100年为11.2‰。发达地区将从10.61‰，分别变化至10.28‰、12.5‰、11.4‰，欠发达地区将从23.1‰分别下降到8.0‰、9.3‰、11.1‰（见图1－5）。非洲的粗死亡率将从26.78‰分别变化至12.9‰、6.6‰、8.7‰，亚洲则将从22.6‰分别下降到7.2‰、10.7‰、13.0‰（见图1－6）。1950年，也门以41.21‰的粗死亡率居首位，2000年塞拉利昂以22.39‰的粗死亡率居首位，2050年乌克兰将以18.44‰的粗死亡率居首位，2100年塞尔维亚死亡率将以16.42‰居首位（见表1－7）。

① “粗死亡率”（crude death rate，CDR）通常指分年龄死亡率，一国或一地区在一定时期（通常为一年）内死亡人数与同期平均人口数的比值。

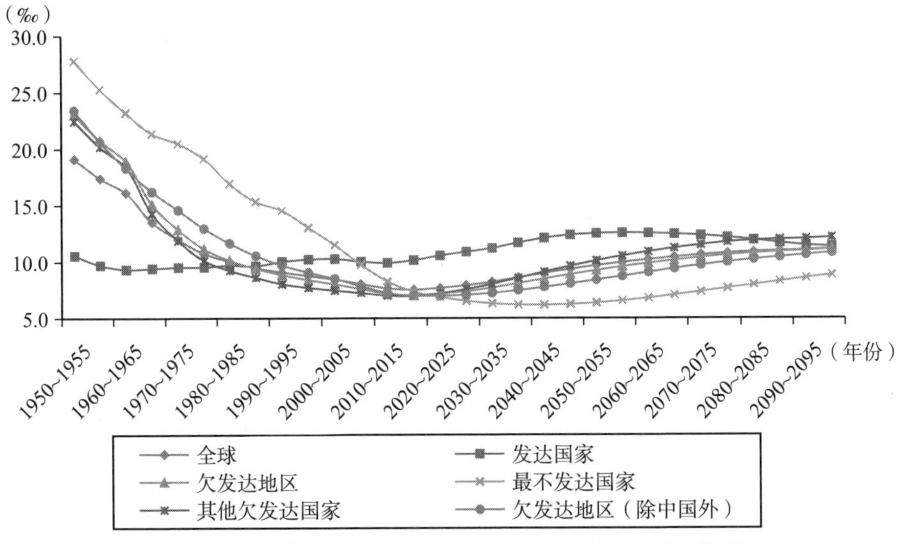

图 1-5 全球及发达地区和欠发达地区粗死亡率发展趋势

资料来源：United Nations. Department of Economic and Social Affairs, Population Division (2019) [EB/OL]. World Population Prospects.

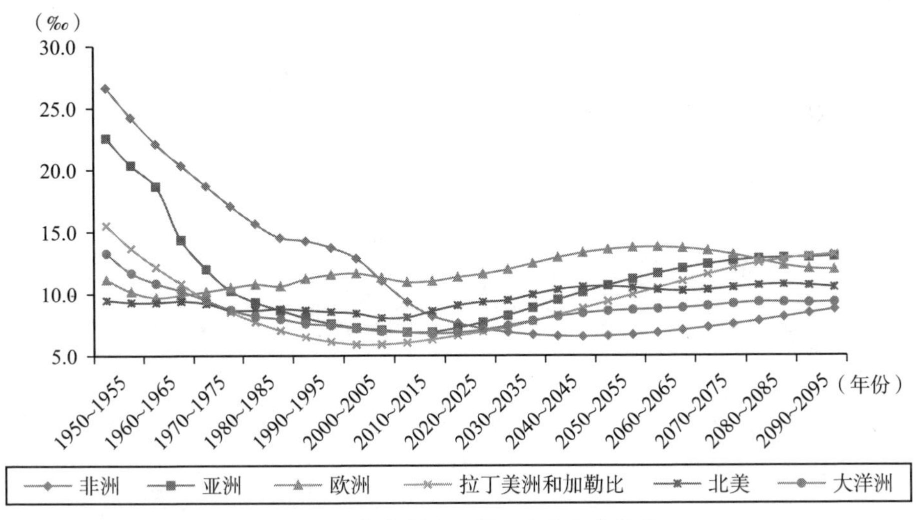

图 1-6 各大洲人口粗死亡率变化趋势

资料来源：United Nations. Department of Economic and Social Affairs, Population Division (2019) [EB/OL]. World Population Prospects.

表 1－7　　1950～2100 年粗死亡率排名前 20 位的国家（地区）　　单位：‰

排名	1950～1955 年		2000～2005 年		2050～2055 年		2095～2100 年	
	国家（地区）	粗死亡率	国家（地区）	粗死亡率	国家（地区）	粗死亡率	国家（地区）	粗死亡率
1	马里	39.18	塞拉利昂	21.25	乌克兰	16.90	阿尔巴尼亚	21.47
2	南苏丹	37.47	中非共和国	19.13	保加利亚	16.86	波多黎各	21.14
3	阿富汗	36.86	莱索托	18.72	摩尔多瓦	16.59	美属维尔京群岛	19.65
4	也门	36.72	斯威士兰	17.52	立陶宛	16.49	尼泊尔	18.02
5	塞拉利昂	34.85	津巴布韦	17.49	波斯尼亚和黑塞哥维那	16.24	波斯尼亚和黑塞哥维那	17.09
6	科特迪瓦	34.77	马拉维	17.41	拉脱维亚	16.19	塞尔维亚	16.76
7	贝宁	34.55	乍得	17.30	克罗地亚	15.44	牙买加	16.70
8	冈比亚	34.03	尼日利亚	17.30	韩国	15.39	圣卢西亚	16.70
9	东帝汶	33.63	安哥拉	16.83	罗马尼亚	15.30	圭亚那	16.46
10	巴布亚新几内亚	33.61	马里	16.75	波多黎各	15.21	不丹	16.36
11	几内亚	33.18	赞比亚	16.32	塞尔维亚	15.20	摩尔多瓦	16.27
12	布基纳法索	31.94	俄罗斯联邦	16.03	马提尼克岛	15.15	萨尔瓦多	16.14
13	不丹	31.26	乌克兰	15.85	意大利	15.03	圣文森特和格林纳丁斯	16.05
14	中非共和国	30.71	尼日尔	15.84	希腊	14.94	毛里求斯	16.00
15	利比亚	30.59	莫桑比克	15.50	古巴	14.83	韩国	15.73
16	利比里亚	30.20	白俄罗斯	15.43	中国台湾	14.83	泰国	15.57
17	赤道几内亚	30.17	南苏丹	15.19	葡萄牙	14.81	古巴	15.50
18	多哥	30.00	科特迪瓦	15.02	日本	14.72	克罗地亚	15.31
19	埃塞俄比亚	29.94	几内亚	15.00	匈牙利	14.56	北马其顿	15.16
20	尼日利亚	29.80	索马里	14.90	北马其顿	14.56	特立尼达和多巴哥	14.98

资料来源：根据联合国人口报告整理，United Nations. Department of Economic and Social Affairs，Population Division（2019）［EB/OL］. World Population Prospects.

1.5 预期寿命和中位年龄均提高明显

随着全球粗死亡率的下降，世界预期寿命明显提高。从1950年的46.9岁提高到2000年的67.1岁，2050年将提高为75.9岁，2100年将提高到81.8岁。第一是北美，将从1950年的68.6岁提高到2000年的76.6岁、2050年的83.7岁、2100年的89岁；第二是拉丁美洲，从1950年的51.4岁提高到2000年的70.7岁、2050年将到81.8岁、2100年到87.9岁；第三是大洋洲，从1950年的60.4岁提高到2000年的73.7岁、2050年将到81.7岁、2100年到86.6岁；第四是欧洲，从1950年的63.6岁提高到2000年的73.8岁、2050年将到81.3岁、2100年到85.1岁；第五是亚洲，从1950年的42.2岁提高到2000年的68.8岁、2050年将到76.9岁、2100年到81.6岁；第六是非洲，从1950年的37.4岁到提高到2000年的52.9岁、2050年将到68.9岁、2100年到75.1岁（见图1-7）。

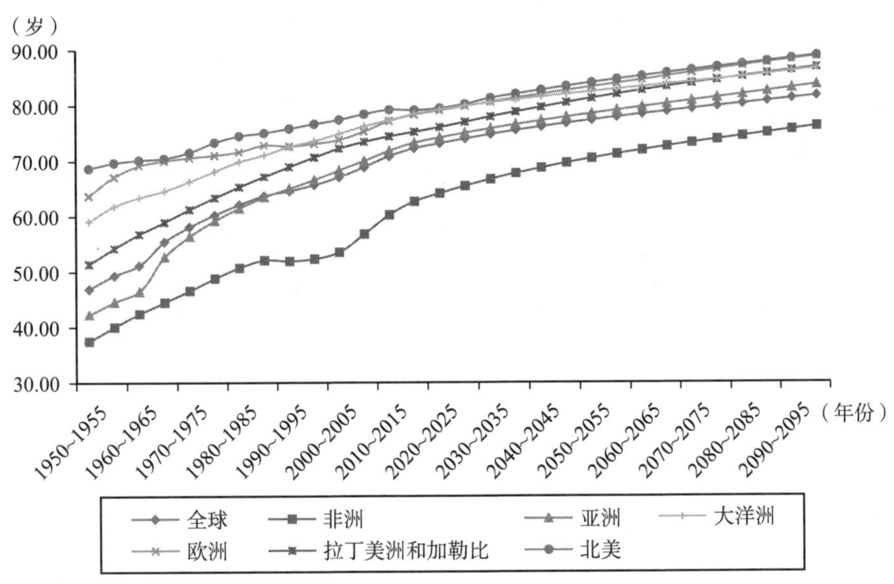

图1-7 全球和各大洲人均预期寿命发展趋势

资料来源：United Nations. Department of Economic and Social Affairs, Population Division (2019) [EB/OL]. World Population Prospects.

由于女性预期寿命高于男性，老龄女性数量和比重将高于男性，造成老龄化程度越高人口性别不平衡现象越显著的结果。

随着预期寿命普遍延长，世界人口中位年龄不断上升，从1950年至2100年的150年间，将增长接近1倍。1950年，全球中位年龄是23.5岁，2050年将为36.1岁，2100年则为41.2岁。发达国家从28.5岁，提高到44.5岁、46.3岁，欠发达国家则从21.4岁提高到34.9岁、40.6岁。亚洲将从22岁提高到39.8岁、45.4岁，非洲将从19.2岁提高到24.7岁、34.9岁，欧洲将从28.9岁提高到45.7岁、46.8岁，拉丁美洲将从19.9岁提高到40.6岁、48.1岁，北美洲将从29.8岁提高到40.9岁、44.6岁，大洋洲将从27.9岁提高到37岁、44.1岁（见图1－8）。以欧美国家为代表的发达国家和地区的中位年龄在初期增幅较高，中位年龄也始终较高。从长期看，各大洲中位年龄均实现了较快增长，其中拉丁美洲起点低，但涨幅最大，2100年，其中位年龄达到世界各大洲最高。

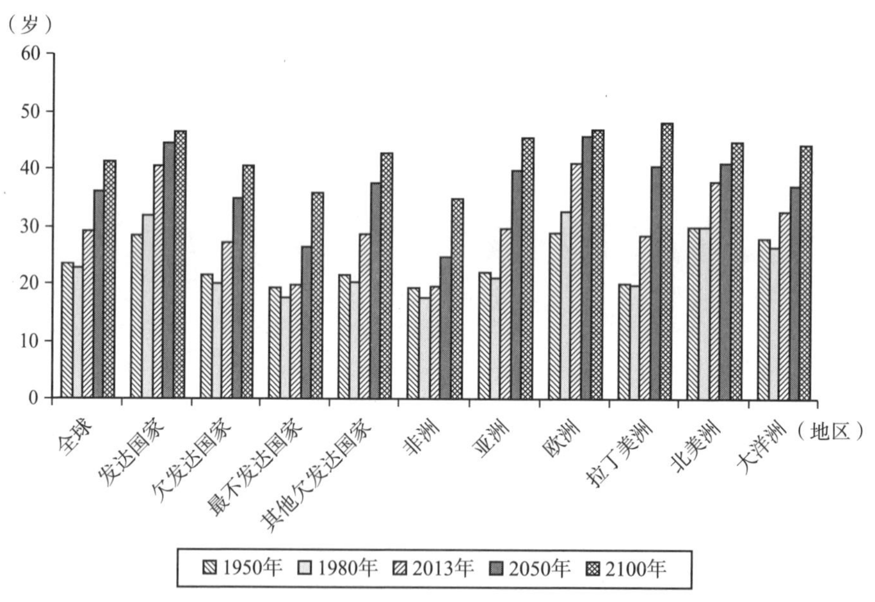

图1－8　全球及各地区中位年龄变化趋势

资料来源：United Nations. Department of Economic and Social Affairs, Population Division（2019）[EB/OL]. World Population Prospects.

1.6 老年抚养比提高，少儿抚养比下降

人口抚养比是总人口中非劳动年龄人口数与劳动年龄人口数的比值，表明劳动年龄人口负担非劳动年龄人口的程度。具体分为总人口抚养比、老年抚养比和少儿人口抚养比，总人口抚养比是 14 岁以下人口和 65 岁及以上人口与 15～64 岁人口的百分比，老年抚养比是 65 岁及以上人口与 15～64 岁人口的百分比，少儿人口抚养比是 14 岁以下人口与 15～64 岁人口的百分比。人口老龄化发展的结果是全球老年抚养比的提高和少儿抚养比的下降。

1950～2100 年，全球和各地区总抚养比都呈现一个先降低、后增加的趋势。1950 年，全球人口总抚养比为 65%，1960～1980 年间超过 70%，1990～2010 年间持续下降，1990 年为 64%，2010 年为 52%，2020 年之后又将提高，2100 年将提高为 66%。发达地区的人口总抚养比在 1950～2010 年间最低，一直减少，从 1950 年的 54% 减少到 2010 年的 48%，2020 年以后将呈现提高趋势，2020 年将提高为 56%，2100 年为 80%。欠发达地区则从 1950 年的 71% 减少到 2010 年的 53%，2020 年、2030 年依然减少，从 2040 年以后将呈现提高趋势，2040 年将提高为 54%，2100 年为 64%。1950～1990 年间最不发达地区的人口总抚养比一直增加，从 1950 年的 81% 提高到 1990 年的 92%，2000～2100 年间一直是下降趋势，将从 2000 年的 86% 下降到 2100 年的 58%（见图 1－9）。

从各大洲的情况看，1950 年，第一是非洲的总人口抚养比，为 81%；第二是拉丁美洲和加勒比地区，为 78%；第三是亚洲，为 68%；第四是大洋洲，为 59%；第五是北美，为 55%；第六是欧洲，为 52%。2010 年，非洲的人口抚养比为 80%，位列第一；第二是拉丁美洲和加勒比地区，下降为 54%；第三是大洋洲，为 53%；第四是北美，为 49%；第五是亚洲，为 48%；第六是欧洲，为 47%。2100 年，第一是拉丁美洲和加勒比地区的人口抚养比将以 82% 成为最高值；第二是欧洲，为 80%；第三是北美，为 77%；第四是大洋洲，为 73%；第五是亚洲，为 71%；第六是非洲，为 56%（见图 1－10）。

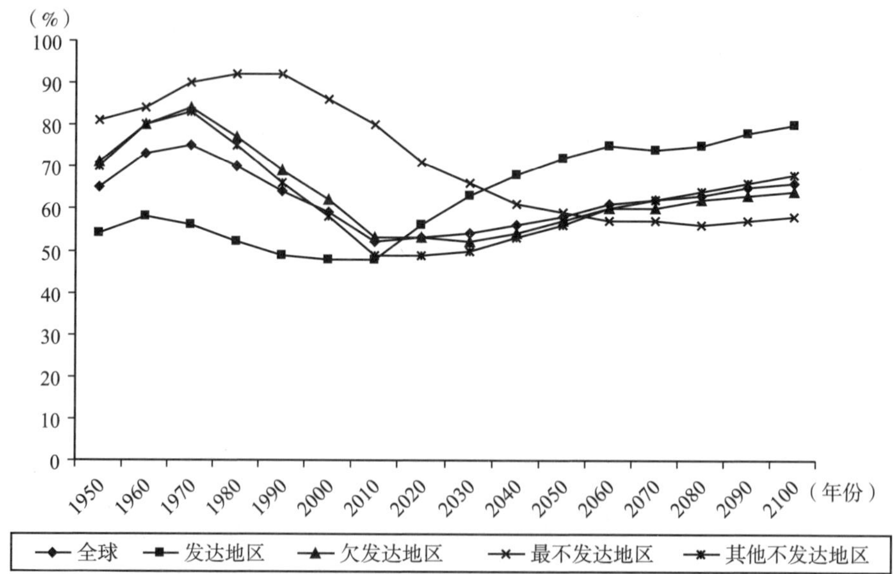

图1-9 全球发达地区和不发达地区总抚养比发展趋势

资料来源：United Nations. Department of Economic and Social Affairs, Population Division (2019) [EB/OL]. World Population Prospects.

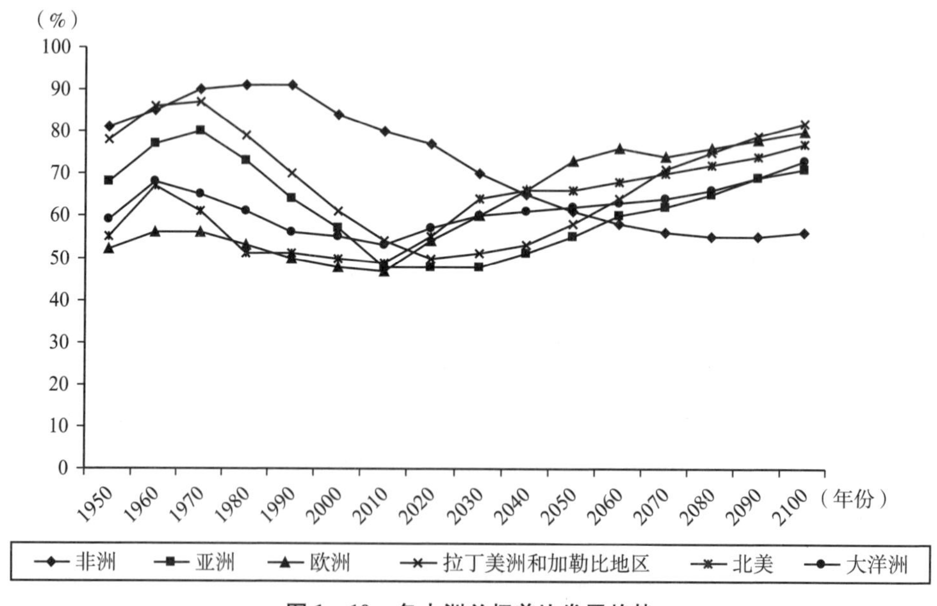

图1-10 各大洲总抚养比发展趋势

资料来源：United Nations. Department of Economic and Social Affairs, Population Division (2019) [EB/OL]. World Population Prospects.

从老年抚养比看，全球及各地区都呈现增长趋势。1950 年，北美的老年抚养比最高，为 13%；第二是欧洲和大洋洲，均为 12%；第三是亚洲，为 7%，第四是非洲、拉丁美洲和加勒比地区，均为 6%。1980 年，欧洲老年抚养比上升为第一，为 19%；第二是 17% 的北美；第三是为 13% 的大洋洲；第四是亚洲、拉丁美洲和加勒比地区，均为 8%；第六是非洲，为 6%。2010 年，欧洲老年抚养比继续为第一，提高为 24.9%；第二是上升为 20% 的北美；第三是为 16% 的大洋洲；第四是亚洲、拉丁美洲和加勒比地区，均提高为 10%；第五是非洲，为 6%。2100 年，拉丁美洲和加勒比地区老年抚养比将提高至 55%，成为最高；第二是上升为 52% 的欧洲；第三是为 48% 的北美；第四是亚洲大洋洲，均提高为 44%；第五是非洲，上升为 22%（见图 1－11）。

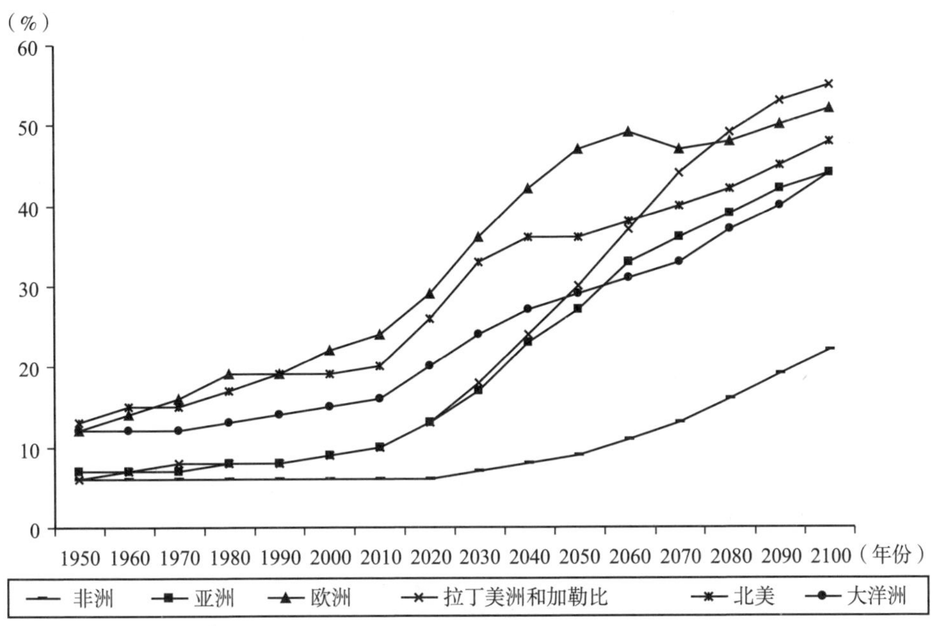

图 1－11　各大洲老年抚养比发展趋势

资料来源：United Nations. Department of Economic and Social Affairs，Population Division（2019）[EB/OL]. World Population Prospects.

不仅老年抚养比数值增加，而且老年抚养比高的国家（地区）数量也越来越多。1950 年，全球老年抚养比居前 20 位的国家（地区）有斯里兰卡、马约特岛、爱尔兰、拉脱维亚、爱沙尼亚等，最高的斯里兰卡为 19%，第 20 位的吉尔吉斯斯坦为13%。2000年，第1位的瑞典老年抚养比为27%，第20位的立陶宛也超过20%。2050年，老年抚养比最高的日本为72%，其次是为67%的中国香港，第20位的奥地利，为48%。2100年，老年抚养比最高的新加坡为81%，其次是为74%的中国香港和韩国，第20位的瓜德罗普岛，为62%（见表1-8）。

表1-8　全球老年抚养比排名居前20位的国家（地区）

排名	1950年		2000年		2050年		2100年	
	国家（地区）	老年抚养比（%）	国家（地区）	老年抚养比（%）	国家（地区）	老年抚养比（%）	国家（地区）	老年抚养比（%）
1	[英]海峡群岛	18.44	意大利	27.13	日本	74.32	英属维尔京群岛	111.29
2	马约特	18.21	瑞典	26.92	韩国	73.16	阿尔巴尼亚	104.08
3	爱尔兰	18.14	比利时	25.72	西班牙	72.22	波多黎各	90.66
4	法国	17.29	日本	24.89	希腊	69.46	韩国	76.85
5	斯里兰卡	16.73	法国	24.69	意大利	68.78	马提尼克岛	74.18
6	爱沙尼亚	16.61	保加利亚	24.50	葡萄牙	65.59	日本	73.81
7	英国	16.24	英国	24.42	中国台湾	64.99	萨尔瓦多	71.34
8	比利时	16.18	德国	24.30	中国香港	64.65	尼泊尔	70.35
9	格鲁吉亚	16.02	西班牙	24.30	马提尼克	61.21	古巴	70.26
10	拉脱维亚	15.68	葡萄牙	24.03	斯洛文尼亚	59.62	意大利	70.25
11	奥地利	15.59	希腊	24.03	新加坡	58.83	斯里兰卡	69.15
12	瑞典	15.32	挪威	23.56	波多黎各	57.64	留尼汪	68.37
13	立陶宛	14.89	克罗地亚	23.19	波兰	55.59	哥斯达黎加	68.16
14	新西兰	14.47	奥地利	22.70	克罗地亚	54.58	希腊	67.77
15	挪威	14.45	瑞士	22.69	马耳他	53.39	西班牙	67.49
16	德国	14.37	芬兰	22.42	德国	53.18	克罗地亚	67.28
17	亚美尼亚	14.28	拉脱维亚	22.32	波斯尼亚和黑塞哥维那	52.46	泰国	67.19
18	英属维尔京群岛	14.09	爱沙尼亚	22.28	古巴	51.87	波斯尼亚和黑塞哥维那	67.16

续表

排名	1950年		2000年		2050年		2100年	
	国家（地区）	老年抚养比（%）	国家（地区）	老年抚养比（%）	国家（地区）	老年抚养比（%）	国家（地区）	老年抚养比（%）
19	瑞士	14.07	丹麦	22.28	瓜德罗普	51.46	中国台湾	67.06
20	丹麦	13.96	匈牙利	22.18	奥地利	51.39	不丹	66.48

资料来源：United Nations. Department of Economic and Social Affairs, Population Division (2019) [EB/OL]. World Population Prospects.

全球少儿抚养比则呈现普遍下降趋势。1950年，少儿抚养比最高的是非洲，为75%；第二是71%的拉丁美洲和加勒比地区；第三是62%的亚洲；第四是48%的大洋洲；第五是42%的北美；第六是40%的欧洲。2000年，第一是非洲，少儿抚养下降为78%；第二是下降为51%的拉丁美洲和加勒比地区；第三是下降为48%的亚洲；第四是下降为40%的大洋洲；第五是下降为32%的北美；第六是下降为26%的欧洲。2100年，非洲少儿抚养比虽还是最高，但将下降为34%；其次是将下降为29%的北美；再次是将下降为28%的欧洲和大洋洲；最后是将下降为27%的亚洲、拉丁美洲和加勒比地区（见图1-12）。

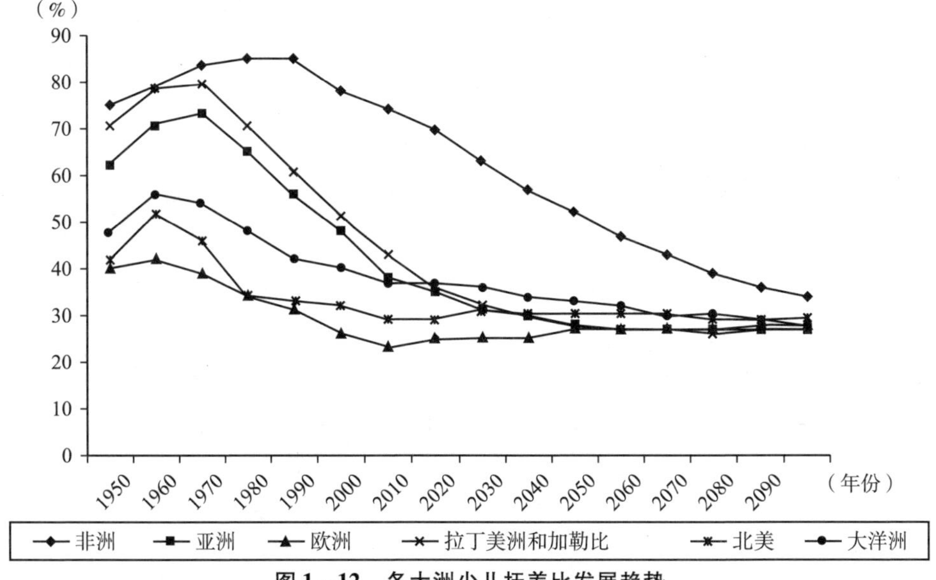

图1-12　各大洲少儿抚养比发展趋势

资料来源：United Nations. Department of Economic and Social Affairs, Population Division (2019) [EB/OL]. World Population Prospects.

1.7 人口分布结构因国际移民而改变

移民是改变一国人口结构的又一重要因素，全球化更是增强了其重要性。目前，全球移民数量稳步上升的同时，显现出从欠发达地区向发达地区的单向流动性和移民人群年轻化的特征。预计 2010～2050 年发达国家的净移民数量将达到 9600 万人，其中美国（年均 1000000 人）、加拿大（年均 205000 人）、英国（年均 172500 人）、澳大利亚（年均 150000 人）、意大利（年均 131250 人）、俄罗斯（年均 127500 人）、法国（年均 106250 人）、西班牙（年均 102500 人）在移入国家中位居前列。相反，孟加拉国（年均 331000 人）、中国（年均 300000 人）、印度（年均 284000 人）、墨西哥（年均 210000 人）、巴基斯坦（年均 170000 人）、印度尼西亚（年均 140000 人）、菲律宾（年均 92500 人）将成为移出大国。另外，由于移民人口结构相对年轻，发达地区的人口老龄化趋势将因移民而得到缓解。2015 年全球移民总数的 42.4% 是 24 岁以下的青年人，其中 15～24 岁的占 16.2%，0～14 岁的占 26.2%。①

从各大洲来看，显现出从欠发达地区向发达地区的单向流动性和移民人群年轻化的不同特征。自 1960 年以来，每年有 188 万人移民欧洲，120 万人移民北美。而亚洲是移民的主要来源地区，每年平均流出 178 万人。其次是拉丁美洲和加勒比地区，每年平均流出 116 万人（见图 1－13）。

从国际移民分布和性别结构状况来看，2017 年，亚洲的移民数量第一，为 7959 万人；第二是欧洲地区，为 7790 万人；第三是北美，为 5766 万人；第四是撒哈拉以南非洲，为 2298 万人；第五是非洲，为 2065 万人；第六是拉丁美洲和加勒比地区，为 951 万人；第七是大洋洲，为 841 万人。在 1990～2000 年，移民年均变化率最高地区为北美，最低地区为非洲。2000～2015 年，随着亚洲经济腾飞，亚洲一跃成为移民年增变化率最高的地区，为 3.6%；北美最低，为 2.3%，相对于 1990～2000 年的年平均变化率有所下降（见表 1－9）。

---

① 资料来源：United Nations. Department of Economic and Social Affairs，Population Division（2017）[EB/OL]. World Population Prospects.

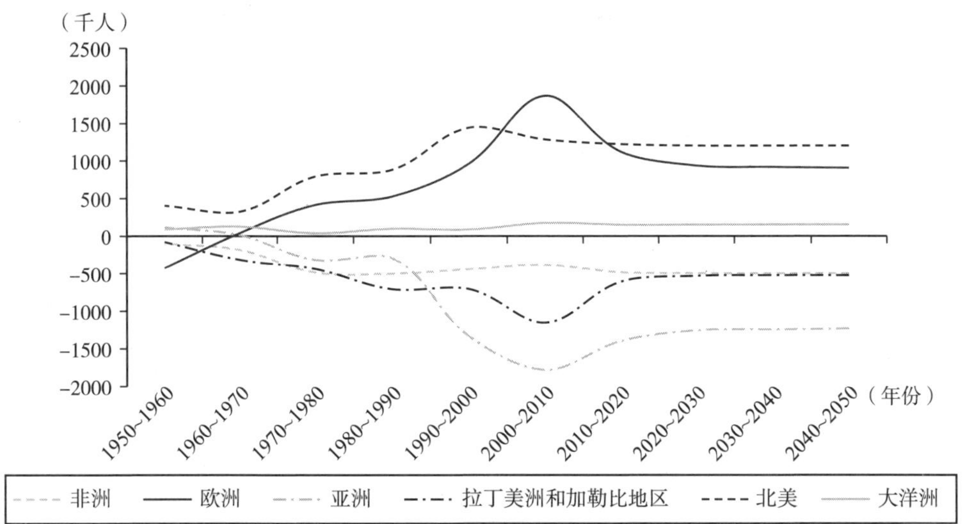

图 1－13　1950～2050 年世界各地区移民趋势

资料来源：United Nations. Department of Economic and Social Affairs, Population Division（2017）[EB/OL]. World Population Prospects.

表 1－9　国际移民分布和性别结构状况

地区	2017 年			年平均变化率（%）	
	数量（千人）	女性移民比重（%）	移民占总人口比重（%）	1990～2000 年	2000～2015 年
全球	257715.4	48.4	3.4	1.2	2.7
发达地区	145983.8	51.8	11.6	2.3	2.4
发展中地区	111731.6	43.9	1.8	-0.1	3.6
最不发达国家	14441.7	50.4	1.4	-0.6	1.2
撒哈拉以南非洲	22976.0	47.8	2.2	-0.1	2.6
非洲	20650.2	47.1	2.0	0	2.6
亚洲	79586.7	42.4	1.8	0.1	3.6
欧洲	77895.2	52.0	10.5	1.4	2.6
拉丁美洲和加勒比	9508.2	50.4	1.5	-0.9	2.7

续表

地区	2017 年			年平均变化率（%）	
	数量（千人）	女性移民比重（%）	移民占总人口比重（%）	1990 ~ 2000 年	2000 ~ 2015 年
北美	57664.2	51.5	16.0	3.7	2.3
大洋洲	8410.9	51.0	20.7	1.5	3.4

资料来源：United Nations. Department of Economic and Social Affairs, Population Division (2017) [EB/OL]. World Population Prospects.

2013 年，国际移民总数（存量）为 2.32 亿人，比 2000 年增加 5700 万人，提高了 33%。大多数国际移民（59%）居住在发达地区。欧洲国际移民人数（7200 万人）最多，其次是亚洲（7100 万人），北美（5300 万人）。国际移民占世界总人口的比重由 2000 年的 2.8% 上升到 2013 年的 3.2%。非洲国际移民的平均年龄最低（30 岁），其次是亚洲（34 岁），拉丁美洲和加勒比地区（37 岁）；大洋洲的移民年龄最高（43 岁），其次是欧洲和北美各国（42 岁）。大多数国际移民处在工作年龄，73.8% 的移民年龄在 20 ~ 64 岁，发达地区的移民在这一年龄段的数值更高，为 77%，发展中国家为 69.3%，最不发达地区为 63.4%。工作年龄的女性移民比重低于男性，65 岁及以上女性移民比重高于男性。全球 0 ~ 19 岁的女性移民占总移民的比重为 47.2%，20 ~ 64 岁为 47%，65 岁及以上为 55.8%。在 20 ~ 64 岁工作年龄中，亚洲女性移民比例最低（39%），其次是非洲（44%），拉丁美洲和加勒比地区最高（52%），其次是欧洲和北美（51%）（UN，2013）。

从国际移民年龄构成来看，2017 年，非洲和撒哈拉以南非洲地区国际移民的平均年龄最低（31 岁），其次是亚洲（35 岁），拉丁美洲和加勒比地区（36 岁）；北美的移民年龄最高（45 岁），其次是大洋洲（44 岁）。大多数国际移民处在工作年龄，74.3% 的移民年龄在 20 ~ 64 岁，发达地区的移民在这一年龄段的数值更高，为 76.2%，发展中国家为 71.8%，最不发达地区为 64%。工作年龄的女性移民比重低于男性，65 岁及以上女性移民比重高于男性。全球 0 ~ 19 岁的女性移民占总移民的比重为 49.2%，20 ~ 64 岁为 48.5%，65 岁及以上为 56.4%。在 20 ~ 64 岁工作年龄中，非洲女性移民比例最低（44.2%），其次是亚洲（45.4%），北美地区最高（50.9%），其次是欧洲（50.7%）（见表 1 - 10）。

表 1－10　　2017 年国际移民的年龄构成状况

地区	年龄比重（%）			女性比重（%）			占总人口比重（%）			中位年龄（岁）
	0～19	20～64	65及以上	0～19	20～64	65及以上	0～19	20～64	65及以上	
全球	14.0	74.3	11.7	49.2	48.5	56.4	1.4	4.4	4.6	39
发达地区	8.6	76.2	15.2	48.4	50.6	58.9	4.5	14.7	9.9	43
发展中地区	21.1	71.8	7.1	49.7	45.5	52.6	1.0	2.2	1.9	34
最不发达国家	31.1	64.0	4.9	50.2	49.0	50.0	0.9	2.1	1.9	30
撒哈拉以南非洲地区	29.5	65.4	5.2	50.7	44.5	48.2	1.2	3.5	3.6	31
非洲	29.0	65.8	5.2	51.0	44.2	48.3	1.1	3.0	2.9	31
亚洲	18.1	74.7	7.2	49.1	45.4	53.3	1.0	2.1	1.6	35
欧洲	9.0	76.7	14.3	48.7	50.7	59.7	4.6	13.2	8.5	43
拉丁美洲和加勒比	23.2	65.0	11.8	49.3	49.3	51.6	1.0	1.7	2.1	36
北美	7.5	76.3	16.1	48.0	50.9	59.0	4.8	20.7	16.6	45
大洋洲	10.4	70.3	19.3	48.3	48.0	53.2	7.2	25.9	32.2	44

资料来源：United Nations. Department of Economic and Social Affairs，Trends in International Migrant Stock：The 2017 Revision. www. unmigration. org.

2017 年联合国《国际移民报告》显示，世界范围内国际移民数量继续快速增加，2017 年国际移民总数（存量）为 2.58 亿人，比 2000 年增加 8500 万人，提高 49%。2000～2017 年，移民净流入对北美人口增长的贡献度为 42%，对大洋洲人口增长的贡献度为 31%，而欧洲的人口规模由于缺乏移民净流入而降低。超过 60% 的国际移民生活在亚洲（8000 万人）或欧洲（7800 万人），北美位居第三（5800 万人），然后是非洲（2500 万人）、拉丁美洲和加勒比（1000 万人）和大洋洲（800 万人）。2017 年国际移民的平均年龄为 39.2 岁，比 2000 年的平均年龄（38 岁）略有提高（见表 1－11）。

表 1 – 11　　2017 年按来源地区和目的地区域分布的国际移民状况

目的地区域	来源地区							
	非洲（百万人）	亚洲（百万人）	欧洲（百万人）	拉丁美洲和加勒比（百万人）	北美洲（百万人）	大洋洲（百万人）	合计（百万人）	区域内占比（%）
非洲	19.4	1.2	1.0	0.0	0.0	0.0	21.6	90
亚洲	4.4	63.3	7.1	0.4	0.5	0.1	75.8	84
欧洲	9.3	20.5	41.0	4.6	1.0	0.4	76.8	53
拉丁美洲和加勒比	0.0	0.3	1.3	6.1	1.4	0.0	9.1	67
北美洲	2.6	17.2	7.6	26.4	1.2	0.3	55.3	2
大洋洲	0.5	3.2	3.1	0.0	0.2	1.1	8.1	14
合计	36.2	105.7	61.1	37.5	4.3	1.9	246.7	
区域内占比（%）	54	60	67	16	28	58		

注：因为有 640 万国际迁移者的来源地区资料无法获得，致使按来源地区加总的数字与合计数字有误差。

资料来源：United Nations. Department of Economic and Social Affairs，International Migration stocks：The 2017 Revision. By destination and origin［EB/OL］. www. unmigration. org.

表 1 – 12 显示了 1995 ~ 2017 年全球国际移民的总体规模，根据年龄、来源国的分类数据。

表 1 – 12　　1995 ~ 2017 年国际移民总体数据和按年龄、原籍分类数据

国家或地区数量（个）	至少有一个数据源的国家或地区						2000 年后人口普查移民数据和百分比	
	数量（个）			百分比（%）				
	总量	按年龄划分	按原籍划分	总量	按年龄划分	按原籍划分	（千人）	百分比（%）
全球（232）	214	179	187	92	77	81	240176	93
非洲（58）	48	33	40	83	57	69	19479	79
亚洲（50）	44	37	34	88	74	68	67259	85
欧洲（48）	47	43	44	98	90	92	77895	100

续表

国家或地区数量（个）	至少有一个数据源的国家或地区						2000 年后人口普查移民数据和百分比	
	数量（个）			百分比（%）				
	总量	按年龄划分	按原籍划分	总量	按年龄划分	按原籍划分	（千人）	百分比（%）
拉丁美洲和加勒比地区（48）	47	44	45	98	92	94	9468	100
北美洲（5）	5	5	5	100	100	100	57664	100
大洋洲（23）	23	17	19	100	74	83	8411	100

注：《2017 年国际移民报告》中按年龄、性别和原籍国或地区分列的国际移民人数（或“存量”）是基于国家统计数据，大多是根据人口普查获得的。人口登记和国家范围内代表性的调查提供了关于国际移民人数和构成的信息。报告包括 232 个国家和地区，其中 182 个国家有出生地的数据，占总体的 3/4。没有国外出生地数据的使用其外国公民数据。

资料来源：United Nations. International Migration Report 2017 ［EB/OL］. https：//www. un. org/en/development/desa/population/migration/publications/migrationreport/index. asp.

第 2 章　“积极老龄化”的理论研究和政策设计

人口老龄化作为一个全球现象，导致各国社会群体和结构的改变，对经济结构和运行方式也形成巨大冲击。国际社会通过对积极老龄化理论和实践的探索予以应对。本章主要分析积极老龄化理论的提出及其政策设计，旨在为积极老龄化研究及其在国际和国家层面的推进提供一个概括和广泛的分析框架。

2.1　积极老龄化的提出：理论与政策框架

人口老龄化对人类生活的所有方面都有深刻的影响。在经济领域，人口老龄化影响着经济增长、储蓄、消费与投资、劳动力市场、税收及代际间的资源配置。在社会层面，人口老龄化影响着保健和医疗、家庭构成、生活安排、住房与人口流动等。在政治方面，人口老龄化会影响投票模式与代表性（UN，2002）。因而，对老龄化的理论研究和政策设计引起了广泛的关注。

2.1.1　积极老龄化的理论研究

“人口研究早已受到一切时代的有思想的人的注意。”早在 1890 年马歇尔就指出，“在东方和西方世界中，由立法者、道德家和那些无名的思想家——这些思想家的具有远见的智慧已对国民的习惯发生影响——所制定的法规、风俗和礼仪，对于其中的大部分，我们能溯源于人口研究的影响，但这些影响往往未被承认，有时甚至未被清楚地认识到”。但是，“人类在数目上，在健康和强壮上，在知识和能力上，以及在性格丰富上的发展，是我们一切研究的目的”。亚当·斯密（1876）曾指出：“一国繁荣最明确的标识，就是居民人数的增加”。希克斯

(1939) 也认为“过去 200 年工业革命的全部成果不外乎是巨大而长期的繁荣，这主要是由前所未有的人口增长而引起的”。但是，历史上对人口的关注，更多的是因其在财富创造和战争中的作用，因而，年轻型人口被重视，老龄人口则被看作负担。传统的文化价值、经济环境及制度化的生活曾经导致出现老龄化的黑暗时代，即“消极的老龄化”时代（Gergen，K. J. & Gergen，M.，2000）。

然而，老龄化不是一个简单的生理变化现象，而是一个被社会和历史环境所建构的概念，随着经济环境和年龄认知的变化，对老龄化的看法逐渐从消极向积极转变。拉斯勒（Laslett，1989）在其著作《生命的新地图：第三年龄的出现》中，将人生分为四个年龄段：第一阶段具有依赖、社会化、不成熟、受教育等特征；第二阶段具有独立、成熟、责任、收入、储蓄等特征；第三阶段具有个人价值实现或成功的特征；第四阶段具有依赖、衰老、死亡等特征，并以第三年龄阶段的概念为基础对老年生活进行讨论，认为仅关注老年人的衰老和依赖会扼杀人类潜能。在拉斯勒看来，老年生活应分为两个部分，即拥有健康身体追求自由发展的第三年龄阶段和出现生理和心理功能障碍只能被动依赖的第四年龄阶段。退休的一大群体，健康、自由地追求自己的目标，进而第三年龄的出现成为促使发达国家社会结构转变的重要力量。社会面临的挑战是意识到这个巨大群体的潜力并将第三年龄的积极特征（例如，对社会和个人均有利的时间和能力的使用）进行最大限度地普及。尽管对于发达国家的弱势群体和发展中国家多数人来说，第三年龄阶段难以实现，但是相比发达国家将老年人作为一个单独的群体，它仍是研究人口发展趋势和老年群体特征一个更合适的起点。其实，早在公元前西塞罗就对老年人的经历、生活态度、信仰等做过相关论述，他关于“人如何维持自己的健康和活力”的预测在 2000 年之后对“成功老龄化”和“健康老龄化”等研究产生了深刻影响（Cicero MT，1998）。

“成功老龄化”概念的提出促进了“消极老龄观”到“积极老龄观”的转变。“成功老龄化”概念最早由美国学者在 1950 年代提出，但广泛使用却是约翰和卡恩（John & Kahn，1987）在《科学》杂志上发表《人的老龄化：普通与成功》之后。1998 年，约翰和卡恩进一步将“成功”的含义扩展为三个方面——没有疾病和残疾、身体和心理机能正常、积极参与社会生活，认为老年人个体生理功能的衰退差异性较大，应探索老人保持健康状态的方式和方法，老龄化整体水平向“成功”的趋近是摆脱老龄化困境的有效出路（William J. Strawbridge，Margaret I.，2002）。因此，此后就“成功老龄化”展开的大部分研究主要围绕“身体健康”这个核心指标进行（Depp，Colin A.，2006）。

“健康老龄化”是对“成功老龄化”表达方式的一种修正。因为“成功”一词具有强烈价值判断色彩，在实证研究中，许多老龄人口虽然患有各种疾病或身体残疾，但却认为自己的老年生活是成功的（Elizabeth A. Phelan，2004）。自1987年5月召开的世界卫生大会首次提出“健康老龄化”概念开始，健康老龄化理论研究影响老龄健康的主要因素，把老龄化研究视角从结果移向进程，对于维护老年人口的基本健康和提高其生活质量，具有积极的社会意义，但是，该理论仍然存在将老年人视为社会的负担而非社会财富，从其需要而非社会权利的视角看待老年人口健康的缺陷。

“生产性老龄化”则开始注重老年人的社会参与。罗伯特（Butler，Robert.，1982）首次提出“生产性老龄化”，在他看来，没有必要把老龄化和生产率描述为人生命中两个完全不同的阶段，所谓老年人缺乏生产率是一个虚构的概念，“实际上，如果不是因为疾病和社会不利环境的影响，老年人能够也确实有生产率，并且可以积极参与生活”。“生产性老龄化”概念引起对工业社会老年人角色变迁的辩论。玛蒂尔达（Matilda，1994）指出，工业化社会的经济增长为国家提供了重新分配日益增加的所有年龄的人退休休闲时间的机会，她认为随着产出和休闲的增加，老年人可以承担一些中年人的工作，这样，年轻人可以从劳动力和家庭角色的巨大压力中解脱出来。贝斯和卡罗（Bass & Caro，1992）的研究也确认了这一趋势，“近十年来，在美国，人们越来越对让老年人在经济和社会生活中扮演重要角色感兴趣。因此，如何消除那些阻碍老年人角色发挥的因素，包括年龄歧视、缺乏培训机会，惩罚性养老保障条款（如社会保障制度中的退休审查），以及需要更多的兼职工作的机会等引起了人们的关注”。

“积极老龄化”将老龄人口的社会参与从经济领域扩展到社会各个方面。20世纪末积极心理学运动的盛行，推进了积极老龄化理论的出现。积极心理学将心理学的目标由治疗转为潜能开发，表现在老龄化问题上就是要帮助老年人群开发潜能、树立积极的社会参与心态，消除非老年人群的年龄偏见，为老年人的社会参与提供适宜环境。2002年1月，世界卫生组织健康发展中心（WHO）出版的《积极老龄化：从论证到行动》一书，对积极老龄化的概念、内涵进行了比较充分的阐释，不仅延续和发展了“成功老龄化”“健康老龄化”“生产性老龄化”的内涵，在“健康”和“参与”两个维度以外又因老年人群的差异性而增加了“保障”维度，而且“参与”也不仅仅指经济参与，而是将社会、文化、体育和公共事务都涵盖其中，目的是“使所有进入老年的人，包括那些残疾、虚弱和需要照料的人，都能提高健康的预期寿命和生活质量”（WHO，2002）。

人均寿命延长不仅能给老年人及其家庭，而且能给整个社会带来机会。预期寿命增加使人有机会从事新的活动，如进一步求学，从事新职业或长期以来被忽视的爱好等。老年人还可以多种方式对其家庭和社区做出贡献。然而这些机会和贡献很大程度上取决于一个因素：健康（WHO，2018）。

把西方学者对老龄化的研究按时间顺序进行排列（见表 2－1），可以看出，20 世纪八九十年代的研究主要是确立积极老龄化的基本理论框架，通过明晰一些概念对积极老龄化的研究和实践进行总结，21 世纪则是积极老龄化理论的深化和具体应用。

表 2－1　　积极老龄化理论的发展脉络

年份	提出者	成果
1984	世界卫生组织（WHO）	在 1984 年的报告中指出：“以往那种将死亡率或罹患率作为老年人健康指标的方法已不再可行，生活机能才是最为有效的一项指标”
1987	约翰和卡恩（John & Kahn）	在《科学》杂志发表《人的老龄化：普通与成功》，认为过去的研究只考察了受损和正常两种类型的老龄化，没有考虑老年人口的异质性，主张在正常老龄化中增加成功老龄化类型的研究，“成功”意指生理健康，即不被老年疾病困扰，针对那些功能局限最少的老年人
1987	世界卫生大会	首次提出“健康老龄化”概念，把“健康老龄化的决定因素”列为老龄研究项目的主要研究课题
1990	世界卫生组织世界老龄大会（哥本哈根大会）	把“健康老龄化”作为应对人口老龄化的一项发展战略
1993	第 15 届国际老年学学会（布达佩斯大会）	把“科学要为健康的老龄化服务”作为会议的主题
1982	美国西奈山医学院国际长寿中心主任罗伯特（Butler，Robert.）	提出“生产性老龄化”，不仅强调老年人要具有健康，而且认为老年人应参与社会经济活动有所贡献
1997	西方七国丹佛会议	首次提出“积极老龄化”的概念
1999	欧盟召开“积极老龄化”的国际会议	学者们从理论上探讨了积极老龄化问题及其解决的现实可能性
2002	世界卫生组织健康发展中心（WHO）	出版《积极老龄化：从论证到行动》一书，将“积极老龄化”的内涵定义为“人到老年时，为了提高生活质量，使健康、参与和保障的机会尽可能发挥至最大效应的过程”

续表

年份	提出者	成果
2002	联合国第二次老龄世界大会	通过《老龄化马德里政治宣言》《老龄问题国际行动计划》
2012	世界卫生组织（WHO）	2012～2016年欧洲健康老龄化战略和行动计划
2015	世界卫生组织（WHO）	提出三个关键行动领域：建设老年人友好型环境；调整卫生系统使之满足老年人的需求；政府需发展长期保健系统
2018	世界卫生组织关于“老龄化与健康”的报告	世界卫生大会［WHA67（13）号决定］，制定《老龄化与健康全球战略和行动计划》

资料来源：根据联合国和世界卫生组织的相关资料整理。

2.1.2 积极老龄化的政策框架

世界卫生组织在“积极老龄化”概念之下，围绕“健康”“参与”“保障”三大维度提出六组用于具体测量的指标体系，成为积极老龄化政策框架的支柱。这六组指标的具体内容是：健康和社会服务指标，用来测量和健康相关的社会保障制度完善程度，具体包括促进健康预防疾病的措施、卫生服务、长期护理、心理卫生保健的覆盖面及质量；个人行为指标，用来测量老人与健康有关的行为频度，具体包括老人在吸烟、锻炼、饮食、口腔卫生、酒精、用药等方面的具体情况；个人身心指标，用来测量影响老人健康的身心因素，如生物因素、遗传因素、心理因素等；物理环境指标，用来测量老人健康生活所需物理环境的适宜度，如亲环境指数、住宅安全指数、防跌落指数、无污染指数等；社会指标，用来测量社会对老年社会参与的支持度，具体包括社会支持指标、消除暴力和虐待的程度、老年教育水平等；经济指标，用来测量企业和政府对老年经济参与的支持度，具体包括老年工资制度、老年社会保障、老年就业等方面（WHO，2002）。

积极老龄化进入政策制定层面后，决策者越来越清晰地意识到老龄化问题必须被融入更广泛的发展进程，并关注整个社会和不同年龄段的人群。2002年，联合国大会通过的《老龄化马德里政治宣言》提出了19章的指导原则，强调了“社会各年龄段发展”的承诺，呼吁“包括国家和国际在内的各级组织都要在三个重点方向上行动起来：老年人及其发展；促进老年人的健康和福祉；确保建立有利的支持性环境”（UN，2002）。其中，重点方向旨在指导政策的制定和实施以成功实现老龄化的特定目标，并能通过社会发展、改善老年人生活质量、各种正式非正式的、系统的可持续发展的、支撑整个生命历程的幸福指数来加以衡量。另外，还建议发展中国家将老龄问题纳入国家消除贫困战略，将性别观念纳入国家老龄政策方案。《老龄问题国际行动计划》提出确保所有人都能够有保障、有尊严地步入老年，并作为享有充分权利的公民参与其社会的目标，根据《老龄化马德里政治宣言》中的三个优先方向以及“实施及其后续”战略提出的 239 项“行动建议”来指导政策制定和项目发展，为各种组织团体提供了促进老年人福利和及时调整人口结构、社会变化的方向和标准，其政策支持内容包括以下方面：

充分的社会参与。消除年龄歧视与性别歧视，促进两性平等，消除对老年人的怠慢、虐待和暴力行为，加强社区建设，建立社会支持网络，改善老年人参与社会的自身条件和社会条件，增加老年人口保持独立的机会，实现他们全面参与经济、社会、文化和政治生活的潜力。

提高生命质量，重视老年人口追求生理和精神健康享受最高标准的权利。这需要除公共卫生部门（例如与健康和护理相关的政策，支持性环境和健康生活方式的完善等）以外的其他社会和经济部门的支持。在提供照顾和治疗，促进健康的生活方式和有利的环境方面拟定新的政策。

重视老年人口的生产力。高龄群体的技能、经验和资源是成熟、充分融合及富有人性的社会发展过程中的一种重要资产，对社会经济发展的作用不可忽视。老年人应该享有他们希望并能够胜任的工作机会的权利，以及继续获得教育和培训的机会。

采取协调的行动来改变老龄男性和女性的工作机会和生活质量问题并确保对老年人支助系统的可持续发展。全社会都要关心老年人，努力营造支持性环境，保障他们的合法权益，使他们活得有尊严、有价值、有意义。

把老龄化纳入社会和经济的战略、政策和行动发展议程中，以及为消除贫困和争取使所有发展中国家充分参与全球经济的战略中，重视国别政策差异和性别特点。

各国政府应当为社会基础服务承担主要责任，并在老龄化问题中发挥领导作用。研究优先发展方向，有助于政策制定。加强代际间团结，家庭、志愿者、组织、企业、工人、教育和宗教机构及媒体的合作支持，以及联合国和国际合作组织的作用都十分重要。

2002 年，联合国秘书长安南将积极老龄化行动计划目标总结如下：我们需要认识到，随着越来越多的人教育水平的提高，寿命越长以及健康状况越好，老年人相比以前可以对社会做更大的贡献。通过引导他们积极参与社会及其发展，他们宝贵的经验及能力就得到很好的利用。任何想要工作并且能够工作的老年人都应拥有工作的机会，所有人都应该享有终身学习的机会。通过创建支持性网络和营造相关环境，加强两代人之间团结，打击虐待、暴力、不尊重、歧视老年人的行为。通过提供充分的、负担能力之内的医疗保健，包括预防性卫生措施等，我们可以帮助老年人在尽可能长时间内保持独立生活（UN，2002）。

针对老龄化进程在世界范围内的加快发展，积极老龄化政策不断落实和细化。根据世界卫生大会决定［WHA67（13）号决定］，世卫组织与会员国协商制定了全面的《老龄化与健康全球战略和行动计划》。该战略和行动计划履行 5 个重点行动领域的要求：

致力于健康老龄化。了解“健康老龄化”的重要性，并且需要持续的承诺和行动以制定基于证据的政策，加强老年人的能力。

使卫生体系适应老年人口的需求。卫生系统要围绕老年人的需求和喜好改进服务结构，要力求提高老年人的固有能力，同时要对各种环境和保健提供者进行整合。该领域的行动与组织为加强全民健康覆盖和以人为本的综合卫生服务而开展的其他工作密切协调一致。

建立提供长期照护的系统。所有国家都需要建立长期照护系统以满足老年人的需求。这需要建立，有时是从零开始建立治理系统、基础设施和人力能力。世卫组织在长期照护方面的工作与旨在加强全民健康覆盖、应对非传染性疾病和发展以人为本的综合卫生服务的努力密切协调一致。

创建关爱老年人的环境。这将需要采取行动打击年龄歧视，促进自主性并在各项政策中和在政府各级支持健康老龄化。这些活动依赖并补充世卫组织在 2005 ~ 2015 年为建立关爱老人的城市和社区所开展的工作，包括建立全球关爱老人城市和社区网络以及互动式信息共享平台“关爱老人世界”等。

加强衡量、监测和理解。关于范围广泛的各种老龄化问题需要开展重点明确的研究，制定新的衡量和分析方法。这方面工作依赖世卫组织在加强卫生统计和信息方面所开展的广泛工作，包括关于全球老龄化和成人健康问题的研究。

2.2 积极老龄化的推进：国际层面

《老龄问题国际行动计划》提出时就涉及各个层面的行动推进，国际行动的核心是建议、支持、交流、合作，其中联合国大会、国际劳工组织和欧盟的表现最为突出。

2.2.1 联合国大会

联合国在积极老龄化方面的探索最早可以追溯到1948 年通过的《世界人权宣言》，虽然其中没有专门针对老年人权力的内容，但是在权利平等基础上建立的各项基本人权特别是“人人有权工作、自由选择职业、享受公正和合适的工作条件并享受免于失业的保障”“人人有权享受为维持他本人和家属的健康和福利所需的生活水准，包括食物、衣着、住房、医疗和必要的社会服务；在遭到失业、疾病、残废、守寡、衰老或在其他不能控制的情况下丧失谋生能力时，有权享受保障”“人人都有受教育的权利”“人人有权自由参加社会的文化生活，享受艺术，并分享科学进步及其产生的福利”等内容为老年权利保障奠定了基础。1976 年生效的《经济社会国际权利公约》深化了人权在经济社会领域的内容，虽然还是没有专门针对老龄人口的条款，但根据其中的第 6 ~7 条、第 9 条和第 11 ~13 条的内容，老年人也应享有平等工作、享受社会保障、健康充裕生活和教育的权利。

1982 年联合国在维也纳召开第一次老龄问题世界大会，通过包括 62 项建议在内的《老龄问题国际行动计划》，1991 年通过《联合国老年人原则》。1992 年通过了 2001 年以前老年问题全球 8 项指标，以及制定国家指标的简要指南，同时为纪念《维也纳国际行动计划》颁布 10 周年而通过了《老龄问题宣言》，除呼吁扩大国际合作之外还专门就老龄权利的性别问题做了区分，认为要充分承认老龄妇女的社会贡献，全力支持老龄男性开发那些因养家糊口而被忽略的社会、文化和情感方面的能力。1995 年，联合国经济社会和文化权利委员会在《经济社会国际权利公约》的基础上提出了题为《老龄人的经济社会文化权利》的第 6 号一般性建议。1999 年被联合国确定为国际老人年。积极老龄化概念出现以前，联合国相关的行动可见表 2 -2。

表 2－2　　联合国大会老龄化行动时序（积极老龄化概念出现以前）

年份	形成公约、协议或计划	内容
1948	《世界人权宣言》	为老年权利保障奠定了基础
1976	《经济社会国际权利公约》	深化了人权在经济社会领域的内容
1982	第一次老龄世界大会，通过《老龄问题国际行动计划》	明确了各成员国在《国际人权公约》范围内为保障老龄人口权利而应采取的各项措施
1991	《联合国老年人原则》	确立“独立、参与、照顾、自我充实、尊严”五原则
1992	《老龄问题宣言》	呼吁扩大国际合作，注意老龄女性问题
1995	《老龄人的经济社会文化权利》	各缔约国有义务特别注意促进和保护老龄人的经济、社会和文化权利，在性别平等的基础上强调老龄人在工作、社会保障、家庭、生活水准、身心健康、教育文化等方面的权利
1999	确定“国际老人年”	主题是建立不分年龄人人共享的社会，具体包括“个人终身发展、多代关系、老龄化与发展、老年人处境”4 个方面

资料来源：根据联合国相关资料整理。

2002 年联合国大会在马德里召开第二次老龄世界大会，总结维也纳会议后 20 年以来各国在老龄问题上的行动进展，通过了《老龄化马德里政治宣言》和《老龄问题国际行动计划》，积极老龄化观念被纳入各国发展框架，成员国可以根据建议制定优先执行事项、评估执行需要并通过国际合作获得相关资源和帮助。

2003 年 12 月，联合国经济和社会事务部在维也纳为落实《马德里行动计划》召开老龄问题区域协商会议。此后，联合国鼓励各国将老龄问题贯穿社会的各个领域，例如在扶贫问题中考虑贫困老人，在青少年问题中考虑代际沟通，在妇女问题中考虑老年妇女，在农村问题中考虑到农村老人，在疾病问题中考虑到老人健康，在人权问题中考虑到虐待老人。这样老龄化就不再只是一个宏观的议题，而被分解为许多相关的具体议题，包括就业和社会保护、老年人与卫生、老年人虐待、消除老年贫困、世代关系、农村发展与迁徙等。同时，联合国社会政策和发展司启动技术援助行动，划拨老年发展经费用于支持会员国执行《马德里行动计划》。同年，联合国人口司着手在人口报告中增加老龄化相关内容，自 2004 年起定期发布《联合国人口估计与预测》。2005 年联合国人类住区规划署通过了“把住房纳入贫困弱势群体适当生活标准权利”的决议。同年，联合国卫生组织召开世界卫生大会，通过了《加强老有所为和增进老年健康》的决议，从三个方面敦促、提高各国应对老龄健康问题的能力：

开发一套工具包，帮助初级保健服务提供者认识到并了解老龄人口的特殊需要；

制定一套“关爱老龄城市准则”，为老龄人口参与社会创造环境；

建立一个知识库，完善老龄人口保健体系。

2006年以来，联合国就《马德里行动计划》的执行情况做出了审查和评价。2010年联合国大会决定设立老龄问题工作组，定期召开工作会议。2017年葡萄牙里斯本会议发布《老龄问题部长级会议：适合所有年龄的可持续社会：实现更长寿的潜力》，记录了2012～2017年期间执行“马德里国际行动计划”及其区域执行战略的第三次周期审查和评估状况。其审查和评价表明，积极老龄化在全球范围的推进，尤其是在发达国家的推进呈现出良好绩效①。积极老龄化概念出现后，联合国相关的行动如表2－3所示。

表2－3　　联合国大会老龄化行动时序（积极老龄化概念出现以后）

年份	形成公约、协议或计划	内容
2002	第二次老龄世界大会，通过《马德里政治宣言》《老龄问题国际行动计划》	《老龄化马德里政治宣言》提出了19章的指导原则，《老龄问题国际行动计划》提出了239项行动建议
2003	召开老龄问题区域协商会议	落实《马德里行动计划》，促进各国制定出具体执行战略，鼓励各国政府将老龄化问题纳入消除贫困计划，建议各国按年龄和性别进行数据统计
2004	决定定期发布《联合国人口估计与预测》	按性别和年龄对世界人口状况加以统计，60岁和65岁及以上人口比例、抚养比、年龄中位数、各年龄段人口分布状况都被纳入统计和预测范围
2005	《把住房纳入贫困弱势群体适当生活标准权利》	专门讨论老年人居住问题
2005	《加强老有所为和增进老年健康》	敦促成员国执行《马德里行动计划》
2006	审查和评价马德里行动计划的执行情况	2002～2007年为第一个审查和评价周期，2008～2012年为第二个审查和评价周期
2010	设立老龄问题工作组	不限成员名额，每年召开工作会议
2010	联合国欧洲经济委员会关于“老龄化、世代和性别”项目的最后报告	国际行动支持《马德里老龄问题国际行动计划》的执行情况和性别问题研究

① 2017年9月20～22日，46个成员国、450多名与会者出席了在葡萄牙里斯本举行的老龄问题会议。

续表

年份	形成公约、协议或计划	内容
2010	启动“年龄友好型城市全球网络”	会议确定了支持积极和健康老龄化城市环境中的关键因素，确保老年人克服年龄歧视，积极就业
2011	老龄问题日内瓦工作组会议介绍	加大对积极老龄化的投资；制定积极老龄化架构；鼓励老年人参与社会；增强老年人社会融合
2012	举行主题为“不同年龄共享社会”的部长级会议	围绕欧洲国家老龄化现状与发展趋势、如何保障老年人权益和进一步提高他们的生活质量，以及确保不同年龄的人共享社会进步成果等问题进行讨论。审议《马德里老龄问题国际行动计划》及其《地区行动战略》的执行情况
2013	召开第四次工作会议	对“《马德里老龄问题国际行动计划》第二次全球审查与评价的贡献、多边进程最新情况、社会保障和健康权、歧视和获得工作机会”四个主题展开小组讨论
2017	联合国第四届里斯本部长级会议	重申《马德里老龄问题国际行动计划》的执行战略和保障老年人享有有关国际和区域文书所规定的一切人权，确认通过《老龄与发展全球战略和行动计划》
2019	老龄问题不限成员名额工作组第十届会议	提出强化促进和保护老年人人权的措施；进行“教育、培训、终身学习和能力建设”的专题小组讨论
2019	老年人国际年的后续行动：第二次老龄问题世界大会	探讨并提出一些关于紧急危机中老年人问题的重要建议，推动实施“2030 年可持续发展议程”
2019	社会发展委员会第五十七届会议	通过财政，工资和社会保护政策解决社会包容性的不平等和挑战

资料来源：根据联合国相关资料整理。

2.2.2 国际劳工组织

国际劳工组织在落实《马德里行动计划》时更注重为老龄人提供就业机会，为此在自 2003 年起的年度国际劳工组织大会中都特别讨论老龄劳动者就业问题。2003 年的国际劳工大会着手修改 1975 年制定的《人力资源开发建议》，决定增加为老年员工提供教育和培训机会的内容。2004 年国际劳工大会进一步拓展老年人力资源开发问题，通过了题为《人力资源开发：教育、培训和终身学习》的建议，强调终身学习的重要性及政府、企业和个人在其中所承担的责任，政府应加强对各级教育和培训的投资，企业应不断培训雇员，个人应承诺开发自身的能力和事业（ILO，2004）。

首先，对成员国的人力资源开发和培训政策提出6点要求，将促进终身学习和就业能力列入可持续经济和社会发展计划的一部分，同时强调可持续发展和能力开发，采用新的教育培训方法以获得新技能创造新就业机会，通过教育培训帮助非正规就业实现向正规就业的转变，促进信息和通信技术在教育培训中的运用，减少成年人在教育和培训参与中的不平衡现象。

其次，敦促成员国在12个方面有所行动，保证所有人获得终身学习的机会，确定国家教育战略，为建立各级行为主体参与的教育培训机制建立指导框架，使教育培训与就业增长保持一致，鼓励各种行为体参与教育培训计划，促进建成一套与国情和实践相符的培训系统，承担对教育培训的主要投资责任，建立起相关的资格认证国家框架，加强社会对话，促进机会均等，向社会伙伴提供支助，对支持性的社会政策和其他政策做出规定。

最后，明确了政府、企业和个人在老龄在职培训和再就业培训中的责任，包括教育和就业前培训、在职和失业工人的能力开发、技能认证和发证框架、为体面劳动和社会融入而培训、培训提供者、相关研究和培训支助服务、国际合作与技术合作7个问题。

除通过教育培训来促进老龄就业以外，国际劳工组织还关注其他与老龄就业相关的社会保障问题，自2004年起就筹划召开以“老龄社会的就业和社会保护”为主题的会议，制定一项涵盖国际劳工组织文书、研究活动、技术合作和其他行动的有效行动计划，通过促进充分就业来达到老年人能够体面且有保障地生活的目的，其中如何解决老龄保障与资金、老龄保障与促进就业、老龄保障与公平的关系是关键。老龄保障与资金是指如何为社保方案提供健全且可持续的资金来源，老年保障与就业是指如何将保障从被动变为主动使老龄人通过保障达到就业和促进经济增长，老龄保障与公平是指要考虑女性、非正规就业、残疾等弱势群体的需求。

2006年起，老龄就业和社会保护问题成为国际劳工大会的常设议题之一，定期出版的《全球社会保护报告》反映了其发展状况。2014年6月，国际劳工组织发布《2014全球保护报告》，其中第四部分专门论述“老年男女的社会保护问题”，指出全球仍有48%的人达到领取养老金年龄却无法领到养老金，领取到养老金的也有相当一部分无法满足正常生活；根据现行法规在职劳动者中只有42%可以预期领到退休金，退休金的实际有效覆盖率可能更低；许多国家正在扩大缴费养老金的覆盖范围并建立非缴费养老金制度以保障老龄人的最低生活水平，但在178个调查国家中，只有27个国家建立起缴费和非缴费普惠型养老金制度，50个国家建立起缴费和非缴费条件限制型养老金制度，77个国家只有缴费养老金制度，9个国家只有非缴费普惠型养老金制度，3个国家只有非缴费条件限制型养老金制度；全球持续遭受来自老龄化社会和政府财政不足的压力，有通过提高养老金缴费比例和领取年龄来把政府的责任和风险转嫁给个人的倾向；除养老金以外，老龄人口的收入安全还要依靠一国包括卫生保健和长期照护在内的其他社会服务，全球只有10.8%的65岁及以上人群享有非公共卫生的社会保障，占GDP总量的3.3%（ILO，2014）。

2017年，国际劳工组织发布《2017～2019年度全球保护报告》，指出世界范围内有68%的退休年龄以上的人可以领取养老金，一些国家已经实现了普遍覆盖，包括阿根廷、白俄罗斯、多民族玻利维亚国、博茨瓦纳、佛得角、中国、格鲁吉亚、吉尔吉斯斯坦、莱索托、马尔代夫、毛里求斯、蒙古国、纳米比亚、塞舌尔、南非、斯威士兰、东帝汶、特立尼达和多巴哥、乌克兰、乌兹别克斯坦和桑给巴尔（坦桑尼亚联合共和国）。其他发展中国家，如阿塞拜疆、亚美尼亚、巴西、智利、哈萨克斯坦、泰国和乌拉圭，养老金也都接近普及。然而，养老金福利的均衡性在许多国家仍然是一个挑战。老年人养老金和其他福利支出平均占国内生产总值的6.9%，各地区差异很大，高收入国家的覆盖率接近100%，而撒哈拉以南非洲地区仅为22.7%，南亚地区为23.6%。许多国家的财政紧缩压力危及养老金的长期充足性，在大多数低收入国家，超过法定退休年龄的老年人中，只有不到20%能够领取养老金。在许多发展中国家，很大一部分老年人仍然严重依赖家庭支持养老。缴费计划和非缴费计划相结合是世界上最主要的养老金制度机构化形式：102个国家同时拥有缴费计划和非缴费计划。这些国家的非缴费计划各不相同：14个国家向高于某一年龄阈值的所有老年人提供普遍福利；24个国家向未领取任何其他养老金的老年人提供经评估测度的福利；64个国家向低于某一收入阈值的老年人提供经评估测度的福利。人口老龄化背景下，如何在养老金的可持续性和充足性之间保持良好的平衡依然是一个严峻问题（ILO，2017）。

2.2.3 欧洲联盟

欧盟是使用和研究积极老龄化概念最多的地区国际组织，欧洲议会和欧盟委员会都是积极老龄化的信奉和推动力量。2003年以后欧洲议会先后通过一系列和积极老龄化相关的建议和决议，其中包括“欧洲老龄化社会中的社会政策挑战”建议（2003 年)、“老龄移民的权利”建议（2003 年)、“社会凝聚力面临的人口挑战”建议和决议（2006 年)、“欧洲老年人的状况”建议（2007 年)，“21 世纪的老龄化与残疾：建立可持续发展的框架来实现包容社会中的更高质量生活”建议（2009 年)、“降低老龄移民脆弱性风险和提高他们的福利”建议（2011 年)、“促进积极老龄化——利用老年人的工作潜能”决议（2011 年）等。

欧盟第二个十年经济发展规划把“2020 年实现 20 岁至 64 岁人群的就业率达到 75%”列入欧洲“2020”战略的五项核心目标之一，设定相应的政策议程和战略目标并分解到各成员国。欧盟还将 2012 年确定为“欧洲积极老龄化和代际团结年”，推进在老年人雇佣、社会参与和独立生活三方面的行动。由于越来越多的组织、企业、公众参与和努力，欧洲老龄化布局正逐渐机制化、平台化。

欧洲人权委员会（Steering Committee for Human Rights，CDDH）下设老龄人权起草小组（Drafting Group on the Human Rights of Older Persons，CDDH - AGE），分别在 2012 年和 2013 年召开会议，通过了保护老龄人权的建议草案并提交欧洲议会，在遵循保护所有老龄人口享有自由平等人权的原则基础上，从消除歧视、自主与参与、免予暴力和虐待、社会保障和就业、照顾、公正六个方面提出了建议，并且在每个建议内容中给出了可以借鉴的实践经验（CDDH - AGE，2014)。另外，2010 年欧盟委员会旗下设立积极健康老龄化创新伙伴（European Innovation Partnership on Active and Healthy Ageing）组织，2012 年提出了欧洲积极健康老龄化战略计划，包括三大支柱 10 个行动领域（European Commission，2012）（见表 2 -4)。

表 2 -4　　欧洲积极健康老龄化战略计划

支柱	先行行动领域	特别行动领域
预防、筛查和早期诊断	健康素养，增强患者权利，伦理，坚守道德计划，使用新型器械和服务； 个性化的健康管理； 对老年人生理和认知功能的下降进行预防和早期诊断	在地区水准上能够识别是否在更好地坚持治疗上的创新； 发现新方法以更好地管理老年人健康并防止恶化； 帮助防止功能衰退和脆化
护理和治疗	提高对基于新器械和服务的成功的综合护理体系的建立和复制能力	包括使用地区远程监控技术在内的方法来建立慢性疾病综合护理体系
积极老龄化和独立生活	通过开放和个性化的方案提高积极老龄化和独立生活水平	发展信息和通信技术用于帮助老年人能够独立和自由地活得更久

资料来源：根据欧盟相关资料整理。

为了给政策制定者提供一个有效的分析工具，对欧盟的积极老龄化进程进行判断，欧盟和联合国人口机构的一些专家合作，依据世界卫生组织对积极老龄化内涵的界定，从就业，社会参与，独立、健康和安全生活，积极老龄化的能力和环境四个方面设计指标，确定权重，设计出积极老龄化指数（active ageing index，AAI）（见表2－5），推出了《欧盟2012积极老龄化指数》报告，对欧盟27个国家的积极老龄化发展水平进行了排名。

表2－5　积极老龄化指数及其指标构成

总指数	积极老龄化指数			
领域	就业	社会参与	独立健康和安全生活	积极老龄化的能力和环境
指标	55～59岁的就业率 60～64岁的就业率 65～69岁的就业率 70～74岁的就业率	志愿活动； 照顾儿女、孙子/女； 照顾老人； 政治参与	锻炼身体； 健康及牙齿医疗； 独立居住； 金融保障； 终身学习	55岁时的预期寿命； 55岁时享有的健康预期寿命； 心理幸福感； ICT使用； 教育程度
	积极老龄化的实际经验			积极老龄化的能力

注：金融保障取决于三个指标：相对于65岁以下的人口，65岁及以上居中等收入水平；没有老年人的贫困风险；没有严重的物资匮乏。ICT使用指55～74岁的人每周至少使用一次互联网。

资料来源：European Centre Vienna，March 2013，Active Ageing Index 2012 Concept，Methodology and Final Results.

《欧盟2015积极老龄化指数》《欧盟2018积极老龄化指数》报告都对27个欧盟成员国积极老龄化发展水平进行了排名，瑞典在27个成员中排名一直第一，紧跟着是丹麦、荷兰、芬兰、英国以及爱尔兰。四个南部国家（意大利、葡萄牙、西班牙和马耳他）和大多数西部国家排名在中间位置，希腊和大多数中东部欧洲国家排名靠后（见表2－6）。

欧洲企业社会责任协会（CSR Europe）是欧盟官方CSR议程和政策的重要建议方，2013年该协会联合英特尔、法国燃气苏伊士集团（GDF Suez），以及非政府组织欧洲年龄平台（Age Platform Europe），对CSR Europe的23个会员企业进行调查，推出《职业生涯再思考——企业人力资源管理如何应对更长的工作年限》报告。作为欧洲“企业2020”倡议的重要内容，该报告分析了不同年龄员工从业能力的优势，提出改变传统的人力资源流程和系统，旨在帮助企业从人力资源管理的角度应对欧洲老龄化。老龄化社会的人力资源管理流程如表2－7所示。

表2-6　　2018年27个国家和地区的AAI（总体和按领域分列）

国家和地区	特定领域的成绩				总体
	就业	社会参与	独立、健康和安全生活	积极老龄化的能力和环境	
比利时	23.8	27.0	74.1	62.8	37.7
保加利亚	30.5	9.7	67.6	55.9	32.0
捷克	34.2	16.2	71.5	58.7	36.5
丹麦	40.6	21.7	75.5	66.6	42.7
德国	39.4	15.9	74.1	63.6	39.5
爱沙尼亚	44.5	14.3	69.0	53.2	38.1
爱尔兰	35.4	18.8	73.6	63.2	39.0
希腊	20.6	11.8	67.9	50.0	28.1
西班牙	25.7	16.2	75.1	59.7	34.1
法国	26.9	26.2	73.8	62.2	38.4
克罗地亚	21.2	15.8	69.0	49.4	29.7
意大利	28.0	17.3	69.9	55.9	34.0
塞浦路斯	30.8	19.4	72.6	54.9	35.8
拉脱维亚	37.9	17.8	61.6	50.2	35.7
立陶宛	37.9	11.1	67.2	48.5	33.6
卢森堡	20.2	23.8	74.9	62.2	35.3
匈牙利	27.5	11.6	67.9	51.0	30.7
马耳他	25.6	20.9	71.5	60.5	35.5
荷兰	36.3	26.6	74.2	64.7	42.4
奥地利	27.2	18.8	78.3	60.0	35.9
波兰	26.5	13.1	71.6	52.7	31.5
葡萄牙	33.4	11.9	71.7	54.2	33.9
罗马尼亚	28.9	13.6	65.9	44.6	30.4
斯洛文尼亚	21.3	15.7	70.2	55.5	31.0
斯洛伐克	26.3	16.1	74.3	52.9	32.8
芬兰	35.7	22.6	75.7	63.1	40.6

续表

国家和地区	特定领域的成绩				总体
	就业	社会参与	独立、健康和安全生活	积极老龄化的能力和环境	
瑞典	45.4	26.0	76.9	71.2	46.9
欧盟	39.3	20.7	75.5	63.9	41.3
欧盟平均水平	31.1	17.9	71.8	57.5	35.8

资料来源：United Nations Economic Commission for Europe（UNECE）and European Commission（EC），Active Ageing Index 2018，Analytical Report June 2019，https：//ec. europa. eu/eip/ageing/library/.

表 2 -7　　老龄化社会的人力资源管理流程

项目	内容
文化	强化年龄层次多元化的价值体系，提供系统化、年龄多样化的合作机会
健康安全	引入一套劳动力方法学，基于年龄的人体工程学； 减压、健康素养，健身活动，扩大范围，提高透明度
劳动力管理	成熟的人力资源规划，个人层面的重组预期； 对招聘人员/管理人员进行年龄歧视风险的培训； 招聘和培训中的年龄透明度，终身学习为核心的培训政策； 适应任何年龄需要的培训方法，年龄多元化的项目团队； 定期的岗位流动，增加对年龄阶段的关注； 设计逐步过渡到退休的方法
补偿机制	与所有利益相关方审查工资形成过程； 在能力提高（工资增长）和表现（奖金）之间取得平衡

资料来源：CSR Europe，Rethinking career，http：//www. csreurope. org/rethinking – careers#. U8ogZXl5RRs.

除政府间组织以外，非政府间组织也积极参与了欧盟的积极老龄化行动，欧洲年龄平台致力提高对欧盟老龄人的社会关注，推进欧盟在反歧视、老龄员工雇用、社会保障、社会包容、健康、无障碍、新技术和世代团结等方面的行动。自 2000 年成立以来，欧洲年龄平台每年都会制订详细的工作计划，并从 2007 年起开始发布年度报告，2013 年的年度报告以“通向一个年龄友好型的欧盟”为主题，着重论述了其在推进欧盟老龄人口的权利保障和社会参与问题上的行动。在老龄权利保障方面，它不断收集《欧盟就业平等法》在各个成员国的影响和与年龄歧视的相关判例，游说欧盟议会制定法律消除就业领域以外的年龄歧视，促进建立欧盟内外在老龄权利保障问题上的多边对话机制，与欧洲女性游说团（European Women's Lobby）就老年妇女歧视问题向欧盟委员会提交共同建议，呼吁淡化养老金与缴费数额之间的关系，以便关注老年贫困特别是老年妇女贫困问题，协助欧洲公共卫生联盟在老年疾病数据收集和新技术新方案上的交流与开发。在老龄社会参与方面，它帮助老年人参加欧洲议会选举，建立“欧洲积极老年市民”（Active Senior Citizens for Europe）组织影响欧盟决策，动员组织老人志愿参加 4 月 29 日欧洲世代团结日和 10 月 1 日世界老人日的活动，发起“老年企业家支持青年就业”研讨会，消减劳动市场中的年龄层对立，促进实现老年人在包括各个领域在内的全面社会参与（Age Platform Europe，2013）。2019 年“Age 年会”主题是“平等与老年人参与”①，探讨社会保护和教育的作用，性别和年龄的不平等、劳动力市场的歧视使建立足够的养老金权利变得困难。与年龄歧视作斗争、促进接受教育和职业培训的机会、支持工作与生活的平衡对于维持老年人的就业至关重要。在晚年学习，是包容、参与和福祉的关键。学习减少了社会孤立感，改善了健康和福祉，增强了自信心并赋予了目标感。它使老年人能够参与社会并带来社会变革。然而，“内部年龄歧视”使人们无法参与教育，“许多老年人认为自己太老了，无法学习”，进一步提高了教育对改善权利和歧视意识的重要性（Age Platform Europe，2019）。

2.3 结　　论

“观念的转变和人类意志的力量，塑造了今天的世界”（哈耶克，1998）。从老年人的生存需要到发展需求，积极老龄化概念的提出，凸显了老龄化研究的新视角，为应对老龄化提供了新的思路。改变了人们对老龄人群的看法，也改变着老龄人群自身。通过本章的分析，我们可以得出如下结论：

2.3.1 人口老龄化在全球的发展和扩散，是积极老龄化提出的现实依据

19 世纪后期欧洲出现老龄化现象，20 世纪 70 年代以后逐渐向亚洲和美洲地

① 来自为老年人服务的 106 个组织，24 个国家和地区的 AGE Platform Europe 成员代表参加了 2019 年在布鲁塞尔举行的年会，参见：https：//www. age - platform. eu/special - briefing/equality - participation - older - age - age - annual - conference - looks - role - social - protection.

区扩散，目前已经成为全球现象。老龄和超老龄人口比重和老年抚养比不断攀升，发达国家面临老龄化导致的劳动力供给问题和养老保障的财政负担，发展中国家的人口增加维持了世界人口规模的增长，但也面临给年轻人提供教育和就业机会的压力。由于发展中国家的人口老龄化速度比发达国家快得多，没有太多时间调整适应人口老龄化的后果。而且，发展中国家的人口老龄化是发生在比发达国家更低的社会经济水平之上，“未富先老”使其老龄化面临更多问题。积极老龄化正是要从生理、心理、政策、社会环境多方面为破解这些难题提供普遍有效途径。

2.3.2 老龄化在国际层面被融入更宽泛的发展进程，并关注整个社会和各年龄段的人们

积极老龄化理论经历了一个由身体积极，到经济参与积极，再到全面社会参与积极的发展过程。强调生理和心理健康的成功老龄化和健康老龄化是积极老龄化的最初形态，生产性老龄化将老龄人群从对个体身心健康的关注转为对个体经济参与度的关注，积极老龄化将老龄人群的社会参与扩展到各个方面，并要求政府和社会为老年社会参与提供帮助和支持。目前，健康、参与、保障已经成为积极老龄化的三大维度，其下具体的测量指标也处于不断完善中，从学理层面进入政策设计层面，旨在通过具体的措施使不同的老年个体都能根据自身情况，更好地维持健康，更好地参与社会，更好地得到权利保障和照顾。并且，认识到老年人不是一个同质的群体，他们在一生中的需要、偏好和机会方面具有多样性。

2.3.3 积极老龄化已成为国际社会应对老龄化问题的新理论、政策和战略

联合国第二次老龄世界大会通过的《老龄化马德里政治宣言》和《老龄问题国际行动计划》确定了积极老龄化的国际行动框架。此后积极老龄化理念体现在联合国的各项工作中，扶贫计划、人口统计、城市发展、就业保障、人权保护、居住规划、妇女问题、青少年问题等领域都将老龄问题作为一个独立议题来加以研究讨论。2006 年以来，对《马德里行动计划》执行情况的持续审查和评价，促进了积极老龄化在全球范围的推进。国际劳工组织以促进老龄就业为目标，从老龄人力资源开发和就业保障两个方面落实《马德里行动计划》，解决的

正是积极老龄化中最为实际的问题。欧盟是最主动推动积极老龄化的地区组织，欧洲老龄化布局正逐渐机制化、平台化。

2.3.4 国际组织的政策和实践为东亚积极老龄化发展提供了指导和借鉴

东亚国家和地区人口老龄化进程要远远快于很多中低收入和高收入国家。在全球超过 65 岁人口中所占比重中，2015 年中、日、韩三国是 28.7%，预计在 2038 年会达到 30.98%的最高峰，2050 年为 27.65%，由此进入稳定时期，2060 年以后则会进入下降期，2100 年为 14.95%。到 2035 年全球每 10 个老年人中就有 3 个是居住在东亚地区的。同时，东亚国家和地区正经历着城市化、家庭结构以及越来越多的妇女加入劳动力市场的变革，这些变革对以家庭为基础的传统养老模式（Kalache，1986）提出了挑战。目前，积极老龄化的观念已经逐渐渗透到社会的各个方面，深刻影响着东亚国家和地区的老龄政策和研究。加强与国际组织的联合，展开多学科综合研究和学科交叉研究，深入探索这一领域中的若干重大基础科学问题，为东亚国家和地区积极老龄化相关的制度、政策与法规的设计、制定和运行提供理论指导与方法支撑，促进相关学科领域的发展和人才的培养，就成为兼具学术与实践价值的重大研究任务。

第3章 "东亚特色"的人口老龄化发展趋势

本章基于联合国人口发展报告，对东亚国家和地区人口规模、发展趋势和老龄化进程等进行分析，从经济、文化等方面揭示东亚特色的人口老龄化的原因。

3.1 东亚国家的GDP水平与土地面积

东亚包括中国、日本、韩国、朝鲜和蒙古国共五个国家，其中日本和韩国为发达国家，蒙古国、中国、朝鲜为发展中国家。东亚国家中，中国的国土面积最大，人口和GDP总量均位居第一，人均GDP位居第三；日本人口规模位居第二，其人均GDP为3.864万美元，是中国的4.83倍、韩国的1.39倍；韩国人口规模位居第三，其人均GDP位居第二；蒙古国人口规模第五，人均GDP位居第四；朝鲜人口规模第六位，人均GDP位居第五位（见表3-1）。

表3-1　2018年东亚国家的人口和GDP水平

国家	面积（平方千米）	人均GDP（美元）	GDP（亿美元）	人口数（千人）
中国	9562910	9771	136082	1392730000
朝鲜	120540	688	175	25549819
日本	377970	39287	49709	126529100
蒙古国	1564120	4104	130	3170208
韩国	100339	31363	16194	51606633

资料来源：面积和人口数据来自世界银行《世界发展指标》数据库，最新更新日期为2020年9月18日；人均GDP和GDP数据（除朝鲜外）来自2019年《中国统计年鉴》；朝鲜人均GDP和GDP数据来自联合国数据库。

3.2 东亚国家和地区人口规模发展趋势

东亚国家和地区人口规模总体呈现增长态势，但增速不断下降。1950年，东亚人口总计为6.775亿，占世界人口的26.71%，占亚洲的48.25%；2019年，东亚人口增加为16.726亿，占世界人口比重下降为21.68%，占亚洲人口的比重下降为44.71%；预计到2029年达到最高值16.995亿人，占世界人口比重为20.05%，占亚洲人口的比重下降为34.36%；此后人口规模有所下降，预计2100年为12.226亿，占世界人口比重下降为11.27%，占亚洲人口的比重下降为25.9%。东亚国家人口规模变化的过程中，中国的人口总量远高于其他东亚国家，将在2030年达到高峰后缓慢下降，日本的人口高峰到来的较早，目前处于人口下降阶段（见表3-2）。

表3-2　1950~2100年东亚国家和地区人口规模发展趋势　单位：千人

国家和地区	1950年	1970年	1990年	2000年	2010年	2020年	2040年	2050年	2070年	2090年	2100年
世界	2536431	3700437	5327231	6143494	6956824	7794799	9198847	9735034	10459153	10809576	10874902
亚洲	1404909	2142480	3226099	3741263	4209594	4641055	5188949	5290263	5206455	4900833	4719416
东亚	677535	999435	1393335	1519781	1604859	1678090	1675643	1617342	1445519	1285889	1222593
中国大陆	554419	827601	1176884	1290551	1368811	1439324	1449031	1402405	1258054	1120467	1064993
中国香港	1974	3849	5728	6606	6966	7497	8140	8041	7786	7552	7647
中国澳门	196	246	344	428	538	649	791	838	904	963	1012
中国台湾	7602	14924	20479	21967	23188	23817	23593	22413	19513	16962	16259
朝鲜	10549	14410	20293	22929	24549	25779	26858	26562	25297	23684	22793
日本	82802	104929	124505	127524	128542	126476	113356	105804	90472	79047	74959
蒙古国	780	1279	2184	2397	2720	3278	4089	4449	4947	5296	5387
韩国	19211	32196	42918	47379	49546	51269	49784	46830	38546	31918	29542

资料来源：根据联合国网站数据整理，United Nations. Department of Economic and Social Affairs. World Population Prospects 2019，Online Edition. Rev. 1。

中国作为人口大国，始终是东亚人口的主要构成部分，对世界和亚洲人口增长发挥了重要作用。1950 年中国大陆人口为 5.544 亿人，占世界人口的比重为 21.86%，占亚洲人口的 39.46%，占东亚人口的 81.83%。1971 年中国大陆人口为 10.24 亿人，首次超过 10 亿人口；2019 年增加到 14.34 亿人口，占世界人口的比重为 18.59%，占亚洲人口的 31.16%，占东亚人口的 85.72%。根据联合国人口报告中位数预测，2030 年中国大陆人口将达到人口规模最大值 14.41 亿人，比 1950 年增长 2.6 倍，此后出现下降趋势，2100 年为 10.65 亿人，占世界人口的比重为 9.79%，占亚洲人口的 22.56%，占东亚人口的 87.11%。预计从 1950～2100 年，中国大陆总人口增加 5.096 亿人。

中国香港人口规模增加态势明显。1950 年为 197.4 万人，2019 年增加到 743.6 万人，此后增长态势持续，预计至 2031 年将达到人口最高值 1464.42 万人，之后逐渐减少，2050 年为 1402.41 万人，2100 年人口规模下降到 764.7 万人。预计 1950～2100 年，香港总人口增加 567.3 万人。

中国澳门人口规模呈现波动中增长的发展趋势。1950～1980 年间波动较大，增长趋势不明显，1980 年后人口规模呈现上升态势。1950 年数人口总为 19.6 万人，2019 年增加为 64 万人，预计 2100 年将达到 101.2 万人，较 1950 年增长 5.16 倍。

中国台湾人口规模也呈现波动增长发展态势，1950 年为 760.2 万人，2019 年增加到 2377.4 万人，预计 2030 年达到峰值 2415.1 万人，其后呈现下降态势，2100 年将达到 1625.9 万人。预计 1950～2100 年，台湾总人口增加 856.7 万人。

日本人口规模呈现波动下降发展趋势。1950 年，其人口规模为 8280.2 万人，占世界人口的比重为 3.26%，占亚洲人口的 5.89%。之后不断增加，2009 年达到人口规模最大值 1.28555 亿，此后，日本人口总数呈现明显的下降趋势。2019 年人口规模为 1.2686 亿人。根据联合国人口报告中位数预测，预计 2050 年，日本人口将为 1.05804 亿人，占世界人口的比重为 1.09%，占亚洲人口的 2%。2100 年将减至 7495.9 万人，占世界人口的比重为 0.69%，占亚洲人口的 1.59%。预计 1950～2100 年，日本总人口减少 784.3 万人。

韩国人口规模起点低，增速快，下降也快速。1950 年，韩国人口总数为 1921.1 万人，占世界人口的比重为 0.76%，占亚洲人口的 1.37%。之后呈现出明显的高速上升趋势，至 2024 年达到人口规模的高峰，为 5134.7 万人。进入 21 世纪后韩国人口出生率下降，未来人口更将出现大幅度下降，根据联合国人口报告中位数预测，2050 年下降为 4683 万人，占世界人口的比重为 0.48%，占亚洲人口的0.89%。2100年下降为2954.2万人，占世界人口的比重为0.27%，占亚洲人口的0.63%。预计1950~2100年，韩国总人口增加1033.1万人。

朝鲜人口规模持续增加时间较长，下降时间晚。1950年，朝鲜人口总数为1054.9万人，占世界人口的比重为0.42%，占亚洲人口的0.75%。之后呈现出明显的上升趋势，2019年为2566.6万人，2038年达到人口规模最大，为2687.1万人，此后开始缓慢下降，根据联合国中位数预测，2050年人口规模将达到2656.2万人，占世界人口的比重为0.27%，占亚洲人口的0.5%。2100年为2279.3万人，占世界人口的比重为0.21%，占亚洲人口的0.48%。预计1950~2100年，朝鲜总人口增加1224.4万人。

蒙古国是东亚国家中唯一呈现人口持续增长的国家。1950年蒙古国人口总数为78万人，占世界人口的比重为0.03%，占亚洲人口的0.06%。此后呈现出持续的增加趋势，2019年，蒙古国人口为322.5万人。根据联合国人口报告中位数预测，蒙古国未来人口将继续保持小幅度的上升，预计2050年为444.9万人，占世界人口的比重为0.05%，占亚洲人口的0.08%。2100年将达到538.7万人，占世界人口的比重为0.05%，占亚洲人口的0.11%。

3.3 东亚国家和地区人口性别构成发展趋势

东亚国家和地区的人口性别比偏高①，一直高于世界平均水平，1965年前还高于亚洲的平均水平。1950年，东亚总体人口性别比为105.7，高出世界平均水平（99.7）6.7，也高出亚洲平均水平（104.9）1.5。此后，世界平均水平的性别比逐渐提高，亚洲平均水平的性别比下降，东亚性别比也呈下降趋势。2015年东亚人口性别比为104.2，高于世界的101.7，低于亚洲的104.8。根据联合国人口报告中位数预测，2100年，东亚性别比达到104.2，世界平均水平为100.3，亚洲平均水平为102.4（见表3-3）。

① 人口性别比=（男性人数÷女性人数）×100%。

表 3－3　　1950～2100 年东亚国家和地区人口性别比发展趋势　　单位：%

国家和地区	1950年	1960年	1970年	1980年	1990年	2000年	2010年	2020年	2030年	2040年	2050年	2060年	2070年	2080年	2090年	2100年
世界	99.7	100.1	100.6	101.0	101.3	101.4	101.7	101.7	101.5	101.1	100.9	100.8	100.8	100.7	100.5	100.3
亚洲	104.9	104.5	104.3	104.4	104.6	104.6	104.9	104.7	104.2	103.5	103.0	102.8	102.7	102.6	102.5	102.4
东亚	105.7	104.7	104.2	104.3	104.3	104.2	104.4	104.0	103.2	102.5	102.4	103.0	103.9	104.4	104.3	103.8
中国大陆	107.9	106.4	105.4	105.4	105.4	105.4	105.7	105.3	104.5	103.7	103.5	104.2	105.2	105.6	105.5	104.7
中国香港	105.7	106.3	104.6	109.3	103.3	96.8	88.8	84.8	83.8	83.2	83.0	84.8	88.5	92.8	96.7	98.8
中国澳门	104.4	96.6	105.9	105.1	97.6	91.9	92.3	92.5	92.4	91.5	91.2	92.5	94.0	95.0	96.5	97.3
中国台湾	105.8	103.9	108.3	107.7	105.9	103.2	101.0	98.8	97.3	96.5	96.1	96.1	96.2	96.4	96.5	96.4
朝鲜	85.8	85.9	89.7	92.5	94.5	95.1	95.5	95.7	95.7	95.1	94.8	95.5	96.4	97.3	98.4	99.2
日本	96.2	96.9	97.2	97.5	97.2	96.5	95.7	95.4	95.0	94.8	94.9	94.5	94.5	95.3	95.9	96.1
蒙古国	96.7	96.7	97.1	97.3	97.5	99.5	98.4	97.1	95.8	94.7	94.3	94.2	94.5	95.2	95.8	96.2
韩国	99.2	101.4	100.9	100.4	100.5	100.7	100.4	100.2	99.8	98.9	97.9	97.8	98.3	98.8	99.2	100.1

资料来源：根据联合国网站数据整理，United Nations. Department of Economic and Social Affairs. World Population Prospects 2019，Online Edition. Rev. 1。

中国一直是东亚性别比最高的国家。中国大陆的性别比持续较高，中国香港、中国澳门、中国台湾的性别比则有所下降。1950 年，中国大陆的人口性别比为 107.9，中国台湾的性别比为 105.8，中国香港的性别比为 105.7，中国澳门的性别比为 104.4，总体均高于世界平均水平的 99.7，也高于亚洲的 104.9。此后，中国的人口性别比呈现下降趋势，预计 2045 年达到最低，这一年中国大陆的人口性别比为 103.5，中国台湾的性别比为 96.2，中国香港的性别比为 82.9，中国澳门的性别比为 91.2。之后又均有所提高，2100 年，中国大陆的人口性别比将达到 104.7，中国台湾的性别比为 96.4，中国香港的性别比为 98.8，中国澳门的性别比为 97.3。

日本人口的性别比相对低，比较稳定，总体上低于中国，也低于世界和亚洲平均水平。1950 年，日本的人口性别比为 96.2，2015 年为 95.6，预计 2100 年为 96.1。韩国人口性别比也偏高，高于日本、蒙古国、朝鲜，仅低于中国。1950

年，其人口性别比为99.2，此后逐渐提高，2015年为100.4，预计2100年为100.1。蒙古国的人口性别比高于朝鲜，低于日本、韩国、中国，1950年，其人口性别比为96.7，此后逐渐提高，2000年最高为99.5，之后又下降，预计2100年为96.2。朝鲜是东亚人口性别比起点最低的国家，1950年其人口性别比为85.8，此后呈现提高态势，2025年为95.8，预计2100年达到99.2。

3.4 东亚国家和地区人口年龄构成发展趋势

20世纪，东亚人口年龄构成相对比较年轻，是东亚经济起飞的重要人力资源支撑。1950年，东亚区域0~14岁人口占该地区总人口的比重为34.67%，高于世界平均水平（34.28%），低于亚洲平均水平（36.43%）；15~64岁人口占该地区总人口的比重60.94%，高于世界平均水平（60.64%），也高于亚洲平均水平（59.54%）；65岁及以上人口占该地区总人口的比重4.39%，低于世界平均水平（5.07%），高于亚洲平均水平（4.03%）。进入21世纪后，东亚人口结构发生变化，0~14岁和15~64岁人口比重逐渐下降，65岁及以上人口比重提高。2000年，东亚区域0~14岁人口占该地区总人口的比重分别为23.77%，低于世界平均水平（30.13%），也低于亚洲平均水平（30.33%）；15~64岁人口占该地区总人口的比重68.53%，高于世界平均水平（62.99%），也高于亚洲平均水平（63.88%）；65岁及以上人口占该地区总人口的比重7.7%，高于世界平均水平（6.87%），高于亚洲平均水平（5.79%）。预计2100年，东亚区域0~14岁人口占该地区总人口的比重分别为13.67%，低于世界平均水平（17.45%），也低于亚洲平均水平（14.71%）；15~64岁人口占该地区总人口的比重54.05%，高于世界平均水平（59.96%），也高于亚洲平均水平（57.74%）；65岁及以上人口占该地区总人口的比重32.28%，高于世界平均水平（22.59%），高于亚洲平均水平（27.55%）（见表3-4）。

中国大陆人口年龄结构变化趋势明显。1950年，中国大陆0~14岁人口比重是34.04%，此后持续增加，1965年达到最大值41.3%，之后大幅下降，2010年降至18.66%，2100年预计下降为13.67%，高于东亚平均水平（13.67%），低于世界平均水平和亚洲平均水平；15~64岁人口占总人口比重最大，1950为61.53%，至2010年最高将达到73.27%，然后开始下降，预计2100年将下降为54.37%；65岁及以上人口比重一直呈缓慢上升趋势，1950年65岁及以上人口占总人口比重为4.43%，其后一直缓慢上升。根据联合国人口报告中位数预测，2030年以后65岁及以上人口比重增长速度加快，超过0~14岁人口比重，2100年65岁及以上人口比重将达到31.85%，低于东亚平均水平（32.28%），高于世界平均水平（22.59%）和亚洲平均水平（27.55%）。

表3-4　1950~2100年东亚国家和地区人口年龄结构发展趋势　单位：%

国家和地区	1950年			2000年			2010年			2020年			2030年			2100年		
	0~14岁	15~64岁	65岁及以上	0~14岁	15~64岁	65岁及以上	0~14岁	15~64岁	65岁及以上	0~14岁	15~64岁	65岁及以上	0~14岁	15~64岁	65岁及以上	0~14岁	15~64岁	65岁及以上
世界	34.28	60.64	5.08	30.14	62.99	6.87	26.97	65.46	7.57	25.45	65.22	9.33	23.62	64.71	11.67	17.45	59.96	22.59
亚洲	36.43	59.54	4.03	30.33	63.88	5.79	25.91	67.38	6.71	23.48	67.65	8.87	21.08	67.11	11.81	14.71	57.74	27.55
东亚	34.67	60.94	4.39	23.77	68.53	7.71	18.16	72.47	9.37	17.12	69.53	13.35	15.31	66.54	18.15	13.67	54.05	32.28
中国大陆	34.04	61.53	4.43	24.79	68.4	6.81	18.66	73.27	8.07	17.71	70.32	11.97	15.77	67.37	16.87	13.78	54.37	31.85
中国香港	30.35	67.15	2.5	16.86	72.12	11.01	11.93	75.12	12.95	12.67	69.13	18.2	14.39	59.77	25.84	14.35	52.51	33.14
中国台湾	42.09	55.74	2.17	21.23	70.04	8.73	15.85	73.44	10.71	12.72	71.43	15.85	12.71	63.92	23.37	13.6	51.72	34.68
中国澳门	27.61	69.19	3.2	22.85	69.77	7.38	12.97	80.23	6.8	14.35	73.67	11.98	14.4	65.34	20.26	14.25	55.48	30.27
日本	35.37	59.72	4.91	14.78	68.23	16.99	13.35	64.15	22.5	12.45	59.15	28.4	11.13	58	30.87	12.21	50.51	37.28
朝鲜	43.44	53.51	3.05	25.94	68.17	5.89	22.64	68.6	8.76	19.84	70.81	9.35	19.32	67.98	12.7	14.42	56.57	29.01
蒙古国	32.52	63.52	3.96	34.77	61.54	3.69	27.02	69.17	3.81	31.09	64.59	4.32	27.92	65.22	6.86	17.32	60.9	21.78
韩国	42.49	54.64	2.87	20.61	72.2	7.19	16.1	73.21	10.69	12.54	71.67	15.79	10.46	64.79	24.75	11.84	49.85	38.31

资料来源：根据联合国网站数据整理，United Nations. Department of Economic and Social Affairs. World Population Prospects 2019，Online Edition. Rev. 1。

中国香港人口年龄构成变化比较有特色，0~14岁人口比重先下降后增长，15~64岁人口比重先提高后下降，65岁及以上人口比重持续提高。1950年，香港0~14岁人口比重为30.35%，1960年上升到最高值41%，之后快速下降，直至2010年下降为11.93%，此后逐渐增加，预计2100年将为14.35%；1950年15~64岁人口为67.1%，1960年下降为57%，此后呈缓慢上升趋势，至2010

年达到最高值75.1%，之后又有下降，预计2100年为52.51%；香港65岁及以上人口比重呈上升趋势并且上升速度不断加快，由1950年的2.5%缓慢增长为2010年的13%，之后加速增长为2060年的35%，预计2100年为33.14%。

中国澳门20世纪人口年龄构成更为年轻，1950年0～14岁人口占总人口比重为27.61%，1960年达到最大值42%后开始下降，2010年为15.85%，2030年后稍有上升呈现稳定态势，预计2100年为13.6%；15～64岁人口占总人口比重最大，1950年占比69.19%，其后迅速下降至1965年达到最低53%，紧接着呈波动上升趋势，至2010年达到73.44%，预计2100年为50.51%；65岁及以上人口呈逐渐上升趋势，1950年仅有3.2%，其后缓慢上升至2010年的10.71%，2010年之后迅速上升，预计2100年将增加到30.27%。

中国台湾人口年龄构成比重变动较大。1950年0～14岁人口所占比重为27.61%，1960年上升至观测范围最大值45%，其后迅速下降，至2030年达到最小值12.71%，预计2100年为13.6%；15～64岁人口占总人口比重最大，1950年占比为69.19%，1960年稍有下降后迅速上升，至2010年达到最大值73.44%，预计2100年为51.72%；65岁及以上人口所占比重呈现上升态势，1950年占比2.17%，其后缓慢上升，2010年到达到10.71%，预计2100年为30.27%。

日本人口年龄构成凸显其老龄化的严重态势。0～14岁人口占总人口的比重呈持续下降趋势，1950年为观测范围内最大值35.4%，其后加速下降，2000年后下降趋势减缓，2000年为14.71%，预计2100年为12.21%；15～64岁人口占总人口比重最大，1950年的比重为59.72%，其后先上升后下降，2000年为68.23%，预计2100年为51%；65岁及以上人口占总人口的比例则一直呈快速上升趋势，1950年为4.9%，2000年为16.98%，预计2100年这一比例将增加到37.28%。

韩国是东亚人口老龄化速度最快的国家。0～14岁人口占总人口1950年为42.49%，1965年达到最大值43%，其后加速下降，2020年比重为12.54%，其后下降又上升，预计2100年为11.84%；15～64岁人口占总人口的比重最大，1950年占比为54.64%，之后快速上升至2010年的73.21%，预计2100年下降为49.85%；65岁及以上人口占总人口的比重持续稳步上升，1950年仅占2.9%，2020年65岁及以上人口所占比重已经超过同时期0～14岁人口所占比重，预计2100年达到38.31%，是东亚老龄化水平最高的国家。

朝鲜人口年龄构成相对年轻。0～14岁人口占总人口的比重1950年为

43.44%，略微波动后持续下降，预计2040年朝鲜0~14岁人口占总人口的比重与同时期65岁及以上人口占总人口比重相近，2100年0~14岁人口占总人口的比重将下降为14.42%；15~64岁人口占总人口比重最大，1950年为53.51%，1990年达到第一高峰68.9%，2015年达到第二高峰69.3%，之后缓慢下降，根据联合国人口报告中位数预测，2100年将达到56.57%；65岁及以上人口占比呈逐渐上升趋势，1950年为3.05%，2000年为5.89%，预计2100年将上升到29.01%。

蒙古国是东亚最年轻的国家。1950年，0~14岁人口占总人口比重为32.52%，经历了短期的快速增长后，1975年增加到最大值45.3%，随后波动中下降，预计2100年将下降为17.32%；15~64岁人口占总人口比重最大，1950年为63.52%，其后有所下降，至1975年达到最小值49.8%，1975年之后有所上升，至2010年达到最大值69.17%，根据联合国人口报告中位数预测，2100年为60%；65岁及以上人口占总人口的比重在1950~2020年保持比较平稳状态，1950年时比重为3.96%，预计2100年比重将会增加到21.78%。

3.5 东亚国家和地区人口生育率和粗死亡率的发展趋势

3.5.1 东亚国家和地区人口生育率发展趋势

东亚区域总体人口生育率一直低于亚洲平均水平，并由高于世界平均水平转向低于世界平均水平。1950~1955年，东亚生育率为5.63，高于世界平均水平4.96，低于亚洲平均水平5.83，1955~1960年下降为5.05，高于世界平均水平4.90，低于亚洲平均水平5.59，此后增加，到1965~1970年为5.57，之后开始下降，1975~1980年为2.86，低于世界平均水平3.44，低于亚洲平均水平3.50，此后一直低于世界平均水平，预计2095~2100年为1.76，等于亚洲平均水平，低于世界平均水平1.94（见表3-5）。

表3-5　　1950~2100年东亚国家和地区生育率发展趋势

单位：每个女性平均生育子女数量

国家和地区	1950~1955年	1960~1965年	1970~1975年	1980~1985年	1990~1995年	2000~2005年	2010~2015年	2020~2025年	2030~2035年	2050~2055年	2075~2080年	2095~2100年
世界	4.97	5.02	4.47	3.59	3.01	2.65	2.52	2.42	2.33	2.18	2.03	1.94
亚洲	5.83	5.80	5.06	3.69	2.90	2.45	2.21	2.09	2.00	1.86	1.77	1.76
东亚	5.63	5.49	4.42	2.45	1.81	1.57	1.63	1.66	1.70	1.73	1.76	1.76
中国大陆	6.11	6.15	4.85	2.52	1.83	1.61	1.64	1.70	1.73	1.75	1.77	1.77
中国香港	4.44	5.05	3.01	1.72	1.26	0.95	1.20	1.41	1.54	1.67	1.73	1.75
中国澳门	4.39	4.41	1.79	2.06	1.41	0.85	1.19	1.30	1.44	1.60	1.69	1.72
中国台湾	6.72	5.41	3.33	2.23	1.76	1.33	1.11	1.24	1.37	1.53	1.63	1.67
朝鲜	3.46	3.85	4.00	2.80	2.25	2.00	1.93	1.86	1.80	1.75	1.74	1.74
日本	2.96	2.03	2.13	1.76	1.48	1.30	1.41	1.37	1.45	1.57	1.64	1.67
蒙古国	5.60	7.50	7.50	5.75	3.27	2.08	2.84	2.73	2.46	2.14	1.96	1.89
韩国	5.65	5.60	4.00	2.23	1.68	1.21	1.23	1.08	1.18	1.44	1.61	1.67

资料来源：根据联合国网站数据整理，United Nations. Department of Economic and Social Affairs. World Population Prospects 2019，Online Edition. Rev. 1。

中国大陆的生育率起点高，1950~1955年为6.11，高于世界平均水平和亚洲平均水平。1955~1960年因自然灾害影响，生育率有所下降，为5.48，仍高于世界平均水平4.90，低于亚洲平均水平5.59。1960~1965年，又提高至6.30，高于世界平均水平（5.02）和亚洲平均水平（5.80）。此后开始下降，先是在1970~1975年低于东亚平均水平，然后再低于世界平均水平和亚洲平均水平，1990~1995年出现低于人口替代率，为1.83，预计2095~2100年为1.77，低于世界平均水平1.94。

中国香港的生育率一直低于大陆，低于澳门，也低于世界平均水平和亚洲平均水平。1950~1955年为4.44，此后一直下降，1980~1985年为1.72，低于人口替代率，预计2095~2100年为1.75，低于世界平均水平和亚洲平均水平。中国澳门的生育率降低迅速，1950~1955年为4.39，此后快速下降，1970~1975年为1.79，低于人口替代率，2000~2005年低至0.85，预计2095~2100年为1.72。中国台湾1950~1955年的生育率为6.72，高于大陆，此后逐渐下降，

1985～1990 年出现低于人口替代率，为 1.77，2015～2020 年为 1.15，此后有所提高，预计 2095～2100 年为 1.67，为中国生育率最低的地区。

日本生育率降低较早，1950～1955 年的生育率为 2.96，此后一直下降，1975～1980 年出现低于人口替代率，为 1.83，预计 2095～2100 年为 1.67，和中国台湾相同，低于世界平均水平和亚洲平均水平；韩国生育率下降迅速，1950～1955 年为 5.65，此后一直下降，1985～1990 年出现低于人口替代率，为 1.57，预计 2095～2100 年为 1.67，和日本相同，低于世界平均水平和亚洲平均水平；蒙古国生育率较高，下降较缓慢，1950～1955 年为 5.60，此后有上升，1975～1980 年提高为 6.65，此后逐渐下降，预计 2095～2100 年为 1.89，低于世界平均水平，高于亚洲平均水平，是东亚生育率最高的国家；朝鲜生育率下降也比较快速，1950～1955 年为 3.46，在东亚国家中仅高于日本，此后开始下降，2015～2020 年出现低于人口替代率，为 1.91，此后逐渐下降，预计 2095～2100 年为 1.74，高于日本和韩国，低于世界平均水平和亚洲平均水平。

3.5.2 东亚人口粗死亡率发展趋势

1950～2100 年，东亚粗死亡率总体呈现下降、增长的发展趋势（见表 3－6）。1950～1955 年，东亚国家和地区的粗死亡率为 20.7‰，高于世界平均水平（19.1‰），低于亚洲平均水平（22.6‰）。此后出现下降趋势，1980～1985 年达到最低 6.5‰人，低于世界平均水平（10‰），低于亚洲平均水平（9.3‰）。之后呈现增长趋势，2015～2020 年为 7.4‰，低于世界平均水平（7.5‰），高于亚洲平均水平（6.9‰）。预计 2095～2100 年为 13.6‰，高于世界平均水平（11.2‰），高于亚洲平均水平（13‰）。

表 3－6　1950～2100 年东亚国家和地区人口粗死亡率发展趋势　单位：‰

国家和地区	1950～1955 年	1960～1965 年	1970～1975 年	1980～1985 年	1990～1995 年	2000～2005 年	2010～2015 年	2015～2020 年
世界	19.1	16.1	12.0	10.0	9.1	8.5	7.7	7.5
亚洲	22.6	18.7	12.0	9.3	8.0	7.2	6.9	6.9
东亚	20.7	18.5	8.8	6.5	6.7	6.7	7.2	7.4
中国大陆	22.6	20.7	9.2	6.6	6.7	6.6	7.0	7.1

续表

国家和地区	1950～1955年	1960～1965年	1970～1975年	1980～1985年	1990～1995年	2000～2005年	2010～2015年	2015～2020年
中国香港	7.6	5.5	4.8	5.1	5.6	5.5	6.4	6.6
中国澳门	10.2	7.5	5.4	5.6	4.2	3.8	3.7	3.9
中国台湾	10.2	6.5	5.1	5.3	5.7	6.0	6.9	7.5
朝鲜	23.2	13.8	8.3	6.2	5.8	8.3	8.6	9.1
日本	9.1	7.2	6.5	6.1	6.9	7.9	9.8	10.4
蒙古国	21.7	18.6	14.0	12.4	9.4	7.2	6.3	6.3
韩国	21.3	11.7	7.9	6.6	5.6	5.3	5.5	5.9
国家和地区	2020～2025年	2030～2035年	2040～2045年	2050～2055年	2065～2070年	2070～2075年	2080～2085年	2095～2100年
世界	7.7	8.2	9.4	9.7	10.4	10.6	10.9	11.2
亚洲	7.2	8.2	10.1	10.7	12.0	12.4	12.8	13.0
东亚	8.1	9.9	12.9	13.7	14.7	14.7	14.6	13.6
中国大陆	7.8	9.7	12.8	13.5	14.5	14.6	14.5	13.6
中国香港	7.2	8.4	11.8	12.7	13.1	13.1	12.9	10.4
中国澳门	4.3	5.9	9.4	10.2	11.0	11.3	11.7	9.1
中国台湾	8.1	9.8	13.7	14.8	16.4	16.7	16.2	13.9
朝鲜	9.6	10.4	12.2	12.7	12.7	12.7	13.0	13.0
日本	11.5	13.5	14.7	14.7	16.4	16.2	14.7	13.6
蒙古国	6.4	7.1	8.4	8.7	9.3	9.4	9.2	9.9
韩国	6.9	9.1	13.8	15.4	17.6	17.7	17.3	15.7

资料来源：根据联合国网站数据整理，United Nations. Department of Economic and Social Affairs. World Population Prospects 2019，Online Edition. Rev. 1。

中国大陆人口粗死亡率下降、增长的发展速度更快。1950年的人口粗死亡率为22.6‰，高于东亚平均水平，高于世界平均水平，与亚洲平均水平相同。其后呈现急剧下降趋势至1980～1985年达到最低6.6‰。之后缓慢上升，2010～2015年为7‰，再次高于亚洲平均水平（6.9‰），低于世界平均水平（7.7‰）。预计2100年为13.6‰，高于世界平均水平。

中国香港人口粗死亡率呈现下降、上升、再下降趋势。1950～2100年，1950

年人口粗死亡率为22.6‰，高于世界平均水平，低于亚洲平均水平。其后缓慢下降，至1970～1975年达到最低值4.8‰，低于世界平均水平和亚洲平均水平（12‰），低于东亚平均水平（8.8‰）。之后呈现缓慢上升趋势，至2060～2065年达到最高值13.2‰人，其后又呈现下降态势。预计2100年为10.4‰。

中国澳门是东亚人口粗死亡率最低的地区，人口粗死亡率有波动但总体呈现先下降后上升趋势。1950～2100年，澳门人口粗死亡率为10.2‰，低于世界平均水平和亚洲平均水平，其后呈现下降态势，1965～1970年为4.7‰。之后上升，2005～2010年为3.7‰，为观测范围内最低值，其后呈现上升态势。预计2100年中国澳门人口粗死亡率为9.1‰，为东亚粗死亡率最低的地区。

中国台湾人口粗死亡率发展趋势与中国香港类似，呈下降、上升、下降趋势。1950～2100年中国台湾人口粗死亡率为10.2‰，低于世界平均水平，其后缓慢下降至1970～1975年达到最低值4.8‰，之后呈现缓慢上升趋势至2080～2085年达到最高值16.2‰，其后呈现下降态势，预计2100年为13.9‰。

日本人口粗死亡率总体呈现下降、上升、下降的趋势。1950～1955年为9.1‰，其后呈小幅度下降趋势，远低于世界平均水平，于1975～1980年达到最低水平6.1‰，此后稳步上升至2065～2070年达到最高值为16.4‰。2000年及以后日本的粗死亡率均高于世界平均水平和亚洲平均水平，预计2100年为13.6‰。

韩国人口粗死亡率和日本相似，总体亦呈现下降、上升、下降的趋势，变动幅度高于日本。1950～1955年韩国人口粗死亡率为21.3‰，随后持续下降，于2005～2010年降至最低值5.2‰，之后呈现上升态势，预计2070～2075年将达到最大值17.5‰。预计2100年为15.7‰，为东亚粗死亡率最高的国家，高于世界平均水平和亚洲平均水平。

蒙古国人口粗死亡率总体呈下降、上升之势。1950～1955年蒙古国人口粗死亡率为21.7‰，此后持续降低，于2010～2015年降至最低水平6.3‰，此后上升，预计2100年为9.9‰。

朝鲜人口粗死亡率总体亦呈现下降、上升、下降的趋势。1950～1955年朝鲜人口粗死亡率为23.2‰，为东亚粗死亡率最高的国家，高于世界平均水平和亚洲平均水平。至1980～1985年达最低水平6.1‰，此后开始回升，1990年之后朝鲜粗死亡率高于世界平均水平。预计2100年朝鲜人口粗死亡率为13.6‰。

3.6 东亚国家和地区人口预期寿命和中位年龄的发展趋势

3.6.1 东亚各国人均预期寿命

东亚人均预期寿命不断提高，经历了低于世界平均预期寿命到超过世界平均预期寿命的发展历程，1950～1955年，东亚人均预期寿命平均年龄45.44岁，高于亚洲平均预期寿命（42.30岁），低于世界平均预期寿命（46.96岁）。1970～1975年东亚预期寿命提高到62.84岁，高出亚洲平均预期寿命（56.38岁），高出世界平均预期寿命（58.09岁）。此后，东亚人口预期寿命一直增长，预计2095～2100年东亚预期寿命提高到88.06岁，高出亚洲平均预期寿命（83.73岁）4.33岁，高出世界平均预期寿命（81.7岁）6.36岁（见表3－7）。并且，东亚女性预期寿命高于男性（见表3－8、表3－9），二者的差距也在6岁左右。

表3－7　1950～2100年东亚国家和地区人口预期寿命发展趋势　单位：岁

国家和地区	1950～1955年	1970～1975年	1990～1995年	2010～2015年	2030～2035年	2050～2055年	2070～2075年	2095～2100年
世界	46.96	58.09	64.56	70.88	74.79	77.35	79.39	81.70
亚洲	42.30	56.38	64.98	71.83	75.83	78.52	80.84	83.73
东亚	45.44	62.84	70.53	76.34	79.98	82.86	85.44	88.06
中国大陆	43.83	61.68	69.37	75.14	79.13	82.28	84.96	87.61
中国香港	63.15	72.49	78.04	83.40	86.61	89.22	91.48	94.02
中国澳门	60.98	70.64	78.05	83.29	85.99	88.55	90.77	93.55
中国台湾	58.16	69.33	74.42	79.26	82.69	85.33	87.60	90.36
朝鲜	37.59	61.73	70.03	70.79	74.66	77.91	81.07	84.53
日本	62.80	73.28	79.42	83.32	86.21	88.52	90.74	93.50
蒙古国	43.18	56.43	60.77	68.47	72.38	75.76	78.99	82.80
韩国	41.93	63.10	72.85	81.27	84.85	87.34	89.67	92.55

资料来源：根据联合国网站数据整理，United Nations. Department of Economic and Social Affairs. World Population Prospects 2019，Online Edition. Rev. 1。

表 3－8　1950～2100 年东亚国家和地区男性人口预期寿命发展趋势　单位：岁

国家和地区	1950～1955 年	1970～1975 年	1990～1995 年	2010～2015 年	2030～2035 年	2050～2055 年	2070～2075 年	2095～2100 年
世界	45.49	56.17	62.24	68.53	72.45	75.14	77.34	79.81
亚洲	41.48	55.31	63.35	69.80	73.70	76.54	79.13	82.29
东亚	43.92	61.11	68.32	73.94	77.81	81.23	84.18	86.76
中国大陆	42.54	60.20	67.48	73.07	77.17	80.85	83.94	86.51
中国香港	58.99	68.63	75.26	80.48	83.61	85.99	88.29	91.14
中国澳门	59.40	68.65	75.49	80.29	83.01	85.43	87.76	90.61
中国台湾	56.35	67.05	71.94	76.41	80.53	83.48	85.76	88.50
朝鲜	32.57	58.24	65.81	67.17	71.14	74.86	78.72	82.85
日本	61.00	70.63	76.25	80.05	83.13	85.45	87.70	90.45
蒙古国	41.47	54.15	58.15	64.52	68.26	71.93	75.78	80.50
韩国	37.65	59.53	68.60	77.87	81.93	84.51	86.89	89.76

资料来源：根据联合国网站数据整理，United Nations. Department of Economic and Social Affairs. World Population Prospects 2019，Online Edition. Rev. 1。

表 3－9　1950～2100 年东亚国家和地区女性人口预期寿命　单位：岁

国家和地区	1950～1955 年	1970～1975 年	1990～1995 年	2010～2015 年	2030～2035 年	2050～2055 年	2070～2075 年	2095～2100 年
世界	48.49	60.02	66.98	73.31	77.21	79.66	81.54	83.69
亚洲	43.20	57.49	66.74	74.01	78.09	80.61	82.67	85.26
东亚	47.14	64.61	72.93	78.94	82.23	84.53	86.77	89.49
中国大陆	45.29	63.18	71.49	77.45	81.17	83.75	86.06	88.82
中国香港	66.39	75.94	80.93	86.40	89.39	91.77	94.09	96.93
中国澳门	62.36	72.67	80.44	86.19	88.90	91.32	93.65	96.49
中国台湾	60.01	72.12	77.35	82.30	84.87	87.20	89.46	92.23
朝鲜	43.16	64.59	73.31	74.10	78.07	80.93	83.42	86.24
日本	64.61	75.90	82.41	86.47	89.31	91.64	93.87	96.63
蒙古国	44.91	58.79	63.53	72.70	76.55	79.52	82.10	85.03
韩国	47.27	67.03	77.02	84.43	87.79	90.32	92.69	95.56

资料来源：根据联合国网站数据整理，United Nations. Department of Economic and Social Affairs. World Population Prospects 2019，Online Edition. Rev. 1。

3.6.1.1 东亚男性人口预期寿命

东亚男性人口预期寿命总体上呈现出波动上升的趋势。1950～1955年，东亚男性预期寿命为43.92岁，低于世界男性平均预期寿命（45.49岁），高于亚洲男性平均预期寿命（41.48岁），此后一直增长，1965～1970年东亚男性预期寿命开始高于世界男性平均预期和亚洲男性平均预期寿命，此时东亚男性预期寿命为54.91岁，世界男性平均预期寿命为53.53岁，亚洲男性平均预期寿命为51.54岁。预计1995～2100年东亚男性预期寿命为87.8岁，高于世界男性平均预期寿命（81.5岁），高于亚洲男性平均预期寿命（83.4岁）。总体上，东亚国家和地区男性人口预期寿命情况为：中国香港＞日本＞中国澳门＞韩国＞中国大陆＞亚洲＞世界＞朝鲜＞蒙古国（见表3－7）。

1950～1955年，中国大陆男性人口预期寿命为44.15岁，在东亚国家和地区中的预期寿命较低，低于世界男性平均预期寿命，此后呈现出明显的上升趋势，1970～1975年达到60.2岁，超过亚洲平均水平（55.31岁），超过世界平均水平（56.17岁）。预计2100年中国大陆男性人口预期寿命为86.51岁，高于世界男性平均预期寿命和亚洲男性平均预期寿命，略低于东亚男性平均预期寿命（86.76岁）。

1950～1955年，中国香港男性人口预期寿命为58.99岁，高于亚洲和世界平均水平，此后呈现出缓慢的上升趋势。预计2100年中国香港男性人口预期寿命为91.14岁，高出世界男性平均预期寿命11.33岁，高出亚洲男性平均预期寿命8.85岁，高出东亚男性预期寿命4.38岁，是东亚男性“长寿之星”。1950～1955年，中国澳门男性人口预期寿命为59.4岁，一直高于亚洲和世界平均水平，此后呈现出缓慢的上升趋势，预计2100年为90.61岁。1950～1955年，中国台湾男性人口预期寿命为56.35岁，高于亚洲和世界平均水平，此后呈现出上升趋势，预计2100年为88.5岁。

1950～1955年，日本男性人口预期寿命为61.0岁，为东亚最高，高于亚洲平均水平和世界平均水平，此后持续上升。预计2100年为90.45岁。

1950～1955年，韩国男性人均预期寿命为37.65岁，低于亚洲平均水平和世界平均水平，除了朝鲜，低于其他东亚国家和地区，此后呈现出快速的上升趋势。1955～1960年达到49.08岁，超过了亚洲平均水平（43.67）和世界平均水平（47.78岁），低于东亚平均水平（45.07岁）。1960～1965年，韩国男性人均预期寿命提高到 52. 64 岁，不仅超过了亚洲平均水平（45. 62 岁）和世界平均水平（49. 55 岁），也超过了东亚平均水平（45. 55 岁）。预计 2100 年韩国男性人均预期寿命为 89. 76 岁。

1950～1955 年，蒙古国男性人均预期寿命为 41. 5 岁，此后呈现出明显的上升趋势，但一直低于于亚洲和世界平均水平。预计 2100 年为 80. 5 岁，高于世界平均水平，低于亚洲平均水平，是东亚男性人均预期寿命最低的国家。

1950～1955 年，朝鲜男性人均预期寿命为 32. 57 岁，为东亚地区最低，此后呈现出明显的上升趋势，在 1960 年首次超过了亚洲平均水平，在 1970～1975 年达到了 58. 24 岁，超过了世界平均水平（56. 17 岁）和亚洲平均水平（55. 31 岁），但低于东亚平均水平（61. 11 岁）。但是在 1995 年出现了下降甚至低于亚洲和世界平均水平，此后又继续上升，2100 年男性人均预期寿命为 82. 85 岁。

3. 6. 1. 2　东亚国家和地区女性人均预期寿命的发展趋势

东亚国家和地区女性人均预期寿命均呈现出波动上升的趋势。1950～1955 年，东亚女性人均预期寿命为 47. 14 岁，低于世界女性平均预期寿命（48. 49 岁），高于亚洲女性平均预期寿命（43. 2 岁），此后一直增长，1965～1970 年东亚女性预期寿命开始高于世界女性平均预期和亚洲女性平均预期寿命，此时东亚女性预期寿命为 59. 27 岁，世界女性平均预期寿命（57. 36 岁），亚洲女性平均预期寿命（53. 87 岁）。预计 1995～2100 年东亚女性预期寿命为 89. 49 岁，高于世界女性平均预期寿命（83. 69 岁），高于亚洲女性平均预期寿命（85. 26 岁）。总体女性人均预期寿命情况为：日本 > 中国香港 > 韩国 > 中国澳门 > 中国大陆 > 蒙古国 > 朝鲜 > 亚洲 > 世界（见表 3－9）。

1950～1955 年，中国大陆女性人均预期寿命为 45. 29 岁，高于亚洲平均水平，低于世界女性平均预期寿命，此后呈现出明显的上升趋势，1965～1970 达到 57. 48 岁，超过亚洲平均水平（53. 87 岁），超过世界平均水平（57. 36 岁），低于东亚平均水平（59. 27 岁）。预计 2100 年中国大陆女性人均预期寿命为 88. 82 岁，高于世界女性平均预期寿命和亚洲女性平均预期寿命，略低于东亚女性平均预期寿命（89. 49 岁）。

1950～1955 年，中国香港女性人均预期寿命为 66. 39 岁，远高于亚洲和世界平均水平，此后呈现出继续上升趋势。预计 2100 年中国香港女性人均预期寿命为 96. 93 岁，高出世界女性平均预期寿命 13. 24 岁，高出亚洲女性平均预期寿命 11. 67 岁，高出东亚女性预期寿命 7. 44 岁，是东亚女性“长寿之星”。1950～

1955年，中国澳门女性人均预期寿命为62.36岁，一直高于亚洲和世界平均水平，此后呈现持续上升趋势，预计2100年为96.49岁。1950～1955年，中国台湾女性人均预期寿命为60.01岁，高于亚洲和世界平均水平，此后呈现出继续上升趋势，预计2100年为92.23岁。

日本女性人均预期寿命起点高，发展平稳。1950～1955年，日本女性人均预期寿命为64.61岁，高于亚洲平均水平和世界平均水平，此后持续上升。预计2100年为96.63岁，是仅次于香港女性的“长寿之星”。

韩国女性人均预期寿命起点低，发展快。1950～1955年，韩国女性人均预期寿命为47.27岁，低于世界平均水平，高于亚洲平均水平，略高于其他东亚国家和地区，此后呈现出快速的上升趋势。1955～1960年达到57.35岁，首次超过了亚洲平均水平（45.55岁）和世界平均水平（51.01岁），高于东亚平均水平（48.53岁）。预计2100年韩国女性人均预期寿命为95.56岁。

蒙古国女性人均预期寿命起点低，发展平缓。1950～1955年，蒙古国女性人均预期寿命为44.91岁，低于亚洲平均水平和世界平均水平，是东亚女性预期寿命较低的国家，此后呈现出明显的上升趋势，预计2065～2070年为81.48岁，首次高于世界平均水平，但仍然低于亚洲平均水平。预计2100年为85.03岁，高于世界平均水平，低于亚洲平均水平，是东亚女性人均预期寿命最低的国家。

朝鲜女性人均预期寿命起点低，发展快。1950～1955年，朝鲜女性人均预期寿命为43.16岁，为东亚地区最低，此后呈现出明显的上升趋势，1955～1960年达到了52.54岁，首次超过了世界平均水平（51.01岁）和亚洲平均水平（45.55岁），也高于东亚平均水平（48.53岁）。预计2100年为86.24岁，高于世界平均水平和亚洲平均水平，但低于东亚平均水平。

3.6.2 东亚国家和地区人口中位年龄的发展趋势

20世纪东亚人口中位年龄在一直在30岁以下，1950年，东亚人口中位年龄是23.4岁，高于亚洲平均水平（22.1岁），低于世界平均水平（23.6岁），此后逐渐增长。1980年，东亚人口中位年龄为22.9岁，首次超越世界平均水平（22.6岁），以及亚洲平均水平（20.9岁）。持续增长态势下，2000年，东亚人口中位数年龄为30.7岁，首次超过30岁，预计2025年达到41.2岁，首次超过40岁。2100年为50岁，高出世界平均水平（41.9岁）7.1岁，亚洲平均水平（46.7岁）3.3岁。东亚国家和地区总人口中位年龄情况为：日本>中国香港>

韩国 > 中国澳门 > 中国大陆 > 朝鲜 > 亚洲 > 世界 > 蒙古国（见表 3 - 10）。

表 3 - 10　1950 ~ 2100 年东亚国家和地区人口中位年龄发展趋势　单位：岁

国家和地区	1950 年	1960 年	1970 年	1980 年	1990 年	2000 年	2010 年	2020 年	2030 年	2040 年	2050 年	2060 年	2070 年	2080 年	2090 年	2100 年
世界	23.6	22.6	21.5	22.6	24.0	26.3	28.5	30.9	33.0	34.6	36.2	37.6	38.7	39.7	40.8	41.9
亚洲	22.1	20.7	19.5	20.9	23.0	26.0	28.8	32.0	35.2	37.7	39.9	41.9	43.5	44.7	45.7	46.7
东亚	23.4	21.6	20.2	22.9	25.8	30.7	35.8	39.4	43.3	47.0	48.3	48.9	49.7	49.6	49.6	50.0
中国大陆	23.9	21.3	19.3	21.9	24.9	30.0	35.0	38.4	42.6	46.3	47.6	48.2	49.2	49.2	49.2	49.7
中国香港	23.7	23.4	21.7	25.7	31.0	36.2	41.2	44.8	47.9	51.3	53.4	51.3	50.0	50.4	49.5	48.8
中国澳门	25.7	21.3	18.8	25.7	28.9	33.4	36.3	39.3	44.2	48.9	50.5	48.7	49.1	48.5	47.2	47.5
中国台湾	18.8	17.5	18.9	23.2	27.5	32.0	37.2	42.5	47.4	51.3	54.2	55.3	53.6	52.6	52.0	51.0
朝鲜	18.0	19.9	21.0	21.8	25.0	29.4	33.0	35.3	37.8	40.4	42.1	43.0	44.6	46.0	46.6	47.6
日本	22.3	25.4	28.8	32.5	37.3	41.2	44.7	48.4	52.1	54.1	54.7	55.1	55.1	54.1	53.6	53.8
蒙古国	25.0	23.0	18.3	17.8	19.3	22.0	25.7	28.2	29.2	30.0	32.7	35.0	36.4	38.0	40.1	42.0
韩国	19.0	18.6	19.0	22.1	27.0	31.9	38.0	43.7	49.1	53.4	56.5	58.5	58.3	57.1	55.7	54.6

资料来源：根据联合国网站数据整理，United Nations. Department of Economic and Social Affairs. World Population Prospects 2019，Online Edition. Rev. 1。

1950 年，中国大陆人口中位年龄为 23.9 岁，高于亚洲平均水平和世界平均水平（23.5 岁），此后有所下降，1965 ~ 1970 年分别为 19.8 岁和 19.3 岁，低于亚洲平均水平和世界平均水平。此后逐渐增加，1985 年为 23.5 岁，超过了世界平均水平（23.3 岁）和亚洲平均水平（22 岁），但低于东亚平均水平（24.4 岁）。2000 年首次达到 30 岁，预计 2100 年为 49.7 岁，高于世界平均水平和亚洲平均水平，略低于东亚平均水平。

1950 年，中国香港人口中位年龄为 23.7 岁，高于亚洲平均水平和世界平均水平。20 世纪六七十年代有所降低，1965 年最低为 17.6 岁，低于亚洲平均水平和世界平均水平。此后开始增长，在 1975 年提高为 22.6 岁，再次超过了世界平均水平（21.9 岁）和亚洲平均水平（20 岁）。1990 年为 31 岁，预计 2100 年为

48.8岁，高于世界平均水平和亚洲平均水平，略低于东亚平均水平。

1950年，中国澳门人口中位年龄为25.7岁，高于亚洲平均水平和世界平均水平，经历了与中国香港相似的20世纪六七十年代的降低后又趋增长，1980年提高到23.2岁，再次超过了东亚、亚洲和世界平均水平。2000年为32岁，预计2100年为47.5岁，高于世界平均水平和亚洲平均水平，低于东亚平均水平。

1950年，日本人口中位年龄为22.3岁，高于亚洲平均水平，低于世界平均水平，而后持续增长，预计2030年起增速放缓，2060年到达最大55.1岁。2070年开始稍有下降，2100年将达到53.8岁，仅次于韩国的中位数年龄。

1950年，韩国人口中位年龄为19岁，低于亚洲和世界平均水平。而后快速增长，1985年达到24.3岁，超过亚洲平均水平（22岁）和世界平均水平（22.6岁），预计2060年达到最高值55.1岁，此后缓慢回落，2100年将达到54.6岁，是东亚人口中位数年龄最大的国家。

蒙古国人口中位年龄呈现下降、上升的发展趋势。1950年，其总人口中位数年龄为25岁，高于东亚、亚洲平均水平和世界平均水平。此后开始下降，1975年达到最低值17.5岁，之后开始上升，预计2040年首次达到30岁，2100年达到42岁，蒙古国是东亚人口中位数年龄最年轻的国家。

朝鲜人口中位年龄起点低，呈现持续增加的发展趋势。1950年，朝鲜总人口中位数年龄为18岁，低于亚洲平均水平和世界平均水平，是东亚最年轻的国家。此后持续增长，在1965年达到21.1岁，首次超过了亚洲平均水平（19.8岁），在1985年达到25岁，首次超过了世界平均水平（23.3岁）。2000年提高到32岁，预计2100年将达到47.6岁，高于世界平均水平和亚洲平均水平，低于东亚平均水平，仅次于蒙古国。

3.7 东亚国家和地区人口抚养比的发展趋势

3.7.1 东亚国家和地区人口总抚养比的发展趋势

东亚国家和地区人口总抚养比呈现上升、下降、上升的波动发展趋势。1950年，东亚总抚养比为64.1，低于世界平均水平（64.9）和亚洲平均水平（68.0），此后开始快速提高，经历20世纪六七十年代的增加，1970年达到

74.8，低于世界平均水平（75.0）和亚洲平均水平（79.6），此后逐渐下降，2010年达到最低38.0，继续低于世界平均水平（52.8）和亚洲平均水平（48.4），此后持续提高，预计2100年达到85.0，超过世界平均水平（66.8）和亚洲平均水平（73.2）（见表3－11）。

表3－11　1950～2100年东亚国家和地区人口总抚养比发展趋势　单位：%

国家和地区	1950年	1960年	1970年	1980年	1990年	2000年	2010年	2020年	2030年	2040年	2050年	2060年	2070年	2080年	2090年	2100年
世界	64.9	72.8	75.0	70.1	63.9	58.7	52.8	53.3	54.5	56.8	58.8	61.5	62.1	63.7	65.4	66.8
亚洲	68.0	77.1	79.6	72.8	63.1	56.6	48.4	47.8	49.0	52.8	55.9	61.1	63.6	66.8	70.3	73.2
东亚	64.1	74.6	74.8	65.7	50.9	45.9	38.0	43.8	50.3	63.2	69.7	79.8	79.7	82.0	84.5	85.0
中国大陆	62.5	77.0	79.1	68.4	52.0	46.2	36.5	42.2	48.4	61.3	67.3	78.0	77.7	80.4	83.3	83.9
中国香港	48.9	76.6	68.5	46.3	42.0	38.7	33.1	44.7	67.3	78.0	86.4	98.1	93.3	83.9	84.9	90.4
中国澳门	44.5	87.9	75.1	45.4	47.1	43.3	24.6	35.7	53.0	59.6	71.1	87.4	81.4	78.7	80.8	80.2
中国台湾	79.4	91.7	76.4	57.6	51.2	42.8	36.2	40.0	56.4	70.0	85.8	96.7	102.1	93.7	90.6	93.3
朝鲜	86.9	69.3	81.0	67.2	45.9	46.7	45.8	41.2	47.1	56.3	56.3	61.7	66.0	67.4	72.9	76.8
日本	67.5	56.0	44.9	48.1	43.6	46.6	55.9	69.0	72.4	86.3	97.2	99.2	98.1	100.4	99.4	98.0
蒙古国	57.4	71.9	96.3	93.0	80.5	62.5	44.6	54.8	53.3	50.4	55.1	58.4	52.4	56.1	62.7	64.2
韩国	83.0	87.3	82.9	61.2	44.2	38.5	36.6	39.5	54.3	75.5	92.1	103.4	109.5	110.3	104.2	100.6

注：总抚养比＝(0～14岁人口数＋65岁及以上人口数)/15～64岁劳动年龄人口数。

资料来源：根据联合国网站数据整理，United Nations. Department of Economic and Social Affairs. World Population Prospects 2019，Online Edition. Rev. 1。

中国大陆的人口总抚养比发展趋势与东亚一致，由于计划生育政策的作用，波动幅度更大一些。1950年，大陆的人口总抚养比为62.5，低于东亚、世界和亚洲平均水平。1955年，人口总抚养比提高为71.4，高于世界平均水平（68.4）和东亚平均水平（70.8），低于亚洲平均水平（72.7）。经历了20世纪六七十年代的上升后，逐渐下降，2010年达到最低为36.5，低于世界平均水平（52.8）和东亚平均水平（38.0），低于亚洲平均水平（48.4）。预计2100年为83.9，超过世界平均水平和亚洲平均水平。

中国香港的人口总抚养比波动大，呈现上升、下降、上升、下降的发展趋势。1950年，其人口总抚养比为48.9，低于东亚、世界和亚洲平均水平。1960年，人口总抚养比提高为76.6，高于世界平均水平（72.8），低于亚洲平均水平（77.1）。此后逐渐下降，2010年达到最低为33.1。之后又上升，预计2065年最高达到98.8，接下来又下降，2100年为90.4，超过世界平均水平和亚洲平均水平。

中国澳门的人口总抚养比起点低，波动大。1950年，其人口总抚养比为44.5，是东亚人口总抚养比最低的地区。1960年，人口总抚养比提高为87.9，高于世界平均水平和亚洲平均水平。此后逐渐下降，2010年达到最低为24.6。之后又上升，预计2060年最高达到87.4，接下来又下降，2100年将达到80.2，超过世界平均水平和亚洲平均水平。

中国台湾的人口总抚养比起点高。1950年，其人口总抚养比为79.4，超过世界平均水平和亚洲平均水平。此后逐渐下降，2010年达到最低为36.2。之后又上升，预计2070年最高达到102.1，接下来又缓慢下降，2100年将达到93.3，超过世界平均水平和亚洲平均水平。

日本的人口总抚养比持续较高。1950年，其人口总抚养比为67.5，超过世界平均水平，低于亚洲平均水平。此后逐渐下降，1990年达到最低为43.6。之后又上升，预计2080年最高达到100.4，接下来又缓慢下降，2100年将达到98.0，超过世界平均水平和亚洲平均水平，仅次于韩国。

韩国的人口总抚养比起点更高。1950年，其人口总抚养比为83.0，超过世界平均水平和亚洲平均水平。此后逐渐下降，2010年达到最低为36.3。之后又上升，预计2080年最高达到110.3，接下来又缓慢下降，2100年将达到100.6，是东亚总抚养比最高的国家。

蒙古国的人口总抚养比起点较低。1950年，其人口总抚养比为57.4，低于世界平均水平和亚洲平均水平。此后逐渐提高，1975年达到最高为100.8。之后又下降，2010年最低为44.6，此后逐渐上升，预计2100年将达到64.2，低于亚洲和世界平均水平，是东亚总抚养比最低的国家。

朝鲜的人口总抚养比起点最高，呈现下降、上升、下降、上升的波动趋势。1950年，其人口总抚养比为86.9，高于世界平均水平和亚洲平均水平。此后逐渐降低，预计2020年达到最低为41.2。此后逐渐上升，预计2100年将达到76.8，仅次于蒙古国。

3.7.2 东亚国家和地区少儿抚养比的发展趋势

东亚少儿抚养比总体上呈先上升、下降再上升的发展趋势。1950 年，东亚少儿抚养比为 56. 9，高于世界平均水平（56. 2），低于亚洲平均水平（61. 2），经历了 20 多年的持续增长，1965 年达到最高 69. 6，高于世界平均水平（66. 5），低于亚洲平均水平（74. 0），之后开始下降，预计 2035 年达到最低（22. 6），之后开始上升，2100 年达到 25. 3，高于世界平均水平（29. 1），低于亚洲平均水平（25. 5）（见表 3 – 12）。

表 3 – 12　　1950 ~ 2100 年东亚国家和地区少儿抚养比发展趋势　　单位：%

国家和地区	1950 年	1960 年	1970 年	1980 年	1990 年	2000 年	2010 年	2020 年	2030 年	2040 年	2050 年	2060 年	2070 年	2080 年	2090 年	2100 年
世界	56. 5	64. 2	65. 7	60. 1	53. 8	47. 8	41. 2	39. 0	36. 5	34. 7	33. 5	32. 7	31. 5	30. 6	29. 9	29. 1
亚洲	61. 2	70. 7	72. 8	65. 3	55. 2	47. 5	38. 5	34. 7	31. 4	29. 2	27. 8	27. 2	26. 3	25. 9	25. 7	25. 5
东亚	56. 9	67. 9	67. 7	57. 3	41. 5	34. 7	25. 1	24. 6	23. 0	22. 8	23. 5	24. 7	24. 5	25. 1	25. 5	25. 3
中国大陆	55. 3	70. 5	72. 4	60. 5	43. 5	36. 2	25. 5	25. 2	23. 4	23. 0	23. 7	24. 9	24. 6	25. 1	25. 6	25. 4
中国香港	45. 2	71. 7	61. 7	36. 9	29. 4	23. 4	15. 9	18. 3	24. 1	23. 1	21. 7	26. 0	27. 1	24. 6	25. 2	27. 3
中国澳门	39. 9	78. 6	67. 0	34. 4	37. 5	32. 7	16. 2	19. 5	22. 0	19. 2	21. 6	25. 4	24. 1	24. 6	26. 0	25. 7
中国台湾	75. 5	86. 9	71. 3	50. 1	41. 1	30. 3	21. 6	17. 8	19. 9	20. 6	20. 8	23. 0	25. 6	24. 8	24. 6	26. 3
朝鲜	81. 2	63. 9	75. 3	61. 3	39. 6	38. 1	33. 0	28. 0	28. 4	27. 5	25. 5	26. 4	25. 8	24. 8	25. 6	25. 5
日本	59. 2	47. 2	34. 9	34. 9	26. 5	21. 7	20. 8	21. 0	19. 2	20. 8	22. 9	22. 9	23. 0	24. 4	24. 6	24. 2
蒙古国	51. 2	63. 6	86. 9	84. 3	73. 0	56. 5	39. 1	48. 1	42. 8	36. 0	36. 5	35. 3	30. 8	30. 0	30. 0	28. 4
韩国	77. 8	81. 0	76. 6	54. 6	36. 7	28. 6	22. 0	17. 5	16. 1	17. 7	19. 0	20. 3	21. 7	23. 4	23. 6	23. 7

注：少儿抚养比为：（0 ~ 14 岁少年儿童人口数/劳动年龄人口数）× 100%。

资料来源：根据联合国网站数据整理，United Nations. Department of Economic and Social Affairs. World Population Prospects 2019，Online Edition. Rev. 1。

中国大陆的少儿抚养比也经历了上升、下降再上升的发展趋势。1950 年，其少儿抚养比为55.3，低于亚洲和世界平均水平。经历了10多年的上升发展，1965年达到最高值74.3，之后出现下降趋势，预计2035年出现最低22.9，接下来逐渐增加，2100年将达到25.4，低于世界和亚洲平均水平。

中国香港的少儿抚养比起点低，波动大。1950年，其少儿抚养比为45.2。之后上升发展，1960年达到最高值71.7，再出现下降趋势，2015年出现最低24.9，接下来逐渐增加，预计2100年将达到27.3，低于世界平均水平，高于亚洲平均水平。

中国澳门的少儿抚养比起点最低，波动大。1950年，其少儿抚养比为39.9。之后上升发展，1960年达到最高值78.6，之后出现下降趋势，2015年出现最低16.0，接下来在波动中发展，预计2100年将达到25.7，低于世界平均水平，高于亚洲平均水平。

中国台湾的少儿抚养比起点高，波动大。1950年，其少儿抚养比为75.5。之后上升发展，1960年达到最高值86.9，之后出现下降趋势，预计2020年出现最低17.8，接下来上升下降波动中发展，预计2100年将达到26.3，低于世界平均水平，高于亚洲平均水平。

日本的少儿抚养比起点不高，波动不大。1950年，其少儿抚养比为59.2。之后逐渐上升，1960年达到最高值86.9，之后出现下降趋势，预计2030年出现最低19.2，接下来渐趋增加，预计2100年将达到24.2，低于亚洲和世界平均水平。

韩国的少儿抚养比起点较高，波动较大。1950年，其少儿抚养比为77.8。之后逐渐上升，1960年达到最高值81.0，之后出现下降趋势，预计2030年出现最低16.1，接下来渐趋增加，预计2100年将达到23.7，低于东亚、亚洲和世界平均水平。

蒙古国的少儿抚养比起点较低，波动较大。1950年，其少儿抚养比为51.2。之后逐渐上升，1975年达到最高值91.0，之后持续下降趋势，预计2100年将达到28.4，是东亚少儿抚养比最高的国家。低于世界平均水平，高于东亚和亚洲平均水平。

朝鲜的少儿抚养比起点最高，持续下降。1950年，其少儿抚养比为81.2。之后逐渐减少，预计2050年将达到最低点25.5，之后小幅增加，预计2100年达到25.6，低于世界和亚洲平均水平。

3.7.3 东亚国家和地区老年抚养比

东亚各国和地区老人抚养比总体上呈波动上升的趋势，但增幅不大，日本显著高于其他国家和地区，韩国后来者居上。1950 年，东亚老年抚养比为 7.2，低于世界平均水平（8.4），高于亚洲平均水平（6.8），在 1960 年短暂降低到 6.8，之后持续增加，2000 年达到 11.2，首次超过世界平均水平（10.9）和亚洲平均水平（9.1），预计 2100 年将达到 59.7，超过世界平均水平（37.7）和亚洲平均水平（47.7）。未来老年抚养比情况大致可归纳为：韩国 > 日本 > 中国台湾 > 中国香港 > 中国大陆 > 中国澳门 > 朝鲜 > 蒙古国（见表 3－13）。

表 3－13　1950～2100 年东亚国家和地区老年抚养比发展趋势　单位：%

国家和地区	1950年	1960年	1970年	1980年	1990年	2000年	2010年	2020年	2030年	2040年	2050年	2060年	2070年	2080年	2090年	2100年
世界	8.4	8.6	9.3	10.0	10.1	10.9	11.6	14.3	18.0	22.2	25.3	28.8	30.7	33.0	35.5	37.7
亚洲	6.8	6.4	6.8	7.5	8.0	9.1	10.0	13.1	17.6	23.6	28.1	33.9	37.3	40.9	44.6	47.7
东亚	7.2	6.8	7.1	8.4	9.3	11.2	12.9	19.2	27.3	40.4	46.2	55.1	55.1	57.0	59.0	59.7
中国大陆	7.2	6.5	6.7	7.9	8.6	10.0	11.0	17.0	25.0	38.3	43.6	53.1	53.1	55.3	57.7	58.6
中国香港	3.7	4.8	6.8	9.4	12.6	15.3	17.2	26.3	43.2	54.8	64.7	72.0	66.2	59.3	59.7	63.1
中国澳门	4.6	9.3	8.2	11.0	9.6	10.6	8.5	16.2	31.0	40.5	49.5	62.0	57.2	54.1	54.8	54.6
中国台湾	3.9	4.7	5.2	7.5	10.1	12.5	14.6	22.2	36.6	49.4	65.0	73.7	76.6	69.0	66.0	67.1
朝鲜	5.7	5.4	5.7	5.9	6.3	8.6	12.8	13.2	18.7	28.8	30.8	35.3	40.2	42.6	47.2	51.3
日本	8.2	8.8	10.0	13.2	17.0	24.9	35.1	48.0	53.2	65.5	74.3	76.3	75.2	76.0	74.8	73.8
蒙古国	6.2	8.3	9.4	8.7	7.4	6.0	5.5	6.7	10.5	14.4	18.6	23.1	21.5	26.1	32.7	35.8
韩国	5.2	6.3	6.3	6.6	7.5	10.0	14.6	22.0	38.2	57.8	73.2	83.1	87.8	86.9	80.6	76.9

注：老年抚养比：（65 岁及以上人口数/劳动年龄人口数）×100%。

资料来源：根据联合国网站数据整理，United Nations. Department of Economic and Social Affairs. World Population Prospects 2019，Online Edition. Rev. 1。

1950年，中国大陆老年抚养比为7.2，低于世界平均水平，高于亚洲平均水平，20世纪增速较慢，直至2000年提高到10.0，仍然低于世界平均水平，高于亚洲平均水平，进入21世纪后增长速度加快，2015年达到12.9，高于世界平均水平（12.6）和亚洲平均水平（11.0），预计2100年达到58.6。

中国香港老年抚养比起点低、发展快，1950年，其老年抚养比3.7，是东亚老年抚养比最低的地区。增速较快，1985年提高到10.7，高于世界平均水平（9.9）和亚洲平均水平（7.7），进入21世纪后增长速度加快，预计2060年达到最高72.0，之后小幅度下降，预计2100年达到63.1。

中国澳门老年抚养比起点也较低，波动中发展。1950年，其老年抚养比4.6。之后发展快速，1980年提高到11.0，高于世界平均水平（10.0）和亚洲平均水平（7.5），然后下降再上升，进入21世纪后增长速度加快，预计2060年达到最高62.0，之后小幅度下降，预计2100年达到54.6。

中国台湾老年抚养比起点低，呈现较长时间的增速发展，再调整下降。1950年，其老年抚养比3.9，是东亚老年抚养比较低的地区。之后发展快速，1990年提高到10.1，等于世界平均水平（10.1），高于亚洲平均水平（9.1），经历下降、上升，进入21世纪后增长速度加快，预计2065年达到最高74.4，之后小幅度下降，预计2100年达到67.1。

日本老年抚养比起点高，发展快。1950年，其老年抚养比8.2，是东亚老年抚养比较最高的国家。之后发展快速，始终高于世界平均水平和亚洲平均水平，进入21世纪后增长速度加快，预计2060年达到最高76.3，之后小幅度下降，预计2100年达到73.8，仍然是东亚老年抚养比较最高的国家。

韩国老年抚养比起点一般，发展较快。1950年，其老年抚养比5.2，低于世界平均水平和亚洲平均水平。2005年达到12.3，首次超过世界平均水平和亚洲平均水平，之后发展快速，始终高于世界平均水平和亚洲平均水平，进入21世纪后增长速度加快，预计2065年达到最高88.1，之后小幅下降，预计2100年达到76.9。

蒙古国老年抚养比总体发展平缓。1950年，其老年抚养比6.2，低于世界平均水平和亚洲平均水平。1970年达到9.4，首次超过世界平均水平和亚洲平均水平，之后下降，2010年达到最低点5.5，之后持续增长，预计2100年达到35.8，是东亚老年抚养比最低的国家。

朝鲜老年抚养比呈现波动上升的发展趋势。1950年，其老年抚养比为5.7，低于世界平均水平和亚洲平均水平。2010年达到12.8，首次超过世界平均水平和亚洲平均水平，之后持续增长，预计2100年达到51.3。

3.8　东亚国家和地区人口迁移发展趋势①

总体上，东亚是人口净流出地区，人口流出数量大于迁入规模。1950～1955年，亚洲净流入人口99.4万人，其中，东亚净流出人口18万人。1950～1955年，亚洲净流入人口165.9万人，东亚净流入人口27.6万人。1960～1975年，东亚一直是净流出人口，亚洲在1970～1975年出现净流出人口116.4万人。1975～1985年，东亚净流入人口23.1万人，亚洲净流出人口136.2万人。1985年以来，东亚又一直是净流出人口，2000～2005年，东亚净流出人口达到最大值143.6万人，占亚洲净流出人口824.3万人的17.42%。预计2020～2025年东亚净流出人口119.1万人，占亚洲净流出人口668.7万人的17.81%，此后有所下降，2100年为92.6万人，占亚洲净流出人口844.3万人的10.97%。总体上，中国大陆、蒙古国、朝鲜属于人口净流出国家，中国香港、中国澳门、中国台湾、日本、韩国属于人口净流入地区和国家（见表3－14）。

表3－14　1950～2100年东亚国家和地区人口移民发展趋势　单位：千人

国家和地区	1950～1960年	1960～1970年	1970～1980年	1980～1990年	1990～2000年	2000～2010年	2010～2020年
亚洲	2653	892	－2358	－1605	－10791	－17333	－15600
东亚	96	－66	－399	－157	－959	－3147	－1572
中国大陆	－316	－1286	－1152	－632	－1163	－4144	－3294
中国香港	313	44	464	382	532	155	221
中国澳门	－76	53	－21	59	50	89	67
中国台湾	100	602	－235	19	－400	455	320
朝鲜	－568	0	0	0	－14	－42	－54
日本	－100	671	920	－248	－54	442	716
蒙古国	0	0	0	0	－141	－26	－9

① 人口迁移和流动有国内外的分类，本章的人口迁移和流动统计是跨国际的人口流入和流出。

续表

国家和地区	1950～1960 年	1960～1970 年	1970～1980 年	1980～1990 年	1990～2000 年	2000～2010 年	2010～2020 年
韩国	743	-151	-375	263	231	-75	460
国家和地区	2020～2030 年	2030～2040 年	2040～2050 年	2050～2060 年	2060～2070 年	2070～2080 年	2080～2090 年
亚洲	-14668	-16904	-16915	-16887	-16887	-16887	-16887
东亚	-2256	-1871	-1857	-1852	-1852	-1852	-1852
中国大陆	-3617	-3118	-3106	-3101	-3101	-3101	-3101
中国香港	302	200	200	200	200	200	200
中国澳门	50	50	50	50	50	50	50
中国台湾	240	240	240	240	240	240	240
朝鲜	-29	-20	-20	-20	-20	-20	-20
日本	556	486	487	488	488	488	488
蒙古国	-9	-9	-9	-9	-9	-9	-9
韩国	250	300	300	300	300	300	300

资料来源：根据联合国网站数据整理，United Nations. Department of Economic and Social Affairs. World Population Prospects 2019，Online Edition. Rev. 1。

中国大陆一直是人口净流出，1950～1955 年，大陆净流出人口 25.6 万人，超出东亚净流出人口 7.6 万人。1955～1960 年，净流出人口 6 万人，1960～1965 年，净流出人口 112.6 万人，超出东亚净流出人口 2.2 万人。从 1970 年以来，大陆净流出人口一直高于东亚净流出人口。2005～2010 年，大陆净流出人口达到最大值 217.8 万人，比亚洲净流出人口超出 74.2 万人。此后，净流出增速有所波动，预计 2020～2025 年东亚净流出人口 185.6 万人，占亚洲净流出人口 668.7 万人的 27.76%，此后有所下降，2095～2100 年为 155 万人①，占亚洲净流出人口 844.3 万人的 18.36%。

中国香港一直是人口净流入城市，除了 1965～1970 年人口净流出 2.7 万人外，其他年份都是人口净流入。1950～1960 年，中国香港的人口净流入为 31.3 万人，此后，一直到 2005 年，中国香港的净移民量一直呈波动式发展，并分别于

① 2019 年的联合国人口报告预测中国大陆在 2040～2045 年……2095～2100 年，每个 5 年阶段的人口净流入数量均为 155 万人。

1975~1980 年和 1995~2000 年出现两次人口流入高峰，流入人口分别为 39 万人和 37.6 万人。人口流入最低值出现在 2000~2005 年，为 6.5 万人。预计 2095~2100 年净流入人口 10 万[①]。

中国澳门呈现人口流出转流入的发展趋势。除 1950~1960 年、1970~1980 年为人口流出外，其他年份都是人口净流入。1950~1960 年中国澳门人口净流出 7.6 万人，1960~1970 年人口净流入 5.3 万人，1970~1980 年人口净流出 2.1 万人。此后，人口一直净流入，2000~2005 年流入人口达到最大值 4.6 万人，预计 2095~2100 年澳门净流入人口 2.5 万人[②]。

中国台湾经历了人口流入和人口流出的波动发展趋势。其中，1970~1985 年、1990~2000 年为人口净流出，其他年份为净流入。1950~1960 年中国台湾人口净流入 10 万人，1960~1970 年人口净流入 60.2 万人。1970~1985 年，人口净流出 29.1 万人。1980~1985 年，人口净流入 8 万人，1990~2000 年人口流出 40 万人，进入 21 世纪，人口一直是净流入，2000~2005 年达到人口流入最高值 25 万人。预计 2095~2100 年中国台湾净流入人口 12 万人[③]。

日本经历了人口流出和人口流入的多次波动发展趋势，其中 1950~1960 年、1985~1990 年、1995~2000 年间为人口净流出，其他年份都是净流入。1955~1965 年的净流出人口为 25.1 万人；1965~1985 年，一直是人口净流入，其中 1965~1970 年达到人口流入最大值 82.3 万人。1985~1990 年人口净流出 29.8 万人。1990 年人口净流入 4.6 万人，1995~2000 年人口净流出 10 万人，之后一直是净流入，预计 2015~2020 年达到最大值 32.3 万人，2095~2100 年达到 24.4 万人[④]。

韩国国际移民数量也呈现大幅度波动趋势，其中 1960~1980 年、2000~2005 年间为人口净流出，其他年份均为人口净流入。1950~1960 年，人口净流入 74.3 万人。1960~1980 年，人口净流出为 52.6 万人。1980~2000 年人口净流入 49.4 万人，2000~2005 年人口净流出 15.7 万人，此后一直是人口净流入，2010~2015 达到人口净流入最大值 40.1 万人。预计 2095~2100 年人口

---

① 2019 年的联合国人口报告预测中国香港在 2030~2035 年……2095~2100 年，每个 5 年阶段的人口净流入数量均为 10 万人。

② 2019 年的联合国人口报告预测中国澳门在 2025~2030 年……2095~2100 年，每个 5 年阶段的人口净流入数量均为 24.4 万人。

③ 2019 年的联合国人口报告预测中国台湾在 2020~2025 年……2095~2100 年，每个 5 年阶段的人口净流入数量均为 12 万人。

④ 2019 年的联合国人口报告预测日本在 2045~2050 年……2095~2100 年，每个 5 年阶段的人口净流入数量均为 2.5 万人。

净流入15万人[①]。

蒙古国的国际人口流动发展较晚。1950～1990年，蒙古国的净移民量一直为0，从1990年以来一直是人口净流出，流出规模不断下降，1990～1995年流出规模达到最大，为8.8万人。预计2095～2100年净流出0.9万人。

朝鲜的人口流动经历了20世纪50年代初的流出人口后停止了30多年，直到90年代开始再次流出。1950～1955年，朝鲜的人口净流出为56.8万人。从1955～1990年，朝鲜的人口流动统计为0。自1990年以来，朝鲜人口净流出数量逐渐增加，2010～2015年达到最大值2.7万人。预计2095～2100年人口净流出1万人[②]。

3.9 东亚人口老龄化的特征总结

联合国经济和社会事务部人口司发布的人口报告显示，全球多国经历了生育率下降的趋势。东亚地区和国家的生育率一再降低，远超出世界平均水平，人口老龄化速度非常快速。

从全球人口发展趋势看，低生育率人口转变后存有三种发展路径：翻升、持平、持续下坠。翻升的类型以北欧国家瑞典为代表（平均生育率下降后回稳到1.9左右）；持平以西欧德国为代表（徘徊于1.4左右）；东亚国家和地区则是持续下坠的代表（Haub，2008）。

东亚国家和地区低生育率具有三个主要特征：20世纪60～80年代，普遍出现生育率快速下降现象，除蒙古国外，各国生育率都降到更替水平2.1左右。自20世纪90年代以来，东亚地区和国家一直都处于低生育率阶段，低生育率现象的维持时间长；进入21世纪，东亚地区和国家的总和生育率均降至1.5左右后并没有停止，而是持续下降，甚至进入超低生育率国家（罗璇，2016）。

“低生育率陷阱”理论认为，当一国的总和生育率水平降到1.5以下，就会产生自我强化自制，在短期内无法回升（V. Skirbekk & Lutz Vegard，2005）。

中、日、韩三国的生育率下降最为明显。2017年中国人口“总和生育率”

---

① 2019年的联合国人口报告预测韩国在2025～2030年……2095～2100年，每个5年阶段的人口净流入数量均为1.5万人。

② 联合国人口报告预测朝鲜在2020～2025年……2095～2100年，每个5年阶段的人口净流出数量均为1万人。

为1.68，日本为1.43，韩国则仅为1.05，韩国连续13年列入“全球生育率超低”国家的行列。在所有调查国家或地区中位列倒数第一。2018年韩国总生育率为0.98，2019年降至0.88，达到史上最低。由此，人们开始质疑，东亚地区是否已进入“低生育率陷阱”?

目前东亚地区的少子化和低生育率造成了年轻人口的快速减少，这也将进一步增加老年人口在总人口中所占的比重，使日益严重的东亚老龄化问题雪上加霜。韩国《东亚日报》甚至刊文惊呼“国家消失的时代正在来临”。

造成东亚生育率持续走低乃至可能进入“超低生育率陷阱”的具体原因将在本书第4章进行深入剖析。

第4章 “东亚特色”人口老龄化的成因分析

“少子老龄化”引起社会经济结构的改变，给东亚国家和地区发展带来巨大挑战。东亚地区和国家老龄化的原因既有一般人口发展规律的影响，也与东亚特有的社会经济发展历程和文化因素有关。

4.1 宏观经济因素：后发现代化视角

“后发现代化”是指那些面临外部现代化挑战，本身却缺乏现代化因素积累的国家，由政府出面运用国家机器的强大力量，自上而下启动经济现代化的一种模式。而“后发现代化”国家的发展模式的突出特点就是，国家通过行政等强制手段，解构传统的家庭结构，使经济在短暂时间内迅速发展，从而在各方面指标上达到现代化（陈周，2015）。从“东亚模式”分析看（参见本书第5章内容），东亚低生育率的国家都是典型的后发现代化国家。

4.1.1 中、日、韩三国人均GDP的快速增加

中日韩都是在低起点上，通过跨越式的经济增长实现工业化的。GDP规模体现了一个国家的总体经济实力，人均GDP则更能表明经济发展质量和人民福利。从图4-1可以看出，三国中日本的人均GDP水平一直最高，中国最低；尤其是2000年以前，日本和韩国经济都经历了快速增长时期，所以人均GDP增长得很快，而这一时期的中国刚刚拉开改革开放的大幕，现代经济发展刚刚起步，人民生活还没完全解决温饱问题，所以人均GDP水平最低。2000年以后，三国的经济都有了长足发展，中国这一时期的人均GDP增长速度已经基本赶上日韩。具

体来看，1970年，中、日、韩三国的人均GDP分别为228.3美元、18699.7美元和1815美元（2010年不变美元），中国人均GDP分别占日韩的1.22%和12.58%；2010年，中、日、韩三国的人均GDP分别为4560.5美元、44507.7美元和22086.9美元，中国分别占日韩的10.25%和20.65%；2017年，中、日、韩三国人均GDP分别为7329.1美元、48567.4美元和26152美元。经过近50年的追赶式发展，中国的经济发展水平已经有了很大程度的提高，但是庞大的人口规模和相对低的经济起点依然使得中国和日韩间人均GDP的绝对差距依然存在。

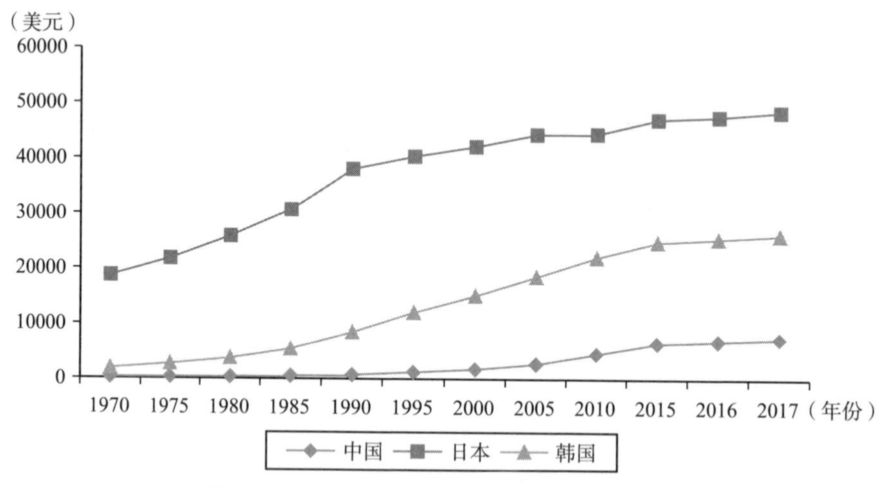

图4－1　中、日、韩三国人均GDP发展趋势

资料来源：根据世界银行《世界经济发展指标》数据库整理。

4.1.2　中、日、韩三国工业化水平的迅速提高[①]

中、日、韩三国的工业化发展趋势首先体现在产业结构的规律性变化上，从总体上看，三国都经历了第一产业比重下降和第三产业比重升高的过程。其中，

① 工业化主要是指工业在一国经济中的比重不断提高，以至取代农业，成为经济主体的过程，是传统的农业社会向现代化工业社会转变的过程，这一过程的特征主要是农业劳动力大量转向工业，农村人口大量向城镇转移，城镇人口超过农村人口。广义工业化的含义以张培刚（1945）在其哈佛博士论文《农业与工业化》中提出的定义为代表："一系列基本生产函数连续发生变化的过程"，后来又将工业化定义修改完善为"国民经济中一系列基本的生产函数（或生产要素组合方式）连续发生由低级到高级的突破性变化（或变革）的过程"。狭义的工业化则以《新帕尔格雷夫经济学大辞典》所做的定义为代表：国民收入（或地区收入）中制造业活动和第二产业所占比例提高；或者制造业和第二产业的就业劳动人口的比例增加。基于数据可得性，本章依据狭义定义，主要从产业结构和就业结构变化两个方面分析中、日、韩三国的工业化发展态势。

日本和韩国第一产业占比都很低，第三产业占比都比中国要高。三国工业化发展过程的区别体现在第二产业比重的变化上，中国的比重变化不大，日本的比重在逐步下降，而韩国第二产业占比是在逐渐升高的，但是从图4－2、图4－3和图4－4中可以看出，日本和韩国第二产业比重下降和升高的趋势都比较缓慢，而且1990年以后，日韩产业结构趋同的趋势愈加明显。

具体从产值结构看，1970年，中国的三次产业产值结构为35.2∶40.5∶24.3；日本的这一比值为5.9∶45.2∶48.9；韩国的为28.9∶26.8∶44.3，中国第一产业产值比重比日本和韩国分别高29.3个和6.3个百分点，中日第二产业产值比重相似，分别比韩国高11.6个和18.3个百分点，中国第三产业比重比日韩分别低24.6个和20个百分点。

2017年，中国的三次产业产值结构为7.9∶40.5∶51.6；日本的比值为1.2∶29.3∶69.5，韩国的比值为2.2∶39.5∶58.3，中国第一产业比重比日韩分别高6.7个和5.7个百分点，第二产业比日韩分别高11.2个和0.9个百分点，第三产业比日韩分别低17.9个和6.7个百分点。经过近50年的发展，中国和日韩在三大产业上的差距均在变小。

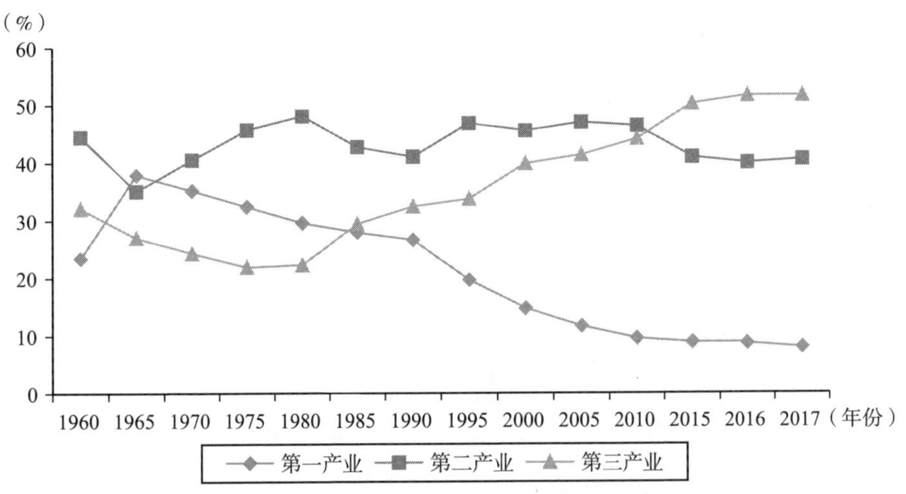

图4－2　中国三次产业产值占总产值比重

注：三大产业划分依据世界银行《世界发展指标》中的相关说明进行，第一产业包括农业、林业、畜牧业、渔业和农林牧渔服务业；第二产业包括采矿业，制造业，电力、煤气及水的生产和供应业，建筑业；第三产业是除第一、第二产业以外的其他行业。日韩数据根据这一划分依据进行了重新计算。

资料来源：根据世界银行《经济发展指标》数据库和中国国家统计局数据库中的相关数据整理。

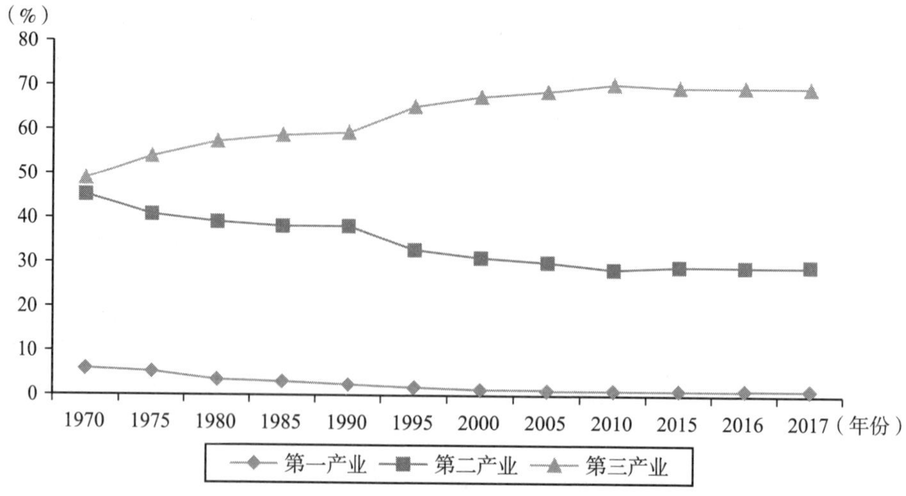

图 4－3　日本三次产业产值占总产值比重

资料来源：根据世界银行《世界发展指标》数据库和日本国家统计局数据库资料整理。

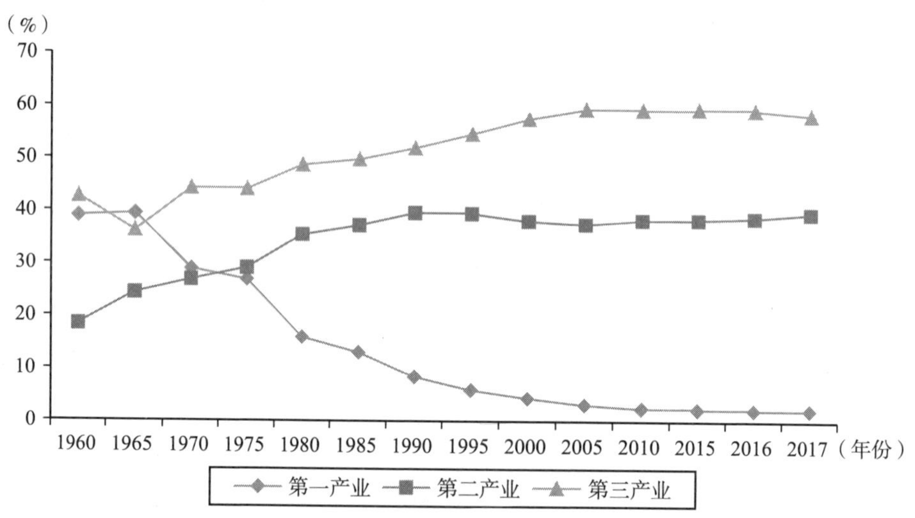

图 4－4　韩国三次产业产值占总产值比重

资料来源：根据世界银行《世界发展指标》数据库和韩国银行经济统计数据库资料整理。

从就业结构看，1991 年，中国三次产业就业结构为 59.7∶21.6∶18.7，日本的比值为6.7∶34.6∶58.7，韩国的为 16.4∶35.9∶47.7，中国第一产业就业比重比日韩分别高 53 个和 43.3 个百分点，第二产业比日韩分别低 13 个和 14.3 个百分点，第三产业比日韩分别低 40 个和 29 个百分点；2010 年，中日韩三次产业就业结构分别为36.7∶27.5∶35.8、4.1∶25.7∶70.2和6.6∶25∶68.4，中国第一产业就业比重比日韩分别高32.6个和30.1个百分点，第二产业就业比重比日韩分别高1.8个和2.5个百分点，第三产业就业比重比日韩分别低34.4个和32.6个百分点；2017年，中国三次产业就业结构为：27∶29∶44；日本为3.4∶24.6∶72，韩国为4.8∶25.1∶70.1，中国第一产业就业比重比日韩分别高23.6个和22.5个百分点，第二产业就业比重比日韩分别高4.4个和3.9个百分点，第三产业就业比重比日韩分别低28个和26.1个百分点。经过近30年的发展，三国第一产业就业比重均在下降，中国下降的幅度最大；日韩第二产业就业比重在下降，但幅度很小，中国第二产业就业比重依然在上升；三国第三产业的就业比重都在上升，中国的幅度最大，但是绝对水平还是要远低于日韩。

从图4-5、图4-6和图4-7可以看出，日韩就业结构非常相似，中国与两国存在较大不同，从工业化发展经验判断，日韩的就业结构要优于中国，第三产业就业比重更高。然而，“产业结构的变革，第三产业就业的增加，使社会生产更加注重劳动者的知识水平和技术水平，对劳动者的体力要求相对下降，这一转变为妇女在更广的范围内参加社会劳动提供了机会，女性拥有了更多的就业机会和发展空间，逐渐把更多的时间和精力用在个人的发展上面，从而减少了生育子女的精力”（翟永兴，2011）。“东亚后发现代化的一个重要特征就是，通过解构传统儒家的家庭结构，让女性成为直接生产力进而快速发展经济，而这样的被发动‘走出来’的女性很难再‘走回去’，只会越走越远”（陈周，2015）。这也是日韩两国生育率下降后难以回复的一个重要原因。韩国社会学者张庆燮提出“压缩的现代化”的概念，作为解释东亚各国家庭危机及社会危机的分析工具：“作为一种追赶型的现代化，亚洲国家实际上将西方国家两个阶段的过程（即经济、政治、社会和文化的现代化过程，以及个体化、风险社会、全球化社会的过程），压缩成了一个阶段，这是一个在时空上被极度浓缩化的过程，诸多的社会危机由此产生”①。

---

① 日本家庭社会学家落合惠美子赞成张庆燮的观点，她对东亚各国作了更为细致的类型区分：将韩国的现代化定义为“压缩的现代化”，而将日本的现代化定义为“半压缩的现代化”，并对日本家庭困境的深刻背景作了进一步的分析。参见：陈映芳．城市治理研究第三卷［M］．上海交通大学出版社，2018.

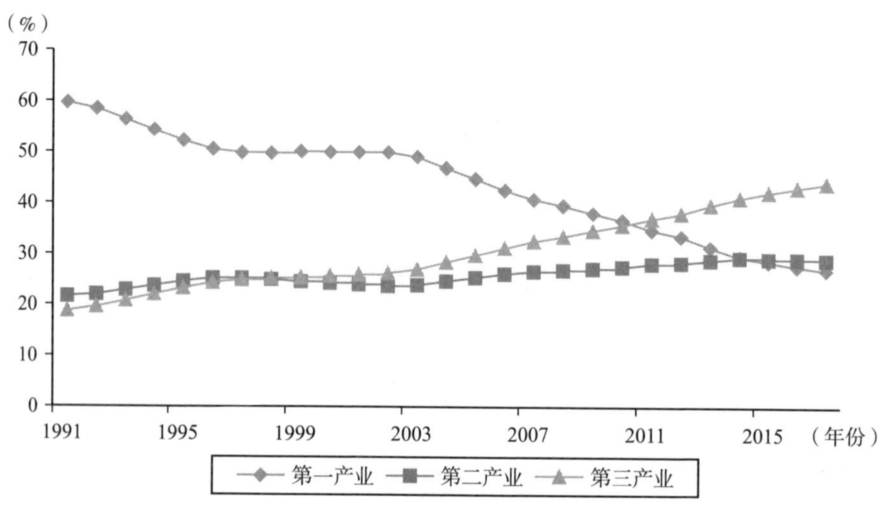

图 4-5 中国三次产业就业比重发展趋势

资料来源：根据世界银行《世界发展指标》数据库资料整理。

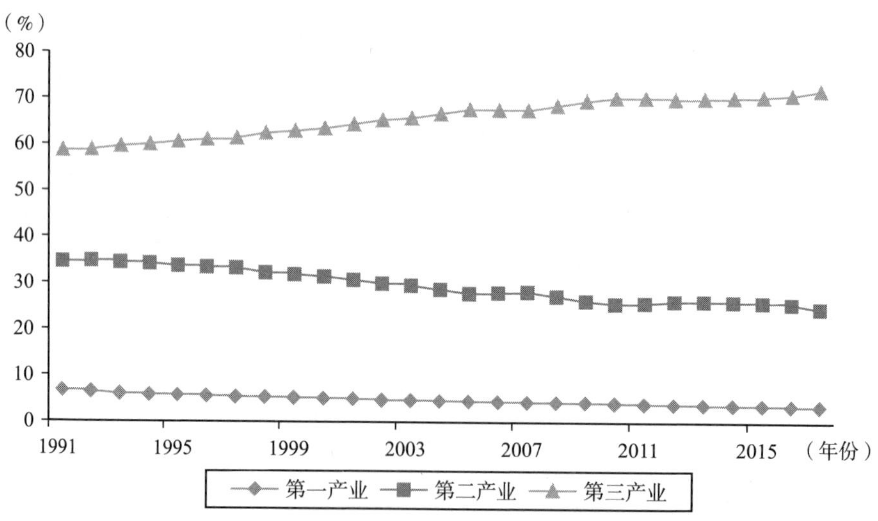

图 4-6 日本三次产业就业比重发展趋势

资料来源：根据世界银行《世界发展指标》数据库资料整理。

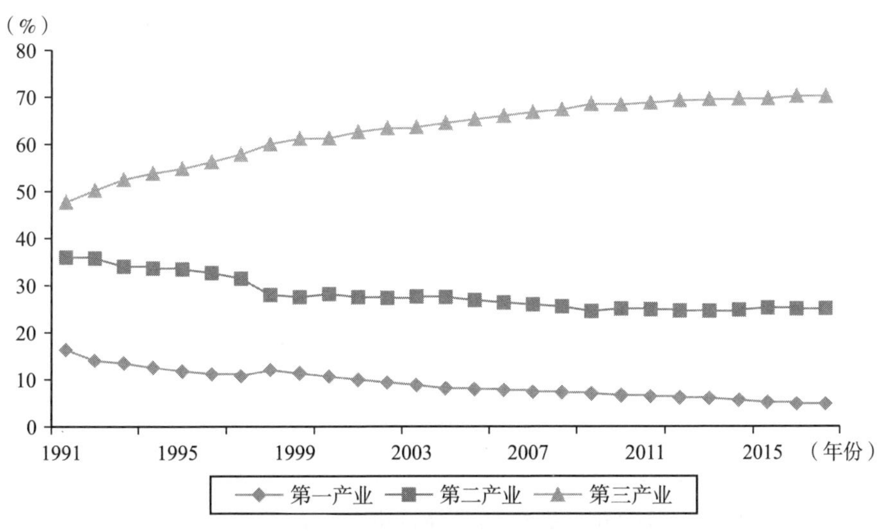

图4-7 韩国三次产业就业比重发展趋势

资料来源：根据世界银行《世界发展指标》数据库和韩国银行经济统计数据库资料整理。

4.1.3 中、日、韩三国城镇化水平的迅速提高[①]

从1960～2017年城镇人口占总人口比重看，中国城镇化率从16.2%提高到57.96%，年均增长0.73个百分点；韩国从27.7%提高到81.5%，年均增长0.94个百分点；日本从63.3%提高到91.5%，年均增长0.5个百分点。仅从城镇化速度看，50多年间韩国的速度最快，其次是中国，日本最慢。但是日本城镇化时间开始较早，在1920年、1940年和1950年时，城镇人口占总人口的比重分别为18%、35%和37%，1960年时，城镇人口比重已达到63.3%，分别比中国和韩国高出47.1%和35.6%，从如此高起点开始增长，增长空间和速度肯定会受到影响，幅度不会很大。2017年，日本城镇人口占总人口的比重为91.5%，分别高出中国和韩国33.5%和10%，韩国比中国高出23.5个百分点。改革开放

① "城镇化"或"城市化"源自英文"urbanization"，翻译成中文有三种不同的观点：一译为"城市化"，二译为"城镇化"，第三种观点认为既可译成"城市化""都市化"，也可译成"城镇化"。虽然城镇化和城市化这两个概念在内涵和外延上有所区别，但是所有经济发达国家经济起飞和增长的历史进程表明，小城镇是各国城市化过程中一个不可超越的城市发展形势和城市发展阶段。不论是从乡村到城镇，再到城市，还是从乡村到城市，再到城镇的发展路径，殊途同归，发达国家的成功经验都是大中小城市的共同繁荣，城乡一体化发展，这也契合了中国目前强调的新型城镇化的内涵。基于研究的方便，本书对城镇化和城市化不加区分，城镇化等同于城市化。

以来，中国城镇化发展速度在三个国家中是最快的，但是要赶上日韩的绝对水平，还需要走很长一段路（见图4-8）。

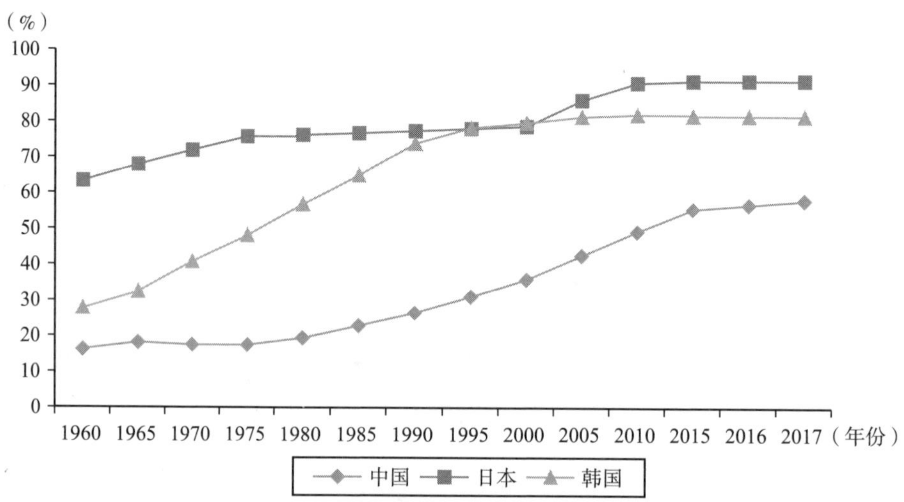

图4-8 中、日、韩三国城镇人口占总人口比重发展趋势

资料来源：根据世界银行《世界发展指标》数据库资料整理。

城镇化不仅把人口集聚在城镇，改变了传统居住方式，而且带来了现代的生产和生活方式。传统的大家庭模式伴随着人口城镇化的快速发展而解体，家庭规模日渐缩小，家庭核心化观念逐渐加强。年轻人不再被家庭观念、地域观念等传统观念所束缚，年轻人更注重夫妻平等互助、共同进步。

城镇拥有各种文化、社交、娱乐等公共设施和场地，生活缤纷多彩。陶冶情操的同时，开阔视野，个人生活目标和追求逐渐多元化。同时，公共交通发达、生活服务体系日益健全，给个人工作生活带来种种方便。市场不断扩大，许多过去依赖子女完成的服务，可以由越来越专业化的市场提供。

各项设施的完善健全扩宽了民众的视野、解决了后顾之忧，使年轻人不再将孕育子女作为人生的主要目标，对自己人生更加重视并进行规划，出现了晚婚晚育、少生优生的现代婚育观念。同时，随着向城市迁移人口的不断增加，城市的生活成本提高，竞争压力加大，抑制了人们生儿育女的愿望。

4.1.4 社会保障制度的迅速健全

生育意愿降低的根本原因在于生育动机的改变，而养老保障则是非常重要的生育动机之一。在经济快速发展的时期，日本和韩国逐渐完善其多支柱的社会保障体系，覆盖面不断扩大（见本书第 6 章内容），可持续增强（见本书第 9 章内容）。社会保障体系的完善健全改善了人们的生活质量，增强了人们对未来生活的信心，使得人们可以集中精力于个人事业建设（见表 4－1、表 6－1 和表 6－2）。

养老保障制度的完善解决了老年忧患；医疗保障增强了健康保障；工伤保险缓解了意外对家庭的冲击。传统家庭的保障功能被社会保障制度的发展替代，对子女价值的预期降低，打破了传统的了“养儿防老”观念，导致生育水平降低并维持在更低的水平（翟永兴，2011）。

表 4－1　　东亚国家就业和社会保障状况　　单位：%

国家	就业				失业			对人类发展不利的工作		社会保障
	就业人口比例[a]	劳动力参与率[a]	农业就业人员占比[a]	服务业就业占比[a]	总失业率[a]	青年失业率[a]	未上学和未就业的青年	童工	每天生活费低于 3.10 美元[a]	养老金领取者[b]
	占 15 岁及以上人口的百分比		占总就业人口百分比		占劳动力参与者百分比	占 14～24 岁人口的百分比		占 5～17 岁人口的百分比	占总就业人口百分比	占法定退休年龄人口的百分比
	2017 年	2017 年	2017 年	2017 年	2017 年	2017 年	2012～2017 年	2010～2016 年	2017 年	2006～2016 年
日本	58.5	60.2	3.5	70.9	2.8	4.6	3.5	..	..	100.0
韩国	60.3	62.6	4.9	70.3	3.8	10.7	..	..	0.2	77.6
中国	65.7	68.9	17.5	55.9	4.7	10.8	..	..	9.7	100.0
蒙古国	55.2	59.3	30.4	50.6	7.0	18.9	20.5	16.6	2.1	100.0
朝鲜	76.6	80.5	67.1	15.4	4.8	11.7	..	..	77.0	..

续表

国家	就业				失业			对人类发展不利的工作		社会保障
	就业人口比例[a]	劳动力参与率[a]	农业就业人员占比[a]	服务业就业占比[a]	总失业率[a]	青年失业率[a]	未上学和未就业的青年	童工	每天生活费低于3.10美元[a]	养老金领取者[b]
	占15岁及以上人口的百分比		占总就业人口百分比		占劳动力参与者百分比	占14~24岁人口的百分比		占5~17岁人口的百分比	占总就业人口百分比	占法定退休年龄人口的百分比
	2017年	2017年	2017年	2017年	2017年	2017年	2012~2017年	2010~2016年	2017年	2006~2016年
Ⅰ	57.3	60.7	4.1	72.7	5.8	14.5	12.6	..	..	95.7
Ⅱ	61.3	65.2	17.5	56.7	6.3	15.3	..	..	8.6	85.5
Ⅲ	55.4	58.1	39.5	38.6	4.7	12.7	26.0	..	37.1	27.0
Ⅳ	62.7	66.9	60.7	28.8	6.7	12.2	..	30.8	68.4	9.4
Ⅴ	58.6	62.0	26.5	51.1	5.7	13.6	21.7	..	26.5	71.5

注：a：根据国际劳工组织模型估计；b：由于法定退休金的年龄因国家/地区而异，因此跨国比较应慎重。

劳动力参与率：是指在劳动力市场积极活跃的人口（包括就业者和目前找工作的）占劳动年龄人口的比率，提供了可用于衡量从事商品生产和服务的劳动力供应相对大小的指标。

未上学和未就业的青年：未就业和未接受教育或培训的15~24岁人口的百分比。

童工：在参考周内从事至少1小时经济活动或至少28小时家务的5~11岁儿童的百分比；在参考周内从事至少14小时经济活动或至少28小时家务劳动的12~14岁儿童；在参考周内从事至少43个小时的经济活动或做家务的15~17岁儿童；在参考周内在危险工作条件下从事工作的5~17岁儿童。

每天生活费低于3.10美元（按购买力评价计算）的在职贫困者：每天生活费低于3.10美元（按购买力平价计算）的就业人口占15岁及以上总就业人口的百分比。

养老金领取者：超过法定养老金年龄的人领取养老金的比例（缴费型，不缴费型或两者兼有），以所占适合年龄人口的百分比表示。

Ⅰ代表最高人文发展国家；Ⅱ代表高人文发展国家；Ⅲ代表中等人文发展国家；Ⅳ代表低人文发展国家；Ⅴ代表世界平均水平；.. 表示数据未获取。

资料来源：Human Development Report 2018.

4.1.5 现代化生活方式的全面改变

从发达国家与发展中国家的发展历程中可以发现现代化的生产与生活方式会让生育率逐步下降，并维持在较低水平。对发展中国家与地区来说，“发展是最好的避孕药”，国家与地区快速实现高水平现代化，则是避孕药中的“极品”（苗国、庞飞，2019）。从个人幸福感看，日本、韩国对医疗保健质量满意度分别为 71%、70%，高于最高人文国家的水平，生活水平满意度的评价分别为 70%、67%，高于中等人文国家的水平；生活安全感的评价分别为 67%、63%，高于最高人文国家的水平；对社区的满意度分别为 81%、78%，高于最高人文国家的水平。对政府的看法，日本对司法系统的信心、保护环境行动的满意度评价都高于最高人文国家的水平（见表 4－2）。个性的解放与婚姻家庭分离，“生育剩余”的吸引力下降。科技进步，物质商品和精神产品丰富，活在当下的观念被人崇尚，个人和家庭不再重视人口再生产。人们把更多物质与精神资源用于满足当前的需要和自身价值的实现，超过了对创造财富和人口再生产的追求。

表 4－2　　东亚国家人类发展质量排名及其构成

国家	排名	2016 年	2007～2017 年[d]	2007～2014 年[d]	2012～2017 年[d]	2009～2017 年[d]	2008～2013 年[d]	2015 年			2017 年
		健康质量			教育质量						生活质量
		失去健康预期数	医生数	医院病床数	小学师生比例	接受培训的小学教师	进入互联网的学校比例	国际学生评估计划（PISA）成绩			弱势就业[a]
		百分比	每 10000 人		每位教师	百分比		数学[b]	阅读[c]	科学[c]	占总就业人数的百分比
日本	19	11.2	23.7	137	16		99e	532	516	538	8.8
韩国	22	11.7	23.3	103	17		100	524	517	516	24.1
中国	86	10.1	36.3	38	17			531[f]	494[f]	518[f]	33
蒙古国	92	11.3	32.6	68	30	100	91				46.9
朝鲜		10.2	35.1	132	21						66
Ⅰ		11.8	30.8	58	14						10.4
Ⅱ		10.9	29.2	32	18						33.1
Ⅲ		13	6.7	9	29	75					63.2

续表

<table>
<tr><td rowspan="4">国家</td><td rowspan="4">排名</td><td>2016 年</td><td>2007 ~ 2017 年[d]</td><td>2007 ~ 2014 年[d]</td><td>2012 ~ 2017 年[d]</td><td>2009 ~ 2017 年[d]</td><td>2008 ~ 2013 年[d]</td><td colspan="3">2015 年</td><td>2017 年</td></tr>
<tr><td colspan="3">健康质量</td><td colspan="6">教育质量</td><td>生活质量</td></tr>
<tr><td>失去健康预期数</td><td>医生数</td><td>医院病床数</td><td>小学师生比例</td><td>接受培训的小学教师</td><td colspan="4">进入互联网的学校比例
国际学生评估计划（PISA）成绩</td><td>弱势就业[a]</td></tr>
<tr><td>百分比</td><td colspan="2">每 10000 人</td><td>每位教师</td><td colspan="2">百分比</td><td>数学[b]</td><td>阅读[c]</td><td>科学[c]</td><td>占总就业人数的百分比</td></tr>
<tr><td>Ⅳ</td><td></td><td>12.5</td><td>3.2</td><td>13</td><td>41</td><td>80</td><td></td><td></td><td></td><td></td><td>75.1</td></tr>
<tr><td>Ⅴ</td><td></td><td>12</td><td>18.3</td><td>27</td><td>23</td><td></td><td></td><td></td><td></td><td></td><td>42.6</td></tr>
</table>

注：a. 数据指指定期间内最近一年的可用数据。

b. 经济合作与发展组织（经合组织）国家的平均得分为 490 分。

c. 经合组织国家的平均得分为 493 分。

d. 数据指的是在规定的期间内提供的最近几年的数据。

e. 公共机构。

f. 指的是北京、广东、江苏和上海。

Ⅰ代表最高人文发展国家；Ⅱ代表高人文发展国家；Ⅲ代表中等人文发展国家；Ⅳ代表低人文发展国家；Ⅴ代表世界平均水平。

资料来源：Human Development Report 2018.

4.2 微观经济角度：理性选择理论

经济学的“理性人”假设是指人们在做任何事情的时候都会对成本和收益进行核算，从而做出理性的选择。“生育的理性选择理论则认为，对于父母而言，子女属于‘耐用消费品’，在使用时，同其他商品一样也追求效用最大化。理性选择在生育上的核心关注点是抚养子女的直接成本和间接成本以及预期的收益”（张航，2019）。

4.2.1 生育子女的直接成本提高

生育子女最大的直接成本就是住房，发达国家和发展中国家的生活现实表明，高房价和生育率之间存在负相关关系。一方面是子女青少年时期居住面积与成年父母的生育率存在相关关系，另一方面是由于传统的社会习俗，子女成年后结婚的住房问题与其生育率存在相关关系。

居住面积对生育的影响已被研究所证实①。住房问题导致低生育率的效应在大城市更加明显。对住房问题相对没有那么严重的东亚地区，子女教育上的投入增大了生育子女的直接成本，阶层固化以及日渐激烈的教育竞争也降低了生育率。“教育深化”在东亚国家日趋加剧，为了实现阶层逆袭，许多年轻人愿意耗费全部精力去争取概率很小的高收入岗位，导致年轻人不断地去追求更高的学历（徐悦东，2019）。

东亚国家和地区一直以教育选拔体系竞争激烈而闻名全球，国际学生评估计划（PISA）成绩始终高居前位。生产方式的剧烈变化、社会流动日益开放、竞争加剧，父母提高了对子女质量的关注程度，为了让子女能够在未来的竞争中占据有利地位，对子女的教育投入越来越多，形成了竞争极其激烈的“教育军备竞赛”。当子女的教育成本变得越来越高，无形地增加了子女的生育成本。而且因为阶级落差太大，与其多生，不如少生，对少数子女进行更精细化的培养才是更加经济的。同时，个人受教育年限增加，导致人们婚育年龄的推迟，也减少了生育的可能（见表4－3）。

表4－3　东亚国家性别不平等指数（GII）发展状况

国家	2017年		2015年	2015～2020年	2017年	2010～2017年		2017年	
	性别不平等指数		产妇死亡率（‰）	青少年生育率（‰）	女性参政率（%）	中等教育人数比率（%）		劳动参与率（%）	
	排名	数值				女性	男性	女性	男性
日本	22	0.103	5	4.1	13.7	94.8	91.9	50.5	70.6
韩国	10	0.063	11	1.6	17.0	89.8	95.6	52.2	73.2
中国	36	0.152	27	6.4	24.2	74.0	82.0	61.5	76.1

① 1975年美国伊利诺伊大学在哥伦比亚波哥大的研究显示，在一个住房紧张的市场中，居住在公寓中的居民的生育率远远低于住在更宽敞的独立房屋的住户。1978年，爱荷华大学在对美国威斯康星州城市居民的研究中得出了更精细的结论：生育率和住宅性质无关，但和房间数有关。房间数越多，生育率越高。2000年，克莱姆森大学柯蒂斯·西蒙和罗伯特·田村的研究显示，美国各大城市生育率和房租呈负相关（徐晓东，2019）。

续表

国家	2017年		2015年	2015~2020年	2017年	2010~2017年		2017年	
	性别不平等指数		产妇死亡率（‰）	青少年生育率（‰）	女性参政率（%）	中等教育人数比率（%）		劳动参与率（%）	
	排名	数值				女性	男性	女性	男性
中国香港	—	—	2.7	—	—	75.7	81.8	54.0	68.1
朝鲜	—	—	82	0.3	16.3	—	—	74.4	86.9
新加坡	12	0.067	10	3.7	23.0	76.1	82.9	60.5	76.8
蒙古国	65	0.301	44	23.6	17.1	91.2	86.3	52.7	66.2
Ⅰ		0.170	15	15.9	26.7	88.8	89.5	52.9	68.9
Ⅱ		0.289	38	26.6	22.3	69.5	75.7	55.0	75.5
Ⅲ		0.489	176	41.3	21.8	42.9	59.4	36.8	78.9
Ⅳ		0.586	554	98.4	21.7	18.5	30.7	59.3	74.7
Ⅴ		0.441	216	44.0	23.5	62.5	70.9	48.7	75.3

注：①产妇死亡率表示生育每100000个活产儿中产妇死亡的比率；青少年生育率表示每1000名年龄中15~19岁女性生育的数量；女性参政率，对于实行两院立法制度的国家，用女性在两院席位中占有的份额表示；中等教育人数比率是25岁以上人口获得中等教育的比率。

②Ⅰ代表最高人文发展国家；Ⅱ代表高人文发展国家；Ⅲ代表中等人文发展国家；Ⅳ代表低人文发展国家；Ⅴ代表世界平均水平。

资料来源：Human Development Report 2018.

1970年，女性初婚的平均年龄是21岁，男性接近23岁，2019年的平均年龄是28岁和30岁。人们希望在有孩子之前建立自己的家庭，还希望确保自己有足够的资源，保证高质量地培养孩子。随着生育时间的推迟，全球社会也发生了其他广泛的变化。婴儿潮一代和x世代（指1965~1980年出生的人）女性的传统年龄生育模式正在发生改变。2018年30多岁生育子女的女性中，有一半以上拥有大学学位，这一比例远远高于那些在20多岁生育子女的女性①。

① 参见：澎湃新闻，全球多国生育率下降，背后原因各有不同，https：//www.thepaper.cn/newsDetail_forward_5082877。

4.2.2 生育子女的间接成本提高

随着东亚国家和地区经济快速发展，产业结构转变，三次产业就业比重增加，脑力劳动工作占比逐渐增大，提高了女性就业机会。各国也出台法律保障女性就业权利，日本女性劳动法不断健全，包括《劳动基准法》《男女雇用机会均等法》等。1984 年《大韩民国宪法》的颁布，从法律上赋予韩国女性与男性平等的社会地位。中国的《宪法》《劳动法》《妇女劳动权益保护法》等法律也对女性劳动权益做出相关规定。随着教育的普及与法律的认可，受过高等教育的女性拥有越来越多的就业机会，其工作所能创造的价值将越来越高（罗璇，2016）。

职业生涯规划中，女性育儿与工作的冲突会导致中断工作的风险较高。女性职工晋升难，职业发展空间极为有限，更难进入管理层，同时，生育后的妇女再就业面临困境，尽管有些公司保证员工在享受为期 1 年的产假后还能回来工作，但一般不是原来的工作岗位，一切都要从头开始。大部分因生育而辞职的妇女在子女长大后再就业时，处于劣势，很难找到一份全日制的正式工作，往往从事临时工、小时工等工作，这就更大大增加了生育子女的机会成本。同时，为了抚养更多的子女，父母及家庭成员也将失去更多的工作或闲暇时间（梁颖，2014）。生养子女的艰苦付出对夫妻关系和婚姻质量都有巨大影响，出现感情破裂、婚姻不稳甚至离异问题。东亚家庭祖父母帮带孙子/女的多，对家庭代际关系影响大，也增大了生育子女的机会成本。

4.2.3 生育子女的预期收益降低

工业化发展前的传统东亚社会中，家庭是社会经济的基本单位，家庭经济活动以农业生产经营为主要内容。由于父母养育子女的成本低，子女的劳动—经济效应较为明显，子女对家庭来说具有很高的价值，因此人们的生育观念多倾向于“多子多孙多福寿”，认为子女能够带来多重价值：子女多，劳动力多，创造的家庭收入多；子女多，人丁兴旺，能够提高家庭和家族的社会地位；子孙满堂，后继有人，养老无忧；能够从心理上获得极大的满足。在这些社会观念的主导下，人们都倾向于多生多育、早生早育。

当今的东亚社会是后工业化时代，是家庭远离农业生产经营为主的时代。随着收入的增加和生产方式的改变，在以智力和技术为主的劳动方式下，子女的劳动—经济效应降低，且社会结构日益开放，社会地位的获得更多地取决于后天的努力，家庭或家族的力量弱化，社会化的养老保障和服务体系日益完善，努力工作，提高收入水平，提高支付能力，是越来越多为人父母者的选择。父母不再拘泥于“养儿防老”的传统观念，对子女的依赖逐渐降低，使得子女对父母的回报越来越少。人们养育子女的主要目的也就变成了增进夫妻感情、增加家庭乐趣，少生优生的现代生育观念逐渐形成。

4.3 文化因素：儒家文化对低生育率的影响

“文化对生育率下降的影响直接对生育观、社会机制发生作用，但更大的影响是通过对经济发展这一中间环节，而后再作用于生育观、节育技术和社会机制”（邬沧萍，1991）。文化对生育率影响模式可以见图4－9。

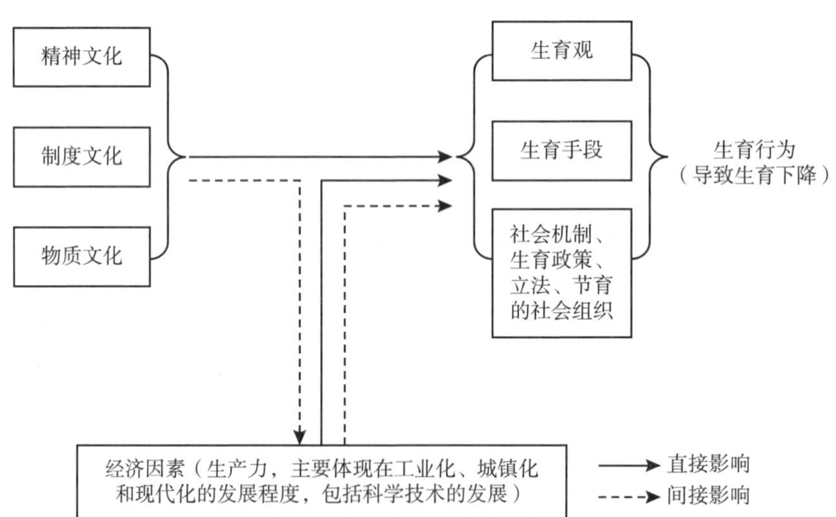

图4－9 文化对生育的直接影响与间接影响

资料来源：邬沧萍，贾珊．中国文化与生育率下降［J］．中国人口科学，1991（5）：7－12.

4.3.1 儒家群体文化有利于计划生育政策的贯彻

儒家文化用“仁”和“利”来强调群体利益。诸如，“君子喻于义，小人喻于利”。在公私矛盾时则“杀身成仁”“舍生取义”。儒家文化一直是跟着主流文化而不断变化的，是不断适应政府的主导政策的（靳菊春，2011）。这种集体、群体的意识以及对政府政策的顺应在各国都有体现：中华民族始终有爱国主义思想传统，希望国家繁荣富强；地少人多资源稀缺的韩国、日本，在狭窄的空间中更渴望现代化，也希望生育的现代化。这种集体主义的思维有助于计划生育政策在这三国的推行。20世纪50年代末日本采取了控制生育政策，提出了“为了母亲、孩子的健康和个人家庭幸福”“生得少、长得好”等口号，并加大了避孕器具的研发（冯波，1982）；韩国于60年代采取了控制人口政策，1973年颁布了《母婴保健法》，利用母婴保健和计划生育调控韩国人口数量与质量。“1971年，韩国的计生标语是‘不分男女，两个以内’，1978年，计生标语改为‘一个好女儿胜过十个儿子’”（郭熙保和袁蓓海，2015）。1982年，中国计划生育政策作为基本国策列入《宪法》之中，通过“强化大众教育计划”强力执行独生子女政策（Wang CT，2012）。三国的人口生育率随后开始降低。

4.3.2 儒家文化的实用理性有利于堕胎节育技术的推广

迄今，世界上大多数文化都在不同程度上对节育的推广形成阻碍。只有儒家文化在这些问题上的表现不同。儒家文化容纳百家，兼收并蓄，强调实用理性，没有“形而上”的顾虑，将生育看作服务现世的手段。实用的生育文化使得现代节育技术在东亚地区很容易推广，这使政府的生育控制政策能够贯彻到底。堕胎的迅速普及是生育率快速下降的一个得力工具，迄今，东亚是人工流产最普通而不受制约的地区（张宁，2005）。

4.3.3 儒家文化的家庭生育观限制了非婚生子的增长

第二次人口转变背景下[①]，非婚生子日益成为欧美国家保持一定生育水平的重要渠道。传统的儒家文化认为生育为一种家庭行为，对于中国而言，结婚是生

① 人口学界提出“第二次人口转变”，指继经济因素主导的第一次转变后，由两性关系变迁引发的人口与家庭模式转变。其对生育率产生双重影响：一方面，晚婚、离婚率高、丁克等使婚内生育下降；另一方面，同居的流行和性观念的开放又大大增加了非婚生育的机会。

育的前提①。因此东亚社会对未婚生育持强烈的抵制态度，从社会普遍价值观念到强制法律手段都对婚前生育设置诸多障碍。“东亚社会中普遍对‘奉子成婚’持否定态度，因此人们一般会采取堕胎来控制这类事件的发生。东亚社会基本不可能依靠非婚生子来维系生育率，其出生婴儿几乎都来自婚内”（张宁，2005）。2015～2020 年，青少年生育率（每 1000 名年龄为 15～19 岁女性生育的数量），世界平均水平为 44，中、日、韩、朝分别为 6.4、4.1、1.6、0.3，只有蒙古国为 23.6，但也远低于世界平均水平（见表 4－3）。

4.3.4 儒家文化提倡的代际间紧密关系提高了生育成本

西方文化鼓励年轻人独立自主，儒家文化重视家庭，代际间的关系十分紧密，父母养育关照孩子，子女自立的年龄晚，意识差。“孟母三迁”的故事一直影响着东亚的父母，他们要一直承担子女读书时期的教育、生活、医疗、娱乐，乃至时尚消费的开销，直至其成家立业。同时大多数东亚父母还要承担成年子女潜在的延伸成本，如婚恋、买房、买车等，即使西化程度最高的日本也未能例外（张宁，2005）。啃老族、归巢族、尼特族成为年轻寄生的一个群体，2004 年，日本将尼特族列为值得忧虑的议题②。

4.4 社会因素：人口流动、多元化生活方式的出现

4.4.1 人口流动加速降低了生育率

东亚内部，中国大陆、蒙古国、朝鲜属于人口净流出国家，中国香港、中国澳门、中国台湾、日本、韩国属于人口净流入地区和国家，但总体上，东亚是人口净流出地区，人口流出数量大于迁入规模，1985 年以来，东亚一直是

① 在中国社会，生育孩子的准生证、户口的获得是以婚姻为前提的，户口又影响子女未来能否入托、上学等问题。

② 尼特族（not in education，employment or training，NEET），意指未就学、未就业，亦不接受职业训练的年轻人；与失业者不同的是，尼特族对不工作并不感到焦虑。

净流出人口。20世纪，中、日、韩等国原有人口基数大，人口密度高，在移民政策上对其他国家的移民接受程度较低，其他地区迁往东亚地区的数量较少。且东亚地区由于生活压力较大等多种因素，迁出意愿较大。进入21世纪，日韩老龄化水平提高，改变了人口迁移政策，但其流入人口规模较小。东亚流出人口基本都是年轻人口，大量适龄生育人口迁往别地，一定程度上导致了本地生育率的降低。并且，东亚的迅速城镇化导致城市与农村地区内部的人口流动加强，城镇化水平不断提高，造成了夫妻间空间上的阻隔，也对生育有一定抑制作用。

4.4.2 女性社会地位提高弱化了生育选项

2010~2017年，日本、蒙古国女性接受中等教育人数比率分别为94.8%、91.2%，均超过男性比例91.9%、86.3%，高于最高人文发展国家水平，中国、韩国女性接受中等教育人数比率分别为74%、89.8%，虽低于男性比例82%、95.6%，但高于高人文发展国家水平。中国、朝鲜女性劳动参与率分别为74.4%、61.5%，高于最高人文发展国家水平，日本、韩国女性劳动参与率分别为50.5%、52.2%，接近中等人文发展国家水平（见表4-1）。随着东亚女性教育水平提高，劳动参与率上升，传统的“女主内男主外”的家庭模式改变，社会风气改变，多元化的生活方式出现，一些女性晚婚、少育、不育渐渐成为生活中的自我选择。

4.4.3 科技和医疗卫生体系的完善为低生育提供了条件

近年来科学技术的迅猛发展，医疗卫生体系的不断完善，医疗卫生技术提高以及医疗卫生设施普及，在很大程度上减少了婴儿死亡率。传统社会存在早生多育的家庭生育模式，一个很重要的原因就是为了应对由于医疗水平较低而导致的过高的婴儿死亡率。如今产前保健、产后护理体系完善，公共卫生设施健全，婴幼儿的高死亡率已经成为历史，东亚国家婴幼儿的卫生指标都高于高人文国家的水平（见表4-4），因此生育意愿降低是正常的。同时，随着医疗技术的发展，避孕手段也更加先进便利，先进的避孕技术和流产方法，为人们少生和推迟生育子女提供了安全保障，这些都为女性自主选择生育起到了促进的作用（见表4-5）。

表4-4　　东亚国家婴幼儿卫生状况指标

项目	完全由母乳喂养的婴儿	缺乏免疫的婴儿		儿童营养不良	死亡率			
		DPF	患有麻疹的婴儿	发育不良（中等或严重）	婴儿	5岁以下	女性	男性
	0~5个月儿童的百分比（%）	1岁儿童的百分比（%）		5岁以下儿童的百分比（%）	每1000名出生存活婴儿（‰）		成人每1000人（‰）	
HDI等级	2011~2016年[①]	2017年	2017年	2010~2016年[①]	2016年	2016年	2016年	2016年
日本	..	1	4	7.1	2	2.7	39[②]	73[②]
韩国	..	2	2	2.5	2.9	3.4	37	86
中国	20.8	1	1	8.1	8.5	9.9	67	92
蒙古国	47.1	1	1	10.8	15.4	17.9	127	294
朝鲜	68.9	2	1	27.9	15.1	20	99	166
Ⅰ	..	3	6	..	5.2	6.1	67	133
Ⅱ	27.6	2	3	9.5	11.2	12.9	74	118
Ⅲ	47.2	9	15	34.9	34.3	43.1	139	210
Ⅳ	40.1	22	32	38.2	53.9	78.4	248	301
Ⅴ	39.4	10	15	27.4	29.9	39.3	115	173

注：①指最新可得数据，②指2014年。

Ⅰ代表最高人文发展国家；Ⅱ代表高人文发展国家；Ⅲ代表中等人文发展国家；Ⅳ代表低人文发展国家；Ⅴ代表世界平均水平；..表示数据未获取。

资料来源：Human Development Report 2018.

表 4-5　**东亚女性的健康和经济进步指标**

国家	2017~2017年	2012~2017年	2015年	2015~2020年	2007~2017年	2007~2017年	2003~2017年	2005~2018年	2007~2017年	2009~2017年	2017年	2017年	排名
	生殖健康和计划生育						对女孩和妇女的暴力行为		社会经济赋权				
							童婚	对妇女的暴力经历					
	产前保健服务，至少一次就诊	由熟练卫生人员接生的分娩比例	孕产妇死亡率	青少年出生率	避孕普及率，任何方法	未满足的计划生育需求	18 岁以前结婚的妇女	亲密伴侣	大专科学，数学，工程，制造和建筑专业毕业的女性毕业生比例	在中高级管理人员中女性所占比例	在金融机构有帐户或在移动货币服务提供商处有帐户的妇女	强制带薪产假	
	%	%	每 100000 个活产婴儿的死亡	每千名 15~19 岁的妇女的生育人数	15~49 岁已婚或分娩育龄妇女的百分比	已婚或同居的 20~24 岁女性的百分比		15 岁及 15 岁以上女性人口百分比	%	%	15 岁及 15 岁以上女性人口百分比	天	
日本	…	99.9	5	4.1	39.8	…	…	…	…	…	98.1	98	19
韩国	…	100	11	1.6	79.6	…	…	…	15.4	…	94.7	90	22
中国	96.5	99.9	27	6.4	…	…	…	…	…	…	76.4	128	86
蒙古国	98.7	98.9	44	23.6	54.6	16	5	…	12.4	36.7	95	120	92
朝鲜	100	…	82	0.3	78.2	7	…	…	22.2	…	…	…	无

续表

国家	2017~2017年	2012~2017年	2015年	2015~2020年	2007~2017年	2007~2017年	2003~2017年	2005~2018年	2007~2017年	2009~2017年	2017年	2017年	排名
	生殖健康和计划生育						对女孩和妇女的暴力行为		社会经济赋权				
							童婚	对妇女的暴力经历					
	产前保健服务，至少一次就诊	由熟练卫生人员接生的分娩比例	孕产妇死亡率	青少年出生率	避孕普及率，任何方法	未满足的计划生育需求	18岁以前结婚的妇女	亲密伴侣	大专科学，数学，工程，制造和建筑专业毕业的女性毕业生比例	在中高级管理人员中女性所占比例	在金融机构有帐户或在移动货币服务提供商处有帐户的妇女	强制带薪产假	
	%	%	每100000个活产婴儿的死亡	每千名15~19岁的妇女的生育人数	15~49岁已婚或分娩育龄妇女的百分比	已婚或同居的20~24岁女性的百分比		15岁及15岁以上女性人口百分比	%	%	15岁及15岁以上女性人口百分比	天	
Ⅰ	…	99.2	15	15.9	66.8	…	…	…	12.9	—	88.4	112	
Ⅱ	96.8	99	38	26.6	…	…	…	…	…	—	68.8	119	
Ⅲ	…	79.5	176	41.3	54.2	14.2	25	28.8	23.2	—	56.1	94	
Ⅳ	77.7	55.2	554	98.4	26.3	25.3	39	30.8	…	—	26.6	86	
Ⅴ	…	86.5	216[T]	44	55.8	14.4	…	…	…	—	64.7	107	

注：Ⅰ代表最高人文发展国家；Ⅱ代表高人文发展国家；Ⅲ代表中等人文发展国家；Ⅳ代表低人文发展国家；Ⅴ代表世界平均水平。…表示数据未获取；—表示数据不适用；b代表最新可得数据；c代表2015~2020年预测值的平均值；T表示来自原始数据。

资料来源：Human Development Indicatorsand Indices：2018 Statistical UpdateTeam.

第5章　“东亚模式”的提出与反思

“二战”后，亚洲“四小龙”从低收入经济体成功跨入高收入经济体行列，相反一些拉美以及东南亚国家则陷入了“中等收入陷阱”。本书对“东亚模式”的提出、金融危机后的反思以及东亚模式的演进等进行梳理，对中国发展是否遵循东亚模式进行分析，指出人口老龄化对“东亚模式”的冲击与挑战。

5.1　“东亚模式”的提出

20世纪60年代到90年代的初期，以日本和亚洲“四小龙”为代表的东亚经济一直保持持续高速的增长，被称为“东亚奇迹”，东亚模式（East Asian Model，EAM）由此成为争论的焦点。对于东亚模式的含义各说纷纭，广义上，“东亚模式”包括政治、经济和文化诸多方面的内容，涉及“经济发展模式”“体制模式”“文化模式”等。学术界对于东亚模式是否存在、东亚模式具有单一性还是多样性，以及东亚模式的正面含义还是负面含义等存在很大的争议，尤其是1997年亚洲金融危机以来，对于东亚模式的探讨越发激烈。

5.1.1　“华盛顿共识”与东亚发展

1989年，国际货币基金组织、世界银行、美洲开发银行、美国行政和立法机构共同达成的关于拉美国家国内经济改革的十条货币政策，被称为“华盛顿共识”，包括强调自由经济发展模式，鼓励私人自由参与市场竞争，严格限制政府干预，开展税制改革，降低边际税率，扩大税基，鼓励自由参与全球合作竞争，促进资本自由流动，推动利率市场化和浮动汇率，压缩财政赤字，降低通货膨胀率，增加对基础设施和收入分配领域的财政开支，促进经济平稳运行。

除了十条政策改革措施外，“华盛顿共识”还开始了新的对外援助方法，区域开发银行开始将资源大部分用于资助贸易自由化、市场自由化之类的特定政策，世界银行认为市场自由化是恢复增长、保持经济可持续发展的关键。东亚区域的经济发展似乎验证了世行的基本理论：不仅保持高速经济增长，外债水平低，婴儿死亡率等社会指标也表现较好，与饱受债务困扰的撒哈拉非洲以南国家和拉美国家的经历形成了鲜明对比。日本“二战”后30年的发展使其GDP增长15倍，成了世界GDP第二位的国家，因此，20世纪80年代东亚经济发展模式被认为是以日本为雁头、以“亚洲四小龙”为雁身、以东盟诸国（印度尼西亚、泰国、菲律宾、马来西亚）和中国为雁尾的东亚经济雁行模式，形成了技术密集型—资本密集型—劳动密集型的阶梯式垂直分工体系（史龙祥，2006）。东亚的发展经验被视为华盛顿模式中的典型案例。

5.1.2 对“东亚模式”的争论

“二战”后，日本加快了对外援助的步伐，20世纪90年代初期，日本开始致力于构建和传播“华盛顿共识”的替代方案，并建立更具说服力的理论和意识形态，以证明日本发展实践的优越性。

1991年12月，日本海外经济协力基金（OECF）在世界银行年会上提交报告“与世界银行结构调整方法有关的问题：主要合作伙伴的建议”，批评了世界银行的结构调整贷款，并强调日本是世行的“主要合作伙伴”，指出市场远非“完美”，特别是在发展的早期阶段，在这种情况下，政府干预，包括向地方机构提供贷款对于向繁荣平稳过渡至关重要，有助于实现均衡的经济发展。长远看，有助于实现效率与公平之间的平衡关系。报告指出了积极的产业政策的重要性，认为产业政策是东亚经济发展战略的核心措施（OECF RQ，1992/73）。

1993年，世界银行发布了长篇研究报告《东亚的奇迹：经济增长和政府政策》，对东亚经济发展模式给予了积极的肯定，该报告对以“亚洲四小龙”为代表的发展中国家和地区在20世纪60~90年代初经济发展的经验进行了系统总结，并着重指出外向型的发展制度和国家力图把自己完全置于市场竞争之中的愿望是东亚诸国在此间经济成功的主要原因。世行的报告虽然承认东亚产业政策的重要性，但却未承认政府对经济的重要推动作用。因此，OECF于1995年发表了“世行东亚奇迹报告的优势和局限性”的讨论报告，该报告由OECF技术专家评估世行东亚奇迹报告的章节组成，并附有来自英国和亚洲的学者和政策制定者的29篇评论。其中，第一章阐述了政府在经济发展中的积极作用以及各种经济发展经验的重要性：东亚应根据具体情况而不是一般情况进行评估，需要根据每个发展中国家的初始条件、情况和历史采取针对性的发展方法；第二章是批判世行对东亚奇迹的分析，由于新古典经济学家的主要意识形态影响使世行对东亚奇迹的分析有失偏颇，并强调有必要对第三世界发展采取除了“政府与市场”之间的二元政策外更加平衡的方法；最后一章进一步强调了国家机构在指导东亚经济发展中的作用，指出建立强大而有能力的机构是其他发展中国家可以借鉴的东亚经济发展的重要经验，这一点在世行报告中未充分体现（OECF，1995/2－4）。

从东亚的经验中可以吸取很多教训：没有一个适合所有发展中国家的经济发展模型，应根据每个国家的初始状况提供政策建议（Rie Taniguchi & Sarah Babb，2009）。根据韦德（Wade，1996）的观点，日本对“华盛顿共识”的挑战可以被看作是日本精英们为发展一种超越日本独特性但又保持鲜明特色的意识形态，以及日本官僚机构为其内部的组织利益，通过有针对性的贷款和保护经济民族主义，促进日本企业发展的既得利益。“华盛顿共识”强调其普适性，日本则认为自己构建的“东亚模式”以不同的发展水平和不同的制度配置提升了普适性，具有普遍性。

然而，以美国斯坦福大学保罗·克鲁格曼为代表的经济学家对“东亚模式”则始终持贬低的态度。1994年，克鲁格曼在《虚幻的亚洲经济》一文中对“东亚奇迹”提出了质疑，他认为东亚的经济增长主要是依靠资本积累和劳动力投入，没有提高全要素生产率，将不会实现经济的持续增长。克鲁格曼基本上否定了东亚模式，认为东亚经济的发展根本不是奇迹而是一种虚幻。

1997年亚洲金融危机爆发，反对“华盛顿共识”的官员和学者由此对东亚发展提出了独特解释。1998年，美国经济学家斯蒂格利茨提出“后华盛顿共识”，他认为“华盛顿共识”忽略了政府、人力资本、技术等对经济的推动作用。“后华盛顿共识”在“华盛顿共识”的基础上强调政府对经济的推动作用，否定了传统的市场机制观点，明确了制度对于社会发展的保护和指导作用，提出发展不仅是经济的发展，更是社会全面改革的观点（Kuczynski & Williamson，2003）。有关东亚模式的主要观点见表5－1。

表 5－1　“东亚模式”的主要观点

时间	作者	著作或会议	观点
1991 年	日本海外经济协力基金	“与世界银行结构调整方法有关的问题：主要合作伙伴的建议”报告	指出市场调节的局限性，提倡政府干预和积极的产业政策
1993 年	世界银行	《东亚的奇迹：经济增长和政府政策》	承认东亚产业政策的重要性
1994 年	保罗·克鲁格曼	《虚幻的亚洲经济》	东亚经济的发展根本不是奇迹而是一种虚幻
1995 年	日本海外经济协力基金	“世行东亚奇迹报告的优势和局限性”报告	指出强有力的政府对于经济发展的重要性
1996 年	韦德	OECF 报告	日本认为“东亚模式”具有普适性
1998 年	斯蒂格利茨	“后华盛顿共识”	突出政府在促进发展中的积极作用

资料来源：根据 OECF，The OECF Research Quarterly，Japan，OECF. 1992.；Krugman，P.. The Myth of Asia's Miracle［J］. Foreign Affairs，1994，73（6）：62－78. 等文献整理。

5.2 “东亚模式”的特征

国内外学界将东亚发展模式的特点归纳为以下几个方面：

5.2.1 致力于提升制造业的国际竞争力

20 世纪 60 年代，以日本、韩国和中国台湾为代表的东亚国家和地区通过实行积极的产业政策实现了经济的高速增长，创造了令人瞩目的“东亚奇迹”（戚聿东，2017）。

日本产业政策：一是围绕实现《国民收入倍增计划》，政府提出了促进产业结构高级化的目标，并改变出口商品结构，形成以附加值高的重化工业产品为主的出口结构。二是为应对贸易自由化和资本自由化，采用官民协调方式形成新产业体制，积极促成海运业、钢铁、汽车等行业的合并和重组。三是对钢铁、合成纤维、石油、化学和纸浆等产业的设备投资进行调控，推动形成专业生产体系。

韩国产业政策：20世纪70年代初期，韩国将产业政策的重点转向重工业和化学工业，成立专门培养重化工业的机构，发展中间材料和资本密集型企业，减少对外贸易依赖度，提高自身产业独立性和创新性（李智娜，2007）。

中国台湾产业政策：以策略性工业为导向。台湾地区先后将“纺织、石化、电子、钢铁、机械”五大工业部门定为策略性工业而予以重点发展。但随着重化工业逐步成熟以及能源供应的日趋紧张，台湾地区重新将策略性工业确定为“电子、信息、机械、汽车”这四项，之后又将生物科技列入其中；为推动上述列入策略性工业部门的发展，当局给予这些部门低息贷款、投资抵减、新办企业5年免税、进口相关设备关税减半征收等优惠措施，以期增加产品附加值、增强竞争力（Andrea Boltho & Maria Weber，2009）。

5.2.2 鼓励竞争性经济发展

日本通商产业省将前沿且易于转化为生产力的外国技术分配给了主导经济的经团连集团中的几个竞争对手，鼓励集团间的相互竞争。韩国对达到严格绩效标准（通常是根据在世界市场的进口或出口目标）的财团提供补贴，以此促进大型财团间的竞争。中国台湾存在庞大的中小型企业网络，因此更容易刺激企业间的竞争性。在三个地区的制造业中，产品市场竞争通常是非常激烈的。

5.2.3 高储蓄、高投资率和高经济增长率

居民和政府的高储蓄率为东亚地区加速资本积累提供了资金来源，高储蓄率和高投资率成为东亚地区经济高速增长的重要动力之一，由此实现的高经济增长率是东亚模式的最显著标志之一，经济增长率远高出其他国家的增长率（如图5-1、表5-2所示）。

5.2.4 实行较为保守的宏观经济政策

在财政政策方面，日本、韩国和中国台湾在整个时期内都出现了预算盈余。在货币政策方面，实际利率（借贷）在大多数年份中都是正值（见表5-3）。

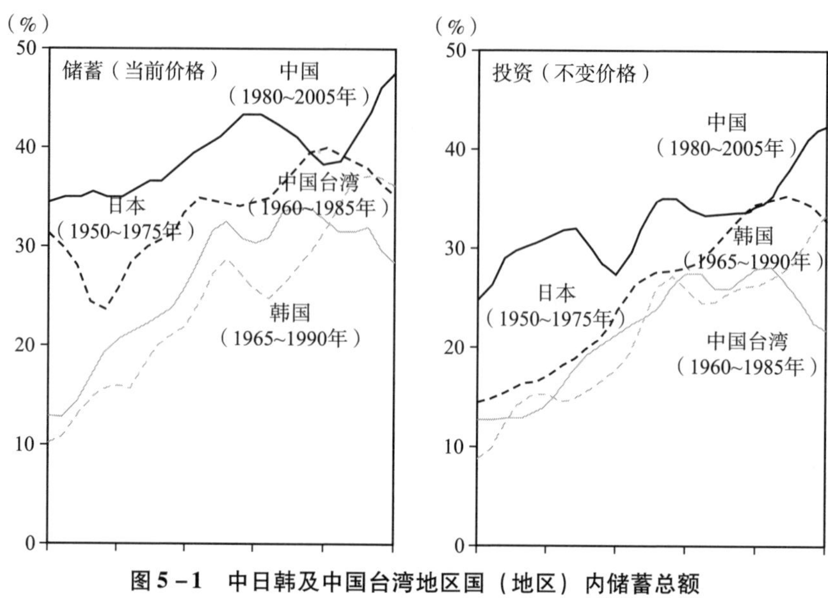

图 5-1 中日韩及中国台湾地区国(地区)内储蓄总额和固定资产投资[占本国(地区)GDP 的百分比]

资料来源:Andrea Boltho & Maria Weber, Did China follow the East Asian development model? [J]. The European Journal of Comparative Economics, 2009, 6 (2): 267-286.

表 5-2 东亚国家和地区与其他国家及地区人均国(地区)内生产总值年均增长率

单位:%

东亚国家和地区		其他国家和地区	
日本(1950~1975 年)	7.4	拉美地区(1820~2000 年)	4.1
中国台湾(1960~1985 年)	7.0	西亚五国(1870~1913 年)	1.2
韩国(1965~1990 年)	7.5	土耳其(1820~1950 年)	1.2
中国(1980~2005 年)	7.0	南非(1820~1950 年)	3.9

资料来源:Groningen Growth and Development Centre Database; Maddison A., The World Economy: Historical Statistics [EB/OL]. OECD, Paris, 2003.

表5－3　　东亚国家和地区的宏观经济政策和通货膨胀　　单位：%

国家和地区	一般经济体净贷款（占本地生产总值的百分比）	实际贷款利率[a]	通货膨胀	
			批发价格	消费价格
			（每年平均变化百分比）	
日本（1950～1970年）	0.4	2	3.7	6.1
中国台湾（1960～1985年）	2	6.2[b]	4.9	6.2
韩国（1965～1990年）	1.5	2.5[c]	10	11.4
中国（1980～2005年）	1.1	2.2	5.3	5.9

注：a. 名义贷款利率减去GDP平减指数；b. 1962～1985年；c. 1980～1990年。

资料来源：The Bank of Korea，National Income of Korea，1982；Haver Analytics；Historical Statistics of Japan，Vol. III；IMF，International Financial Statistics（various issues）；Korea Statistical Yearbook（various issues）；OECD，National Accounts of OECD Countries，1950－1968，Economic Outlook Database；Okhawa and Shinohara（1979）；Oxford Economics Data Bank；中国统计年鉴。

5.2.5　具有文化、社会、经济、政治方面的共同发展基础

高水平的人力资本形成和相对均等的收入分配方式是共同发展基础的体现。世界银行统计的1965～1990年发展中国家人均GDP增长与基尼系数的变化表明，东亚地区是唯一实现了经济高速增长与收入不平等递减二者同步进展的一组经济实体。社会各阶层均从经济增长中受益，这一现实增强了国民对于国家的认同感。

东亚奉行儒家文化，此外，东亚还是一个社会同质性较强的地区，民族矛盾较少，社会相对比较稳定（李倩，2016）。

东亚国家和地区与其他国家和地区居民的受教育年限如表5－4所示。

表5－4　　东亚国家和地区与其他国家和地区居民的受教育年限

国家和地区	人均地区生产总值[a]（美元）	年龄超过25岁的人口中（%）	
		全日制初等教育	全日制中等教育
日本（1950）	1921	22.4	15.7
中国台湾（1960）	1492	13.7	4.6
韩国（1965）	1436	33.5	7.8
中国（1980）	821	12.2	5.6

续表

国家和地区	人均地区生产总值[a]（美元）	年龄超过25岁的人口中（%）	
		全日制初等教育	全日制中等教育
拉丁美洲（1970）	3989	17.4	4.5
中东和北非（1970）	3106	5.1	3.0
东亚（1970）	1685	17.4	4.7
撒哈拉以南非洲（1970）	1011	4.4	1.7
南亚（1970）	861	7.4	1.8

注：a. 按1990年美元购买力平价计算。

资料来源：Barro R. J.，Lee J. W. "International Data on Educational Attainment：Updates and Implications"，CID Working Paper，2000，42，April.；Groningen Growth and Development Centre Database；Maddison A. The World Economy：Historical Statistics［EB/OL］. OECD，Paris，2003.

5.3 金融危机后对"东亚模式"的反思

1997年亚洲金融危机的爆发，导致东亚经济的剧烈波动，引发学者们对东亚模式的再度深入思考与探讨。一些学者由于金融危机的爆发而对东亚模式予以否定。但是，也有学者认为不能因为亚洲金融危机的爆发，就轻易否认东亚模式的存在和所起的历史性作用（赵春明，2003），东亚模式在"东亚奇迹"形成中起到了不可低估的作用，不能把亚洲金融危机的根源全部归结于东亚模式，危机的爆发意味着东亚模式需要进行不断的调整。亚洲金融危机的爆发，绝非一种模式所能避免，其既有模式本身不能适应新的国际经济形势的因素，也有经济全球化所带来的副作用的影响。但是在肯定东亚模式的同时，不可否认危机的爆发确实反映出东亚模式存在的问题和缺陷，有必要对东亚经济发展模式进行反思（易娅莉，2013）。

5.3.1 经济增长方式问题

东亚国家和地区凭借生产要素的不断投入实现了经济的高速增长，然而却忽视了全要素生产力的提高。东亚模式实际上是一种赶超模式，片面追求经济增长速度和生产规模，忽略了技术、教育、管理等在全要素生产率方面对经济的带动作用（赵春明，2000）。东亚经济的高速增长是“资源总动员”的增长，依靠的是更多的生产要素而非科技进步和“全要素生产力”的提高，同时忽视产业结构的调整，导致经济结构严重失衡（詹向阳，2005）。东亚模式过分强调追赶式发展造成了对经济结构调整和发展质量的忽视（田毅鹏，2018）。

5.3.2 政府干预问题

东亚经济发展模式的主要特征之一就是政府的“强干预”政策，不可否认政府的干预在经济发展初期确实起到了巨大的推动作用，但是后期潜在的弊端开始暴露。政企不分、银企不分、钱权交易引发的潜在问题在仍然实施资本管制、对外借贷规模较小时可以控制，一旦脱缰即一发不可收拾（傅新，2003）。政府的失误具体表现在，政府对信贷资金的干预导致投资效率低下、过渡盲目投资以及信用危机的出现；政府以行政命令代替法律，损害社会公平公正；政府干预限制了非银行机构的发展，导致金融业的滞后；最后一方面就是政府本身的“质量问题”，这些都导致了危机的产生（赵春明，2000）。政府干预过度可能会导致腐败、资源浪费、滋生裙带资本主义，甚至会导致经济发展结构失衡（易娅莉，2013）。政府对市场的不当干预导致了市场有效配置资源功能的失调，影响市场配置资源的效率，甚至会滋生官僚主义和腐败，危害经济的长远发展和国家的长治久安（田毅鹏，2018）。

5.3.3 出口导向问题

东亚经济体出口导向的外向型特征，对于经济的持续稳定增长存在着其固有的缺陷。东亚国家出口导向的外向型经济使得其发展对外界资本和市场的极度依赖，容易随世界经济波动而波动，缺乏自身稳定性（田毅鹏，2018）。东亚各国（地区）的出口导向以劳动密集型产业为主，这种产业结构导致在国际市场中始终处于被动地位。一方面，东亚经济体的资本、技术对外依赖性高，产业结构升级步履艰难；另一方面，经济增长过分依赖发达国家的市场出口份额，同时中国劳动密集型产品出口的竞争以及非关税壁垒等贸易保护，导致东亚国家和地区的国际市场份额大幅度缩减。这种对外出口的内外夹困容易导致泡沫经济的形成，成为陷入金融危机的原因之一（和春雨，2003）。

5.3.4 引进外资和资本配置方面的问题

东亚国家和地区的外资结构不合理，资本配置的流向也存在着严重的问题。偏重引进短期资本，而资本流向低水平的出口加工业和房地产行业，忽视科技开发及国内基础设施建设。过于重视量的发展，忽视质的提高。

5.3.5 金融体系问题

东亚国家和地区的金融体系不健全，金融市场过早开放，以及政府监管的不到位，导致了金融危机的一触即发。新兴市场金融体系的内在脆弱性才是金融危机的真正根源（傅新，2004）。东亚国家过早的放开了金融市场，在监督体系尚不健全、对金融衍生品负面作用认识不全面的前提下，过早开放金融市场，必会引起国际投机资本的进攻，最终导致金融危机的爆发（詹向阳，2005）。“对外开放的市场可能导致金融部门变得脆弱从而发生危机”（易娅莉，2013）。

5.3.6 儒家文化问题

亚洲金融危机的爆发使人们重新思考儒家文化。关于儒家文化中团体主义价值观是否符合当今世界引起学界的广泛讨论。儒家文化中的团体主义强调团队和人际关系的重要性，“团结就是力量”精神在东亚崛起的过程中发挥过重要的作用，但是随着经济发展日益需要竞争增强活力时，对团队的过度依赖反而成为经济进一步发展的阻碍，抑制了个人自主性，不利于个体竞争精神的培育。因此，儒家文化对于东亚经济发展的影响具有双重性，在当今的时代背景下，我们应该有所甄别，有所取舍，充分汲取其适宜当前经济发展的核心精神，摒弃其阻碍社会发展的相关主张（田毅鹏，2018）。

5.4 中国发展与“东亚模式”

中国位于东亚，并且自改革开放以来经济发展速度与日本、韩国、新加坡等邻国同样快速。

中国发展是否遵循了“东亚模式”？博尔托和韦伯（Andrea Boltho & Maria Weber，2009）认为中国发展与“东亚模式”既有相似之处，也有不同的地方。学界从宏观经济层面、社会、经济、政治方面的共同发展基础等方面进行了归纳。

5.4.1 中国发展与东亚模式的相似之处

宏观经济层面。麦迪森（2009）的研究显示，从1952～1978年，以及1978～2003年之间的时间范围内，日本和中国的GDP增长率相同（每年7.9%），而全要素生产率增长率非常相似，分别为每年3.3%和2.95%（见表5-5）。

表5-5 1952～2003年中国、日本、韩国基本增长核算（年平均增长率） 单位：%

项目	中国		日本		韩国	
	1952～1978年	1978～2003年	1952～1978年	1952～1978年	1952～1978年	1978～2003年
人口	2.02	1.2	1.1	2.21	1.34	1.07
国民生产总值	4.39	7.85	7.86	8.63	3.61	2.94
人均国民生产总值	2.33	6.57	6.69	6.28	2.24	1.85
劳动投入量	2.57	1.89	1.12	3.4	1.12	1.1
受教育年限	4.49	2.63	1.19	3.13	1.12	1.2
经过质量调整的劳动投入量	4.87	3.23	1.72	5.02	1.69	1.61
非居民投资	7.72	7.73	9.57	10.89	3.39	3.23
劳动生产率	1.78	5.85	6.67	5.05	2.47	1.82
资本生产率	-3.09	0.11	-1.56	-2.05	0.22	-0.38
人均资本量	5.02	5.73	7.97	8.77	1.85	1.81
全要素生产率	-1.37	2.95	3.32	1.48	1.28	0.69
出口量	2.6	14.42	13.17	26.1	5.19	5.91

注：日本和韩国的劳动投入量指的是总工作时间，而中国指的是就业量。劳动质量因劳动人口平均受教育水平的提高而提高；假设对劳动力投入质量所受到的影响是受教育年限增长率的一半。在计算全要素生产率增长时，劳动力投入的权重为0.65，教育投入的权重为0.325，资本投入的权重为0.35。

资料来源：参见 Maddison A. Measuring the Economic Performance of Transition Economies：Some Lessons from Chinese Experience [J]. The Review of Income and Wealth，2009，55（S1）：423-441.

对竞争性市场条件的重要性有普遍共识。中国高度重视竞争性经济的优势。20 世纪 80 年代开启了改革开放的大门，90 年代以来迅速向世界开放，乡镇企业和中小企业迅速发展，带来进一步竞争压力。并且，中国受益于区域间的竞争，财政分权导致地方政府相互竞争，支出集中在生产性投资上，为了吸引外国直接投资，不断改善营商环境，创造开放的经济环境。

宏观经济政策相似。中国政府与日本政府相似，奉行审慎的财政政策，并在相当长的时间实现了适度的预算盈余。实际贷款利率也是正数。此外，同日本等一样，没有经历恶性通胀，表明政策适应了快速增长经济的需要。同时，具有社会、经济、政治方面的共同发展基础。中国政府重视发展教育，人力资本投资增加可观。

5.4.2 中国发展与“东亚模式”的不同之处

收入分配差距较大。快速的经济增长使中国很多人口摆脱了贫困，但收入差距也在迅速扩大。虽然政府努力缓解城乡和地区之间的收入差距，但收入差距状况仍不容乐观。

行业计划不同。日本和韩国通常强调针对重要行业的计划，而“中国政府试图干预太多的产业”。例如，1989 年的工业政策计划提出促进一些轻工业、基础工业、中间产品、机械和电子、轻技术工业、出口、基础设施等诸多行业，唯一不鼓励的部门是“低质量”产品和奢侈品。

接受开放经济的意愿不同。日本和韩国对外商直接投资有较为严格的限制条件。中国的对外政策则更加开放。从 20 世纪 90 年代中期开始，中国制定了针对性更强的产业政策，并优先考虑某些领域。在电子领域，中国政府积极引入外资，建立合资企业，获得技术转让，然后再建立国内龙头企业。在汽车行业也采用了类似的方法。特别是从 20 世纪 90 年代中期开始，中国开始为加入世界贸易组织做准备，废除了许多贸易保护主义机制。而 1965 年的日本、1975 年的中国台湾地区或 1980 年的韩国开放程度均较低，虽然最终都取消了限制性外贸制度，但在当时，这三个国家和地区都没有步入贸易自由化。

产业发展重点不同。日本和韩国主要以重工业为发展方向，逐渐降低轻工业或资源密集型的行业出口比重，但中国却几乎朝相反的方向发展。在 2000 年之前的 25 年中，国有企业在全部工业生产中的比重从 80% 下降到 15%（虽然国有企业不能完全代表重工业，但重合度很高）。

珀金斯（Perkins，1986）总结“东亚模式”的主要特点为：快速提高的劳动生产率，“出口导向”的外向型经济发展战略，国内政治环境稳定，以及较低水平的收入不均和土地改革政策。国内学者则归纳“东亚模式”的经济发展特色为：以经济为中心战略。区别于西方的以商业和工业革命为先导的内源性现代化发展模式，东亚经济更强调经济立国或经济优先主义；形成产业梯度。东亚各经济体间形成了日本—“四小龙”—东盟—中国等的产业梯度转移，东亚发展中国家抓住日本等发达国家的产业结构调整，结合自身比较优势，利用外国资本和技术，逐步实现由劳动密集型向资本密集型的过渡；外向型出口导向战略。实施外向型经济发展战略（出口工业化战略），实现从进口替代到出口导向的转变，此战略不同于西方的非联系性自主型发展战略，是由政府强势组织的，主动地、强有力地引导结构调整升级的，面向国际市场组织生产的，通过扩大出口带动经济发展的战略。

中国经济持续 40 多年的快速增长一直被国外学者普遍关注，成功抵御 2008 年的金融危机后更引发大量关注。市场化特征与政府已得到国外普遍认同，但对中国经济模式的具体特征归纳与中国经济模式的内涵仍持有不同看法。2004 年美国高盛公司中国顾问雷默撰写“北京共识”一文，试图对中国发展道路做出总结，该报告引起颇多争议。国内学者比较了“华盛顿共识”和“北京共识”，指出“北京共识”强调为了保证经济发展的同时社会稳定，集权政府指导干预不可或缺。中国经济模式包含着自主、渐进、权变和创新等核心要素，政府主导的混合制经济是主要特征和特定时期的发展工具手段（易娅莉，2016）。

“雁阵”模式是东亚国家（地区）经济早期发展的一个典型特征，以日本为领头雁，将劳动密集型产业从日本依次转移到“亚洲四小龙”、东盟各国（地区）和中国东南沿海地区，形成头雁带领，群雁齐飞的雁阵式相互继起模式。中国经济的快速发展改变了东亚的区域经济环境，蔡昉（2009）认为，中国自身就存在一个“雁阵”模式，不同于日本、韩国等小国资源禀赋的同质性，大国不同区域之间的经济发展差异为区域间产业转移奠定了基础。中国东部、中部、西部地区所处的经济发展不同阶段，使得“雁阵”模式越发可行（中国经济增长前沿课题组，2012）。并且，“雁阵”整体经济下滑的速度远低于头雁经济下滑的幅度，中国各区域形成的整体“雁阵”将会极大地延长经济高速增长的时期（王庆，2011）。陶新宇、靳涛、杨伊婧（2017）进一步拓展了“雁阵”模式，将产业结构变化分为“结构性加速”与“结构性减速”，并利用“雁阵”模式分析中国各区域产业发展情况，结果发现东部、中部、西部区域形成了一个完整的经济发展阶段相互衔接的“雁阵”模式，即中国各区域之间可以随经济发展阶段产业梯度转移，避免了日本及“亚洲四小龙”金融危机后的经济下滑。

5.4.3 东亚经济发展模式的演进

20 世纪 90 年代特别是 1997 年亚洲金融危机以后，日本经济的长期萧条，在信息产业革命中竞争优势不足，在许多高端科学技术领域落后于欧美，无法将更多成熟产业转移到东亚各国和地区，加之“亚洲四小龙”的经济腾飞、中国经济的崛起，以及东盟各国在经济全球化条件下不再局限于劳动密集型的产品，开始追逐技术和资本密集型产品的生产和出口，各国之间的产业架构差距不断缩小，日本领头雁的作用越发不足，东亚经济发展模式开始变迁。

随着中国成为东亚第一大经济体、世界第二大经济体，东亚地区的货币合作从日元主导转变为中日合作，人民币日益国际化，为传统的“东亚模式”注入新的活力，“中国重心”型的东亚模式正在逐渐形成（孙兴杰，2013）。李建民（2006）认为在经济全球化、区域经济一体化背景下，东亚各国开始寻求区域合作共同发展，凭借资金与市场潜力的优势，日本和中国将在 21 世纪促进东亚区域经济发展中，形成东亚经济“双引擎模式”。史龙祥（2006）称之为网络型复合分工结构的“后雁行模式”，其强调的是整个区域的资源配置优化而不是单个国家或地区，形成了产业间垂直型分工与产业内水平型分工的复合分工结构，从而促进整个区域的可持续发展。张宗斌（2006）提出“日本在前面拉，中国在后面推”的“双头列车”东亚经济发展模式已经崩溃，未来东亚经济发展模式是“中国在前面拉，日本在后边推”的“新双头列车”模式，中日在东亚经济中的角色发生换位。张璐（2011）提出当今东亚经济增长区别于传统的“雁阵”模式，日本、“亚洲四小龙”以及东盟各国已经脱离了原来的承接劳动力密集型的经济阶段，开始积极对外投资，形成新的经济发展模式。学者们将这种增长模式称为“喷泉模式”或“多发性经济增长源”机制。东亚金融危机为东亚经济发展模式敲响了警钟，有必要随着国际经济环境的变化，进行战略性的调整。

5.5 东亚国家跨越“中等收入陷阱”

5.5.1 “中等收入陷阱”的成因分析

2007 年世界银行在其发表的对东亚国家和地区经济研究的报告《东亚复兴：关于经济增长的观点》及《东亚与太平洋地区报告：危机 10 年后的状况》中正式提出“中等收入陷阱”，此后引起学术界的广泛讨论。对于中等收入陷阱的具体内涵，学者们各抒己见。全毅（2012）从实证数据的角度研究，发现很多后发国家进入中等收入行列后，人均 GDP 始终在 6000 美元线上停滞不前，很难突破 10000 美元门槛，进入高收入国家行列，从而陷入“中等收入陷阱”。蔡昉（2011）认为中等收入陷阱是一种超稳定均衡的经济状态，普通短期的外力难以使其改变状态，从而导致国家在中等收入阶段停滞不前。与此相对应，郭金兴、胡映（2015）提出跨越陷阱所需时间之长，是中等收入陷阱的特征之一。张德荣（2013）则通过统计数据分析得出中等收入陷阱是一个普遍的现象，尤其是 20 世纪 80 年代以来，中收入陷阱的现象越发突出，在过去长达 30 年的时间里，大约一半以上中低收入或者高收入的经济体没能进入更高的收入阶段，中等收入陷阱的说法不是一种主观臆断。对中等收入陷阱的一个一般论述就是指一个经济体从低收入水平进入中等收入水平后，经济增长速度开始下滑，无法继续地保持高速增长并成功进入发达国家行列的现象。目前越来越多的发展中国家包括中国在内面临中等收入陷阱的风险，研究东亚经济发展模式，借鉴东亚国家和地区跨越中等收入陷阱的经验，对于众多中等收入国家和地区实现经济的赶超意义重大。

世界银行指出，一个国家落入中等收入陷阱的原因在于该国家在从中等收入迈向高收入的发展战略和增长机制，与其从低收入经济体成为中等收入经济体的发展机制有根本的区别。各个经济体的具体国情各不相同，陷入中等收入陷阱的原因也存在差异，主要包括以下方面：经济发展战略失误、经济发展战略和增长机制的转型失败、社会建设的滞后、民主政治转型失败等。

世界银行根据人均国民总收入的大小，对各经济体的发展水平进行了分类，分为低收入、中收入和高收入三种类型。2011 年的最新标准为，人均国民总收入小于等于 1005 美元为低收入经济体，介于 1006 ~ 12275 美元为中等收入经济体，大于等于 12276 美元为高收入经济体。其中，中等收入又分为中等收入和中高收入，指标分别为 1006 ~ 3975 美元，3976 ~ 12275 美元。在东亚模式的作用下，日本、韩国、新加坡以及中国的台湾、香港通过高速的经济增长从低收入国家（地区）跨入中等收入国家（地区）进而进入高收入国家（地区）行列。以此相对应，拉美的一些国家较早就与欧美国家处于同等发展水平，还有亚洲的一些国家较早跻身于中等收入国家行列，但是它们都长期徘徊于中等收入水平，未能实现由中等收入到高收入的跨越。即使部分拉美国家的人均收入越过了高等收入线，一段时间后却又回到了中等收入水平。

5.5.2 东亚国家跨越“中等收入陷阱”的经验启示

学界普遍认为塑造“东亚奇迹”的“东亚四小龙”是成功跨越“中等收入陷阱”的模范，而拉美国家是陷入“中等收入陷阱”的典型案例。

“东亚四小龙”在 20 世纪六七十年代先后进入中等收入阶段，经过 25 年左右的时间，成功进入高收入阶段，并且始终保持较高的经济增长速度。研究“东亚四小龙”成功的经验可以发现：这些国家和地区改变了经济增长机制，提高全要素生产率（TFP）对经济的拉动作用；注重创新，加大科研经费投入，重视创新人才的培养，加强教育和专项技能的培训；推动产业升级，扶持战略产业快速成长，淘汰资源能耗企业，注重保护环境；推动收入分配公平，缓解社会矛盾，促进经济均衡发展；进行制度创新，完善民主监督，保证生产要素良性循环。

拉美国家同样在 20 世纪 60 年代前后陆续进入中等收入阶段，但随后出现了经济发展停滞甚至后退的现象，截止到 2018 年，部分拉美国家仍然在中上与高收入阶段徘徊。19 世纪中叶拉美国家发展势头良好，进入发展转型期，但是在第一次转型期间碰到了第一次世界大战，导致出口欧美市场大量萎缩，转型遇到困境，转型成功延迟了近 25 年；第二次转型期错过了 20 世纪 50 ~ 70 年代的第一次石油危机期间良好的国际贸易环境，导致第二次转型成功延迟了近 45 年，导致拉美国家现在仍处于中等收入阶段（郑秉文，2011）。拉美国家陷入“中等收入陷阱”的原因主要是：未能及时调整经济增长战略，经济发展后劲不足；民粹主义和福利运动忽略经济发展规律；城市化发展超前，脱离当前经济发展阶段；居民收入差距大，社会矛盾尖锐；腐败问题严重，政府公信力下降（杜传忠，刘英基，2011）。

通过对比“东亚四小龙”和拉美国家，可以发现，经济增长机制是否符合当前经济发展要求、制度创新是否适应经济发展现状、社会收入分配情况、城市化进程是否适应当前经济发展、政府是否清廉等因素都会对国家是否成功跨越“中等收入陷阱”产生重大的影响（见表5－6）。

表5－6　　东亚国家（地区）和主要拉美国家收入阶段特征

国家（地区）	中低收入阶段（时间）	中高收入阶段（时间）	高收入阶段（时间）	中低收入阶段持续时间（年）	中高收入阶段持续时间（年）	MIT
阿根廷		1960～2017年	2018年		55＋*	是
巴西		1960～2018年			55＋	是
哥伦比亚	1960～1986年	1987～2018年		27＋	32＋	是
墨西哥		1960～2018年			55＋	是
秘鲁	1960～2005年	2006～2018年		46＋	13＋	是
日本		1960～1964年	1965～2018年		5＋	否
韩国	1960～1978年	1979～1995年	1996～2018年	19＋	17	否
新加坡	1960～1965年	1966～1979年	1980～2018年	6＋	14	否
中国香港	1960～1962年	1963～1983年	1984～2018年	3＋	21	否

注：MIT表示middleincome trap，“是”表示陷入处于中等收入陷阱，“否”表示已经跨越中等收入陷阱。

＊虽然2018年阿根廷进入高收入阶段，但是阿根廷经济发展停滞，人均GDP在高收入标准线上徘徊，在此仍将其算入中高收入阶段。

资料来源：根据世界银行网站资料整理，https：//data. worldbank. org. cn/indicator/NY. GNP. MKTP. PP. CD？view＝chart。

2009年中国进入中等偏上收入阶段后，学界开始对中国是否存在中等收入陷阱展开讨论；2012年中国实际GDP和名义GDP增速有所下降，中国能否跨越中等收入陷阱再次引起学界热烈讨论。2014年，习近平总书记指出：“对中国而言，‘中等收入陷阱’过是肯定要过去的，关键是什么时候迈过去，迈过去以后如何更好向前发展。”① 蔡昉（2019）认为中等收入陷阱不仅存在统计意义，更需要关注的是，刚刚达到高收入标准的国家如何保证经济持续稳定增长，是否会遭遇经济停滞甚至严重后退。

① 习近平：“中等收入陷阱”是肯定要迈过去的，人民网，http：//theory. people. com. cn/n1/2017/0609/c40531－29329099. html。

世界银行和国际货币基金组织按照人口转变阶段将国家分为四组：

前人口红利组：2015 年总和生育率不低于 4 的国家，其 2015 ~ 2030 年劳动人口将会持续增长；

早期人口红利组：2015 年总和生育率低于 4 的国家，其 2015 ~ 2030 年劳动人口仍会增长；

晚期人口红利组：1985 年总和生育率不低于 2.1 的国家，其 2015 ~ 2030 年劳动人口零增长或负增长；

后人口红利阶段：1985 年总和生育率低于 2.1 的国家，其 2015 ~ 2030 年劳动人口零增长或负增长。

蔡昉在此基础上将人均 GDP 与人口转变阶段进行分组比较，发现低收入国家处于前人口红利阶段，中等偏下收入国家处于早期人口红利阶段，中等偏上收入国家、高收入国家也与人口转变阶段中的晚期人口红利阶段和后人口红利阶段相对应。因此，各国所处的经济发展阶段与其人口转变阶段存在相互对应、相互影响的关系。单纯依赖人口红利的经济增长模式是不可持续的，只有深化改革开放，营造良好的经济环境，推动全要素生产率提高才是长久之计。

5.6 人口老龄化对“东亚模式”的冲击和挑战

随着国际环境的变化尤其是 1997 年亚洲金融危机的爆发，对东亚发展模式产生了巨大的冲击，东亚各个国家和地区根据自己的实际情况进行了相应的战略调整，最终成功化解了危机，东亚经济体也成功跨越中等收入陷阱，进入了高收入经济体行列，东亚模式同时在动态变化中得到了质的发展与提升。然而，伴随人口老龄化的逐步深化，东亚经济的可持续发展面临挑战。人口老龄化使得社会劳动人口总量增长速度放缓甚至出现绝对数量减少，社会劳动人口比重占社会总人口比重下降，社会发展动力不足，丧失经济发展的人口红利期，导致经济发展速度减缓甚至出现负增长（蔡昉，2011）。人口老龄化尤其是“少子老龄化”的快速发展，极大地阻碍了东亚国家和地区的进一步发展，随着老龄人口比重逐年增加，各国发展的负荷进一步加大，如何正确处理老年人口的社会问题，开发利用第二次人口红利，对于东亚国家和地区的持续发展至关重要。

中国作为人口大国和经济大国，在持续 30 多年高速经济增长后进入“新常态”，人口老龄化如何影响中国经济进一步发展成为国内外关注的问题。珀金斯

（Perkins，2006）指出，物质资本和人力资本投入的增加并不是中国持续经济增长的主要原因，市场经济的改革、壁垒的不断消除而导致的生产力激增是中国过去 25 年经济增长的重要因素。虽然物质资本、人力资本可能会持续较长时间，但是可以预见的是，储蓄和投资率，以及非农业劳动力最终将减少。未来真正的问题是中国是否会找到新的方法进一步提高全要素生产率？刺激出口措施快速增长带来的经济增长可能很快明显放缓，必须启动内需。许多反贫困项目，如穷人也有助于生产力的增长。进一步的生产力增长需要持续稳定的改善在中国市场经济运作中起关键作用的机构系统。蔡昉（2019）指出，当前中国人口红利逐渐消失，标志着中国结束了传统的二元经济发展阶段，下一阶段必须将发展着力点集中在全要素生产率方面，将中国经济拉回至“创造性破坏”模式。他认为中国应该进一步明确市场在资源配置的决定性地位，在全社会建立有利于全要素生产率提高的“创造性破坏环境”。陶新宇、靳涛、杨伊婧（2017）的研究证实了其观点。中国各地区人口和经济发展的进程不同，总体上，尤其是东部地区的人口老龄化与人口红利衰退导致中国的人口结构对经济增长产生了负面效应，但中西部地区的人口红利并没有全部消失，所以应当进一步放宽社会福利制度与户籍制度对劳动力流动的限制，使得中西部的劳动力资源能够更加充分的投入到国家的发展与建设之中。

第6章　东亚国家的延迟退休和老龄就业

世界各国的延迟退休和老龄就业与全球老龄化发展趋势基本一致，呈现出地域波浪式推进的特征。本章从国际视角对延迟退休演进进行了分析，指出了东亚各国延迟退休的特色，老龄就业的现实性是各方博弈的核心。

6.1　问题的提出

退休制度是随着人类文明的进步和社会发展建立起来的。广泛地说，从不同角度，退休的概念可以体现为许多不同的要素，研究显示其至少包括三层含义：第一，完全地、永久地退出就业；第二，从国家或私人养老金中获得收入；第三，一种心态，即个体感觉自己退休了（Fields & Mitchell，1984；Lazear，1979；Lumsdaine & Mitchell，1999）。对于不同的人，尤其是对于不同的群体，退休的模式不同。在许多情况下，这三件事情（停止工作、开始领取养老金、认为自己已经退休）并不同时发生，有些人认为自己退休了但是仍然在工作，有些人再也不工作了但是认为自己没有退休，有些人领取养老金了但是仍然在工作，有些人已经退休了但是还没有开始领取养老金。

随着延迟退休政策的实施，涌现出许多新的退休模式，其中阶段性退休是最主要的形式。阶段性退休是一种工作安排，通过这种安排令员工减少自己的工作量，用过渡性工作来代替完全退出劳动力市场从而实现弹性延长工作时间（Cahill et al.，2006）。阶段性退休在大部分国家被用作延迟退休的手段，也同时解决老龄化带来的员工队伍结构的不断变化和合格劳动力短缺问题。对劳动者来说，阶段性退休提供了一种避免从全职工作到完全依赖养老金而对养老金制度引起的冲击，并可以减少精神压力和提高工作满意度（Delsen & Reday – Mulvey，

1996）。对雇主而言，阶段性退休提供了比较缓和的减少人员方式，以及保留具有高级专业技术和宝贵技能的人才。雇主可以利用阶段性退休来减少调整成本，提高劳动生产率（Ghent & Clark，2001）。从政策角度看，从事兼职工作从而实现阶段性退休可以减缓劳动力供给短缺和财政压力（Nikolova & Graham，2014）。

退休决定是个人选择与制度环境影响的结果。多种理论方法被用来研究退休决定的复杂性，实证研究也发现大量影响退休决定的因素（Wang & Shultz，2010）。从消费与休闲的生命周期模型来看，个人有关其未来工作和收入的预期会影响他们当前的消费行为，并且个人对未来消费的偏好将会影响他们未来参与劳动力市场的期望（Heckman，1974）。教育、职业和健康状况、年龄和性别、政府立法、社会保障体制、老龄就业服务政策、卫生保健和健康保险等，都影响老年人的劳动参与率和退休决定。

大量研究表明，退休的时机与性质受到国家或私人养老金的影响，其他可用的补助也为人们退休提供了多种选择方式（Fields & Mitchell，1984；Samwick，1998；Blöndal & Scarpetta，1999）。格鲁伯和怀斯（Gruber & Wise，1999）汇集了各自有着独特的养老金体制、文化与劳动力市场制度但拥有共同的养老金激励措施的多个国家个体退休的微观计量经济研究，发现养老金对退休具有三方面效应：

财富效应——个人的养老金财富（与其他金融财富）越多，就越有可能退休。

收益效应——养老金可能提供一种继续工作的动机，继续工作有可能获得更高的预期收入，这就是所谓的收益效应。收益效应的大小取决于个人预期未来收入将会上涨多少，以及与放弃不立即退休的养老金收入的对比。

养老金领取年龄的独立影响作用——当人们到达养老金领取年龄时，养老金收益对于退休的激励作用下降。对许多国家的研究表明，纯经济激励不能解释被观察到的退休的年龄水平。一种解释是，当人们把养老金领取年龄看作合适的、可接受的退休年龄的时候，养老金领取年龄可以起到社会规范的作用。另一种可能的解释是，人们可能受流动性的约束而不能在有资格领取养老金之前退休，即对他们来说提前退休是“最佳”的选择。

在更广泛的层面上理解退休与老年工作者经济活动的本质和决定因素，成为国家在面对人口老龄化时过渡到新的社会背景与经济平衡的关键点之一（Banks & Smith，2006）。不同的群体有着不同的退休决定和经历，政府、企业、政党和工会是各国老龄人口就业环境构建的主体，因此各方力量的均衡决定着延迟退休演进的发展历程。然而，各国政府和工会对延迟退休的态度迥异，在各种力量博弈的背后，隐藏着经济状况、劳动就业和社会保障制度的差异。欧洲、东亚和北美是三个退休年龄调整中最具代表性的地区，因此，本章以国别和时期为标准，在欧洲选取英国、德国、法国三国，北美选取美国为例，与东亚的日本、韩国、新加坡进行比较，试图从国际视野分析延迟退休演进的特征，揭示东亚国家延迟退休演进的特色。

6.2 欧洲地区

作为老龄化最早最为严重的地区，欧洲在推进老龄人口的劳动参与上走在了世界最前列。英国、德国、法国先后于20世纪30年代、70年代进入老龄社会，并预计在2020年前后进入超老龄社会（UN，2012）[①]。在人口年龄结构变化的背景下，70年代起老龄人口就业问题引发欧洲各国的思考，并先后出台了相应的政策，其中英国代表欧洲海洋国家，德国、法国代表欧洲大陆国家，通过对三国的具体分析，即可把握欧洲延迟退休的演进历程。

6.2.1 三国均经历了提前退休至延迟退休的转变

20世纪70~90年代早期，提前退休成为OECD国家的普遍趋势（Blöndal & Scarpetta，1999），英德两国亦是如此，直至90年代后期英国政府才开始改变其鼓励老龄人口提前退休的政策（Banks & Smith，2006）。1970~1996年基本是保守党在把持内阁，1979~1996年甚至创下了4次连续执政的佳绩。当时英国遭遇长期建立福利社会而引发的经济衰退，为重振经济和解决失业问题，以中上等阶层——垄断财团、农场主、企业老板、公司经理等为选民基础的保守党政府大力推行市场化和民营化，同时鼓励老龄劳动力提前退休以解决青年失业问题。然而，就如何解决提前退休人群的收入来源问题，保守党内阁却没有接受工会将法定退休年龄从65岁降低到60岁的主张，只是推行“工作释放计划”（job release scheme），以发放经济补贴的办法鼓励提前退休（Chandler & Tetlow，2014）。

① 老龄化起点、老龄社会和超老龄社会的标准采用联合国人口统计通用标准，即65岁及以上人口占7%时为老龄化起点，达到14%时为老龄社会，达到20%时为超老龄社会。

1997 年，与工会关系密切的新工党重新执政，并连续 4 次组阁直至 2010 年。新工党推行市场导向和政府干预相结合的“第三条道路”，在福利层面提出将国家投资和个人发展结合在一起的“积极福利”（positive welfare）概念，推行延迟退休政策，鼓励资方自愿实施延迟退休计划，并就招聘、晋升、培训、非工资福利、退休等方面存在的年龄歧视进行广泛调查，于 2003 年发行了题为《通向平等和多样性》（*Towards Equality and Diversity*）的老龄人口就业报告书（DTI，2003），2006 年进一步出台《就业平等（年龄）法规条例》[*Employment Equality*（*age*）*Regulations*]，规定不得非法解雇 65 岁以下的劳动者（UK，2006）。

德国在 1992 年前也鼓励老龄人口提前退休，为了解决劳动力市场供大于求的问题，德国政府鼓励提前退休并支付全额退休金，由于国家承担提前退休的成本，工会和雇主在提前退休政策协商上达成一致，在德国统一后的劳动力市场转型时期该方法被更广泛地使用，领取退休金的最低年龄甚至一度降为男性 61 岁、女性 58 岁，55 ~65 岁老龄人口的劳动参与率由 20 世纪 70 年代中期的 75% 下降到 80 年代的 50%、90 年代的 52.7%（Mares，2002）。然而，这种提前退休的模式逐渐给德国政府造成巨大的财政压力。1992 年，德国政府决定将鼓励提前退休变为限制提前退休，再进一步推行延迟退休：首先，限制提前退休资格，除参保时间超过 35 年或丧失劳动能力的人群以外，不再给提前退休者发放全额退休金。其次，改变全额退休金的计算方法，薪酬基础由退休前的税前收入变为税后收入（BMAS，2014）。

法国自 20 世纪 90 年代起开始改革退休制度，经历 6 次重大改革，其中一次以失败告终。1991 年，巴拉迪尔政府针对退休制度进行第一次改革，为避免阻力，改革绕开了工会参会率高的公有部门。1995 年，朱佩政府开始第二次改革，试图把改革拓展至所有部门，特别是 1993 年未加改革的公有部门，结果引发了席卷全国的抗议浪潮，最终的结果是朱佩下台，改革流产。2003 年，拉法兰政府开始第三次改革退休制度。2007 年，萨科奇政府推进了第四次改革：将法国国营铁路公司、巴黎独立运输公司等几大特殊制度领取全额养老金的缴费年限向着公务员制度拉齐，从 2008 年 7 月 1 日起执行；养老金与工资脱钩，与物价挂钩。2010 年，萨科奇对退休制度进行第五次重大改革，把全体国民的退休年龄从 60 岁逐步延长至 62 岁，领取全额养老金的年限也相应延长。2013 年，社会党领袖奥朗德对退休制度进行第六次改革，继续延长养老金的缴费年限，同时逐步提高基本养老保险的缴费率。

6.2.2 三国养老金制度的配套改革

由于大多数 OECD 国家原有的养老保障制度激励了老龄人口的提前退休（Blöndal & Scarpetta，1999），取消原有养老制度对提前退休的经济激励就成为一个艰巨的任务，在大多数国家这不仅涉及改变养老保险制度，也需要改变建立多年的收入支持计划的各种项目（Blöndal & Scarpetta，1997）。

1908 年英国确立了第一个养老保险的立法（见表 6 - 1），1948 年工党政府以福利国家为理念建立起基本国家养老金制度，自此英国进入了一个由低缴纳和普惠原则引领的养老金制度演变体系。由于英国的养老金是以减少贫困的晚年为目的，并不关注养老金对退休前收入的替代比例，国家基本养老金的替代率始终在 30% 以下，这使 20 世纪 90 年代的英国与其他欧洲大陆国家不同，国家养老金面临的不是支付危机而是保障程度太低。为了提高老年人生活质量，确保财政可持续性，多年以来英国持续改革，构建起了国家养老金（basic state pension）、第二养老金（second-tier pension）、个人信贷养老金（means-tested pension credit）三位一体的养老制度（Bozio et al.，2010）。2006 年政府推出白皮书《退休保障：建立一个新的保障制度》（*Security in Retirement*：*Towards a New Pension System*），强调“个人责任、公平性、简单化、能负担和制度的可持续性”（DWP，2006）。为了促进老年人延长工作时间，政府采取了一系列措施，包括更严格的审查获得伤残抚恤金的资格，针对 50 岁以上人员的在职福利和培训激励机制，消除强制提前退休和年龄歧视等（Banks & Smith，2006）。

2009 年的欧债危机给英国财政带来较大压力，促使政府进一步改革养老金制度。2010 年联合政府颁布了《平等法案》（*Equality Act*），废除法定 65 岁退休的规定，将女性的退休年龄变为与男性一致，推迟到 65 岁。男女的法定退休年龄将从 2024 ~ 2026 年进一步推迟至 66 岁，2034 ~ 2036 年推至 67 岁，2044 ~ 2046 年推迟至 68 岁，由此，英国将成为发达国家中退休年龄最高的国家。然而，这一决定引起了工会组织的激烈抗议，政府不得不在与工会等力量沟通的基础上推进改革措施。2013 年 1 月政府公布白皮书《单一养老金：储蓄的简单基础》（*The Single-tier Pension*：*A Simple Foundation for Saving*），宣布从 2017 年开始实施，2060 年完成单一养老金制度，提出建立一个更公平更简单的国家养老金制

表6-1　英国、德国、法国、美国、日本、韩国、蒙古国老龄人口养老保险：社会保障计划的主要特征

国家	第一个养老保险立法的时间（年）	计划类型	法定退休年龄（岁）		缴费比例（%）			覆盖老龄人口占工作人口的百分比（%）							
								总和		强制性缴费		自愿缴费		非缴费	
			男	女	被保险人	雇主	从政府融资	总和	女性	总和	女性	总和	女性	总和	女性
英国	1908	社会保险（统一收益和薪酬比例收益）	65	61	9.95	11.9	财政弥补出现的赤字	100.0	100.0	69.1	64.2	0.0	0.0	30.9	35.8
		非缴费型	60	60	—	—	所有成本								
德国	1889	社会保险	65	65	9.8	9.8	补充缴费者未提供的部分	76.6	70.8	76.6	70.8	0	0	0.0	0.0
法国	1910	社会保险	65	65	6.67	13.33	有保障的年度补贴	56.3	43.9	56.3	43.9	0.0	0.0	—	—
	2004	非缴费养老金	60	60	n. a.	n. a.	所有成本								
日本	1941	社会保险	65	65	8.34	8.34	国民年金的费用（包括国民年金50%的成本，100%的国民年金机构的雇员保险及行政管理费用）	100.0	100.0	100.0	100.0	0.0	0.0	0.0	0.0
韩国	1973	社会保险	60	60	4.5	4.5	社会保险管理成本（包括社会保险和工作组管理成本的部分）	58.2	45.8	58.2	45.8	0.0	0.0	—	—
	2007	非缴费型	65	65	—	—	所有成本							—	—
美国	1935	社会保险	66	66	6.2	6.2	不缴费	73.8	69.7	72.4	68	0.0	0.0	—	—
	1935	非缴费型	65	65	—	—	所有成本								

续表

国家	第一个养老保险立法的时间（年）	计划类型	法定退休年龄（岁）		缴费比例（%）			覆盖老龄人口占工作人口的百分比（%）							
								总和		强制性缴费		自愿缴费		非缴费	
			男	女	被保险人	雇主	从政府融资	总和	女性	总和	女性	总和	女性	总和	女性
蒙古国	—	社会保险：名义账户制（针对1960年后出生人口）	60	55	5.5	13.5	—	100	100	23.2	24	18.6	9.7	58.2	66.3
	—	缴费型	60	55	—	—	所有成本	—	—	—	—	—	—	—	—

注：非缴费型指经过收入调查确定的不需预缴存的养老金，指对那些到了退休年龄、生活困难、但没有预缴存养老金的人的收入进行调查后发放的养老金。n. a. 原文“Not applicable”，意为“不适用”。

资料来源：根据 International Labor Organization. *World Social Protection Report*，2014，http：//www. wsws. org/en/articles/2014/06/05/ilo – j05. html 整理。

度。2013 年 4 月 24 日又颁布了《2013 年公共养老金法》（*Public Service Pensions Act* 2013），启动了新一轮改革，将预期 2028 年实现的提高领取退休金最低年龄计划推迟至 2046 年（UK，2013）。近年来，随着领取养老金年龄的推迟，脱欧后的英国更加难以“幸福退休”。

德国是欧洲老年社会保障制度的摇篮，其养老金制度的立法和实践，对欧洲各国都产生了直接的影响。1889 年，德国“铁血首相”俾斯麦公布了第一个养老保险的立法（见表 6－1），确立了德国公共养老金制度的最早框架。经过多年的发展，成为“世界上最慷慨的养老制度之一”（Börsch－Supan & Wilke，2003）。20 世纪 80 年代中期，人口发展趋势显示出德国公共养老金制度的不可持续性。德国统一进一步加大了养老制度的财务压力，90 年代以来德国经济增速下降，老龄化趋势明显，收入减少而养老支出增加，对养老保险体系的改革势在必行。1992 年和 1999 年德国政府两次对养老金制度进行改革，2001 年，现收现付的养老金计划发展成为多支柱之一（GAO，2008）。2004 年政府再次调低发放国家养老金的比例，同时鼓励发展企业退休保险制度和个人退休保险制度，以减轻国家财政负担。2005 年德国政府推出《67 岁退休》（*Rentemit* 67）方案，决定在 2012 年至 2029 年逐步将领取养老金的最低年龄由 65 岁提高到 67 岁，同时执行旨在提高老年就业的《动议 50＋》（50 *Plus Initiative*）。

从 20 世纪 70 年代中期起，伴随着“辉煌 30 年”的结束和人口老龄化发展，法国退休制度的支出增速日益大于收入增速。法国左翼政府开始了削减福利和提高给付门槛的养老金制度改革。90 年代加快了退休金制度改革，从私有部门逐渐扩及公共部门。21 世纪法国开始了将特殊制度与普通退休制度合并的深层次改革。2003 年，总理菲永提出先将公共和私营部门工作者交纳退休金的年限增加到 40 年（从 2004 年到 2008 年），到 2012 年再延长到 41 年。由于工会的强烈反对，此次改革并没有达到目标。2010 年，政府强势推动养老金制度改革：延长退休年龄，提高公共部门缴纳比例。2010 年 6 月，法国政府公布养老金改革法案：逐步将私营和公共部门的法定退休年龄延长两年，到 2018 年达到 62 岁（特殊类别的公职人员分别延长至 52 岁和 57 岁，而当时的退休年龄设定在 50 岁和 55 岁）；2020 年将交纳退休金的年限提高到 41 年；公共部门退休金缴纳比例向私营部门看齐，将从 7.85% 提高至 10.55%。2013 年，奥朗德政府规定从 2020 年起至 2035 年，逐步将领取全额养老金的缴费年限延长至 43 年，同时逐步提高基本养老保险的缴费率。2018 年，“黄衫”抗议运动蔓延。马克龙政府大幅增加最低退休金数额，4 月 1 日，最低退休金增加至 833 欧元，不仅计划 2019 年初提高到868欧元，并且将取消对每月退休金低于2000欧元者提高“普遍化社保捐金”（CSG）征收率的做法。

这一时期由社会民主党（Sozialdemokratische Partei Deutschlands）、基督教民主联盟（Deutschlands Christlich – Demokratische Union）和巴伐利亚基督教社会联盟（Christlich – Soziale Union in Bayern）组成德国大联合政府，时任总理施罗德提出社保改革计划，既被对方阵营基督教民主联盟的抨击，又遭到以拉方丹为首的党内左派反对，工会组织的反对更为激烈。但施罗德不惜在2004年辞去党主席职务，以丢掉总理宝座的代价，坚持提出了“2010年议程”——对社保和劳动力市场的总体改革方案。默克尔新政府采取了更严厉的改革措施，不仅使多层次养老保障体制进一步得以完善，并于2007年完成将退休年龄从65岁提高到67岁的法律程序。

2010年德国大联合政府解体，社会民主党成为在野党，左派开始联合工会共同抨击67岁退休方案。工会反对延迟退休的主要理由是老龄失业问题没有得到解决，只有大约20%的老龄人口可以工作到65岁，大部分老龄人口在领取退休金之前处于失业状态，如果将领取退休金的最低年龄提高到67岁，这一现象将更加严重。在67岁退休方案出台伊始，工会代表就提出应从2010年起每4年发布一次老龄就业发展报告，根据老龄就业问题的解决程度来推行延迟退休计划。为了减少来自民众的压力，默克尔政府采取了许多过渡性措施，并设定了长达近20年的过渡期，从2012年开始每年推迟退休一个月，2024年之后每年推迟2个月，直到2030年退休年龄延长到67岁（Die Zeit Online，2010）。

6.2.3　劳动力市场老龄就业的发展状况

人口老龄化造成了劳动力供给的不足和养老保险体制的不可持续，这是欧洲各国政府出台积极老龄化政策的根本原因。因此，欧洲各国的积极老龄化政策虽然包括提高领取退休金最低年龄和促进老龄人群就业两个方面，但是它们对前者的关心显然高于后者。这导致领取退休金最低年龄在逐步提高的同时，老龄人口的就业问题却无根本性改善。英国的新退休制度被认为是一个过于复杂和考虑不周的新工党实验（Kilpatrick，2008）；新养老制度对延迟退休有更大激励，意味着工作年龄的更大弹性，但也蕴含着养老金价值和退休时间的不确定性，对养老金的信任就成为一个问题（Taylor – Gooby，2005）；并且，很多相关政策或是停留在纸面，或是执行不力（Sargeant，2010）。

2006 年，OECD 总结会员国在 2003 ~ 2005 年的老龄就业政策，出版了题为《活得更久，工作更久》（*Live Longer*，*Work Longer*）的研究报告，提出包括三个方面的未来行动框架，即加强财政投入、消除就业壁垒和提高老年就业能力，并针对各国提出具体建议。2011 年，OECD 对此展开追踪调查，发现欧洲国家仍然存在诸多问题，特别是在提高老年就业能力方面成果寥寥。英国政府在加强财政投入和消除就业壁垒方面有所作为，但《新政 50 +》的实施、扩大重视经验的工作范围、扩大老龄职业训练、为老年人提供工作基础学习等提高老年就业能力方面的改革建议几乎没有实施。德国总体情况要好很多，提高老年就业能力的 5 个具体建议实施评价都得到了肯定，具体表现在降低了长期失业的标准和保障范围，强化了针对老年失业人群的就业分析，并将老年失业人群设定为公共就业服务的特别对象，增强了老年就业培训方法，协调了健康保险和退休保险的关系，健全了为终身工作服务的医疗保健体系等（OECD，2012）。

然而，无论是英国还是德国，甚至整个欧盟国家，老龄人口就业都不容乐观。2012 年，欧盟 55 ~64 岁人口的就业率为 48.7%，英德虽高出平均水平也分别仅是 58.1% 和 61.6%，法国则低于欧盟平均水平，为 44.5%；65 ~69 岁人群的就业率更低，欧盟 65 ~69 岁人群的就业率为 11.2%，英国为 19.5%，德国为 10.1%，法国为 5.9%。另外，55 ~64 岁就业的人群中还有相当一部分是非全日制、临时工作或自我雇佣者，正规全职就业的比例被大大拉低。受到良好教育的人一般能获得令人满意的工作，愿意延迟退休，低技能的老龄员工经济负担重，却难以找到合适的工作，延迟退休提高了社会不平等程度（见表 6 -2）。

表 6 -2　　部分国家和地区老龄就业状况比较　　单位：%

年份	地区和国家	就业比率			就业质量		
		55 ~64 岁的就业率	性别比	65 ~69 岁的就业率	55 ~64 岁兼职占比	55 ~64 岁临时工作占比	55 ~64 岁自我雇佣占比
2003	OECD	47.2	1.75	15.8	17.1	9.2	30.0
	欧盟	40.7	1.83	9.0	16.4	6.5	25.8
	英国	55.4	1.40	13.4	29.4	5.4	18.9
	德国	39.0	1.53	5.5	22.9	4.2	18.3
	法国	37.0					

续表

年份	地区和国家	就业比率			就业质量		
		55~64岁的就业率	性别比	65~69岁的就业率	55~64岁兼职占比	55~64岁临时工作占比	55~64岁自我雇佣占比
2003	日本	62.1	1.63	33.3	20.2	14.6	—
	韩国	57.8	1.56	40.5	11.1	40.6	—
	美国	59.9	1.20	26.2	11.7	3.7	—
2007	OECD	51.1	1.60	17.2	17.7	9.4	27.1
	欧盟	45.1	1.60	10.3	17.1	7.1	22.7
	英国	57.3	1.35	15.2	28.3	5.0	18.6
	德国	51.3	1.37	7.1	24.0	4.5	16.7
	法国	38.2					
	日本	66.1	1.59	35.8	21.1	14.9	—
	韩国	60.6	1.59	43.0	11.7	41.2	—
	美国	61.8	1.19	28.7	10.8	3.3	—
2013	OECD	54.9	1.40	19.6	18.2	8.7	25.7
	欧盟	49.5	1.36	11.2	17.0	6.7	21.7
	英国	59.7	1.26	20.4	27.7	5.2	19.5
	法国	45.6					
	德国	63.5	1.21	12.6	24.5	3.8	14.4
	日本	66.8	1.47	38.7	24.9	15.6	—
	韩国	64.3	1.54	43.8	12.8	36.7	—
	美国	60.9	1.17	30.3	9.5	—	—

注：性别比为55~64岁就业率的性别比（%）（男/女）；"—"表明缺乏该数据。

资料来源：OECD. "Review of Policies to Improve Labor Market Prospects for Older Workers", 2015, https://data.oecd.org/emp/employment-rate-by-age-group.htm.

未来的养老金和劳动力市场改革将需要发展针对劳动力市场的"局外人"的解决方案，局外人是指那些难以留在劳动力市场中，但需要继续工作延迟退休来获取合理的生活标准的人（Hofäcker & Naumann，2014）。2017年，老龄就业情况有所好转，欧盟55~64岁人口的就业率提高为57.1%，英德分别提高为64.1%和70.2%，法国依然低于欧盟平均水平，为51.3%（OECD，2018）。这样，提高领取退休金的最低年龄会导致更多的老年人口长期失业并陷入贫困，这是推行延迟退休年龄遇到的根本障碍。

6.3 北美地区

与日本和欧洲国家相比，由大量移民支撑的美国，人口老龄化现象并不明显。然而，与相对滞后的老龄化水平相比，美国政府在应对方面却走在了欧洲之前，其应对人口老龄化的成功方案体现在养老金改革和老龄雇佣政策两个方面。

美国从1935年开始建立养老保险制度（见表6-1），经过多次修订，覆盖范围逐渐扩大，形成了社会养老保险、企业养老保险和个人养老保险构成的相对完善的养老保险体系。20世纪70年代前是联邦政府雇员养老保险和企业养老保险初建时期，70年代至80年代提高了养老保险统筹层次，由于越战和石油危机，美国社保入不敷出，为解决养老保险的财政压力，里根总统成立了由两党参与构成的格林斯潘委员会，1983年，国会通过其提出的联邦政府雇员养老保险与企业养老保险“并轨”、开征社保福利税等修订案，短期内缓解了财政压力，但引起工会的激烈反对。这一时期对私人企业退休金制度改革，形成了雇主与雇员共同负担退休福利的401K计划（401K Plan），依据该计划，企业和雇员分别按一定比例向雇员的401K账户存入相应资金，同时，雇员可在企业提供的证券投资组合计划中择一投资，退休时可选择一次性或分期领取，也可转为存款方式使用。年薪低于3.5万美元（夫妻低于5万美元）的个人还可以提前建立养老储蓄账号（individual retirement account），每年最高存入2000美元，存入金额可以享受免税待遇，退休后领取用于生活补助。美国《国内税收法》及相关法律法规还规定了一系列税收补贴，提高了退休储蓄的回报。65岁及以上、按其在职时个人收入支付、不能领取足够养老保险（old-age insurance，OAI）的人，可以通过补充性保险收入计划［the supplemental security income（SSI）program］获得一部分收入。然而，SSI的设计被认为将导致平均每年7%的养老财富转移损失，整合OAI和SSI制度设计，将鼓励一些低资源的人继续工作（Elizabeth & Neumark，2003）。

美国的养老制度自始就对老龄人口的提前退休没有经济激励，老龄人口更可能在他们自己被定义的福利退休金权限最大的年龄点上退休，而不是更早的离开，或者选择工作更长时间（Stock & Wise，1990）。为了鼓励老龄人口继续工作，社会养老保险规定满62岁提前领取退休金时，只能领取正常退休（65岁）养老金的80%，每延迟一个月，养老金增加0.56%，63岁时能领取86%，64岁能领取93%，同时配偶获得的收入也相应递增。美国的老龄雇佣政策围绕消除年龄歧视展开。针对20世纪60~70年代美国企业存在的普遍强制退休状况，即不论雇员身体和技术条件是否能满足工作需要，仅仅因其年龄达到某一标准就必须退休，1967年美国制定《雇用年龄歧视法案》（Age Discrimination in Employment Act），规定雇用时禁止对40~65岁的劳动者年龄歧视，除警察、消防员、飞行员等对身体条件要求严格的职业以外，任何国家机关和企业不得以年龄为由在雇用、晋升、培训、解雇等方面对员工区别对待（US，1967）。1978年，修改后的《雇用年龄歧视法案》（The 1978 Amendments to the Age Discrimination in Employment Act）将禁止年龄歧视的范围扩大为40~70岁。1986年，《雇用年龄歧视法案》再次修改，直接废除了强制退休制度（US，1978）。各州在联邦政府之前选择增加或废除禁止强迫退休年龄，研究表明废除强制退休提高了老年工作者的就业率（Neumark & Stock，1999）。

美国提前积极应对人口老龄化的做法取得很好的效果，既避免了欧洲国家先提前退休后延迟退休带来的社会后遗症，又避免了日韩同步提高退休年龄和领取退休金最低年龄时受到的双向压力，其老龄就业状况较好，无论是55~64岁的就业率，还是65~69岁的就业率，美国都高出欧盟和OECD的平均水平，甚至在高龄就业的性别平等上也同样优于欧盟和OECD的平均水平。另外，55~64岁的就业质量，美国高龄劳动者的兼职比和临时工比也低于同期欧盟和OECD的平均水平。美国在解决延迟退休问题上的相对成功，得益于其工会的配合和老龄人群的就业积极性。

6.3.1 工会成为延迟退休政策的支持力量和推动力量

《雇用年龄歧视法案》的出台及反对年龄歧视的范围扩大很大程度上就是工会推动的结果。工作控制工会主义（job control unionism）和资历优先权（seniority bumping right）是美国工会运作的基本原理（O'Grady，1995）。工作控制工会主义是指工会的活动范围集中在职工的待遇提高上，不关注企业经营管理。资历优先权则是指根据工龄而提高工作职位、工资水平和工作稳定性的人力资源管理制度，在制造业领域被广泛使用。在大部分制造行业，企业利润与职工工资不直接挂钩，不论是企业盈利还是亏损，工会都要求按照工龄提高员工工资，高龄员工还可以优先获得职位选择权，在解雇时遵循“后来者先出”（last in，first out）原则免予解雇。工会在人力资源管理上的态度，使老龄员工直接受益。相反，企业为了提高工作效率、降低薪酬支出，特别是在经济危机时会优先考虑裁减老龄员工。在强制退休制度存在时，企业可以仅依据年龄行使解雇权，遭解雇的老年员工再就业成为难题。因此，主张经营和生产分离的美国工会一直以来致力于废除强制退休年龄，以保障高龄员工不会因年龄而被解雇。

6.3.2 低福利和社会保障多元化的发展保证了养老财政稳定和老龄人群的工作积极性

美国一直执行其1935年确立的65岁起领取国家养老金的制度，即使在提前退休盛行的时代也没有下调，由于没有建立过欧洲福利国家式的养老保障制度，养老问题始终是由社会、企业和个人共同承担，社会养老金待遇与收入水平挂钩，替代率实行累退原则。比欧洲国家改革更进一步的是，20世纪80年代以来，在新自由主义经济学的影响下，对养老保险是否应该私有化改革的争论愈趋激烈。2010年奥巴马总统的养老保险制度改革方案虽未获国会通过，但凸显了人口老龄化和财政压力加剧的背景下，美国从普通民众心理，到各种组织理念，乃至社会文化，正在逐渐认同和接受养老责任从主要由政府承担向社会化与市场化的转型和变革。与并不“慷慨”的养老保障体系相比，美国老龄人口对未来却过于乐观。2012年的调查表明，一半以上的美国人储蓄额不到1万美元，婴儿潮世代人口中50%以上的人还未筹足退休以后的基本生活费，退休后的收入赤字高达6.6兆美元（US Senate Committee on Health Education Labor & Pension，2012）。在养老资金不充分的情况下，更多的美国人希望在退休后继续工作，这无疑会推动延迟退休的实施。

6.4 东亚地区

目前，日本是世界上人口老龄化最严重的国家，韩国老龄化程度较高并拥有最快的老龄化速度，再加上老龄人口最多的中国，东亚地区将很可能变成世界人口老龄化最严重的地区（Suzuki，2013）。由于社会保障制度在东亚地区发展缓慢，日韩两国作为东亚发达和准发达国家的典型，养老制度系统相对先进。随着人口老龄化的加深，两国的养老制度变革和老龄就业就成为东亚的典型示范。

6.4.1 人口和经济发展轨迹相似的日韩

日本的老龄化始于1970年，1994年步入老龄社会，2005年已经进入超老龄社会。韩国的老龄化始于2000年，预计2017年进入老龄社会，2026年进入超老龄社会。预计2050年日本60岁以上人口占总人口比重将达42.7%，韩国将达41.1%（UN，2012）。不仅在人口老龄化的轨迹上，日韩一前一后，最终都将进入超老龄社会，而且在经济发展的轨迹上，日韩也是一前一后，“二战”后分别走过了高速增长期和平稳增长期，最终都进入调整和低速增长期。20世纪90年代后日本经济陷入停滞和调整时期，20多年间的经济增长速度甚至年均不到1%，2000年以后韩国的经济增长速度则下降为3%左右（World Bank，2014）。虽然造成日韩经济发展轨迹相似的原因很多，但是两国人口红利时代的结束即老龄社会的进入无疑是其中的一个重要原因。

日韩两国都在经济快速增长时期构建起相对完善的社会保障体系。日本自1941年就开始建立养老保险制度（见表6－1），在东亚最早，最发达，其覆盖面最广，待遇亦最高。1961年日本建立了20岁以上国民普遍加入的国民年金制度，形成以国民年金为第一层、企业养老金和个人养老金为第二、第三层次的年金制度体系（青柳親房，2010）。韩国政府从1960年开始实行政府公务人员养老保险制度，1973年宣布第一个养老立法（见表6－1），逐步建立起由公共年金（特殊职业年金和国民年金构成）和民间年金（退休养老金、个人养老金、住宅养老金构成）的现代养老保险制度（Chung，1999）。伴随人口结构变化和经济社会发展，两国养老制度不断健全、覆盖人群和保障领域逐渐增加，形成了全民覆盖的养老保障体系。“富老同步”“先备后老”使两国的延迟退休具备了一定基础。

6.4.2 两国先后调整退休年龄

日本从20世纪70年代就开始调整退休年龄、促进老龄就业、改革养老制度，其发展历程大体可以划分为三个时期：第一时期以1971年出台的《中老龄雇用促进特别措施法》为标志，制定出以中老龄劳动者为特定对象的专门法；第二时期从1986年起，通过多次修改《老龄雇用安全法》，将企业设置的退休年龄规定为60岁以上，使60~65岁的老龄雇用问题法律义务化；第三时期，议会通过对《老龄雇用安全法》的新一轮修改，要求企业必须在2013年4月前逐步将退休年龄提高为65岁。在逐步提高老龄雇用的同时，为了缓解退休金财政压力，提高了领取退休金的年龄和缴费率。同时，采取多种促进老龄就业的政策，包括创立银色人力资源中心（SHRC）等（见表6-3）。

表6-3　日本延迟退休发展的三个时期

政策	1971~1985年	1986~2003年	2004年至今
调整退休年龄	1971年出台《中老龄雇用促进特别措施法》，推进45岁以上劳动者的就业，对退休年龄从55岁提高到60岁期间给予企业补贴。1976年提出将55岁及以上人员的就业率提高到60%以上的企业目标	1986年出台《中老龄雇用促进特别措施法》，正式确定60岁的退休目标，于1998年消除60岁之前退休的行为；1990年提出鼓励雇主雇用员工到65岁；2000年宣布雇主应将退休年龄提升到65岁	2004年修改《老龄雇用安全法》，强制性渐进式地提高退休年龄：2006年4月提高到62岁，2007年4月提高到63岁，2010年4月提高到64岁，2013年4月提高到65岁
改革养老金制度	1985年，通过《年金修改法》，建立了全体国民统一缴费的基础国民年金	2000年修改《厚生年金法案》，提高厚生年金的领取条件	从2005年4月开始提高基础国民年金和厚生职业年金的缴费率
促进老龄就业	创立银色人力资源中心（SHRC），保障高龄劳动者多元化的就业机会	企业不得以年龄作为雇佣的参考依据；对雇佣高龄劳动者的企业给予多种形式的补助、补贴和奖励；对高龄劳动者给予补贴和创业奖励	确认银色人力资源中心为服务高龄劳动者的综合性职业介绍中心

资料来源：笔者根据相关资料整理。

韩国应对人口老龄化的措施也可以大致分为三个时期（见表6-4）。第一时期以1991年制定的《老龄雇用促进法》为标志，规定企业在雇用和解聘时没有正当理由不得对老龄（55岁以上）和准老龄（50~55岁）人群年龄歧视，企业须努力将退休年龄设置在60岁以上。第二时期从2004年开始，韩国政府提出60岁退休法律义务化的方案并计划从2008年起实施，但由于企业的强烈反对而搁浅。2008年修改后的《老龄雇用促进法》努力将退休年龄提高到60岁。第三时期，2013年韩国国会再次提出60岁退休法律义务化法案，在朝野激烈争论下最终通过《老龄雇用促进法》修正案。在法定退休年龄提高的同时，2012 年也提高了国民年金领取的最低年龄，2013 年起 1953～1956 年出生的参保人将从 61 岁起领取退休金，1957～1960 年出生的参保人将从 62 岁起领取退休金，1961～1964 年出生的参保人将从 63 岁起领取退休金，1965～1968 年出生的参保人将从 64 岁起领取退休金，1969 年以后出生的人将从 65 岁起领取退休金。

表 6－4　韩国退休年龄调整发展的三个时期

法律及内容	1991～2003 年	2004～2012 年	2013 年至今
相关法律	1991 年出台《老龄雇用促进法》	2008 年修改《老龄雇用促进法》	2013 年通过《老龄雇用促进法》修正案
主要内容	规定企业在雇用和解聘时没有正当理由不得对老龄（55 岁以上）和准老龄（50～55 岁）人群进行年龄歧视，企业如有对退休年龄的规定须努力将退休年龄设置在 60 岁以上	规定企业在录用、培训和解雇时禁止年龄歧视，努力将退休年龄提高到 60 岁	规定自 2016 年起公共机关、国有企业和拥有 300 名以上职工的企业必须将退休年龄提高到 60 岁以上，2017 年起该规定将适用所有企业

资料来源：笔者根据相关资料整理。

6.4.3　韩日两国工会在延迟退休问题上态度迥异

韩国的经济发展轨迹和人口老龄化轨迹都紧随日本之后，再加上韩日企业传统上相似的论资排辈制度和终身雇用制度，韩国在应对老龄化问题上很大程度借鉴了日本经验，都采用了强制延长退休年龄和提高领取退休金最低年龄的方法。然而，日本工会在老龄化政策上与企业和政府达成了妥协，成为推动积极老龄化的力量。相反，韩国工会与企业和政府针锋相对，在延迟退休而带来的工资制度改革和退休金领取年龄提高问题上，成为阻碍调整退休年龄的力量。早在 1979 年，日本关西地区工会代表和企业经营者就延迟退休问题展开讨论，资方在确定实行逐步延迟退休方案的同时，劳方就调整延长退休时期的工资待遇做出让步。同年，日本钢铁产业工会也与资方就延迟退休达成协议，一方面确定自 1981～1989 年起渐进式延迟退休年龄，另一方面决定员工 50 岁以后工资不再随工龄增

加，员工工作 30 年以后企业支付的一次退休金也不再随工龄增加。1998 年 60 岁退休年龄法律义务化时，93.3% 的日本企业早已做到了 60 岁退休（厚生労働省，1999）。2006 年法律规定企业必须在提高退休年龄、继续雇用退休员工、废除退休年龄中三选一后，日本厚生劳动省 2007 年的调查结果显示，92.7% 的企业执行了该项规定（厚生労働省，2008）。相反，韩国政府在 1991 年开始有意促进企业延迟退休年龄至 60 岁时，工会并未表现出对该问题的兴趣。2004 年政府决定将 60 岁退休列入企业的法律义务范围时，劳资双方还是未能达成既保证员工延迟退休又不增加企业薪酬负担的协议，导致企业延迟退休计划迟迟不能落实，直到 2010 年也只有 20.39% 的企业将退休年龄定在 60 岁以上（고용노동부，2010）。这样，当韩国政府推出 2013 年起逐步提高领取国家退休金的最低年龄至 65 岁的计划时，必然引发劳资激烈斗争。在延迟退休问题上，日本工会采取实用妥协的态度，韩国工会表现出斗争到底的态度。两国工会态度迥异的原因在于：首先，韩国工会起步较晚，比起劳资谈判，工会领袖更关心组建劳工政党和赢得国会选举。1987 年民主化实现以前，韩国工会在军人政府高压下不能独立自主展开活动，1987 年以后韩国工会忙于组建代表劳动者的政党和参加国会竞选。为赢得劳动者的支持，工会代表认为不妥协的斗争形象更为有利。其次，韩国的企业薪酬制度和工会制度都存在严重的论资排辈现象。至 2012 年还有 75% 的企业主要根据工龄来决定薪酬的级别（신정식，2013），而且许多企业的工会实际是由大批工龄长的准老龄员工把握的贵族工会（이정환，2004）。政府延迟退休的方案出台后，企业在实行过程中必然会因为老龄员工比例的上升而降低生产效率并增加薪酬支出，这种现象在制造业更为明显。为此，企业提出在延长退休年龄的同时引入工资封顶制度，即员工到达一定年龄后工资将不再随工龄的增长而增长，工资将完全由职位和绩效决定。然而，由在工龄薪酬制度中最大受益者的准老龄员工把持的工会，拒绝在薪酬制度的变革上让步。最后，韩国在没有解决延迟退休问题的情况下就贸然提高了领取国家退休金的最低年龄。日本做到了延迟退休年龄和提高领取国家退休金最低年龄的基本同步，2013 年领取国家退休金的最低年龄提高为 65 岁时，企业的法定退休年龄也提高为 65 岁。韩国却非如此，法律规定 2016 起企业必须将退休年龄设置在 60 岁以上，但是 2013 年起就将逐步提高领取国家退休金的最低年龄至 65 岁，这期间造成的收入空白引起工会的强烈反对。

6.4.4 两国老龄人口就业状况较好

2006年，OECD对其成员国的研究发现，年龄工资曲线的陡峭程度与老龄人口的劳动参与率存在负相关关系，但在日本却例外，其既具有陡峭的年龄工资曲线又有较高的老龄人口劳动参与率（OECD，2006）。虽然《老龄雇用安全法》规定了65岁的退休年龄，实际上不同行业不同群体的退休年龄依然有较大差别，体力劳动为主的行业退休早，人力资本投资时间长的职业，比如高校教师，退休后会返聘，所以实际上可能70岁才退休。整体的预期收入、期望的工作条件、灵活的工作选择权等影响着老龄人口的劳动力市场行为。并且，60～64岁的日本男性和女性，在强制退休年龄前退休获得的退休福利和退休金也是世界上最高的，除了社会保障制度，日本企业对老龄员工退休时间和退休工资的灵活调整起了重要作用（Yamada & Higo，2011）。韩国的研究也表明，消除强制退休和年龄歧视的做法并不足以增加老龄工人工资和就业，相反，提高就业弹性，使员工可以接受较低的工资，按其偏好调整工作投入，可以更好地鼓励老龄劳动力参与（Lee & Lee，2011）。

日本的老龄人口就业状况优于韩国，两国都优于英德，也优于整个欧盟和OECD国家。2013年，日本和韩国55～64岁人口的就业率分别为66.8%、64.3%，高于英德的59.7%和63.5%，也高于欧盟和OECD的49.5%、54.9%，日本和韩国65～69岁人群的就业率分别为38.7%和43.8%，远高于英德的20.4%、12.6%，亦分别高于欧盟和OECD的11.2%、19.6%。日本55～64岁人口兼职的比例为24.9%，高于韩国的12.8%，分别低于英德的27.7%、24.5%，日本55～64岁人口临时工作就业的比例为15.6%，低于韩国的36.7%，分别高于英德的5.2%、3.8%。

6.5 结　　论

近半个世纪以来，英德日韩美等国的延迟退休、养老制度改革与老龄就业政策的多层次改革都取得了一定成效，但经验与教训俱存，各国延迟退休的道路依然漫长，仍然存在许多不确定因素。通过分析英德日韩美等国的发展演变轨迹，我们可以得出以下几点结论：

6.5.1 退休年龄调整蕴含多重目标，渐进式、弹性化延迟退休成为共同发展趋势

人口老龄化不仅意味着对公共养老金造成财政压力，也意味着老龄人口拥有更多的投票权和政治影响力。老龄人群也并非一致：一些老年人愿意继续工作，一些老年人则希望较早退休。因而，退休年龄调整蕴含多重目标，渐进式、弹性化延迟退休成为各国的共同发展趋势。日本延迟退休规划最早，20 世纪 70 年代开始，经过 40 多年调整，在 2013 年将退休年龄提高到了 65 岁。英国、德国则从 20 世纪 90 年代开始，逐年递增，将延迟退休的年龄设计到了 21 世纪三四十年代。渐进式延迟退休通过比较缓慢稳妥的方式减小了退休年龄调整对社会和不同群体带来的影响，弹性化延迟退休则满足了老龄人口的个体需求。

6.5.2 退休年龄的调整伴随养老金制度的系列改革

适应退休年龄调整，各国都改变了养老金支付时间和方式，通过改革养老金制度结构，提高养老金缴费率，降低养老金替代率，改变养老金参数等，对其养老金体系进行了形式多样、内容丰富的改革。英德法试图实现收现付与资金积累相结合的养老金模式，韩国则探索现收现付与风险投资相结合的养老金模式，美国通过配套的法律法规体系和成熟的资本市场支撑促进了 401K 计划的成功。多层次公共养老保障体系成为各国的发展方向，其宗旨就是要通过多种渠道来实现养老金可持续性与充足性的双重目标。

6.5.3 老龄就业的现实性成为各方力量博弈的核心

延迟退休年龄和促进老龄就业，推迟领取养老金的最低年龄，是应对老龄化政策的硬币两面。工会对前者持赞成态度，对后者持反对态度。老龄就业问题解决得好，工会对推迟领取养老金最低年龄的反对力度就小。欧洲国家都经历了从鼓励提前退休到延迟退休年龄的转变，延长退休年龄后，老龄人口从过去的提前退休变为长期失业，领取退休金之前的生活无法得到保障，工会的反对声音高涨。欧美国家延长退休年龄并不会直接导致原企业负担的增加，老龄劳动力再就业非常普遍，但日韩延长退休年龄就会直接增加原企业薪酬负担，老龄劳动力基

本要所属企业内部消化。由此，与欧美政府相比，日韩政府在提出延长退休时就会遭遇更多的来自企业的反对，日韩也就只有先以企业为单位在老龄就业问题上达成劳资妥协，才可能真正将政府的延迟退休政策落到实处。从老龄就业状况看，日韩最好，美国次之，欧洲最后。在政府的延迟退休政策中，欧洲工会反对声音最大，日韩次之，美国再次之。

6.5.4 政府是延迟退休的主导力量，各种社会力量的参与、博弈和支持必不可少

英德法延迟退休的实践表明，退休年龄调整的推进是建立在政党、企业和工会等社会主要利益集团谈判、博弈的基础上，政府作为延迟退休推进的主导力量，不仅设计和规范退休年龄结构，而且还承担着引导养老金制度改革的财政责任，以及促进老龄就业的政策激励职责。日韩两国的实践则证明，社会对话及各种力量的深度妥协是延迟退休推进所必不可少的，只有基于充分的协商才能达成社会契约，否则即使有最好技术设计的退休政策也会功败垂成。老龄员工丰富的经验是企业的宝贵财富，但他们的低效率和创新不足却是企业盈利的障碍，在终身学习习惯还没有建立起来的老龄人群，在还靠劳动力获取效益的制造行业，老龄员工仍然更多地被看成负担。日本工会意识到其中的利弊，在与企业的集体谈判中达成了妥协，在政府出台延迟退休政策之前，大部分企业早已率先实行。韩国工会集体谈判起步较晚，还没有完全摆脱过去独裁政府时期从事地下斗争的不妥协惯性，在劳资的激烈碰撞中，即便政府已经出台延迟退休政策，也迟迟难以实行。

6.5.5 借鉴发达国家的经验，构建适合中国国情的延迟退休制度

我国现行退休制度的基本框架是20世纪50年代设计的，除特殊工种外，男性职工的退休年龄为60岁，女性职工50岁，女干部55岁，现行退休年龄不仅低于英德日韩美等国家，而且存在严重的身份差别。从表6－5看，虽已形成多种养老保险制度并存的格局，但“未富先老”“未备后老”特征明显，存在养老保险总体水平偏低，机关事业单位与企业、城乡间替代率差距大，养老保险保障水平不公平等诸多问题。2013年11月，党的十八届三中全会提出“研究制定渐进式延迟退休年龄政策”，退休养老制度改革被提上日程。目前，企业和员工对

延迟退休的积极性都不高，进入就业年龄的青年人反对延迟退休，只有体制内的公务员和事业单位人员对延退持欢迎态度。与英德日韩等国不同，中国工会在延迟退休进程中尚未显出作用，延迟退休的设计和执行者主要是人力资源和社会保障部，组织部门则决定着公务员和事业单位人员的退休年龄①。虽然中华全国总工会已成为世界上最大的工会，然而，在中国延迟退休的动议、质疑和论辩中，工会处于“失语”状态。显然，政府的深度介入削弱了企业和工会的谈判协商机会、能力和作用。应借鉴和吸收发达国家延期退休年龄的基本理论和政策设计，在对我国人口老龄化趋势分析的基础上，构建适合中国国情的延迟退休制度：发挥政府的主导作用，重视各种社会力量的支持和参与，培养各种力量的均衡能力，充分发挥工会在劳动者工作阶段的社会保障作用，以及劳动者选择退休方面的自主性作用。国家在制定指导性政策时应赋予不同行业和不同地区根据本行业和本地情况调整的权限，通过弹性退休年龄的调整，使不同人力资本存量的劳动者被安排在不同人力资本需求的岗位上，不同产业结构和产业内结构都能实现人口结构与人力资本结构的协调。将劳动者的利益更好融入延迟退休的政策设计中，构建多层次的养老金体系并保证其保值增值，在再次分配中提高普通员工的退休待遇。采取激励措施鼓励延迟退休，基本养老保险实行弹性化给付，养老金给付随着人均预期寿命、通货膨胀、基金实际保障力度等变化而做出适度微调。针对女性预期寿命虽然较男性要长，但她们却经常处于亚健康状态，经济上的脆弱性又使她们缺乏足够的能力维持生活和医疗需要的现实状况，客观对待法定退休年龄以性别为依据的“差异性”规定，循序渐进地消除退休年龄的性别差异。主动梳理或者引导劳动者的诉求，提高人力资本投资，增加老龄人口受教育和培训的机会，消除老龄就业中的年龄歧视与代际冲突。

① 2014年暑期课题组调研发现，山东等地出现一批已内退离岗但不到60岁的公务员又回单位上班的现象。原因是不到退休年龄但按惯例（女性50岁，男性55岁）即“内退”的公务员，在党的群众路线教育实践活动期间遭到质疑，认为这些工作人员不到退休年龄不工作，拿空饷，是一种“腐败”，各地组织部门由此取消“内退”的潜规则。

表 6－5 中国老龄人口养老保险：社会保障计划的主要特征

国家（地区）	第一个养老保险立法的时间	计划类型	法定退休年龄（岁）		缴费比例（%）			覆盖老龄人口占工作人口的百分比（%）							
								总和		强制性缴费		自愿缴费		非缴费	
			男	女	被保险人	雇主	从政府融资	总和	女性	总和	女性	总和	女性	总和	女性
中国	1951	预算资助型养老保险计划（公务员和公共文化，教育以及科研机构工作人员）	60	55	—	—	所有成本	6.8	—	0	—	0	—	6.8	—
		基本养老保险计划（城市工作者）	60	55（干部） 50（工人）	8	20	必要补助	29.8	—	22.3	—	7.5	—	0	—
		农村和无薪城市人口自愿保险	—	—	—	—	—	63.4	—	0	—	63.4	—	0	—
	2009	农村自愿养老保险计划非缴费型政府预算资助基本养老保险	60	60	—	—	非缴费型养老金总费用（至少 55 元/人）	—	—	—	—	—	—	—	—
		养老保险个人账户	60	60	100～500 元人民币	—	—	—	—	—	—	—	—	—	—
	2011	无薪城市居民自愿养老保险计划非缴费型政府预算资助基本养老保险	60	60	—	—	非缴费型养老金总费用（至少 55 元/人）	—	—	—	—	—	—	—	—
		养老保险个人账户	60	60	100～500 元人民币	—	政府每年至少补助 30 元到被保险人个人账户	—	—	—	—	—	—	—	—

续表

国家（地区）	第一个养老保险立法的时间	计划类型	法定退休年龄（岁）		缴费比例（%）			覆盖老龄人口占工作人口的百分比（%）							
								总和		强制性缴费		自愿缴费		非缴费	
			男	女	被保险人	雇主	从政府融资	总和	女性	总和	女性	总和	女性	总和	女性
中国	2014	统一的城乡居民基本养老保险制度	60	60	—	—	补贴标准不低于每人每年30元	—	—	—	—	—	—	—	—
	2015	社会统筹和个人账户相结合	60	55（干部） 50（工人）	8	20	—	—	—	—	—	—	—	—	—
中国香港	1995	私人公积金	65	65	5	5	非缴费	100	100	65.9	58.4	0	0	34.1	41.6
	1971	通用非缴费型养老保险制度（生果金）	70	70	—	—	所有成本	—	—	—	—	—	—	—	—
	2013	非缴费型	65	65	—	—	所有成本	—	—	—	—	—	—	—	—
中国台湾	1950	社会保险和强制性个人账户系统	60	60	5.7	11.25	多种缴费率	100	100	41.7	36	58.3	64	—	—
	2008	非缴费型	65	65	—	—	所有成本	—	—	—	—	—	—	—	—

注：（1）基本养老保险：中央和地方政府根据需要提供补贴。（2）农村和无工资的城市居民的养老金计划：—基本养老金为每月55元（人民币）（8.83美元或购买力平价35.17美元），支付给60岁以上、子女参加该计划的老年人——"具有家庭约束力的"资格标准。—强制性个人账户：中央和地方政府根据需要提供补贴。16岁以上、未受教育、未参加城镇养老金计划的农村居民，有资格申请个人养老金账户。参与是自愿的。

＊个人缴费每年从100元人民币到500元人民币不等（相当于每月1.28美元到6.24美元）。不论个人的缴费情况如何，地方政府每年至少提供30元人民币（约4.81美元或购买力平价19.50美元）的部分匹配缴费。

＊鼓励45岁及45岁以上的参与者缴纳更多的款项，以弥补其工作生活中缴费的不足。

＊缴费满15年的公务员退休有资格领取基本定额养老金，其计算方法是将累计缴费按60年除以139。

2011年6月，中国政府决定加快推广步伐，到2011年底覆盖60%的农村地区，到2012年底覆盖所有农村地区。根据法律，在农村地区提供100%的保险（在自愿的基础上）。同样的情况也适用于自愿的无薪城市养恤金计划。2011年6月1日，中国总理宣布了一项新的城镇非就业居民养老保险试点方案，将于2011年7月1日起实施。按照新型农村养老金计划的模式，预计到2012年年底，该计划将覆盖中国60%的地区，到2012年年底，将惠及所有未参保的城镇居民（约5000万人），同时推出新的自愿性农村养老金计划。根据法律，该计划涵盖所有16岁及以上的城市居民（不包括在校学生），他们没有就业，因此没有资格参加城市雇员基本养老金计划。所有这些居民都可以在其户籍所在地自愿参加城镇居民养老保险计划。已登记的居民每年可选择100元人民币至1000元人民币的十个比例中的一个作为个人户口的缴费，政府每年向每人提供不少于30元人民币的补助。不同地区的尺度可能不同。个人账户（缴费项下）也与农村和城市非缴费养老金计划的非缴费部分的法定覆盖范围相对应。

"生果金"意为老年人达到一定年龄，例如70岁可以领取的补助。

资料来源：1951－2011年的资料根据International Labor Organization. *World Social Protection Report*，2014，http：//www. wsws. org/en/articles/2014/06/05/ilo－j05. html整理，2011年后根据中国政府网资料整理，http：//www. gov. cn/zhengce/content/2014－02/26/content_8656. htm；http：//www. gov. cn/zhengce/content/2015－01/14/content_9394. htm。

第7章　中、日、韩三国人口老龄化对人力资本投资的影响研究

人力资本是中、日、韩三国经济发展和社会进步的重要支撑，人口老龄化对三国人力资本投资产生了重要影响。本章利用个体固定效应模型对三国面板数据进行研究，分析人口老龄化与人力资本投资的关系以及各国人口老龄化对人力资本投资的影响程度。

7.1　问题的提出

中、日、韩三国是亚洲的经济大国，其发展模式构成东亚增长模式的重要部分。日、韩两国对人力资本投资的高度重视，为其经济快速增长发挥了重要作用。进入老龄社会后，人口红利的消失，成为两国经济进入调整和低速增长期的一个重要原因。中国自改革开放以来经济稳步发展，人力资本在其经济增长中也一直发挥着重要作用，21世纪以来，老龄化社会的诸多因素也使中国经济发展面临挑战。

梳理国内外的相关研究，人口老龄化对人力资本投资影响的研究可分为“有利论”“不利论”“无关论”三种观点。

7.1.1　老龄化对人力资本投资“有利论”

持“有利论”观点的学者大多认为，成熟劳动力的增加会提升有工作经验劳动力的比例，生育率的降低会提升年轻人的受教育水平，从而促进人力资本积累（刘玉飞，2016）。

人口老龄化为人力资本投资创造了更多的机会，当中年人口比重高时会提供更多熟练的劳动力，致使青壮年劳动力需求减少，加剧了人口老龄化的经济成本。但由于当前和未来的中老年人群能够提供更加熟练的技术工作，最终将会提高社会生产能力，并显著降低人口老龄化的成本（Fougère et al.，2009）。同时，人口老龄化也为人力资本开发带来了新机遇，一方面，由于社会价值观念的改变，当代的年轻人更注重教育，并对快速发展的新技术感兴趣；另一方面，越来越多的老年人可以更好地利用他们积累的知识和经验（Gimzauskiene et al.，2015）。王云多（2013）运用扩展的世代交叠模型进行研究，发现人口老龄化有利于刺激人力资本形成，使未来有效劳动供给增加，人力资本的形成缓和了人口老龄化对消费福利的负面影响。并且，在不同时间段上人口老龄化对人力资本投资及劳动供给的影响不同：短期内人口老龄化为年轻人提供了更多人力资本投资机会，导致劳动供给减少，产出水平下降，人口老龄化的经济成本增加；长期内人口老龄化为社会提供更多的熟练劳动力，提高劳动参与率和产出水平，降低了人口老龄化的经济成本（王云多，2014）。

从人力资本对经济增长贡献的研究发现，生育率的下降会导致后代平均教育程度提高，促进劳动者生产效率的提高和全要素生产率的提升，从而弥补了人口数量红利的消失，进而对经济增长形成促进作用。弗格里和梅里特（Fougère & Mérette，1999）在世代交叠模型的基础上，加入内生增长变量，对7个OECD国家的数值进行模拟，发现人口老龄化可能造成未来几代人有更多的人力资本投资机会，这将大幅度的刺激经济增长，明显降低人口老龄化对产出的负面作用。增加人力资本投资可以大大减轻人口老龄化对宏观经济的不利影响，同时也会提高个人福利水平。路德维希等（Ludwig et al.，2012）通过对美国数据的模拟发现，当人力资本无法调整时，在其贡献率不变的情况下，2005年个人的福利损失将高达其终身消费的12.5%，但当考虑到人力资本调整机制时，其最大限度的福利损失仅为终身消费的8.7%。

在儒家传统文化和人口政策对生育率约束的双重背景下，中国人口老龄化对经济增长影响的研究表明，低生育率不仅会加剧人口老龄化，也会促进人均教育投资和人力资本积累（瞿凌云，2013）。由于“教育红利”对“人口红利”的替代作用，人口受教育程度的提高能够减轻甚至抵消人口红利逐渐消失对经济增长的负面影响（钟水映，2016）。日韩的研究也显示出同样的结果。日本年轻人在人口增长下降阶段分配在教育上的时间会更多，由此，人力资本的内生增长性抵消了部分劳动力下降给经济带来的副作用（Sadahiro & Shimasawa，2003）。崔基宏和申善惠（Ki-Hong Choi & Sungwhee Shin，2015）基于可计算的世代交叠模型研究了韩国人口老龄化对劳动力供给、资本存量和经济增长的影响，模拟结果表明，人口老龄化显著降低了劳动力供给的增长速度，这导致工资率上升，反过来又促进了人力资本和物质资本的投资，因此，韩国GDP增长率将从2011年的3.3%下降至2100年的0.5%，而人均GDP增长率约在2050~2060年期间达到1.9%的峰值，在2100年后将下降至1.5%，如果人力资本投资没有变化，GDP和人均GDP的下降将更加严重。生育率下降和人力资本投资的增加是相互促进的，由于生育率下降伴随着人力资本支出的增加，为经济增长提供了实质性的推动，在低等或中等的生育水平下，韩国人均消费量在2010~2040年期间将增长0.4~0.6个百分点（Mason et al.，2016）。

对预期寿命与个人人力资本投资关系的研究表明，两者是一种相互促进的关系（Boucekkine，2002）。希普里亚尼和马克里斯（Cipriani & Makris，2006）通过寿命内生化的世代交叠模型证明了预期寿命和人力资本投资之间的正向关系，显然，人们对寿命的预期越长，越有利于提高经济福利。老龄化不仅刺激人力资本投资，还会提高物质资本储蓄，从而提高生产力和总体生活水平（姚从荣、李建民，2008）。对家庭和社会两种养老模式的研究显示，随着人口年龄结构的变化（老年人口相对青壮年人口增多），教育投资率下降，但人口老龄化的加剧会促使父母增加其对子女的教育投资（毛毅、冯根福，2012）。

7.1.2 老龄化对人力资本投资“不利论”

20世纪60年代，人力资本“革命”的先驱者之一——贝克尔（1966）从微观个体视角对“随着年龄的增长，人力资本投资下降”这一现象做出解释：“人力资本逐渐积累的时候，随着年龄的增大，投资的边际收益降低，同时，放弃的收入增加导致投资的成本增大，所以年龄的增长会使人力资本投资降低。”

“不利论”的学者则更多是从群体的视角出发，认为上升的老年人口比重将会增加政治压力，提高社会福利和医疗保健支出，使社会支出更倾向于老龄人口，同时有可能会以牺牲其他公共支出为代价，出现代际不平衡的问题（Rubinfeld，1977；Boadway & Wildasin，1989；Vinovskis，1993；Gradstein & Kaganovich，2004）。

研究显示美国老年人口比重高的地区往往比其他地区的人均教育投资更少。米勒（Miller，1996）研究了美国48个州和得克萨斯县的教育支出，用65岁及以上人口比率对每个成人的教育支出做回归，发现这两组回归的系数均为负数。越来越多的老年人口会降低教育支出。波特巴（Poterba，1996）估计每个孩子相对于65岁及以上人口的教育支出弹性约为-0.25，但他在另一个回归方程中，将因变量换为非人均教育支出，却得出了正相关关系，这表示老龄人口并不想降低公共支出，而仅仅想要降低公共教育支出，由此他预测，如果美国65岁及以上人口的比例从1990年的12.5%上升到2030年的18.7%，将会导致对每个孩子支出减少10%。利用美国区级层面的数据与使用州层数据的研究结果相同，都显示人口老龄化对教育支出具有副作用，因为老龄人口并不能直接受益于教育支出，因此他们更倾向于医疗补助之类等对其有利的花费，而反对在教育上投入过多（Harris et al.，2001）。预期寿命的延长意味着退休后的时间会更长，为了保障老年期间的消费，老年人会减少对子女的人力资本投资。

同时，分析税收政策对老龄化经济的影响也发现，如果教育方面的公共支出效率足够高，增加教育公共支出会带来经济增长和福利提高，但在低水平的利他主义经济体中，老龄化更容易导致减少而不是增加资助教育的税收（Pecchenino & Pollard，2002）。厄尔里奇（Ehrlich，2007）运用动态世代交叠模型，对OECD和非OECD国家在内的57个国家进行研究，也发现人口老龄化加剧了工作者养老保险税收负担，并对家庭形成和生育行为产生了负面影响，不利于家庭人力资本形成。人口老龄化会恶化人力资本的质量，因为老龄员工生产率和灵活性较低、知识过时和能力下降。即使老年人的人力资本质量（教育水平、生产力等）随着时间的推移可能会有所改善，但仍然比年轻的后代低得多，所以人口老龄化对人力资本投资的影响是负面的（Cepar et al.，2015）。

国内许多学者也得出老龄化会阻碍人力资本投资的结论：王林（2006）发现老龄化过程中劳动力数量下降和劳动力人均劳动能力的下降导致我国人力资本总量增长缓慢。人口因素对公共教育呈现负相关，并因城市人口综合素质、受教育水平等不同而有所差异（蔡秀云、李雪、汤寅浩，2012）。

7.1.3 老龄化与人力资本投资“无关论”

“无关论”认为人口年龄结构与人力资本投资没有关系。鲁宾菲尔德（Rubinfeld，1977）通过对美国家庭调查数据的研究发现，户主年龄对学校支出没有显著的解释力，但指示变量中“家中是否有孩子在当地的公立学校”，表现出对当地教育支出的积极支持。对加利福尼亚的研究也发现学龄儿童的选民比例大小和学校支出水平没有统计学上的显著关系（Downes，1996）。莱德和穆瑞（Ladd & Murray，2001）认为波特巴所用的州层数据可能高估了老龄人口对公共教育支出的抑制作用，他们利用县级面板数据带入类似波特巴的固定效应模型，发现 65 岁及以上人口比例对教育支出没有显著影响。

也有学者得出了混合结论。张等（Zhang et al. ，2003）运用世代交叠模型研究发现，当人们处在低寿命时期，中间票选人倾向于提高公共教育税的税率用于增加公共人力资本投资，但当老龄化达到一定程度时，中间票选人转而支持降低税率以缩小公共人力资本投资，即成年人的死亡率和公共教育投资之间呈现非线性的倒“U”型关系，因此，人力资本积累的速度最初可能会上升，但最终是下降的。老龄化与人力资本投资的关系受双重作用的影响：一方面随着时间的推移，寿命的延长将会导致具有投票权的选民老龄化比例增多，从而使投票权更多的转移到有利于老龄人口的公共支出上来，削弱政府的公共教育支出，这是负面影响；另一方面随着面临延期退休的年轻人的增加，为了未来会有更高的储蓄回报，他们会增加教育支出。最终的结果则取决于双方相对政治力量的强弱（Gradstein & Kaganovich，2003）。

对已有研究的梳理表明，人口老龄化对人力资本投资是否有利的争议主要源于研究视角的不同。“有利论”的观点立足于人力资本形成，认为具有完全理性和完全远见的个体会主动应对老龄化，因而会增加自身以及下一代的教育投入。“不利论”的观点则立足于老年人自身的利益，认为老年人口为了应对预期寿命延长而增加的消费支出，会减少对教育投资的支持（因为他们可能享受不到其带来的长期利益），而更倾向于有利于老年人口社会保障的支出。由于选择的研究对象和研究时间阶段的不同，研究结果之间也会存在一定的差异。大量的实证研究则表明，老年人口对公共教育支出的支持倾向较弱。从研究方法看，最常用的是世代交叠模型，其次是运用最小二乘法做回归，此外还有简单的统计分析、因子分析法等。研究对象多是 OECD 国家和西方的一些发达国家，缺乏对东亚国家的研究。本书试图做出弥补，运用跨国数据，使用个体固定效应模型，揭示中、日、韩三国人口老龄化对人力资本投资影响的东亚特色。

7.2 中、日、韩人口老龄化和人力资本投资发展趋势

7.2.1 三国人口老龄化发展趋势

根据联合国人口报告预测，从2015～2100年，全球人口数量将从73.5亿人上升为112.1亿人，中、日、韩三国的人口总量将从15.6亿人缩减到11.3亿人，而同时三国的老龄人口将会从1.7亿人上升到3.9亿人。东亚人口数量总体减少的同时，老年人口数量却在成倍增长。1950～2060年，日本65岁及以上的老年人口占总人口的比重最高，其老龄化程度近似线性变化，即随着时间的推移按照一定比例逐渐增加；而中国与韩国在1995年以前变化较为平稳，1995～1960年老龄化程度发展情况呈现明显的指数型；1960年后，三国的老龄人口比重达到平稳期。日本比中韩两国提早近30年进入了老龄化社会，是最早进入老龄化社会的国家，同时也是全球老龄化程度最高的国家，目前已经到达了“超老龄社会”水平。中韩两国则在2000年前后几乎同时步入老龄化社会的（参见本书第3章内容）。

作为世界上老龄化最严重的国家之一，日本65岁及以上的人口已经达到全国的1/4，仅次于摩纳哥，居全球第二位，人口已陷入负增长。中国的年龄结构类似于20年前的日本和10年前的韩国（见图7－1）：最早的人口高峰即将进入50岁，而25岁以下的年轻人口则是急剧下降，劳动力即将进入青黄不接的拐点①。

截至2017年底，中国人口总量为13.864亿人，其中，65岁及以上的人口为1.48亿人，占总人口的10.64%，是老龄化规模最大的国家；韩国人口总量为5146万人，其中，65岁及以上的人口为716万人，占总人口的13.91%，是老龄化速度最快的国家；日本人口总量为1.2678亿人，其中，65岁及以上的人口为3429万人，占总人口的27.05%，日本的总抚养比高达66.49%，中国和韩国的抚养比重在37%～39%水平，日本的抚养比重较中国、韩国高出约28个百分点。日本和中韩之间的老少抚养比差异很大：日本老年抚养比为

① 在这一拐点后，日本和韩国的经济都进入了低速增长：日本由1995年的人均4.25万美元（高达美国的148%）下降到2015年的3.25万美元（仅为美国的57%），不足美国的6成，而韩国则是由2006年的人均2.09万美元（美国的45%）小幅增长到2.72万美元（美国的47%），大体与美国持平。

45.03%，高于少儿抚养比24个百分点；而中国目前的老年抚养比为14.85%，约为少儿抚养比的1/2；韩国的老年抚养比则为19.16%，低于少儿抚养比约1个百分点（见表7-1）。

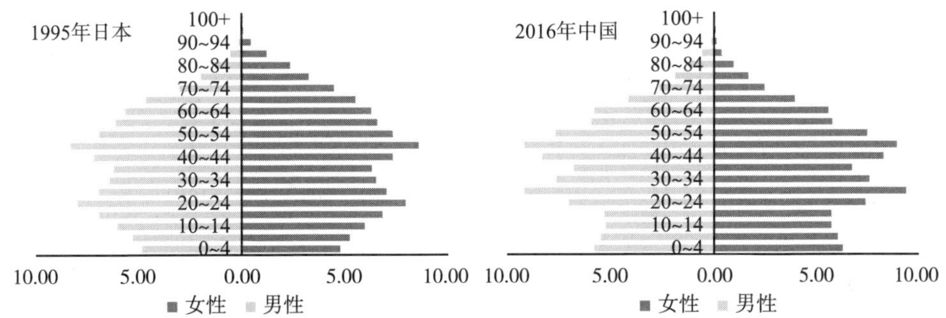

图7-1 1995年日本和2016年中国的年龄结构对比

注：中国数据包括香港和澳门。

资料来源：根据联合国网站数据整理，United Nations. Department of Economic and Social Affairs. World Population Prospects 2019，Online Edition. Rev. 1。

表7-1　　中、日、韩三国人口老龄化主要指标（2017年）

国家	总人口（万人）	65岁及以上老年人口（万人）	0~14岁（%）	15~64岁（%）	65岁及以上（%）	老年抚养比（%）	少儿抚养比（%）	抚养比（%）
中国	13864	1475	17.68	71.68	10.64	14.85	24.66	39.51
韩国	5146	716	13.47	72.61	13.91	19.16	18.56	37.72
日本	12678	3429	12.89	60.06	27.05	45.03	21.45	66.49

资料来源：世界银行数据库，http://data.worldbank.org/。

7.2.2 三国人力资本投资发展趋势

自1971年以来，中、日、韩三国公共教育支出的总体趋势均是上升的。中国呈现明显的指数上升趋势，在2004年后以递增速度加快；韩国呈现线性增加趋势，增加缓慢而平稳；日本则为波浪式发展，波动较为剧烈，在1980~1995年、1988~2004年和2007~2012年呈现三个快速增长阶段，2013年则有了较大的下降。从总量上来看，2011年以前日本的教育支出远高于中国和韩国。从1971~1998年，中国和韩国无论在发展趋势还是在总量上均相差不大，1998年以后，中国开始超越韩国并以远快于韩国的速度增加公共教育支出，并在2011年首次超越日本（见图7－2）。

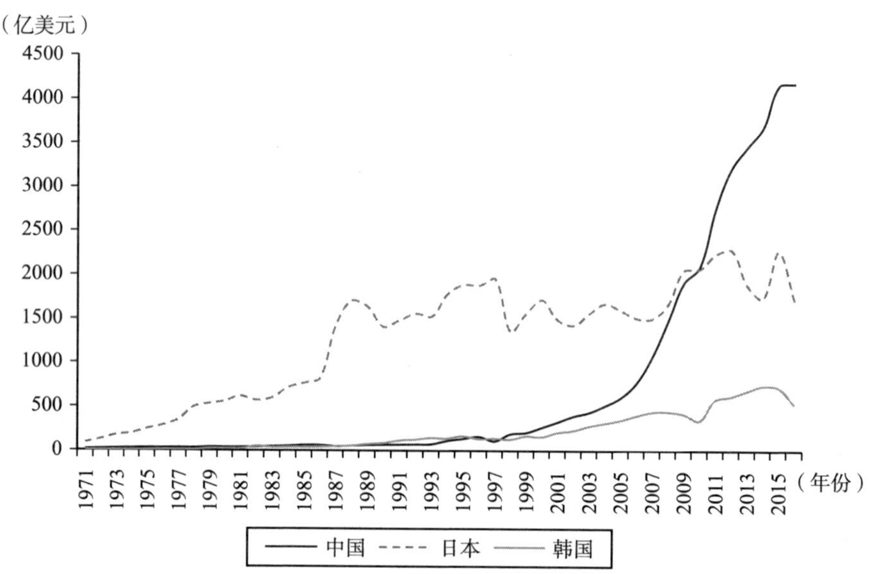

图7－2　中、日、韩三国公共教育支出总额演变趋势

资料来源：世界银行. www. worldbank. org. cn，中国2000年后数据来自《中国统计年鉴2018》。

2016年，我国教育公共开支总额为4188亿美元，占GDP总额的3.74%；韩国的教育公共开支总额为535亿美元，占GDP总额的3.78%；而日本教育开支总额为1716亿美元，占GDP总额的3.47%。虽然中国教育支出规模最大，但人均教育经费仅为263美元，分别远低于韩国和日本的1202美元和1475美元（见表7－2）。中国教育投资水平虽然低，但增长速度快，从1971年至2013年，中国教育公共开支的年均增长率最高，达到15.15%，其次是韩国，为12.7%，日本最少，为7.55%。

表7－2　中、日、韩三国教育投资水平比较（2016年）

教育投资	中国	韩国	日本
教育公共开支总额（亿美元）	4188	535	1716
教育公共开支总额占GDP的比例（%）	3.74	3.78	3.47
人均教育经费（美元）	263	1202	1928

资料来源：经济合作与发展组织（OECD），http：//stats. oecd. org/#。

从各阶段生均教育经费看，中国远低于日韩两国的水平，日本和韩国从初等到高等教育经费支出呈现明显递增形式，尤其重视对高等教育的支出，呈现出“倒三角”的支出模式，而中国则重视对中等教育的支出，高等教育支出低于中等教育。2015 年，中国的初等生均经费支出不足日本的 10%、韩国的 35%，中等教育生均经费不足日本的 30%、韩国的 50%，高等教育生均经费差距也很大，中国仅为日本的 16%、韩国的 34%（见表 7－3）。

表 7－3　　中、日、韩三国生均教育经费比较（2015 年）　　单位：美元

国别	初等教育生均经费	中等教育生均经费	高等教育生均经费
中国	1522. 24	4240. 31	3029. 65
日本	16604. 47	19272. 02	19289. 16
韩国	4540. 96	8487. 73	9035. 75

资料来源：经济合作组织，http：//stats. oecd. org/#；中国教育部．《关于 2015 年全国教育经费执行情况统计公告》，www. moe. gov. cn。

7. 3　中、日、韩三国人口老龄化对人力资本投资影响的实证研究

7. 3. 1　模型的选取

本章研究的是人口老龄化和人力资本投资水平以及两者之间的非线性关系。首先，需要界定人力资本投资的测度问题。人力资本投资包括正规教育、培训、健康医疗、劳动力迁移和流动等。由于培训、健康医疗、劳动力迁移和流动等数据难以获得，大多数文献用教育衡量人力资本投资，入学率、识字率、教育总年限、平均教育年限、人均教育支出、总教育支出等教育指标都曾被作为人力资本投资的测度指标。并且，因个人数据很难获得，一般采用公共人力资本投资来代表（吴俊培，2015）。由于教育支出表示为人力资本投资的“投入指标”，而受教育年限更多的代表人力资本投资的“产出指标”，研究老龄人口和教育投资之间关系的文献更多地利用教育支出数据来测度（Poterba，1996；Ladd & Murray，2001）。基于研究的便利性和数据的可得性，本书选用教育支出代表中、日、韩

三国的人力资本投资，研究老龄化背景下三国人力资本投资量的动态变化。同时，由于教育支出值为绝对量，跨国数据研究中的可比性差，且个人教育投资数据难以获得，因此选用公共教育支出占 GDP 的比重来代表人力资本投资水平，用符号 Edu 表示。

由于中、日、韩三国在经济发展水平等方面有较大差异，为控制不同国家之间的个体特征，我们采用固定效应模型；同时，为了表现两个变量之间的非线性关系，模型设定为多次函数，具体形式如下：

$$\text{人力资本投资}_{it} = \propto_i + f(\text{人口老龄化}_{it}, \text{人口老龄化}_{it}^2, \text{人口老龄化}_{it}^3 \cdots\cdots) + \varepsilon_{it} \quad (7-1)$$

另外，使用65岁及以上人口占总人口的比重来衡量人口老龄化水平，用符号 Eld 表示。模型（7－1）中，α_i 代表中、日、韩三国的个体特征，这些特征包括自然条件、社会文化、经济体制、宗教信仰、发展水平等各方面的差异。在模型（7－1）中每个国家的 α_i 不同，即在人口老龄化水平相同的情况下，模型允许不同国家拥有不同的人力资本投资水平。

在研究两者之间的非线性关系时，采用二次函数模式；为了使经济数据更加平稳，对所有变量取对数，各个变量的系数表示在其他自变量不变的条件下，自变量变化1%导致因变量变化的百分比，也可以解释为自变量对因变量变化的弹性，具体形式如下：

$$\ln(Edu_{it}) = \propto_i + \sum_{k=1}^{2} \beta_k [\ln(Eld_{it})]^k \quad (7-2)$$

为了考察人力资本投资的不同阶段，我们的关注点是在不同的老龄化水平下，人力资本投资水平会有怎样的变化。为了回答此问题，根据模型（7－2），可推导出在不同的人口老龄化水平下，人力资本投资水平与老龄化水平之间的关系，即：

$$\frac{\Delta \ln(Edu)}{\Delta \ln(Eld)} = \beta_1 + 2\beta_2 \cdot \ln(Eld) \quad (7-3)$$

模型假设在相同的人口老龄化水平下，尽管不同国家的人力资本投资不同，但他们的增长速度是相同的。利用此假设可对人力资本投资阶段进行一般性的划分。

在估计面板数据方法的选取上，考虑到将所有数据放在一起进行混合回归会忽略个体间没有被观测到的或者遗漏的异质性，而将每个截面单独进行回归则忽视了个体间的共性，现实中常采用折中的方法，即假定方程间拥有相同的斜率，但截距不同，通过不同的截距来捕捉异质性，这种模型即“个体效应模型”①。

7.3.2 数据来源

日本从1970年开始最先进入老龄化社会，所以对1970年之后的数据进行研究具有代表性，但由于中国缺乏1970年的公共教育投资数据，为了能够对三国在同一时间段进行分析，遂选用中、日、韩三国1971～2016年的数据。其中，公共教育支出占GDP的比重和65岁及以上老龄人口占总人口的比重数据来源于世界银行数据库，由于中国公共教育支出的数据缺失较严重，故2000年后数据来源于《中国统计年鉴2018》（中国缺失1992年前的数据）。对三国公共教育支出数据中缺失的部分，采用线性插值法将数据补全。最终样本中包含了3个国家46年的数据，样本容量为138。

7.3.3 实证分析结果与讨论

7.3.3.1 基于模型（7-2）的回归结果及分析

考虑到不同估计方法的结果差异，本章分别运用OLS、FE、LSDV和MLE四种方法进行了估计，结果如表7-4所示，不同方法的系数估计值差别很大。回归结果中，我们所关注的2个变量的估计参数均十分显著，且通过二次项的系数为负数的观察可以看出，不论采用何种方法进行估计，模型均呈现出了倒“U”型的图像，即随着老龄化程度的不断加深，人力资本投资的数额都呈现先上升后下降的趋势。

表7-4　　　　四种回归方式下的估计结果

变量	*OLS*	*FE*	*RE*	*LSDV*
	ln(*Edu*)			
ln(*eld*)	1.87863*** (5.27)	2.225921*** (4.20)	1.87863*** (1.71)	2.225921 (9.59)

① 陈强. 高级计量经济学及STATA应用［M］. 高等教育出版社，2014：251-252.

续表

变量	OLS	FE	RE	LSDV
	ln(*Edu*)			
$\ln^2(eld)$	-0.3506619*** (-4.73)	-0.4645758*** (-4.22)	-0.3506619*** (-1.47)	-0.4645758* (-8.86)
日本				0.5060297* (9.88)
韩国				0.5373827*** (14.06)
_cons	-1.130157* (-2.76)	-1.328417*** (-2.17)	-1.130157* (-0.87)	-1.676221 (-6.68)
N	138	138	138	138
R^2	0.3250			0.7455
adj. R^2				0.7379
F 值	29.10	8.94		97.41
Prob > F	0.0000	0.1006	0.1773	0.0000
chibar2(01) = Prob > = chibar2				

注：①括号中为 T 值，$*p<0.05$，$***p<0.001$。

②表中设置 2 个虚拟变量，如果设置 3 个，会出现“虚拟变量陷阱”。-1.676221 是中国的截距项，韩国截距在此基础上加 0.5060297，日本截距在此基础上加 0.5373827。

上面的结果基本可以确定固定效应的存在，然而不能否定其仍存在随机效应，通过 MLE 估计得出第三栏的结果，对于原假设“H_0：$\sigma_\mu=0$”，最后两行数据表示强烈拒绝原假设，即认为存在个体随机效应，不应进行混合回归。

最后在使用随机效应模型还是固定效应模型之间进行判断。通过豪斯曼检验，模型的 p 值为 0.000，故强烈拒绝原假设“H_0：u_i 与 x_{it}，z_{it} 不相关”，所以应使用固定效应模型而非随机效应模型，同时证实中、日、韩三国的人口老龄化对人力资本投资的影响存在差异。

根据上述检验，选用最后一栏的估计结果作为标准回归结果进行分析。

将估计结果带入原方程，画出拟合曲线以及中、日、韩三国的散点图 7-3。从图 7-3 可以发现，三国人口老龄化对人力资本投资的影响基本上符合倒“U”型曲线，且通过散点图的分布来看，基本与曲线拟合，但不同国家的个体特征不同导致起点不一致，且不同国家处于“U”型曲线的不同阶段：中国和韩国处于倒“U”型曲线顶点的前半段，韩国的绝对值要高于中国，中国变化的情况滞后于韩国；而日本则已过倒“U”型曲线的最高点，位于后半段。图7-3中三条垂直于纵轴的直线分别为代表进入“老龄化社会”“老龄社会”“超老龄社会”数值的对数。可以看出，在三国还未进入“老龄化社会”之前，随着老龄化水平的提升，人力资本投资是增加的；在进入“老龄化社会”但未进入“老龄社会”之前，人口老龄化仍然会促进人力资本的投资，但是斜率明显比前一阶段下降，说明人力资本投资的促进幅度变小；而进入“老龄社会”、但未进入“超老龄”社会之前，曲线的斜率由正变负，即此时老龄化水平的提高会使人力资本投资减少，但此时减小程度相对较小；进入“超老龄社会后”，老龄化水平的提高会使人力资本投资加速下降。如果按照曲线形状将曲线分为上升期、平稳期和下降期三部分，那么中国基本位于曲线的上升期，韩国则已进入平稳期，而日本则基本处于下降期。

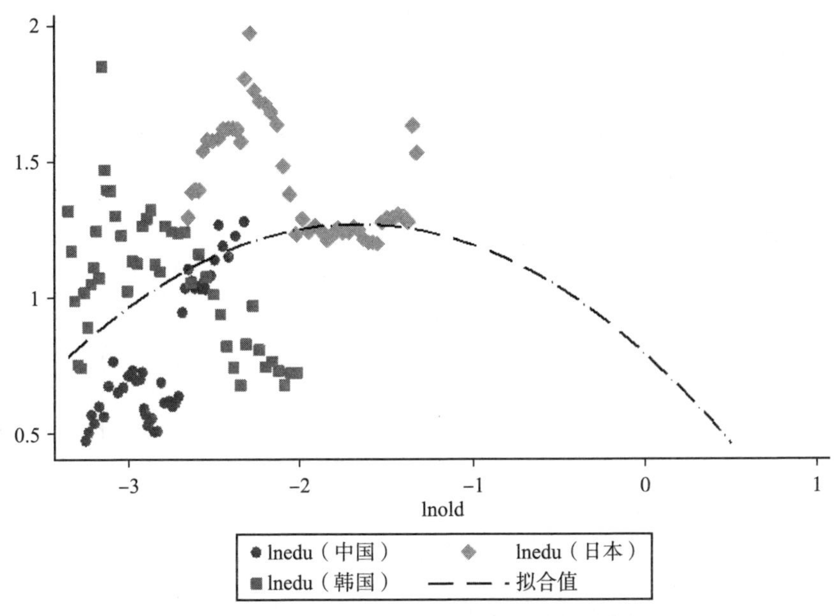

图7-3　中、日、韩三国拟合曲线与散点图

7.3.3.2　基于模型（7-3）的人力资本投资阶段性划分

将LSDV的回归结果带入模型（7-3），即可得到在不同老龄化程度下人力资本投资速度和老龄化速度之间的关系，具体结果如表7-5所示。

表 7－5　　老龄化发展速度与人力资本投资水平之间的关系

老龄化水平（%）	1	4	7	9	10	10.64	11	13	13.91	17	21	24	27.05	30
ln(老龄化水平)	0.0	1.39	1.94	2.20	2.30	2.36	2.40	2.56	2.63	2.83	3.04	3.18	3.30	3.40
老龄化水平增长1%带来的人力资本投资比重增加（%）	2.0	0.8	0.3	0.1	0.0	0.0	－0.2	－0.3	－0.4	－0.6	－0.8	－0.8	－0.9	－0.9

从表 7－5 中可以发现，当人口老龄化水平小于 11% 时，老龄化水平的增加会带来人力资本投资比重的增加，但随着老龄化水平的不断提高，人力资本投资的增加幅度是逐渐递减的。当人口老龄化水平超过 11% 时，人力资本投资变为负增长，即人口老龄化水平每增长 1%，人力资本投资比重不增反降。表 7－5 中斜体部分分别表示中、日、韩三国 2017 年底的人口老龄化水平。其中中国在 2017 年人口老龄化水平达到 10.64%，根据方程估计，其仍处在增长期，且人口老龄化水平每增长 1%，人力资本投资增加 0.1%。而日韩的老龄化水平在 2017 年底均已步入对人力资本投资影响的负增长期，韩国人口老龄化水平刚超过 11% 的水平，达到 13.91%，其老龄化水平每增加 1 个百分点，人力资本投资即减少 0.2 个百分点，日本则已进入“超老龄社会”水平，老龄化水平达 27.05%，其老龄化水平每增加 1 个百分点，人力资本投资将会减少 0.8 个百分点。

根据回归结果，可以将人口老龄化发展对人力资本投资影响的变化分为 3 个阶段：增长阶段、平稳阶段与负增长阶段。如图 7－4 所示，人口老龄化水平在达到 9% 以前，对人力资本投资的边际效应是递减的，老龄化对人力资本投资呈正向影响，即老龄化水平的上升均能使人力资本投资增加，这一阶段为增长阶段，但是增加程度呈指数递减；在 9% ~13% 阶段，影响情况较平稳，根据图 7－3 的倒“U”型曲线可以得知，此阶段位于曲线的顶端，老龄化对人力资本的影响程度为 0，即人口老龄化水平的增加不会使人力资本投资有较大变动，此时人力资本投资水平达到饱和期，此阶段被定义为平稳期；当老龄化水平在 13% 以上时，老龄化水平的加深会使人力资本投资减少，同时，按照图 7－3 和图 7－4 的综合判定，随着老龄化水平的发展，人力资本投资减少的程度递增，当老龄化水平达到

29%时，人口老龄化水平每增加 1%，人力资本投资将减少 1%，即人口老龄化所带来的社会公共支出（社会保障支出）的增加将会替代人力资本投资。根据 3 个阶段的划分以及本文所选取的数据，截至 2017 年末，中国正处于增长阶段，这一阶段将一直持续到中国的人口老龄化水平到达或超过 10%。韩国处于平稳阶段，日本则已步入负增长阶段。

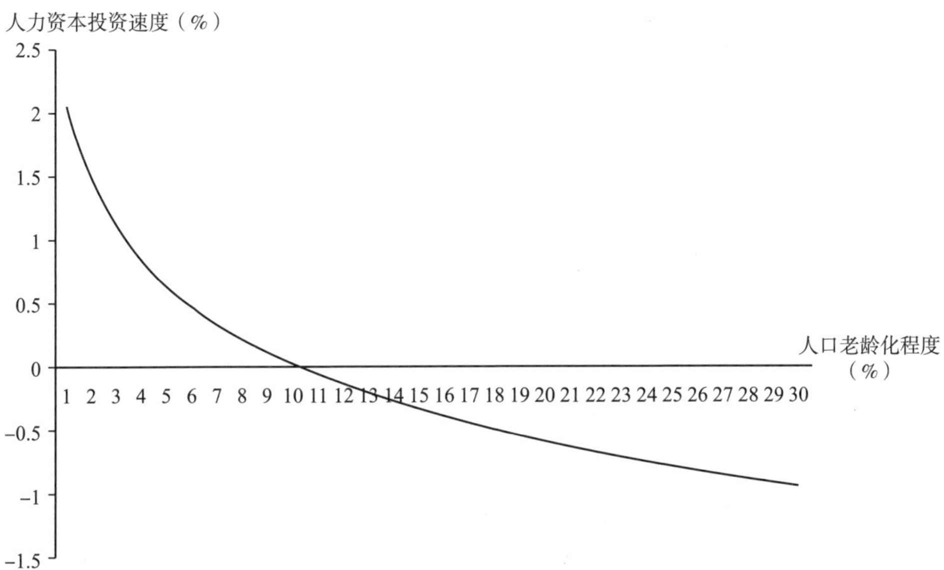

图 7 −4　人口老龄化程度对人力资本投资速度的影响

7.3.3.3　实证结果的深入分析

将中、日、韩三国公共教育支出占 GDP 的比重和三国老龄化变化趋势放入具有相同横坐标的图中比较（见图 7 −5），可以对实证结果深入分析。

在 1987 年以前，随着日本人口老龄化水平的加深，其人力资本投资处于稳步上升状态，这一阶段日本的人口老龄化水平从 1971 年的 7.21%上升到 1987 年的 10.79%，人力资本投资也由 3.72%上升到 5.67%；从 1987 ~2016 年，日本老龄化的程度不断加深，到 2016 年达到 26.56%，这一阶段的人力资本投资也随之大幅度下降，到 2013 年下降为 3.82%。韩国人力资本投资一直处于平稳上升状态，1982 年最高为 6.08%。2010 年韩国的人口老龄化水平为 11.09%，已进入人口老龄化水平抑制人力资本投资的下降期，从人力资本投资的变化趋势来看，韩国人力资本投资也确实由 2010 年的 4.65%下降为 2013 年的 4.63%。虽然中国从1971～2016年的老龄化水平都一直稳步上升，但由于未达到11%的拐点，其人力资本投资仍处在随着人口老龄化水平的提高而提高阶段。

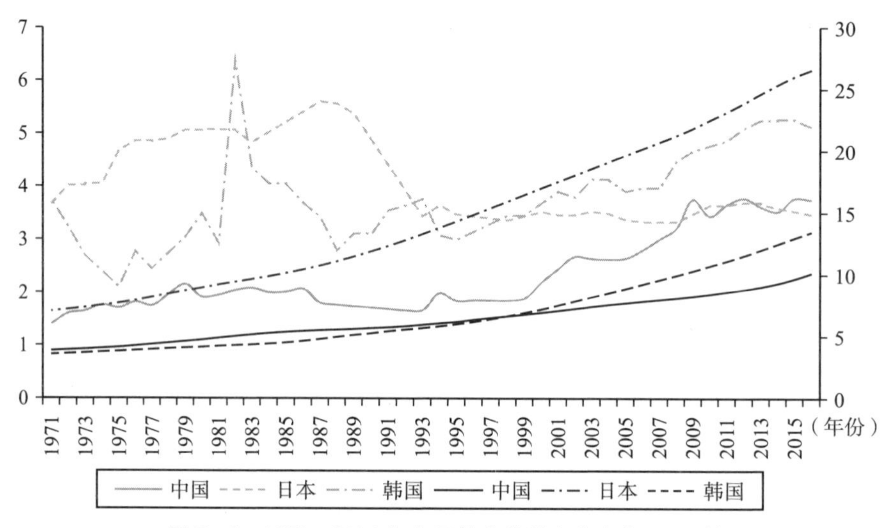

图7－5　1971～2016年中日韩公共教育支出占GDP的比重（细线）与老龄化变化趋势（粗线）

人口老龄化对公共教育支出发展出现近似倒“U”型趋势的原因可以从公共资源代际竞争的角度分析：首先，在预期寿命明确的情况下，老年人口关心的是政府在医疗、卫生和养老等方面能够给自己带来好处的即期公共政策，而对于增加公共教育支出的政策则不太重视，一方面是因为其子女已经完成了基础教育，另一方面是由于教育投资对经济增长作用的滞后性使得老年人可享受到的效用不大。其次，不断壮大的老年群体会对地方政府的决策造成很大的压力。在日韩这种民主选举国家，政府的公共资源配置取决于“中位选民”，而人口老龄化意味着“中位选民”的年龄在逐渐增加。老龄“中间选民”扮演越来越重要的角色，他们会成为不同政治力量的争取对象。为了维持政治的稳定以及获得更多的民意支持，地方政府也会更重视老年人的偏好，往往会以牺牲年轻人的利益和发展为代价，做出不利于提高公共教育支出的资源配置决策。再次，随着老龄化水平的提高，用于老年人的各种社会保障支出不断增加，退休金、医疗、护理等支出均需要财政补贴才能得以维系。2006年日本用于社会保障的相关支出在一般财政支出中所占比重为25%，2016年这一比重则上升到33%，其中主要用于补贴退休金及医疗、护理保险的支出①。韩国也存在同样的问题，2013年、2014年韩国政府的各级政府支出中，医疗卫生与社会保障基金同比分别增长7.75%和8.57%②。这是日本已处于“U”型曲线下降阶段、韩国正进入这一阶段的主要原因。最后，日韩社会保障体系比较健全，家庭养老模式被社会养老模式取代的比重高，老龄化的加剧很大程度上会挤占政府对公共教育的支出。而我国目前家庭养老模式为主，老龄化水平对公共教育支出的挤占效果还没有显现，因此，尚处于“U”型曲线的增长阶段。与日韩相比，我国的人口老龄化程度与两国还有一定差距，劳动力的绝对数量依然庞大，所以人力资本的投资规模依然会随着老龄化的提升而上升（见图7-6）。

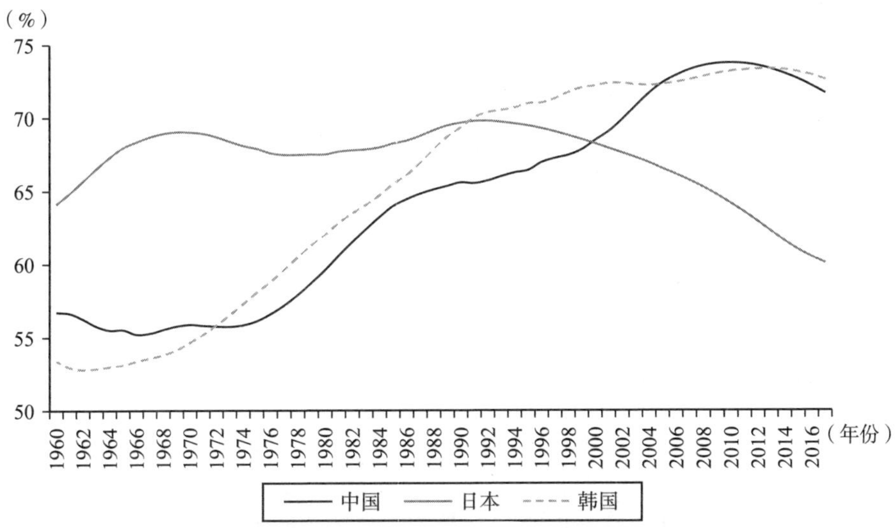

图7-6　中、日、韩三国劳动年龄人口占总人口比例变化趋势（1960~2017年）

7.3.3.4　对中、日、韩三国数据的检验

通过固定效应模型所估计的方程，本书还得到了反映中、日、韩三国个体特征的固定效应参数值，显示在人口老龄化水平相同的情况下，由于个体特征因素的影响，日本的人力资本投资水平最高，比中国高出约0.568个百分点；其次是韩国，比中国高0.509个百分点；中国最低。通过模型拟合出中、日、韩三国的

① 日本财务省统计数据，http：//www.mof.go.jp/。
② 韩国央行统计数据，http：//www.bok.or.kr/main/korMain.action。

人口老龄化对人力资本投资的影响方程，分别如下：

中国：$\ln(Edu_{it}) = -1.676 + 2.226\ln(Eld) - 0.465\ln(Eld)^2$ (7-4)

日本：$\ln(Edu_{it}) = -1.170 + 2.226\ln(Eld) - 0.465\ln(Eld)^2$ (7-5)

韩国：$\ln(Edu_{it}) = -1.139 + 2.226\ln(Eld) - 0.456\ln(Eld)^2$ (7-6)

由此可以得到中、日、韩三国的人力资本投资拟合曲线和散点图，如图7-7所示。

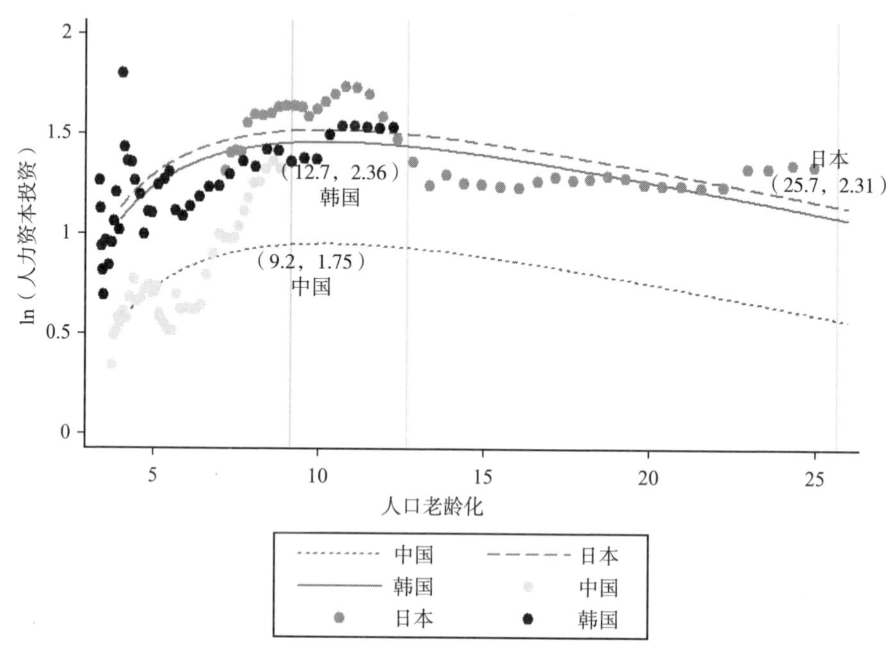

图7-7　中、日、韩三国拟合曲线与散点图

由图7-7可以看出，韩国和日本的散点图与估计曲线拟合度良好，中国则在2000年后数据有些偏离曲线，部分原因在于本书选取的中国数据问题，由于2000年前后的统计口径不一致，2000年前世界银行统计的中国公共教育经费包括政府在教育机构、教育管理以及私人实体补贴方面的支出，2000年后《中国统计年鉴》中统计的数据则增加了基建经费、科研经费和其他，所以在数值上会偏大，但中国散点图的整体趋势与其拟合曲线大体一致，处于倒“U”型曲线的上升期。

三条垂直于Y轴的直线分别是中、日、韩三国2014年的人口老龄化水平，它们分别与各自拟合曲线的交点即是三国人力资本投资的平均水平，由于纵轴是取对数后的人力资本投资，还需将其还原为非对数形式。由图7-7可知，中国老龄化水平已达9.2%，平均公共教育投资占GDP的比重为5.73%；韩国老龄化水平为12.7%，平均公共教育投资占GDP的比重为10.54%；日本老龄化水平为25.7%，已进入“超老龄社会”，其平均公共教育投资占GDP的比重为10.12%，低于韩国的平均投资水平。

在相同的人口老龄化程度下，中、日、韩三国的人力资本投资水平不同，是因为三国的个体特征不同。日本作为亚洲第一个实现工业化的国家，一直十分重视对教育的投入。据统计，从1971~1982年，日本的公共教育经费的年均增长率为17.48%，同期中国的年均增长率为14.32%。即使在经济发展的停滞期，日本也未曾停止对教育维持高增长率，如1981年国民收入增长4.4%，其教育费仍保持在1.4%的增长率，公共教育经费与国民收入实现了同步甚至优先增长（何斌，2005）。为了保证经济发展进程中技能劳动力的供给，日本特别注意农村义务教育的发展，1879年通过的《教育法》中就明确规定“农村小学所需要的教育经费全由地方政府负担，包括购买土地、修建校舍、行政运转以及支付教职工工资等”，1918年颁布的《市町村义务教育经费国库负担法》则规定由国家财政全部承担全国公立学校的教师工资，这些法律的实施，在大大减轻地方负担的同时有力地推动了农村教育的发展。同时，不仅制定各种法律，日本政府还通过各种财政制度和补贴制度保证了教育投资的有效进行（伍新德、张人崧，2012）。

韩国自光复以后就开始推行义务教育，通过制定一系列政策法规为义务教育的实施提供了法律基础。到20世纪70年代中期韩国已基本普及中等义务教育。韩国还十分重视教育的均衡发展，通过对相对落后地区义务教育的优先发展缩小了城乡差距。同时，为了保证教育经费的财力支持，韩国政府通过不断完善其财政体制来扩大财源，制定《义务教育财政交付金法》《地方税法》等，为教育支出提供可靠保障（课题组，2005）。

改革开放以前，中国教育经费的投资水平远低于国际平均水平和同等发达程度国家水平。2006年修订的《义务教育法》才免除了基础教育学费。在教育投资的结构上也出现了“重高轻基、急于求成”的三级教育投资结构，使得教育投资配置严重错位。并且，我国教育资源配置的城乡和地区差距较大，城市的人均教育经费一般为农村的3倍以上，造成了教育投资的严重不公。显然，我国投资规模和投资结构上都与日韩两国有显著差异，正是这种个体差异导致了三国散点图所处的起点不同。

7.4 结　论

本书运用跨国数据对中、日、韩三国人口老龄化对人力资本投资的影响进行了比较研究。利用三国的长面板数据，使用个体固定效应模型，克服横截面数据中无法控制各国之间个体特征而造成对结果的影响，同时克服时间序列中只考虑时间效应而不考虑外界因素的综合影响，运用非线性模型而非简单的线性模型揭示人口老龄化与人力资本投资之间更为复杂的变化关系，从而更深刻地阐释了三国人口老龄化对人力资本投资影响的东亚特色。

7.4.1 中、日、韩三国人力资本投资均呈现逐年增加的发展趋势，中国总量大，人均水平低

中、日、韩三国都非常重视人力资本投资，三国的人力资本投资均呈现上升趋势，中国呈现明显的指数增长趋势，并在2011年前后首次超越日本，韩国表现为缓慢的线性增长，日本则呈现出波浪式增长。中国的公共教育支出规模最大，但人均教育经费远低于韩国和日本。中国公共教育支出年均增长率最快，其次是韩国，最后是日本。日韩两国重视高等教育的支出，而中国则更重视中等教育的支出。在初等、中等和高等的各个阶段的生均教育经费中，中国均远远低于日韩两国。

7.4.2 中、日、韩三国人口老龄化与人力资本投资处在倒“U”型曲线的不同阶段

利用三国的长面板数据，使用个体固定效应模型控制三国的个体特征后，本书验证了三国人口老龄化对人力资本投资的普遍特征和个体特征，发现了它们之间的非线性关系。结果显示，人口老龄化对人力资本投资的影响为先正后负，呈现倒“U”型曲线的变化形式，即在人口老龄化的初期，老龄化水平的加深会促进人力资本投资，而当老龄化水平超过一定限度时，老龄化水平的增加会使人力资本投资减少，而这个临界点在10%左右，即65岁及以上人口占总人口的比重为10%，当超过这一比率达到11%时，老龄化水平每增加1%将会使人力资本投

资减少0.1%，并且随着老龄化水平的进一步加深，人力资本投资减少的速度将加快，当老龄化水平达到30%左右时，人力资本投资将与老龄化水平以相同的变化幅度减少，即老龄化水平提高1%，人力资本投资水平就会减少1%。此结果从侧面验证了为什么不同学者对人口老龄化对人力资本投资影响研究的结论不同，研究者所选取的时间段、不同国家的老龄化水平不同，导致处于影响模式的不同阶段。此外，所选模型不同也会造成一定程度的差异。

7.4.3 日韩两国人口老龄化对人力资本投资影响趋势预示着中国未来可能的发展趋势

中、日、韩三国人口老龄化水平与人力资本投资的关系符合倒“U”型曲线的普遍规律，但由于三国个体特征的存在，导致人口老龄化对人力资本投资的影响程度不同，出现两方面的差异：一是在相同的老龄化水平下，三国人力资本投资水平的起点不同，日本的人力资本投资水平最高，其次是韩国，最后是中国，这些结果与三国社会制度、经济政策和对教育的支持程度和结构等有关；二是人口老龄化对人力资本投资的影响阶段不同。目前，中国人口老龄化水平的加深会促进其人力资本投资，韩国和日本的人口老龄化水平对其人力资本投资有抑制作用，日本抑制作用最强。中国正处于人口老龄化对人力资本投资的促进阶段，韩国处于平稳阶段，而日本则已处于下降期。中国与日韩两国相比，无论是人口变动还是经济增长方面，都有着极为相似之处。再过20年，中国的年龄结构就会和当前的日本类似，届时，最后一个高峰期的人口将会达到45~50岁，而目前50岁左右的高峰人口将大规模进入70岁，成为退休的主力军，面临养老财政支出挤占公共教育支出的压力。因此，应借鉴日韩经验，减少人口老龄化对人力资本投资的负面影响，中国应利用未来10~20年间较轻的劳动负担的机遇期，建立良好的教育、人力资本投资、社会保障等方面的制度以及制定积极的人口政策，调整当前生育政策、适时执行宏观经济政策（劳动就业政策）来应对已发生的、正在进行的人口变动，使我国的经济继续保持强有力的增长态势。

第8章　中、日、韩三国人口老龄化对储蓄率的影响研究

日韩人口老龄化的发展上有相似性，经济发展的轨迹也有相似之处。“二战”后，两国先后走过了高速和平稳增长期，进入调整和低速增长时期。中国也在经历了40多年的高速经济增长后进入“新常态”，人口老龄化是三国经济增长趋缓的一个重要因素。储蓄是影响投资，进而影响经济增长的重要因素。中、日、韩三国人口老龄化和储蓄率之间呈现复杂的关系，本章对此做出探索。

8.1　相关文献述评

8.1.1　纳入人口因素的储蓄理论

储蓄理论是宏观经济学重要的研究领域，随着人口结构的变化，人口因素的储蓄率效应受到越来越多的关注。从凯恩斯绝对收入假说开始，相对收入假说、持久收入假说、生命周期假说等理论相继出现，经济学家不断尝试用不同的因素和从各种角度来解释国民储蓄率的决定（金刚，2016）。研究老龄化对储蓄率影响的最经典理论是1954年莫迪利安尼（Modigliani）提出的生命周期理论。该理论认为消费边际效应是递减的，人们会借助资本市场的作用来平滑一生的总收入。个人为实现一生效用的最大化，会在成年期将收入储蓄起来以支付老年期的消费。当期消费不仅取决于当期收入，还取决于对未来的理性预期。因此，个人成年期的储蓄与消费之差要大于零，而在少儿期和老年期，消费与储蓄之差会大于零。弗里德曼（1957）提出的持久收入假说（permanent income hypothesis）认为消费受长期收入的影响更大。他将收入分为暂时收入和持久收入，认为人们储

蓄的是现期收入，而消费安排则是根据长期收入规划的。在持久收入假说中，消费函数在短期表现出较大的波动性，长期消费函数则具有稳定性。

霍尔（Hall，1978）在生命周期假说的基础上引入了外部因素的作用，使生命周期假说在理性预期下得以发展。卡巴莱罗（Caballero，1990）在持久收入假说的基础上发展了预防性储蓄理论，提出个人在决定消费路径时不仅考虑到长期收入的多少，也应当考虑到长期收入的不确定性。当个人长期收入不存在风险或者个人不在乎长期收入的风险时，则会根据长期收入情况来分配消费的变化，不会进行过度储蓄，因此不存在过度平滑性。但是当个人预期长期收入存在风险时，则会在早期进行预防性储蓄以规避风险，因此存在过度平滑性。泽尔德斯（Zeldes，1989）引入常相对风险厌恶函数（constant relative risk aversion，CRRA）进行研究，发现那些金融资产较少、劳动收入存在不稳定性的人群消费具有非常明显的预防性储蓄动机，其消费主要由能够进行预测的收入部分决定，而非不能确定的收入部分。但是，当社会保障制度相对完善，或者人们手中有足够的资产时，预防性储蓄的动机就会变弱，受流动性约束的影响也会较少，这也解释了为什么社会保障体制完善的发达国家居民更偏好提前消费的原因（Browning & Lusardi，1996）。

预期寿命效应理论认为预期寿命的延长增加了老年人进行储蓄的动机和老年期的生活风险，同时还增加了老年阶段的消费，也促使老年人在年轻时就更多地去增加储蓄应对这种不确定性。因此，在讨论老年人的赡养负担对储蓄率的影响时，还应该将老年抚养比与预期寿命一起纳入分析框架中。在固定退休时间的基础上，随着预期寿命的延长，为了应对退休后增加的更多消费，人们通常会选择进行更多地储蓄，这是东亚国家和地区储蓄率为什么会升高的重要原因（Lee，2003）。布洛姆（Bloom，2003）则指出，预期寿命的延长会增加储蓄，但根据生命周期假设，当人口逐渐老龄化的时候，由于更多的老年人消耗储蓄，储蓄消耗的速度会超过储蓄积累。老龄人口的增加又会降低储蓄，这两种效应会相互抵消。因此，储蓄率会先增加后下降。

8.1.2 对人口老龄化和储蓄率关系的一般研究

对生命周期理论实证检验的一些文献显示该理论是成立的。其中，莱夫（Leff，1969）使用74个国家的截面数据研究发现，老年抚养比和国民储蓄率之间呈显著负相关关系，人口结构差异能够解释其储蓄率的差异。希金斯（Higgins，1996）等学者的研究结论被用来证明“东亚奇迹”的存在，其研究发现，成年人口比重与储蓄供给相关。戴维斯（Davis，2006）研究了1960~2002年73个国家的私人储蓄率和年龄结构的关系，发现人口老龄化减缓了私人储蓄率的上升，40~64岁人群占总人口比重对于私人储蓄具有正面影响，并且相关系数较20~39岁的更大，65岁及以上人群占比对私人储蓄率具有负效应。博斯沃思和霍多罗夫（Bosworth & Chodorow－Reich，2006）对85个国家数据的实证研究也得到了类似结论。朱超、周烨等（2012）使用1993~2007年亚洲37个国家的研究结果也印证了人口老龄化储蓄负效应的存在。陈晶（2014）使用1960~2010年亚洲17个国家的数据研究发现，随着老龄化程度的加深，人口老龄化对储蓄率的负效应会越来越大。王颖、邓博文（2017）使用从1960年开始进入老龄化的18个国家的数据，在控制了抚养比与人均收入交互效应的基础上估算老龄化对储蓄的影响，发现老年抚养比与储蓄率之间的负向关系显著成立，并且这种负向关系受交互效应的影响。查德威克和史蒂文（Chadwick & Steven，2017）在生命周期假说的框架下比较分析了日本、中国和印度的人口因素和家庭总储蓄率之间的关系，发现在不同国家和不同时间段内，变化的人口年龄结构确实能解释家庭储蓄率的大部分变动，日本20世纪70年代中期家庭储蓄率的下降部分是因为退休人口的大量和持续地增加。

也有研究认为生命周期假说并不是持续成立的。安德森（Anderson，2001）研究了1950~1992年北欧四国的时间序列数据，发现生命周期假设的储蓄效应是分时间段呈现出来的，其中20世纪70年代的老年抚养比和国民储蓄率之间的负向影响关系不显著。保罗·舒尔茨（2005）对1952~1992年16个亚洲国家和地区的数据研究发现，当期储蓄与年龄构成之间没有明显的依存关系。赫尔佐克（Herzog，2012）在贸易开放条件下使用相同的方法研究了1970~2009年的22个OECD国家的GDP增长、抚养比和储蓄之间的关系，发现对于那些低开放度和高储蓄率的国家来说，老年抚养比上升确实对GDP增长产生了较大的负向拉动作用，但当储蓄率下降、贸易开放度提高时，其影响力却在逐步减小。安吉拉和修贤（Angela & So－Hyun，2018）在研究不同国别间的人口老龄化与金融安全问题时发现，对于那些为了老年生活而进行储蓄的人来说，老龄化效应是最大的，大部分生活在人口老龄化严重的国家的老年人口更倾向于进行储蓄。

8.1.3 对中国人口老龄化和储蓄率关系的研究

对中国研究的结论是混合的。较多文献认为老年抚养比和储蓄率之间是呈负相关关系的，即生命周期假说在中国是成立的。中国人民银行课题组（1999）使用1978~1997年的中国居民储蓄率进行研究，发现国民储蓄率和总抚养比之间呈反方向变动的关系。王德文、蔡昉等（2004）使用莱夫（Leff，1969）模型对改革开放以来中国人口抚养比的储蓄效应进行研究，发现老年抚养比上升对储蓄率的贡献率为-0.9%。库伊斯（Kuijs，2006）对1978~2005年数据的研究发现，我国国民储蓄率与老年抚养比存在负相关关系。王刚（2006）针对北京市民的抽样调查数据进行研究，预计2020年以后，人口老龄化将会对北京市居民储蓄率产生负面影响。毛毅（2012）从两期的OLG模型入手，使用动态GMM模型对我国2000~2008年的地区面板数据进行分析，认为当期老年抚养比对人均居民储蓄的影响为负，而上一期的老年抚养比对当期人均居民储蓄基本无影响。黄润龙（2012）认为居民储蓄主要是受经济因素影响，人口老龄化对于居民储蓄的影响是间接而复杂的，但综合分析来看，人口老龄化将减少储蓄。史晓丹（2013）的研究得到了同样的结论，认为由于我国还处于老龄化社会初期，人口老龄化对储蓄的影响还未完全呈现出来。周晓慧（2016）基于持久收入模型（LC-PIH）假说，采用组群分析方法得到了中国居民在不同组群内的“年龄—储蓄率”曲线，结果表明，大部分组群中，老龄化对储蓄率有显著的负向影响。汪伟（2017）通过构建考虑双向代际转移的三期世代交叠（OLG）模型研究发现，在当今中国的现实参数下，人口老龄化已经对家庭储蓄产生了负面影响。

然而，也有研究认为生命周期假说在中国不成立，老年抚养比和储蓄率之间成正相关关系。唐东波（2007）利用1978~2005年的数据，使用向量自回归（VAR）模型进行计量分析，证实了无论是从短期还是长期来看，以老少比表征的人口年龄结构指数对中国居民储蓄的作用都是显著扩张性的影响。周浩、刘平（2014）使用中国1985~2010年29个省的面板数据，研究发现老年抚养比对储蓄和经济增长率都有重要的积极作用。游士兵、蔡远飞（2017）构建面板向量自回归（PVAR）模型，利用2000~2013年中国省级面板数据分析，结果显示人口老龄化抑制居民消费，一定程度上促进了国民储蓄。李雅娴和张川川（2018）使用2013年中国健康与养老追踪调查（CHARLS）的数据，发现由于互联网技术等科技的发展快速，中国老年人的认知水平发展跟不上新时代的消费模式发展，从而导致他们的消费水平受到抑制而储蓄增加。王树、吕昭河（2018）采用四期的戴蒙德模型进行动态演化分析，发现老年抚养比与储蓄率的回归系数显著为正，通过门槛模型研究发现，随着收入的增加，二者之间的正效应不断增强。李超、罗润东（2018）使用2010～2014年中国家庭追踪调查面板数据研究发现，老龄化对我国微观家庭储蓄率的净效应为正，说明家庭由于老龄化所产生的预防动机大于生命周期消费模式对储蓄率的负效应。

袁志刚、宋铮（2000）构建迭代模型，研究影响中国储蓄率的因素，发现人口老龄化对居民增加储蓄起到了激励作用。莫迪利亚尼和曹（Modigliani & Cao，2004）认为中国传统的家庭养老模式正在瓦解，人口老龄化程度的加重会促使老年人口增加储蓄准备自己的养老，其实证检验发现，人口年龄结构变化与国民储蓄率之间存在协整关系，人口老龄化对居民储蓄率有正效应。汪伟（2009）和苏春红（2010）的实证研究同样发现老龄化对储蓄率具有不同程度的正效应。

也有学者认为对储蓄率的影响是多种因素共同作用的结果，在不同阶段、不同地区和不同因素的作用下会呈现出不同关系。孙奎立、刘庚常（2009）认为中国人口老龄化对目前的高储蓄率会产生积极影响，短期内人口老龄化对储蓄的消极作用很难呈现出来。芦东（2011）使用动态阿雷拉诺－邦德（Arellano－Bond）模型研究发现，中国西部地区的老年抚养比对储蓄率没有显著负面影响，但中东部地区的老年抚养比对储蓄率的负面影响非常显著。蔡昉（2012）认为人口老龄化时期虽然有预防性储蓄动机的存在，但现收现付的养老保障制度使得未来被供养人口无须依赖自己的养老资金积累生活，因而为老龄化而进行储蓄的动机还不能被激发出来。范叙春、朱保华（2012）发现当不考察时间效应时，老年人口负担比和国民储蓄率之间是同向变动关系；考虑时间效应后，老年人口负担比和国民储蓄率之间呈反向变动关系。生命周期储蓄理论并不能很好地解释变化的人口老龄化过程，老龄化的储蓄效应具有阶段性特征（朱礼华、赵志勇，2013）。在不同经济发展阶段，在行为效应和年龄效应的交替作用下，老人抚养比对储蓄率的影响不都是负的，而是先后呈现出“升高—下降”的趋势（赵文哲、董丽霞，2013）。老年抚养比对居民储蓄率在前期有负影响，在中长期则有正影响（宋奇成、袁凯，2013）。倪红福、李善同等（2014）利用1995年、2002年和2007年中国居民收入调查数据库（CHIPS）的数据研究，发现中国城乡家庭的户主年龄与家庭微观储蓄率之间呈现“U”型结构，假设未来家庭储蓄倾向不变，老龄化不但不会降低储蓄，反而会提高储蓄率，但是到老龄化非常严重的时期，由于传统习俗的改变、社保制度的不断完善以及经济增速放缓等因素的共同作用，长期来看，我国的储蓄率应该会出现逐步下降的趋势。现阶段老年人口数和储蓄率之间的负相关关系还没有出现，但可以预测到，随着老龄化进程的加快，老年负担的负效应最终会出现（汪伟、艾春荣，2015）。李豫新、程谢君（2017）认为，在“后人口转变”时代（以人口老龄化为主要特征），中国人口老龄化与居民储蓄率之间将呈现出“U”型结构，临界值为 18.8%，中国目前的老年抚养比低于这一临界值，所以中国的人口老龄化并不是造成居民储蓄率高的主要原因。

也有文献认为老龄化对储蓄率影响很小或者无法确定影响程度。李文星和徐长生（2008）使用 1989 ~ 2004 年中国省级面板数据和 GMM 方法研究发现，人口年龄结构并不是引起中国居民消费率过低的原因，同时也无法支持人口结构变化提升了储蓄率的假说。王森（2010）使用 1979 ~ 2009 年数据，利用 VAR 模型和协整方法分析，发现中国的人口老龄化对居民储蓄率的影响只占 1% 左右。汪伟（2010）使用 OLG 模型研究发现人口老龄化对储蓄率的影响是不确定的。陈彦斌（2014）认为老龄化是拉低国民储蓄率的最主要因素，但是由于人口年龄结构的变化非常缓慢，因此它无法从根本上改变中国目前的高储蓄现象。

基于我国城乡二元结构的不同，从城镇和农村两个视角对我国储蓄率的研究引起关注。李秉龙、刘丽敏（2006）在研究东部、中部、西部 12 个县市的农户储蓄动机时发现，随着户主年龄的提高，为了养老进行储蓄的比例也不断提高，60 岁以上人口的比例达到了 45.5%，说明中国人口老龄化对储蓄率的积极影响是客观存在的。堀冈（Horioka，2007）分析 1995 ~ 2004 年的中国数据，发现由于城镇多为社会养老，农村为家庭养老，人口老龄化对农村储蓄率的影响较为显著，而对城镇储蓄率的影响并不显著。汪伟（2008）对城镇维度的数据分析结果较好地支持了生命周期假说，居民年龄结构是储蓄率的重要决定因素之一，但对城镇与农村居民储蓄率的影响存在显著差异。谢勇（2011）使用 2006 年综合社会调查的微观数据研究，发现对于农村居民来说，一个家庭中老年人口的数量对户主的储蓄率具有显著的负面影响。胡翠、许召元（2014）的研究表明，因城乡养老保险制度的差异使得人口老龄化对城镇和农村的家庭储蓄率的影响也表现出极大差异。农村家庭储蓄率和老龄人口比重之间呈反向变动关系，城镇家庭储蓄率和老龄人口比重之间呈同向变动关系。瞿凌云（2016）发现在老龄化和低生育率的双重作用下，中国的人口老龄化导致了目前居高不下的家庭投资率和储蓄率。石阳（2017）基于现收现付养老保险制度的视角，根据 OLG 模型进行实证检验，发现老龄化程度的提高对城镇居民的储蓄率能起到促进作用，生命周期假说是不成立的。

自 20 世纪 80 年代起，中国实行了 30 多年严格的计划生育政策使人口结构在短期内发生了巨大变化，给经济发展带来了深远影响。为了修正人口低自然增长率的不利影响，政府尝试放开计划生育政策，先后实施了“双独两孩”“单独二孩”和“全面二孩”政策。然而，对于放开计划生育政策效果的研究结论并不乐观。李秀芳、黄志国和陈孝伟（2017）通过建立扩展的两期 OLG 模型，探讨了目前养老保障制度下生育率对居民储蓄行为的影响，发现生育率对当期消费和储蓄没有影响，和老年期消费呈负相关。如果“全面二孩”政策能得到有效贯彻（生育率和平均预期寿命能同比例提高），中国完全可以避免人口老龄化带来的困局。但实际即使在理想条件下，所有健康的适龄女性都加入生育“二孩”的队伍中来，生育率和平均预期寿命恐怕也很难实现同比例提高，所以全面放开“二孩”政策并不能完全解决老龄化带来的问题。赵昕东、张文栋（2018）认为实施“全面二孩”政策后总和生育率最高可达 2.1 左右，未来会逐步回落到 1.8 左右的水平，他们制定了低、中、高三个方案预测未来 15 年中国的少儿抚养比和老年抚养比的变化，并假设其他影响储蓄率的因素保持不变，预测中国 2016 ~ 2030 年储蓄率的变化趋势。实证结果显示，15 年内老龄化趋势不可逆转，储蓄率基本呈下降趋势，由于总和生育率的影响差别不大，总的下降趋势显然还是人口老龄化作用的结果。高冉、蔡雯霞和张冲（2018）使用 1980 ~ 2013 年 82 个国家的面板数据进行实证分析，结果显示出生育率要比老年抚养比对储蓄率的影响更大，从而从侧面论证了“二孩”政策的有效性，即在将来会显著降低国民储蓄率，拉动经济增长。隋澈（2018）利用队列要素法预测“全面二孩”政策后未来 75 年的人口老龄化水平，发现该政策有助于降低未来人口老龄化水平，但是难以从根本上改变老龄化水平不断提高的趋势，而人口老龄化水平的不断提高会导致储蓄率降低。

8.1.4 对日韩人口老龄化和储蓄率关系的研究

对日本研究的大多数结论都是符合生命周期假说的。林（Hayashi，1986）对“二战”后日本人口结构对国民储蓄率的影响进行研究发现，总人口抚养比的下降很大程度上提高了储蓄率。涩谷（Shibuya，1987）对日本 1966 ~ 1983 年的数据的研究表明，老年抚养比每提高 1 个百分点，居民储蓄率将下降 0.17 个百分点。布劳恩（Braun，2004）等发现 1985 年以后日本的储蓄率和出生率、老年人口占比之间均呈反比关系，并且 1990 ~ 2000 年，受人口结构因素与较低的全要素增长率的综合影响，储蓄率呈下降趋势。舞子（Maiko，2006）研究了日本的家庭储蓄率，发现收入增长率、人口年龄结构和储蓄率之间存在长期的协整关系，并且人口结构因素是 20 世纪 90 年代末日本储蓄率持续下降的原因之一。片山（Katayama，2006）发现人口老龄化是 1998 年以后日本储蓄率持续下降的重要原因，日本经济的持续走低、养老基金注资和养老保险改革的同时进行拉低了政府储蓄率。崛冈（2010）的研究发现，日本人口老龄化会对私人和居民储蓄率产生负影响。

牟晓伟、张宇（2012）对日本 1981 ~ 2009 年的研究发现，影响其储蓄率变动的最主要因素是收入、人口和社会保障因素。日本的生产年龄人口从 1995 年开始呈净减少趋势，随着老年抚养比的逐渐升高，储蓄率则呈逐年下降趋势，即老年抚养比和储蓄率之间呈反向变动关系。快速增长的人口少子老龄化是导致日本居民家庭储蓄率骤降的主要原因（施锦芳，2015）。虽然有公共养老金改革对收入在代际间分配不平等的减缓作用等抵消因素的存在，但是人口的快速老龄化将不会改变日本的家庭储蓄率下降的趋势（Tomoki，2012）。

也有部分学者认为生命周期假说不成立。造成这种现象的一个主要原因是日本的老年人就业率依然很高，并非理论上的负储蓄。伊万萨科（Iwaisako，2012）等认为 1998 年以后日本家庭储蓄在加速下降，但是 2003 年以后下降速度变得平缓，不能完全使用人口老龄化这一单一变量来解释储蓄率的下降，居民收入变化这一变量对储蓄率变动的影响也很大。

对韩国人口老龄化和储蓄率关系的研究结论基本符合生命周期假说。李宗和、金载弼（1997）发现老年抚养比每上升 1 个百分点，韩国储蓄率将下降 4.3 个百分点。罗伯特（Robert，2001）认为人口老龄化会降低韩国的储蓄率和投资率，尤其是在 2025 年之后储蓄率将会快速降低，甚至低于投资率。严东旭（2003）认为，由于储蓄能力相对较低的老年人口的增加会造成银行储蓄率的减少，使得可用资金和投资都将面临减少，由老龄化引致的储蓄率的下降势必会成为阻碍韩国经济发展的重要因素。姜熹焞、蘇仁焕（2005）指出韩国老龄化对消费以及储蓄的影响受年龄层的影响较大，其方向与程度会有所差异。姜钟区、金英俊（2013）认为韩国人口老龄化和家庭储蓄率之间呈负相关关系，并且人口老龄化还会削弱创新产业的增长潜力，使经济进一步恶化。

也有学者对中、日、韩三国进行了综合研究。胡玉伟（2015）使用面板格兰杰因果方法检验了中、日、韩三国的人口老龄化和储蓄率之间的关系，发现劳动力人口是三国的国民储蓄率的格兰杰因，但是反过来的因果关系不成立。

综上所述，对日韩的研究结论比较一致，人口老龄化的储蓄效应基本符合生命周期假说，对中国的研究由于研究视角和使用的变量不同，结论是混合的。梳理已有文献，发现对中、日、韩三国人口老龄化的研究多倾向于政策方面的比较和经验的分析上，缺少使用共同变量对三国人口老龄化储蓄效应的实证测度研究。本书试图做出弥补，对中日韩三个代表性国家的分析，有助于发现东亚地区人口老龄化与储蓄率发展的一般规律（见表 8 - 1）。

表 8 - 1　主要文献研究结论汇总

作者	年份	样本范围	被解释变量	主解释变量	结论
莱夫（Leff）	1969	74 个国家	国民储蓄率	老年抚养比	负影响
林（Hayashi）	1986	日本	国民储蓄率	老年抚养比	负影响
涩谷（Shibuya）	1987	日本	居民储蓄率	老年抚养比	负影响
张宝珍	1990	日本	个人储蓄率	老年抚养比	负影响
李宗和、金载弼	1997	韩国	国民储蓄率	老年抚养比	负影响
中国人民银行课题组	1999	中国	国民储蓄率	老年抚养比	负影响
洛艾萨等（Loayza et al.）	2000	98 个国家	国民储蓄率	老年抚养比	负影响
罗伯特（Robert Dekle）	2001	韩国	国民储蓄率	老年抚养比	负影响
王德文、蔡昉等	2004	中国	国民储蓄率	老年抚养比	负影响
保罗·舒尔茨	2005	亚洲 16 国家	国民储蓄率	老年抚养比	无影响
李秉龙、刘丽敏	2005	中国	居民储蓄率	老年抚养比	正影响
博斯沃思等（Bosworth et al.）	2006	85 个国家	国民储蓄率	老年抚养比	负影响
戴维斯（Davis）	2006	72 个国家	私人储蓄率	老年抚养比	负影响
库伊斯（Kuijs）	2006	中国	国民储蓄率	老年抚养比	负影响
舞子（Maiko Koga）	2006	日本	家庭储蓄率	老年抚养比	负影响
王刚	2006	北京市	居民储蓄率	老年抚养比	负影响
谢勇	2006	中国	居民储蓄率	老年抚养比	负影响
唐东波	2007	中国	居民储蓄率	老年抚养比	正影响
李文星、徐长生	2008	中国	居民储蓄率	老年抚养比	不确定
汪伟	2009	中国	国民储蓄率	老年抚养比	正影响

续表

作者	年份	样本范围	被解释变量	主解释变量	结论
孙奎立、刘庚常	2009	中国	居民储蓄率	老年抚养比	正影响
苏春红	2010	中国	居民储蓄率	老年抚养比	正影响
王森	2010	中国	居民储蓄率	老年抚养比	无影响
崛冈（Horioka）	2010	日本	居民储蓄率	老年抚养比	负影响
汪伟	2010	中国	居民储蓄率	老年抚养比	不确定
芦东	2011	中国	居民储蓄率	老年抚养比	西无、 中东部负
朱超、周烨等	2012	亚洲 37 国	国民储蓄率	老年抚养比	负影响
埃尔佐格（Herzog）	2012	OECD22 国	储蓄率	老年抚养比	负影响
毛毅	2012	中国	居民储蓄率	老年抚养比	当期为负， 上期无
黄润龙	2012	中国	居民储蓄率	老年抚养比	负影响
牟晓伟、张宇	2012	日本	国民储蓄率	老年抚养比	负影响
友木（Tomoki）	2012	日本	家庭储蓄率	老年抚养比	负影响
史晓丹	2013	中国	居民储蓄率	老年抚养比	负影响
曾探	2013	中国	居民储蓄率	老年抚养比	正影响
朱礼华、赵志勇	2013	中国	国民储蓄率	老年抚养比	阶段性影响
赵文哲、董丽霞	2013	中国	国民储蓄率	老年抚养比	阶段性影响
宋奇成、袁凯	2013	中国	居民储蓄率	老年抚养比	阶段性影响
姜钟区、金英俊	2013	韩国	家庭储蓄率	老年抚养比	负影响
陈晶、黄险峰等	2014	亚洲 17 国	国民储蓄率	老年抚养比	负影响
胡翠、许召元	2014	中国	居民储蓄率	老年抚养比	城镇正、 农村负影响
周浩，刘平	2014	中国	居民储蓄率	老年抚养比	正影响
倪红福、李善同	2014	中国	家庭储蓄率	老年抚养比	“U”型结构
陈彦斌	2014	中国	国民储蓄率	老年抚养比	负影响
汪伟、艾春荣	2015	中国	国民储蓄率	老年抚养比	阶段性影响
施锦芳	2015	日本	家庭储蓄率	老年抚养比	负影响
胡玉伟	2015	中国、日本、 韩国	国民储蓄率	老年抚养比	单向因果 关系成立

续表

作者	年份	样本范围	被解释变量	主解释变量	结论
汪伟	2016	中国	家庭储蓄率	老年抚养比	负影响
周晓慧	2016	中国	居民储蓄率	老年抚养比	负影响
瞿凌云	2016	中国	家庭储蓄率	老年抚养比	正影响
王颖、邓博文	2017	14 个老龄化国家	储蓄率	老年抚养比	负影响
查德威克等（Chadwick et al.）	2017	日本、中国、印度	家庭储蓄率	老年抚养比	负影响
游士兵、蔡远飞	2017	中国	国民储蓄率	老年抚养比	正影响
石阳	2017	中国城镇	居民储蓄率	老年抚养比	正影响
李豫新、程谢君	2017	中国	居民储蓄率	老年抚养比	“U”型结构
李秀芳、黄志国等	2017	中国	居民储蓄率	生育率	正影响
安吉拉等（Angela et al.）	2018	OECD13 国、非 OECD10 国	家庭储蓄率	老年抚养比	正影响
李雅娴、张川川	2018	中国	家庭储蓄率	老年抚养比	正影响
王树、吕昭河	2018	中国	居民储蓄率	老年抚养比	正影响
李超、罗润东	2018	中国	家庭储蓄率	老年抚养比	正影响
张文栋	2018	中国	储蓄率	生育率、老年抚养比	负影响
蔡雯霞、张冲	2018	全球 82 个国家	国民储蓄率	生育率、老年抚养比	负影响
隋澈	2018	中国	储蓄率	老年抚养比	负影响

资料来源：笔者根据相关文献整理。

8.2 中、日、韩三国人口老龄化和储蓄率的总体发展趋势

8.2.1 中、日、韩三国的人口结构变化趋势

三国人口结构的总体变化趋势是老龄人口比重持续增加，少儿人口比重下降。中国是世界上老年人口数量最多的国家，2015 年，65 岁及以上人口绝对数达到了 13128.5 万人，占总人口比重的 9.3%，老年人口比重快速增长；日本 65

岁及以上的人口数为 3330.1 万人，占总人口的 26.02%，比中国高出 16.72%，是世界上老龄化程度最严重的国家。韩国 65 岁及以上人口数为 653.6 万人，占总人口的比重为 12.9%。2010～2060 年将是三国老龄人口快速增长的时期，预计到 2060 年，中国 65 岁及以上老年人口将增加至 3.98 亿人，比重将达到 29.8%，依然会是老龄化人口最多的国家；韩国 65 岁及以上老年人口将增加至 1745.1 万人，比重达到 40.9%，成为三国中老龄化发展速度最快的国家。2005 年以后，中、日、韩三国 65 岁及以上人口比重都高于同期的亚洲和世界平均水平（见图 8－1）。

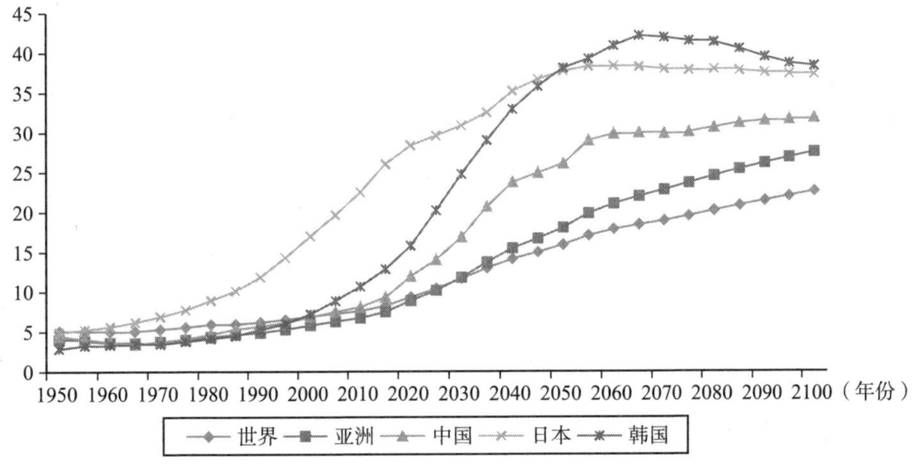

图 8－1　中、日、韩 65 岁及以上人口占总人口比重发展趋势

注：图中所用数据 2020 年以前为观测值，2020 年后为中位预测值，中国数据不包括港澳台地区，下同。

资料来源：United Nations. Department of Economic and Social Affairs，Population Division（2019）. World Population Prospects 2019［EB/OL］. Online Edition.

三国老龄人口比重提高的同时，少儿人口比重却在不断下降。从图 8－2 可以看出，每个国家少儿人口比重都不断下降。少儿人口比重的下降不仅减少人口总量，也会对老年人口比重产生很大影响。从 1960～2010 年的 50 年间，日本 65 岁及以上人口占比变化最大，总体提高了 16.9%，同时期中国和韩国数据分别提高了 4.4% 和 7.3%，造成这一差别的原因在于日本是从 1971 年开始进入老龄化阶段，而韩国和中国分别是在 2000 年和 2001 年开始进入老龄化阶段的，所以这一阶段日本的老年人口占比变化最大。

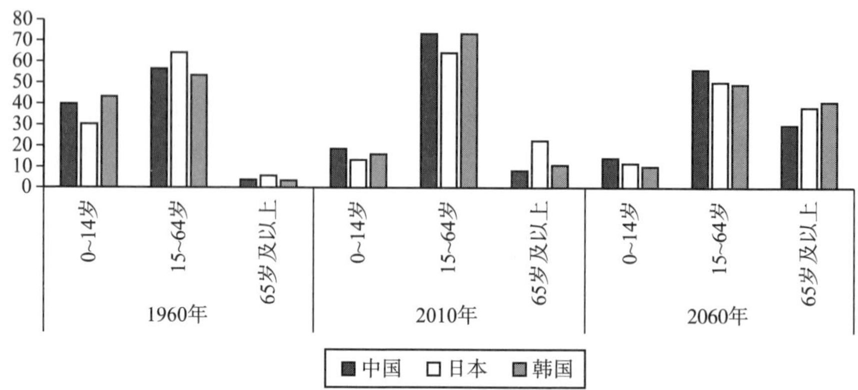

图8-2　中、日、韩三国人口结构的变化

资料来源：United Nations. Department of Economic and Social Affairs，Population Division（2019）. World Population Prospects 2019［EB/OL］. Online Edition.

8.2.2　中、日、韩三国抚养比的变化趋势

从少儿抚养比的发展趋势来看，日本的少儿抚养比总体上一直呈现出下降趋势，中国、韩国的少儿抚养比从 1965 年开始处于不断下降的过程中。2015 年之前，日本的少儿抚养比最低，在 2005 年和 2010 年之间约为 20.8%。2015 年，中国和韩国的少儿抚养比分别为 24.9% 和 18.8%，韩国超越日本成为少儿抚养比最低的国家，且远低于世界和亚洲水平。中国少儿抚养比从 1980 年开始一直低于亚洲和世界水平。根据联合国人口报告的预测，中、日、韩三国的少儿抚养比在 2060 年以后基本趋同（见图 8-3）。

与少儿抚养比的趋势相反，中、日、韩三国的老年抚养比总体呈现不断上升的趋势。日本从 1970 年，韩国从 2000 年，中国从 2010 年开始均进入快速上升通道。2015 年，中、日、韩三国的老年抚养比分别为 12.9%、42.7% 和 17.5%，日本的老年抚养比远超中韩，高于中韩接近 30 个百分点。2055 年，日本老年抚养比将达到 76.3%，韩国将达到 77.1%，超越日本成为世界老龄化最为严重的国家，2065 年更将达到 88.1%。中国的老年抚养比将会呈现一直升高的趋势，但总体上低于日本和韩国，三国老年抚养比从 2015 年以后一直高于世界和亚洲同期水平（见图 8-4）。

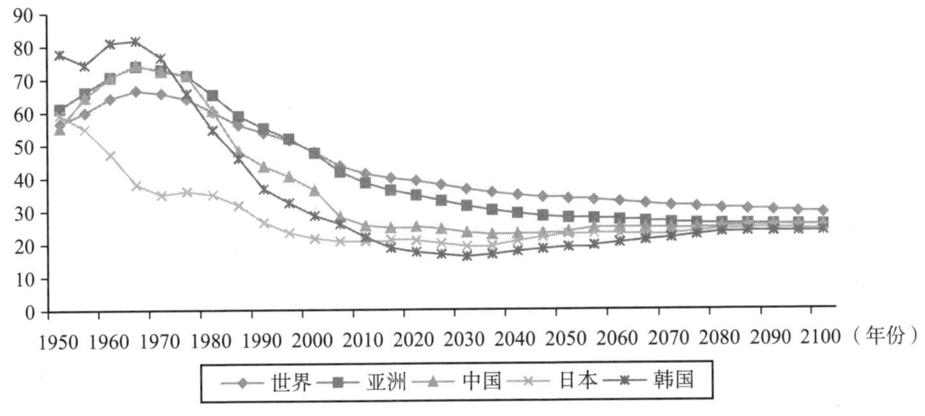

图 8-3　中、日、韩三国少儿抚养比发展趋势

资料来源：United Nations. Department of Economic and Social Affairs，Population Division（2019）. World Population Prospects 2019 [EB/OL]. Online Edition.

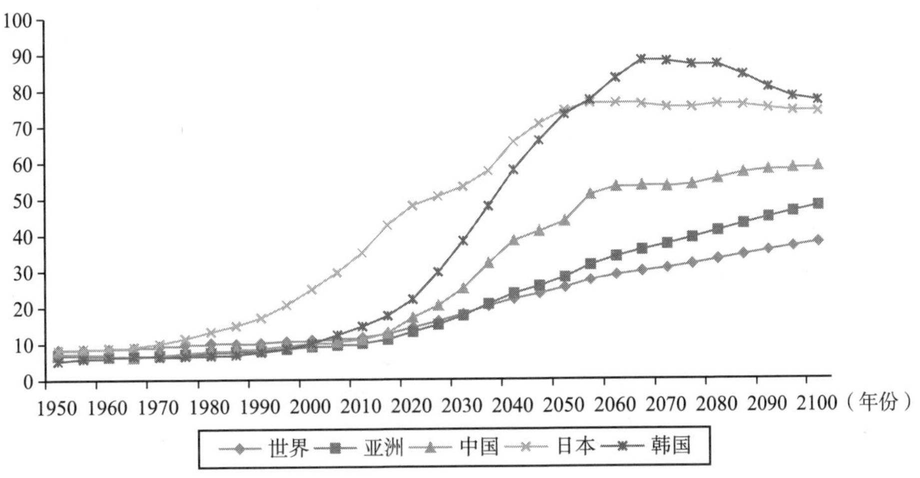

图 8-4　中、日、韩三国老年抚养比发展趋势

资料来源：United Nations. Department of Economic and Social Affairs，Population Division（2019）. World Population Prospects 2019 [EB/OL]. Online Edition.

不断加快的老龄化进程提高了老年抚养比的同时，也拉高了总抚养比。中、日、韩三国的总抚养比要高于亚洲和世界水平。1970 年以前，韩国的总抚养比是最高的，这一时期较高的总抚养比得益于较高的少儿抚养比和较低的老年抚养比，随着少儿抚养比的快速下降和老年抚养比的缓慢提高，至 2015 年，韩国的总抚养比降至最低，约为 36.3%，之后老年抚养比的快速上升又拉高了总抚养比，使总抚养比不断提高，预计至 2055 ~ 2060 年之间，总抚养比甚至会超过 100%。日本的总抚养比在 1970 年之前是不断下降的，从 1971 年进入老龄化社会之后，经历了一段波浪式上升之后，从 2000 年开始进入持续上升阶段，预计到 2055 年左右也将达到 100% 左右。中国的总抚养比变化基本呈现“V”字形，由于计划生育政策的影响，1980 ~ 2015 年间，中国的少儿抚养比一直在下降，同时 2010 年之前老年抚养比没有出现快速的上升，这两个因素的共同作用促成了“V”字形的下降阶段，虽然中国从 2016 年全面实施了“二孩”政策，但人们已经形成了优生优育意识，少儿抚养比并没有随之出现长期提高，而是处于小幅震荡徘徊阶段；相反，老年抚养比增长的越来越快，因此，总抚养比呈现出快速上升趋势（见图 8 – 5）。

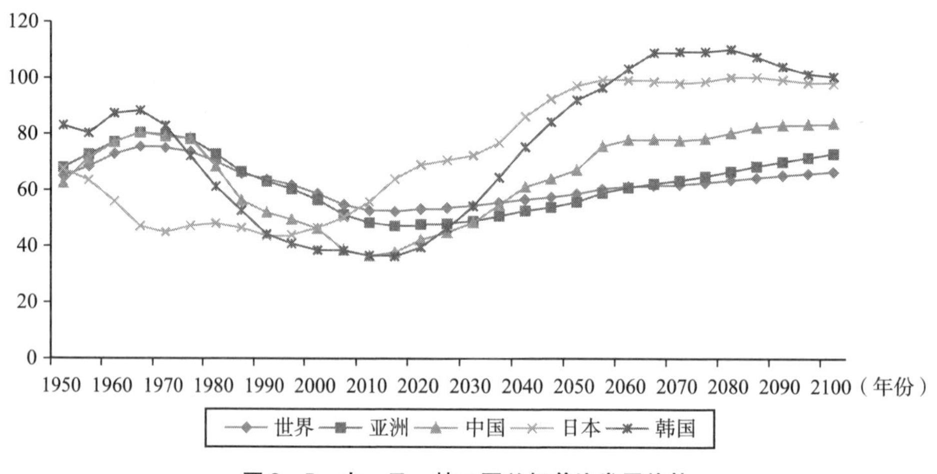

图 8 – 5　中、日、韩三国总抚养比发展趋势

资料来源：United Nations. Department of Economic and Social Affairs，Population Division（2019）. World Population Prospects 2019［EB/OL］. Online Edition.

8.2.3　中、日、韩三国的储蓄率变化趋势

中国和韩国的储蓄率整体上呈上升趋势，但韩国的波动幅度要大于中国；日本的储蓄率总体呈下降趋势。1976 年以前，日本的储蓄率总体上高于中国和韩国，1976 年之后，其储蓄率开始较中国低；1985 年之后，又开始低于韩国，成为三个国家中储蓄率最低的，且总体上呈下降趋势。中国的储蓄率总体上呈上升趋势，变化比较缓慢，从 1970 年的 35.96% 上升至 2017 年的 47%。韩国的储蓄

率从 1970 年的 16.31% 上升到 2017 年的 36.12%，虽然总体水平低于中国，但是上升幅度比中国大得多（见图 8－6）。

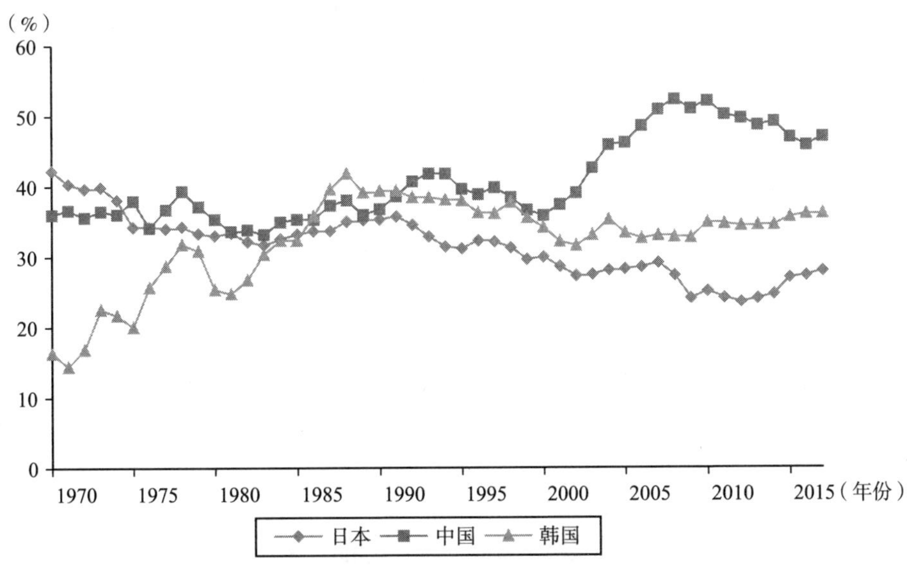

图 8－6　1970～2017 年中、日、韩三国储蓄率的发展趋势

注：储蓄率 =（GDP－最终消费）/GDP。

资料来源：中国 1982 年以后、日本 1996 年以后、韩国 1976 年以后数据来源世界银行网站《世界发展指标》数据库，详见 http：//data. worldbank. org. cn/，其他数据来自各国统计局官网。

8.2.4　分国别的储蓄率与抚养比关系的统计描述

从图 8－7 中可以观察到，日本的老年抚养比基本上呈线性上升趋势，少儿抚养比在 20 世纪 70 年代略有上升，之后开始下降，总储蓄率也呈现不断下降的趋势。特别是 1991 年之后，日本经历了老年抚养比快速上升和储蓄率下降的时期。老年抚养比和总储蓄率之间的反向变动关系，少儿抚养比和总储蓄率之间的同向变动关系似乎是成立的。但是 2013 年之后，少儿抚养比的下降趋势变成了缓慢上升，而总储蓄率也开始出现回升，这就使三者之间的关系出现了新的变化。

从图 8－8 可以看出，中国的老年抚养比基本也呈线上升趋势，从 1970 年的 6.73% 上升至 2017 年的 14.85%。少儿抚养比下降趋势非常明显，从 1972 年的 72.34% 下降到 2012 年的 23.99%，且速度快于老年抚养比的上升，但 2013 年之后，这一数据开始出现缓慢回升，这可能与中国开始实施的“单独二孩”政策和

2016年全面实施的“二孩”政策的影响有关。总储蓄率的变化相对复杂一点，但总体上也是呈现出上升趋势。老年抚养比与储蓄率之间出现同向变动关系，少儿抚养比与储蓄率之间出现负相关关系。

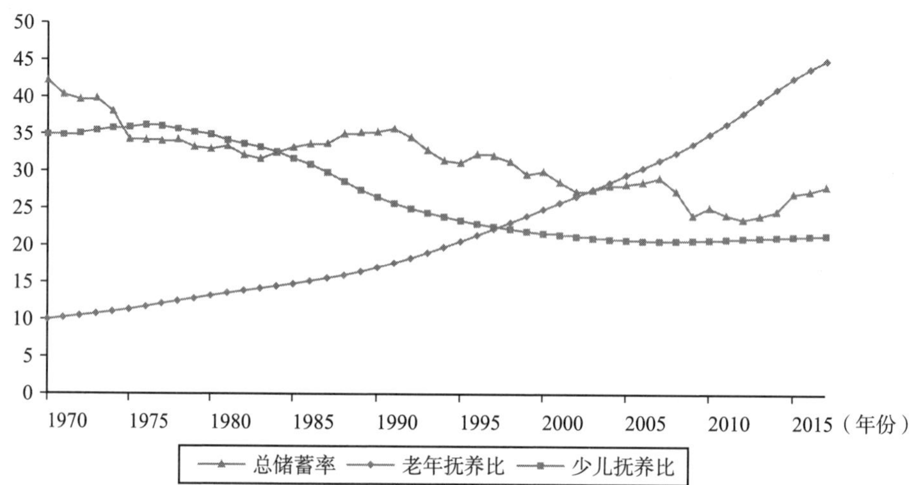

图8-7 日本储蓄率、老年抚养比和少儿抚养比发展趋势

资料来源：中国1982年以后、日本1996年以后、韩国1976年以后数据来源世界银行网站《世界发展指标》数据库，详见 http：//data. worldbank. org. cn/，其他数据来自各国统计局官网。

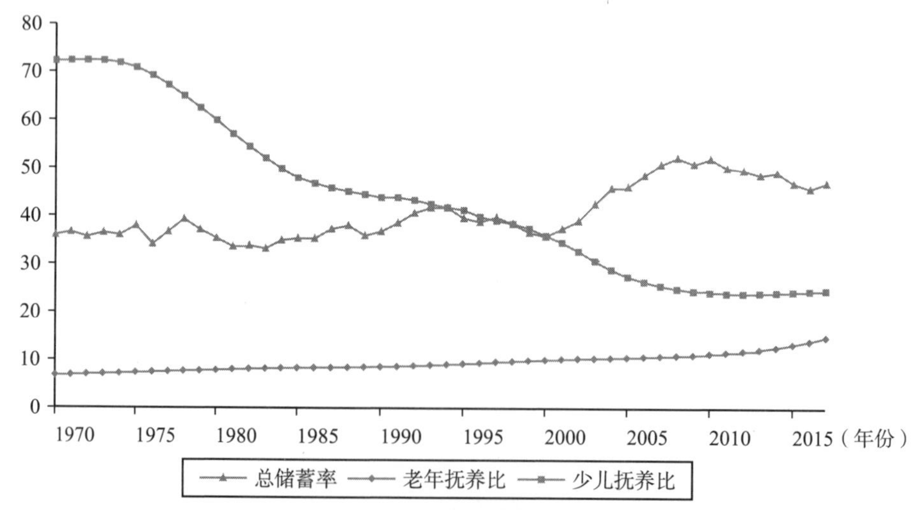

图8-8 中国储蓄率、老年抚养比和少儿抚养比发展趋势

资料来源：中国1982年以后、日本1996年以后、韩国1976年以后数据来源世界银行网站《世界发展指标》数据库，详见 http：//data. worldbank. org. cn/，其他数据来自各国统计局官网。

韩国的情况与中国类似。老年抚养比缓慢上升，进入新千年后上升幅度变大；少儿抚养比总体呈下降趋势，且下降速度快于中国；国内总储蓄率也是呈现波动上升趋势。老年抚养比与储蓄率之间出现同向变动关系，少儿抚养比与储蓄率之间呈现反方向变动关系（见图 8－9）。

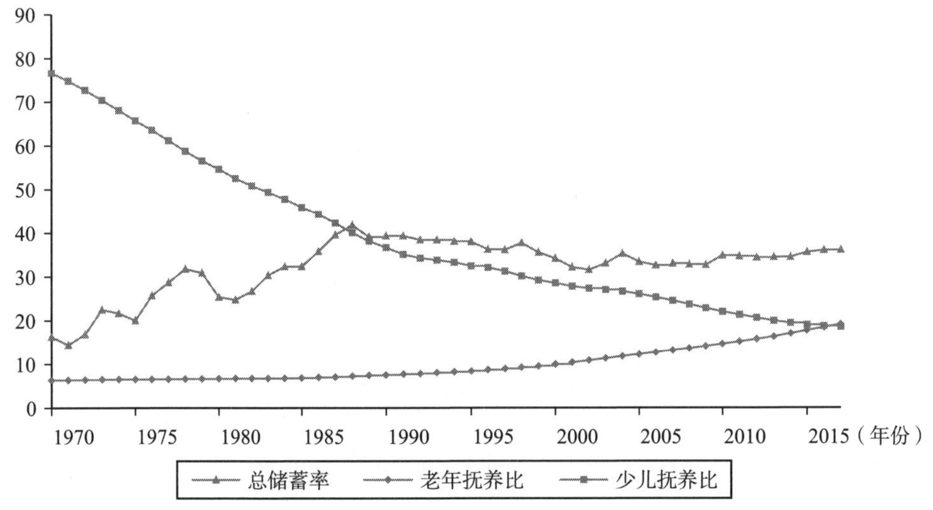

图 8－9　韩国储蓄率、老年抚养比、少儿抚养比发展趋势

资料来源：中国 1982 年以后、日本 1996 年以后、韩国 1976 年以后数据来源世界银行网站《世界发展指标》数据库，详见 http：//data. worldbank. org. cn/，其他数据来自各国统计局官网。

8.3　模型设计与计量分析

8.3.1　模型设计

影响一个国家储蓄率的变量很多，主要包括居民收入增长率、人口年龄结构、通货膨胀、利率、社会保障和城市化水平等。中、日、韩三国的企业储蓄率都保持在 15% ~20% 之间，中国高储蓄率是因为政府和居民储蓄率较高（中国人民银行课题组，2010）；韩国是居民储蓄率低而政府储蓄率较高；日本是二者都很低。这种变化趋势与各国经济发展的程度密切相关。基于数据的可得性和可比性，本书主要选择国内总储蓄率、老年抚养比、少儿抚养比、通货膨胀率和人均 GDP 五个变量，使用中国、日本和韩国 1970 ~ 2017 年间的数据，建立三国人口储蓄率效应的实证模型如下：

$$TSR = \alpha_0 + \alpha_1 \times ROLD + \alpha_2 \times RYOUN + \alpha_3 \times PGDP + \alpha_4 \times GIF + \mu_t$$

其中，*TSR* 表示国内总储蓄率，为被解释变量，*ROLD* 表示老年抚养比、*RYOUN* 表示少儿抚养比、*GIF* 表示通货膨胀率和 *PGDP* 表示经济增长，均为解释变量。国内总储蓄率指的是国内总储蓄占 *GDP* 的百分比。国内总储蓄的计算参考世界银行《世界发展指标》数据库的方法①。老年抚养比是指被抚养老年人口（65 岁及以上）占工作年龄人口（15 ~ 64 岁人口）的比值，少儿抚养比是被抚养少儿人口（15 岁以下人口）占劳动年龄人口（15 ~ 64 岁人口）的比值。经济增长和人均收入的增加都是储蓄率快速上升的重要原因，因此，本章选择人均 GDP 来衡量经济增长。一般情况下通货膨胀率有 GDP 平减指数、零售价格指数和消费价格指数三种表示方法，鉴于三国数据的可得性，本书选择使用经 GDP 平减的通货膨胀率。

本书模型中的原始数据大部分来源世界银行网站《世界发展指标》数据库，部分年度缺失数据经整理联合国数据库的相关数据得到。为使数据的趋势线性化，建模时使用的中、日、韩三国数据中的人均 GDP 为取对数后的结果。

8.3.2 计量分析

8.3.2.1 变量的平稳性检验及协整分析

由于 VAR 模型要求使用的变量必须是平稳的，因此本书首先使用扩充的 Dickey – Fuller 检验来检验相关时间序列的平稳性。检验结果见表 8 – 2。

表 8 – 2　　扩充的 Dickey – Fuller 单位根检验结果

国家	变量	检验统计量	p 值	是否平稳
中国	*ROLD*	7.789	1.0000	非
	RYOUN	–2.693	0.0752	非

① 理论上，研究人口老龄化对储蓄率的影响更准确地应该使用居民储蓄率的变量，但是鉴于各国对居民储蓄率的定义和计量方法没有统一的口径，而且中国是在 1992 年之后才开始统计居民储蓄率，为了研究结论的有效性，本书选取了国内总储蓄率进行研究。

续表

国家	变量	检验统计量	p 值	是否平稳
中国	TSR	-0.849	0.8045	非
	$\ln PGDP$	2.270	0.9989	非
	GIF	-3.013	0.0337	是
	$ROLD_1$	-8.790	0.0000	是
	$RYOUN_1$	-10.781	0.0000	是
	TSR_1	-13.630	0.0000	是
	$PGDP_1$	-14.059	0.0000	是
	GIF_1	-10.198	0.0000	是
日本	$ROLD$	20.944	1.0000	非
	$RYOUN$	-1.299	0.6296	非
	TSR	-2.446	0.1291	非
	$\ln PGDP$	-3.688	0.0003	是
	GIF	-5.148	0.0000	是
	$ROLD_1$	-7.711	0.0000	是
	$RYOUN_1$	-10.750	0.0000	是
	TSR_1	-11.508	0.0000	是
	$PGDP_1$	-12.068	0.0000	是
	GIF_1	-12.651	0.0000	是
韩国	$ROLD$	24.294	1.0000	非
	$RYOUN$	-12.691	0.0000	是
	TSR	-2.528	0.1088	非
	$\ln PGDP$	-4.059	0.0011	是
	GIF	-2.060	0.2610	非
	$ROLD_0$	-4.799	0.0001	是
	$RYOUN_0$	-7.085	0.0000	是
	TSR_0	-7.864	0.0000	是
	$PGDP_0$	-10.363	0.0000	是
	GIF_0	-15.058	0.0000	是

注：表格中中国和日本变量用大写字母加下标数字 1 表示是该变量的三阶差分变量，韩国变量用大写字母加下标数字 0 表示是该变量的二阶差分变量，这一定义仅是为了方便使用。平稳性检验的标准是和显著性水平为 5% 时的值作比较。

从表8－2可以看出，中、日、韩三国的原始变量大都是非平稳的，中国和日本的变量经过三次差分、韩国变量经过两次差分后，所有变量均为平稳变量，对同一个国家来说，所有变量都是同阶单整的，因此可以进行协整分析。使用Johansen检验的迹统计量和最大特征根统计量对变量之间是否存在协整关系进行检验，结果见表8－3。

表8－3　　Johansen协整检验结果

国家	最大秩	迹检验		最大特征值检验	
		统计量	5%临界值	统计量	5%临界值
中国	0	97.0664	68.52	36.2249	33.46
	1	60.8415	47.21	28.5144	27.07
	2	32.3271	29.68	22.9231	20.97
	3	9.4040*	15.41	6.3198	14.07
	4	3.0841	3.76	3.0841	3.76
日本	0	115.0106	68.52	55.1999	33.46
	1	59.8106	47.21	31.7084	27.07
	2	28.1023*	29.68	18.3040	20.97
	3	9.7983	15.41	9.1086	14.07
	4	0.6897	3.76	0.6897	3.76
韩国	0	69.7621	68.52	36.3512	33.46
	1	33.4109*	47.21	18.5052	27.07
	2	14.9057	29.68	8.6321	20.97
	3	6.2736	15.41	6.2690	14.07
	4	0.0046	3.76	0.0046	3.76

从表8－3迹统计量和最大特征值统计量的数值可以看出，中国的5个变量之间的协整秩为3，日本的变量之间的协整秩为2，韩国的变量之间的协整秩为1（表中打＊号者）；变量之间的协整关系成立，就意味着变量之间存在长期均衡关系，使用这些变量就可以建立VAR模型。

8.3.2.2　VAR模型阶数确定及相关检验

为了估计VAR，首先需要根据信息准则确定VAR模型的阶数。本书使用

Stata 15.1 软件进行相关操作，结果如表8-4所示。

表8-4 模型阶数选择

国家	lag	LL	LR	df	p	FPE	AIC	HQIC	SBIC
中国	0	-89.9286				0.0001	4.6307	4.7068	4.8396*
	1	-48.4318	82.994	25	0.000	0.0000	3.8259	4.2825	5.0798
	2	-9.7591	77.345	25	0.000	0.0000	3.1590	3.9960*	5.4577
	3	18.7443	57.007	25	0.000	0.0000	2.9881	4.2056	6.3316
	4	55.2438	72.999*	25	0.000	0.000013*	2.4271*	4.0252	6.8156
日本	0	-8.6851		25	0.000	0.0000	0.6676	0.7437	0.8765
	1	46.8001	110.970	25	0.000	0.0000	-0.8195	-0.3629	0.4343*
	2	92.7918	91.984	25	0.000	0.0000	-1.8435	-1.0065*	0.4552
	3	122.8070	60.030	25	0.000	0.0000	-2.0881	-0.8706	1.2554
	4	156.1900	66.766*	25	0.000	9.7e-08*	-2.4971*	-0.8990	1.8914
韩国	0	-48.3473		25	0.000	0.0000	2.5404	2.6162*	2.7472*
	1	-19.0092	58.676	25	0.000	0.0000	2.3338	2.7887	3.5750
	2	10.3115	58.641	25	0.000	6.2e-06*	2.1280	2.9621	4.4036
	3	28.5962	36.569	25	0.063	0.0000	2.4478	3.6610	5.7577
	4	63.4012	69.61*	25	0.000	0.0000	1.9809*	3.5732	6.3251

从表8-4可以看出，不同信息准则所选的滞后阶数并不一致（表中带*者），根据多数信息准则的选择规则，本书选择中国和日本模型的滞后阶数均为四阶，韩国模型不存在滞后。

接下来分别对中、日、韩三国的模型进行回归，由于模型包含了众多参数，这些系数如此之多，以至于无法解释其经济含义，因此，实证论文中通常只汇报脉冲响应函数、预测方差分解等。然后又对各阶系数的联合显著性和残差是否是白噪声进行了检验，检验结果表明三国模型均接受了各阶系数高度显著和残差“无自相关”的原假设。最后对VAR系统的稳定性进行了判别，结果如图8-10所示。

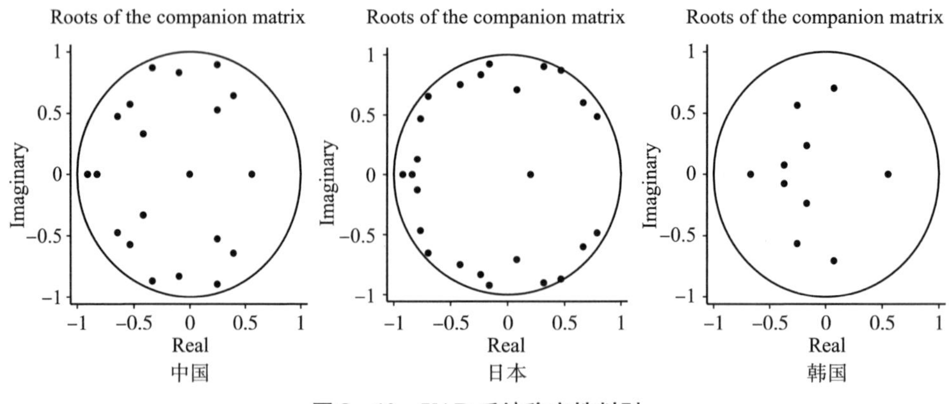

图 8-10 VAR 系统稳定性判别

从图 8-10 中可以看出，所有特征值均在单位圆内，故这三个 VAR 系统是稳定的，但对日本模型来说，有两个特征根十分接近单位圆，这意味着有些冲击有较强的持续性。

在对 VAR 系统的稳定性判断之后，本书又对其残差是否服从正态分布进行检验，检验结果均可在 5% 的显著性水平上接受扰动项服从正态分布的原假设，因此该模型可以用于对变量未来值的预测。

8.3.2.3 因果关系检验

虽然通过协整关系分析知道三国各自的变量之间存在长期关系，即相关关系成立，但因果关系未必成立，而使用 VAR 模型可以知道某个变量的冲击会对该变量自身及其他变量产生怎样的动态影响，这需要用到正交化的脉冲响应函数，但该函数汇报的结果依赖于变量的排序，为此，先来考察变量之间的格兰杰因果检验，检验结果见表 8-5。

表 8-5 格兰杰因果检验结果

国别	Equation	Excluded	chi^2	df	Prob > chi^2
中国	TRS_1	$ROLD_1$	15.985	4	0.003
	TRS_1	$PGDP_1$	21.392	4	0.000
	TRS_1	$RYOUN_1$	10.832	4	0.029
	TRS_1	GIF_1	23.914	4	0.000

续表

国别	Equation	Excluded	chi^2	df	Prob > chi^2
中国	GIF_1	$PGDP_1$	11.064	4	0.026
	GIF_1	TRS_1	20.001	4	0.000
	$ROLD_1$	$PGDP_1$	12.636	4	0.013
	$ROLD_1$	$RYOUN_1$	12.041	4	0.017
	$ROLD_1$	TRS_1	10.594	4	0.032
	$PGDP_1$	TRS_1	9.5651	4	0.048
日本	$ROLD_1$	$PGDP_1$	16.26	4	0.003
	$ROLD_1$	$RYOUN_1$	8.381	4	0.079
	$ROLD_1$	TRS_1	19.963	4	0.001
	$PGDP_1$	$ROLD_1$	8.9171	4	0.063
	$PGDP_1$	TRS_1	11.144	4	0.025
	$RYOUN_1$	GIF_1	13.341	4	0.010
	TRS_1	$ROLD_1$	14.357	4	0.006
	TRS_1	$PGDP_1$	8.5892	4	0.072
	GIF_1	$PGDP_1$	43.663	4	0.000
	GIF_1	$RYOUN_1$	19.023	4	0.001
	GIF_1	TRS_1	24.473	4	0.000
韩国	$ROLD_0$	TSR_0	6.5927	2	0.037
	$RYOUN_0$	GIF_0	5.3093	2	0.070
	TSR_0	$RYOUN_0$	6.8175	2	0.033
	TSR_0	GIF_0	15.263	2	0.000
	GIF_0	$PGDP_0$	5.6448	2	0.059
	GIF_0	TSR_0	5.5176	2	0.063

表 8-5 中列出的是三国的因果关系成立的变量。以中国为例，格兰杰检验的结果认为老年抚养比、人均 GDP、少儿抚养比和通货膨胀都是国内总储蓄率的格兰杰因，国内总储蓄率、少儿抚养比和人均 GDP 是老年抚养比的格兰杰因，人均 GDP 和国内总储蓄率是通货膨胀率的格兰杰因，而国内总储蓄率又是人均 GDP 的格兰杰因，即老龄化和国内总储蓄之间、老龄化和通货膨胀率之间以及国

内总储蓄率和人均 GDP 之间互为格兰杰因。同样，日本的老龄化和国内总储蓄率之间以及老龄化与人均 GDP 之间也互为格兰杰因，韩国的储蓄率和通货膨胀率之间互为格兰杰因。但是脉冲效应分析和预测误差方差分解的结果依赖于变量次序，因此，本章进一步考察了变量间的交叉相关图（三国的 5 个变量之间共存在 30 个交叉相关图，为了节省篇幅，在此略去）以确定变量之间的次序。

结合格兰杰因果关系检验和交叉相关图的分析结果，可以确定三国的变量次序，其中中国的次序为：$PGDP_1 \rightarrow RYOUN_1 \rightarrow ROLD_1 \rightarrow TSR_1 \rightarrow GIF_1$；日本的次序为：$PGDP_1 \rightarrow TSR_1 \rightarrow GIF_1 \rightarrow RYOUN_1 \rightarrow ROLD_1$；韩国的次序为：$RYOUN_0 \rightarrow PGDP_0 \rightarrow TSR_0 \rightarrow ROLD_0 \rightarrow GIF_0$。比较三国的变量次序可以发现，中、日、韩三国的储蓄率和老龄化都受到经济增长的影响，少儿抚养比均会影响老年抚养比；不同的是，中日的经济增长会影响少儿抚养比，但是韩国的少儿抚养比却会给经济增长带来影响；中国老龄化会对储蓄率产生影响，而日韩的储蓄率会对老龄化产生影响。

8.3.2.4 画正交的脉冲响应图

根据上述结果，做各 VAR 模型的正交脉冲响应图，结果如图 8-11 所示。

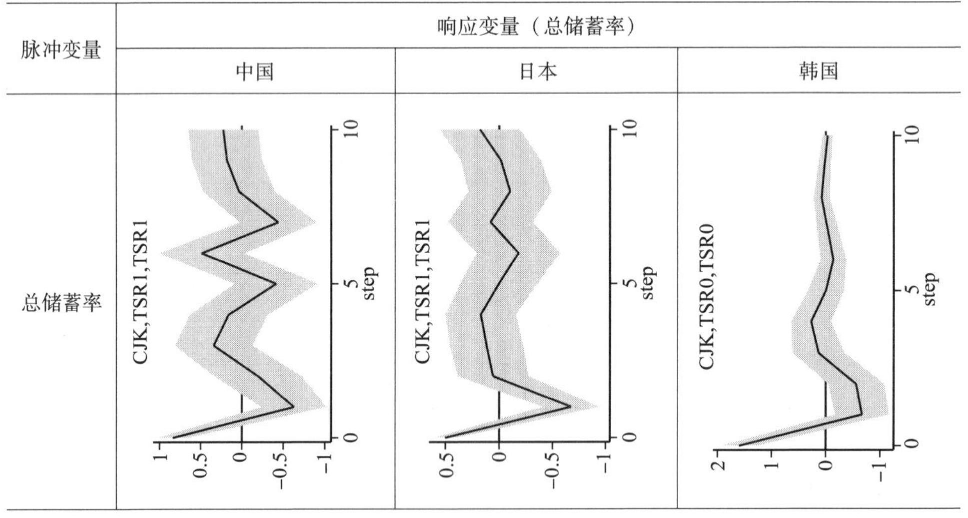

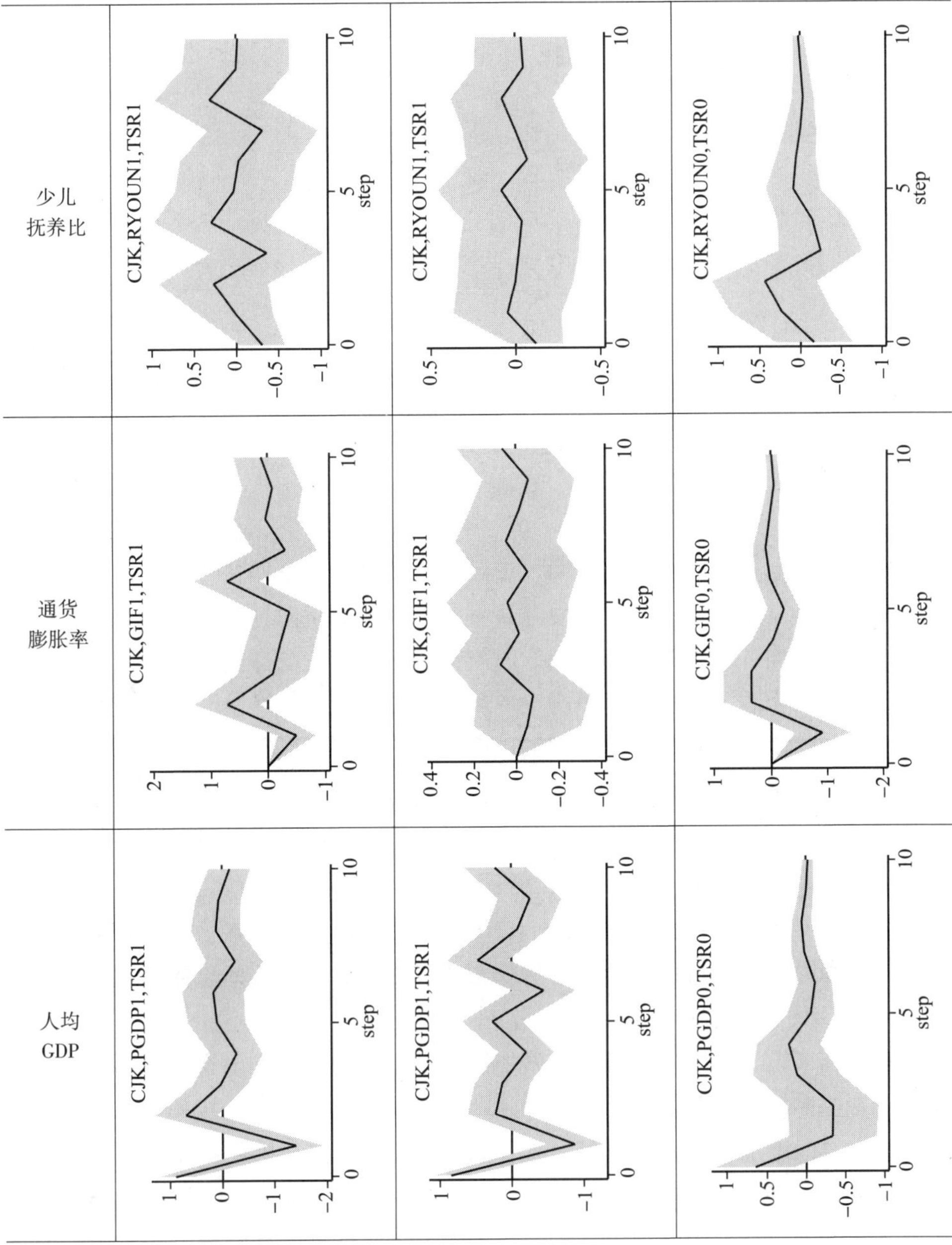
少儿抚养比
CJK,RYOUN1,TSR1
CJK,RYOUN1,TSR1
CJK,RYOUN0,TSR0
通货膨胀率
CJK,GIF1,TSR1
CJK,GIF1,TSR1
CJK,GIF0,TSR0
人均GDP
CJK,PGDP1,TSR1
CJK,PGDP1,TSR1
CJK,PGDP0,TSR0
step

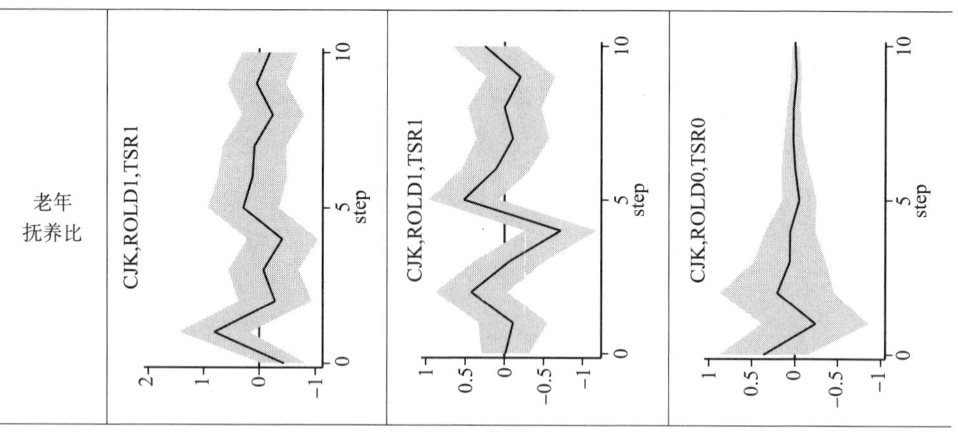

图 8－11　以总储蓄率为响应变量的正交化脉冲响应图

注：阴影部分为95%的置信区间。

从图 8－11 第一行图可以看出，中、日、韩三国以总储蓄率为脉冲变量时其对自身的冲击基本相似，期初给总储蓄率一个单位的正向冲击，在第一期时产生一个较大的正向冲击，但在第一期末时就快速转变为负向冲击，之后正负冲击交替出现，总体来看，中国和日本为正向冲击，韩国为负向冲击。从第二行图可以看出，期初给少儿抚养比一个单位的正向冲击，在第一期会对三国的总储蓄率产生负向冲击，其中中国的冲击力度最强，之后对中国总储蓄率的冲击呈正负交替状态，波动幅度最大，对日本总储蓄率的冲击力度最小，波动幅度也最小，对韩国总储蓄率在第五期之前的冲击强度较大，五期之后冲击力变得很小，总体来看，少儿抚养比对总储蓄率的冲击，中国和韩国为正向，日本为负向。类似的分析第三行和第四行图可以看出，通货膨胀率对三国的总储蓄率总体表现为正向冲击，人均 GDP 给三国均带来负向冲击。

对中国来说，少儿抚养负担的增加使得医疗、教育的支出增加，从而当期的费用花费更多，相应的储蓄就会减少。随着时间的推移，少儿抚养负担减轻，新的年轻人口的增加部分提高了储蓄率，因此总体上少儿抚养比对总储蓄率的冲击为正；人均 GDP 总体会对储蓄率产生负向影响，这可能与中国居民目前所处的生活水平有关，目前中国居民基本解决了吃和穿等低级消费需要，如果收入水平提高，居民将主要提高中等和高等消费需要，即首先解决的是刚需问题，因此不会有利于储蓄率的提高。

从最后一行图可以看出，对中国来说，给老年抚养比一个单位的正向冲击，储蓄率在第1期为负向冲击，但很快就转为正向冲击，但在第二至第四期内又转为负向冲击，第七期之后也基本为负向冲击，这与我国的现状基本一致，在老龄化的初级阶段，生命周期效应对储蓄率的减弱尚未占主导作用，劳动年龄人口比例仍然很大。并且在社会保障不完善的背景下，青壮年为了退休后的养老而积极储蓄，相对抵消了一部分人口老龄化对储蓄率的负效应。在第七期之后对储蓄率的冲击变为负值，说明随着人口老龄化程度的加深，生命周期效应开始占据主导，并且随着我国养老保险体系的完善和养老思想的转变，储蓄率将逐渐降低。从长期来看，老年抚养比与储蓄率之间将呈反方向变动关系。对日本和韩国来说，总体上看，老年抚养比对总储蓄率产生了正向冲击。

另外，通过对比三个国家可以看出，随着老龄化程度的加深，老龄化对日本的储蓄率影响最大，其次是中国，对韩国的影响最小。且未来中国的储蓄率可能会出现下降趋势，而日本的储蓄率有可能会升高。虽然日本是人口老龄化程度最高的国家，韩国是人口老龄化速度最快的国家，但他们进入老龄化时人民的整体收入水平是很高的，社会的教育和养老保障体系都比较健全，因此能够抵抗住老龄化的冲击，老年人可能有足够的收入来增加储蓄。中国的“未富先老”对社会经济和老年人的生活可能会带来较大的负向冲击，增加的收入基本都用来改善基本生活支出，因此对储蓄率的影响为负。

8.3.2.5 预测误差方差分解

从表8-6可以看出，影响中国储蓄率的最主要因素是以人均GDP表征的经济增长，其次是储蓄率自身的惯性，再次是人口老龄化程度和通货膨胀率的影响。对国内总储蓄率进行向前一年的预测，人均GDP能解释方差的44.31%，储蓄率自身能解释39.39%，老年抚养比能解释11.05%，之后人均GDP的影响越来越小，老年抚养比的影响总体呈增大态势，储蓄率自身的影响在减弱；至第10期，人均GDP的影响降为39.18%，储蓄率自身的影响为21.83%，老年抚养比的影响为14.57%。另外，通货膨胀率对储蓄率的影响从第3期开始呈现出来，且呈增大态势，至第7期开始，其作用超过老年抚养比，至第10期时，其影响达到17.78%。少儿抚养比的影响一直较小。

表 8 -6　　方差分解结果——中国

STEP	$PGDP_1$	$RYOUN_1$	$ROLD_1$	TSR_1	GIF_1
0	0	0	0	0	0
1	0. 4431	0. 0525	0. 1105	0. 3939	0
2	0. 5470	0. 0186	0. 1691	0. 2178	0. 0474
3	0. 5202	0. 0268	0. 1498	0. 1828	0. 1205
4	0. 4996	0. 0457	0. 1446	0. 1933	0. 1168
5	0. 4806	0. 0558	0. 1610	0. 1856	0. 1170
6	0. 4554	0. 0528	0. 1634	0. 1986	0. 1298
7	0. 4146	0. 0478	0. 1493	0. 2084	0. 1800
8	0. 3996	0. 0568	0. 1423	0. 2200	0. 1814
9	0. 3934	0. 0667	0. 1463	0. 2157	0. 1779
10	0. 3918	0. 0664	0. 1457	0. 2183	0. 1778

从表 8 -7 可以看出，对日本储蓄率影响最大的也是人均 GDP 表征的经济增长，其次是储蓄率自身和老年抚养比。对国内总储蓄率进行向前一年的预测，人均 GDP 能解释方差的 72. 94% ，储蓄率自身能解释 25. 59% ，随着预测期的延长，人均 GDP 和储蓄率自身的作用都在减弱，至第 10 期时，人均 GDP 能解释方差的 52. 95% ，储蓄率自身能解释 19. 77% ，可以看出经济增长对储蓄率的影响非常深远。期初老龄化对储蓄率的影响并不显著，从第 4 期开始，老龄化的影响突然增大，以至于其在接下来的预测期内能解释储蓄率方差变化的 1/4。

表 8 -7　　方差分解结果——日本

STEP	$PGDP_1$	TSR_1	GIF_1	$RYOUN_1$	$ROLD_1$
0	0	0	0	0	0
1	0. 7294	0. 2559	0	0. 0145	0. 0002
2	0. 6673	0. 3187	0. 0012	0. 0075	0. 0054
3	0. 6227	0. 2888	0. 0036	0. 0067	0. 0781
4	0. 6194	0. 2897	0. 0058	0. 0068	0. 0784
5	0. 5145	0. 2442	0. 0048	0. 0060	0. 2306
6	0. 4830	0. 2194	0. 0048	0. 0074	0. 2855

续表

STEP	$PGDP_1$	TSR_1	GIF_1	$RYOUN_1$	$ROLD_1$
7	0.5040	0.2132	0.0052	0.0082	0.2693
8	0.5293	0.2019	0.0055	0.0077	0.2556
9	0.5279	0.2033	0.0055	0.0092	0.2541
10	0.5295	0.1977	0.0062	0.0095	0.2570

从表8-8中可以看出，韩国和中国的情况非常相似，储蓄率自身和以人均GDP表征的经济增长对储蓄率的影响很大，区别在于储蓄率自身的惯性作用更强，超过了人均GDP的作用。对国内总储蓄率进行向前一年的预测，其预测方差的81.11%来自自身，13.79%来自人均GDP；第二年储蓄率自身的作用下降到66.72%，之后逐年下降，但作用力保持在50%以上；人均GDP的作用相对比较稳定，至第10期时为13.47%。通货膨胀率对储蓄率的影响在第一年时为0.54%，第二年快速上升到16.04%，之后缓慢上升，至第10年时为18.11%。老年抚养比和少儿抚养比对储蓄率的影响基本相同，至第10年时作用力分别维持在4%和5%左右。

表8-8　　方差分解结果——韩国

STEP	$RYOUN_0$	$PGDP_0$	TSR_0	$ROLD_0$	GIF_0
0	0	0	0	0	0
1	0.0037	0.1379	0.8111	0.0419	0.0054
2	0.0117	0.1202	0.6672	0.0407	0.1604
3	0.0403	0.1291	0.6230	0.0425	0.1649
4	0.0487	0.1275	0.6039	0.0416	0.1783
5	0.0502	0.1338	0.6008	0.0410	0.1741
6	0.0508	0.1331	0.5943	0.0410	0.1808
7	0.0508	0.1347	0.5939	0.0407	0.1798
8	0.0508	0.1345	0.5930	0.0407	0.1810
9	0.0508	0.1348	0.5929	0.0407	0.1807
10	0.0508	0.1347	0.5926	0.0407	0.1811

总体上，经济增长、储蓄率自身的作用和老龄化都是三国储蓄率的重要影响因素，其中老龄化对日本储蓄率的影响最大，中国次之，韩国最小。除此之外，对中国和韩国来说，通货膨胀率的作用也比较显著。

8.4 结　　论

8.4.1 中、日、韩三国人口结构发展趋势相同，速度不同

中、日、韩三国均呈现老龄人口快速增长，少儿人口比重不断下降的发展趋势。日本老龄人口比重最高，中国老龄人口规模最大，韩国的老龄化发展速度最快，中、日、韩三国老龄人口比重都高于亚洲和世界平均水平，三国的总抚养比也呈现出提高态势。且 2020 年之后三国老龄化程度都将会进一步加快和加深，三国少儿人口比重都在不断下降。目前韩国是少儿抚养比最高的国家，日本是少儿抚养比最低的国家。少儿人口比重的下降不仅减少总人口数量，也在将来进一步加重了三国的老龄化程度。

8.4.2 中、日、韩三国储蓄率水平不同，呈两极化趋势

1974 年以前，日本的储蓄率高于中国和韩国；1991 年后，中国的储蓄率高于日本和韩国，而在此期间，韩国的储蓄率经历了快速上升阶段。从整体水平上看，中国储蓄率高于日韩；从发展方向上看，中韩储蓄率呈上升态势，日本呈下降趋势。日本人口老龄化对储蓄率的影响基本符合生命周期假说，人口老龄化对于储蓄率的负面效应随其老龄化程度的升高而逐渐清晰地凸显出来，储蓄率呈现一段时间的平稳后近几年又开始出现缓升的趋势；中韩两国目前出现逆生命周期假说的趋势，随着老龄化程度的升高，储蓄率一直呈现上升且趋于平稳趋势。

8.4.3 人口老龄化对三国储蓄率的作用强度和方向不同

脉冲响应分析结果表明，老年抚养比对总储蓄率的冲击，中国为负，日本和韩国为正。随着老龄化程度的加深，未来中国的储蓄率可能会出现进一步下降趋

势，而日本的储蓄率有可能会升高。虽然日本是人口老龄化程度最高的国家，韩国是人口老龄化速度最快的国家，但他们进入老龄化时居民的整体收入水平是很高的，社会的教育和养老保障体系都比较健全，因此能够抵抗住老龄化的冲击，老年人可能有足够的收入来增加储蓄。中国的“未富先老”对社会经济和老年人的生活可能会带来较大的负向冲击，增加的收入基本都用来改善基本生活支出，因此对储蓄率的影响为负。对三国的预测方差分解结果则表明，老年抚养比对中、日、韩三国的储蓄率都有影响，但是程度不同，对日本的影响最大，中国次之，韩国最小。

8.4.4 日韩人口老龄化的储蓄效应对中国的启示

日韩老龄化对储蓄率的影响都经历了先上升，后趋于平稳，然后快速下降的过程，即储蓄率的变化呈倒“U”型的发展趋势。与日韩两国“先富后老”“有备而老”不同，中国的老龄化面临“未富先老”和“未备先老”的发展状况。中国实行了30多年的严格的计划生育政策加速了人口老龄化进程，养老保险体制的不完善更加剧了未来老年人健康养老的不确定性，因此人们的预防性储蓄动机在不断增大。随着中国老年抚养比进入快速上升通道，储蓄率即将达到高峰，而老龄化程度的影响不断增大，储蓄率将出现下降。基于日韩人口老龄化对储蓄率影响的发展趋势，全面放开“二孩”政策，以期提高未来的劳动力供给，缓解老龄化进程过快的压力，同时，加快建立多元化和可持续的养老保障体制，为老龄人口就业创造更多更有利的条件，充分利用“第二次人口红利”的机会，把老龄人口从规模优势转变为质量优势。

第9章　东亚国家公共养老储备基金的资本化运作

确保老年人的收入保障是积极老龄化实现的一个关键目标，公共养老金制度已成为建立老年人收入保障的基础。东亚国家在多支柱养老金体系建立起来，社会保障覆盖面大幅提高后，随着人口老龄化水平的提高，其养老金的保值增值就成为各国关注的问题。本章对新西兰、挪威、澳大利亚等西方国家，以及中、日、韩三国的公共养老基金资本化运作和投资绩效进行比较分析，试图揭示东亚特色的公共养老基金资本化运作特点。

9.1　引言及相关文献综述

随着人口老龄化的全球发展，各国公共养老储备基金（public pension reserve funds，PPRFs）逐步建立和扩大起来，长期大量的基金积累的保值增值压力就成为国际社会共同面临的问题。

据 OECD（2017）不完全统计，截止到 2015 年末，全球公共养老储备基金规模已超过 5.6 万亿美元，加上挪威政府年金基金（government pension fund-global）和俄罗斯主权财富基金（national wealth fund）这两只国家主权财富基金，总额超过 6.5 万亿美元。其中美国联邦信托社保基金（federal old-age and survivors insurance and disability insurance trust funds，OASDI）（约 2.813 万亿美元）规模最大，但美国 OASDI 仅投向债券和现金类资产，并未入市，所以一般将日本政府养老金投资基金（government pension investment fund，GPIF）（约 1.137 万亿美元）视作全球最大的 PPRF。最初各国更关注 PPRFs 的规模，自 2008 年金融危机导致各国 PPRFs 资产大幅缩水，上万亿美元的基金资产保值增值成为一个重要课题，各国纷纷选择资本化运作，将储蓄的养老基金投入资本市场以实现其盈利和增值。养老基金的资本化运作使得传统的运作模式由“积累→分配”转向“积累→增值→再分配”的形式。

在全球10强公共养老储备基金的国家排序中，美国位居第一，拥有全球最庞大的公共养老储备基金—美国联邦信托社保基金（social security trust fund，OASDI），日本政府养老金投资基金（government pension investment fund，GPIF）居第二位，挪威全球养老基金（government pension fund-global）居第三位，韩国国民养老基金（national pension fund，NPF）居第四位。接下来依次是中国、加拿大、瑞典、印度、澳大利亚、俄罗斯等国家（见表9－1）。

表9－1　　2015年全球前10位公共养老储备基金

排名	国家	公共养老储备基金（机构）	建立年份	资产规模（10亿美元）	占GDP比重（%）
1	美国	联邦信托社保基金	1940	2813	15.4
2	日本	政府养老金投资基金	2006	1137	25.8
3	挪威	全球养老基金	1990	869	245.6
4	韩国	国民养老基金	1988	437	32.8
5	中国	全国社会保障基金	2001	295	2.7
6	加拿大	加拿大养老金计划	1997	204	14.2
7	瑞典	国家养老基金	2000	148	29.5
8	印度	劳工退休基金	1952	101	4.6
9	澳大利亚	未来基金	2006	90	7.3
10	俄罗斯	国家财富基金	2008	72	6.3

资料来源：OECD，http：//www.oecd.org/finance/private－pensions/globalpensionstatistics.htm.

养老金理论经历了由社会管理理论向经济政策理论的转变，随着多支柱养老金体系的建立和基金制养老金的发展，养老金与金融的结合使其在资本市场占有的份额不断增加，对金融体系和金融发展产生了重大影响，因此，在滋维·博迪等（Zvi Bodie et al.，2000）将养老金纳入金融分析的范畴后，公共养老储备基金的相关研究迅速发展起来。大卫·布莱克（David Black，2006）以养老基金投资于金融资产、不动产、衍生工具和另类投资为主要研究对象的《养老金融资》（Pension Finance）是第一部系统研究养老金投资管理的专业著作。根据储备资金的来源，公共养老储备基金可分为社会保障储备基金（social security reserve fund，SSRF）和主权养老储备基金（sovereign pension reserve fund，SPRF），前者是一国公共养老金计划长期收支结余形成的储备基金；后者由政府直接成立，在管理上与社会保障制度自身相分离，资金来源于政府各种形式的转移支付。两类储备基金的主要功能、治理结构、投资管理政策在OECD国家呈现不同的发展态势（Yermo Juan，2008）。

养老金需要通过资本市场实现保值增值基本形成了共识。发达国家，尤其是英美法系国家，养老金已经是举足轻重的金融力量，大大改变了传统金融业的格局，为了保证金融体系的稳定，各国选择对养老金入市问题进行更深入地研究，探讨建立相关监管体系（Clark G. L.，1998）。在市场允许的情况下，养老储备基金逐渐增加市场化运作的资产比重，对于实现基金保值增值和缓解金融市场资金短缺问题具有重要意义（Sakthi，2011）。对OECD国家的实证研究表明，养老金资产与经济增长、金融发展显著正相关，亚太国家的养老金与银行业存在竞争关系，与股票市值显著正相关（Yuwei Hu，2012）。

对公共养老储备基金管理制度的研究显示，各国不同的管理模式导致投资决策的差异。智利等拉美国家政府对养老基金管理的严苛规定使得基金管理人在资产配置上自由度很低，因而也无须为他们的投资决策负责，各基金投资组合和结果十分相似、缺乏改善投资管理水平的动力（Devesa - Carpio J. E. & Vidal - Meliá C.，2002）。美国公共养老基金治理架构对投资和基金政策决策的影响力表明，董事会的组成在计划融资状况和资产配置决策中起着重要的作用，但与基金超额回报衡量的投资业绩无关（Harper，2008）。郑秉文、房连泉（2005）认为日本由政府主导的公共养老储备基金在20世纪60年代～21世纪初投资失败的经验教训表明，由政府在基金投资中起主导作用的东亚模式并不可取，结果往往是养老金被用于实现经济和发展的其他目标，无法真正发挥养老储备的作用。虽然日本GPIF由独立行政法人投资运营的新模式相对于旧模式有其进步之处，但依然存在不足之处。韩国集经办与投资运营于一体的NPF管理体制也存在隐患（房连泉、郑延慧，2008）。公共养老储备基金管理的挪威模式、澳大利亚模式、加拿大模式则都具有专业性强、低成本、信息公开和对社会负责的良好治理结构特点（David Chambers，Elroy Dimson，2011；Rozanov Andrew，2015）。

对公共养老储备基金投资策略与绩效的研究结论是多元的。大卫·布莱克（2003）对英国这样拥有成熟的金融和养老金体系的发达经济体进行研究，发现相比金融机构或金融市场，选择合适的金融工具和投资策略更为重要。基金经理采取主动投资策略并不比市场更成功，因为主动投资策略需要付出更高的管理费用，因此采取被动策略，投资于市场指数，即根据某个股票指数的基准构建投资组合更适用于养老基金。戈利耶（Gollier，2008）认为养老基金的资产配置和承诺的养老金收益应视基金的资产负债率而定，通常基金投资于股权的目标份额应该在40%和50%左右，但当基金的财务状况恶化时，这一份额应该大幅减少；作为养老金收益发放的基金储备金目标份额为3.5%左右，但当偿付能力出现问题时，发放给退休人员的这部分养老金应降到最低限度。

博泽娜·克万科娃等（Bozena Chovancova et al.，2015）对美国、日本、德国在1985~2014年储备基金投资的研究与大卫·布莱克（Blake David）相似，结论亦是主动投资策略并不比市场更成功，但是，杜一文等（2012）对澳大利亚在1990~2010年投资基金市场的研究结论却不同，结果显示采用主动型策略的投资基金平均收益显著高于市场基金收益。金尚培等（Sangbae Kim et al.，2010）研究发现，随着投资期限的延长，公共养老储备基金应逐渐增加投资组合中股票的权重。原因是股票和债券收益的产生是一个均值回归的过程，因而在长期内股票的风险随投资期限的延长而下降。而短期国债收益的产生是一个完全自相关的过程，因此其风险随时间而增加。德克·布罗德斯等（Dirk Broeders et al.，2010）基于生命周期方法研究了荷兰职业养老金系统，对由风险到无风险转换的不同投资策略进行了分析，该方法的优势在于使养老基金的投资政策更适合受益者的风险状况，如与年龄较大的参与者相比，年轻的参与者承担更多的投资风险。孙守纪、胡继晔（2013）选取55个国家和地区的截面数据做回归分析，发现养老金资产规模对非英美法系、金融市场发展程度相对不高、经济发展水平相对落后国家的金融促进更为明显。

由于管理投资、估值和融资的相关法规对养老储备基金资产配置风险性的重要影响，金融机构的监管亦成为学界的热点问题。德雷西亚等（Dreassi A. et al.，2017）选择挪威、澳大利亚、爱尔兰、新西兰、美国、智利（6个SPRF），以及美国、日本、韩国、加拿大、西班牙、印度尼西亚（6个SSRF）共12个样本，从基金规模、国家经济发展、基金经验和战略信息披露质量等方面对2007~2014年期间的资产分配进行研究，结果表明，SSRF分配资产的积极性较低，具有固定收益证券的优势，相反，SPRF显示出股权和另类投资的优势，不仅实现了追求股权和非流动性溢价的目标，同时亦实现了其管理公共资源的战略目标。布恩等（L. N. Boon et al.，2018）针对近600只基金，利用面板数据分析其资产配置，对1992年至2011年美国、加拿大和荷兰养老基金的监管框架进行比较，结果发现监管因素比养老基金的特征对其资产配置的影响更具经济意义。

2000 年全国社会保障基金（national social security fund，NSSF）建立，开启了中国公共养老储备基金制度的构建之旅。与西方社会相似，我国养老金融研究亦以养老金入市为开端，并且一直被经济学、社会保障等学科高度关注。由于全国社保基金初期投资限于银行存款和购买国债，并且以银行存款为主，收益率偏低。过于强调安全使投资范围受限，加之基金管理体制的缺陷，影响了社保基金的保值增值效果。与此同时，资本市场由于散户多，缺少长期投资者而不够稳定，而养老金是相当优质的长期投资者，推动养老金入市增加了优质的市场参与者，有利于资本市场的稳定繁荣，反过来完善的金融市场又能为养老金的保值增值提供保障。因此，应促进我国养老金和资本市场的有机结合，促进两者协同发展（董克用、张栋，2017）。基于我国社保基金会定位与管理体制存在的问题，养老金入市对于理事会既是挑战也是机遇（郑秉文，2017）。

梳理已有研究可以发现，西方国家对养老储备基金投资运营的研究相对成熟，国内学者重视对国外养老储备基金经验教训的总结，亦有对西方发达国家和日韩等东亚国家储备基金的分析借鉴，关注全国社保基金入市投资对资本市场产生的影响，以及技术层面的实证研究，但对具体投资策略和经验的总结较多，对自身制度模式的关注不足。由于文化传统、政治体制、社会保障制度模式、金融市场发展水平、法制环境、人口结构等诸多因素对公共养老基金治理体制有着重要影响，东西方国家养老储备基金管理和投资运作存在较大差异。为此，本章在全球公共养老储备基金规模最大的前 10 位国家中，选择东亚国家日韩两国为例，西方国家选取加拿大、挪威、新西兰为例，试图从国际视角研究“东亚特色”的公共养老储备基金的资本化运作模式和投资绩效。

9.2　各国公共养老储备基金的管理和运作模式

根据储备资金来源不同，公共养老储备基金可分为两种类型：社会保障储备基金（social security reserve funds，SSRFs）和主权养老储备基金（sovereign pension reserve funds，SPRFs）。前者是一国公共养老金计划长期收支结余形成的储备基金；后者由政府直接成立，在管理上与社会保障制度自身相分离，资金来源于政府各种形式的转移支付。公共养老储备基金区别于一般养老基金的最主要特征是，最终受益人（普通国民）对储备基金资产没有法定所有权和收益权。SS-

RFs 法定所有人是公共养老金制度的管理部门，SPRFs 是一国政府。储备基金的这一特点使其更易受到政治干预，需要更多的治理保障措施以减少其遭受政治风险的影响。

公共养老储备基金的投资大多实行投资管理决策和具体运作分离的双层管理架构：上层负责行政管理和投资政策的制定，并监管管理实体的活动进行；下层管理实体负责具体投资运作和日常管理。各国经历了诸多因素影响的演进历程，形成了各具特色的 PPRFs 治理结构和运作模式。

9.2.1 中、日、韩三国的公共养老储备基金运作模式

中、日、韩三国的公共养老储备基金运作具有东亚地区鲜明的“国家中心主义”特征，其投资运营体制十分相似，但由于三国国情不同，发展阶段不同，因此具体运营模式不同，目前，三国形成的管理体制和基金规模可见表 9-2。

表 9-2　中、日、韩三国养老储备基金规模和管理体制

项目		日本	韩国	中国
基金名称		公共养老基金（GPIF）	国家养老基金（NPF）	全国社会保障基金（NSSF）
建立时间		2006	1998	2000
基金类型		SSRF	SSRF	SPRF
规模	金额（亿美元）	14643	5750	3417
	占 GDP 比重（%）	28.5	36.0	2.7
行政管理	主管部门	厚生劳动省	卫生福利部（MOHW）	财政部
	职责	指导基金的投资目标和中长期规划，并对行政办公室的业务执行情况进行监督	内设 NPF 管理委员会和专家评估委员会，管理委员会讨论基金发展指南，审议和制定基金发展计划和具体经营措施	拟订全国社会保障基金的管理运营办法，报国务院批准，国务院最终确定筹集和使用方案

续表

项目		日本	韩国	中国
管理实体	名称	年金基金管理运用独立行政法人（GPIF）	国民年金管理公团（NPS）	中国社会保障基金理事会（NSSF）
	任命	理事长由厚生劳动大臣直接任命	主席由卫生福利部委任，并报请总统批核	理事长和副理事长由国务院任命
	职责	内设资产运用委员会、监察委员会和行政办公室，资产运用委员会负责制订政府养老金投资基金的中期计划，并对行政办公室运行的业务执行情况进行监督	内设基金管理中心（NPSIM）专门负责战略资产配置、投资、市场监测及投资组合管理，另设有国民年金研究所、风险管理委员会、审计办公室、合规专员	直接投资于银行存款、部分债券资产，并直接管理股权资本投资、资产证券化产品投资和股票指数化投资；遴选外部投资管理人负责资本市场上的基金组合管理

注：三国基金规模截止到2017年末。

资料来源：根据中、日、韩三国养老储备基金管理网站资料整理，http：//www.ssf.gov.cn/；https：//www.gpif.go.jp/en/index.html；http：//english.nps.or.kr/jsppage/english/main.jsp。

1950年10月，日本发布《关于社会保障制度的劝告书》，启动了日本社会保障制度的开端。由于建立的时间较早，其间经历了较多的改革和调整，基金管理的制度及结构比较完善。厚生劳动省（负责医疗卫生和社会保障的部门）负责政府年金基金（GPIF）的行政管理，并由一个外部评估委员会负责投资绩效评估。2001年成立的养老基金管理运营独立行政法人（GPIF）负责具体运营与管理。GPIF自身并不直接进行养老金基金投资（只负责部分财政投资与贷款项目中政府债券的运营），在制订投资计划后交给专业的外部投资机构运作，负责挑选、监督和评估外部投资机构。

韩国国家养老金制度构建始自1974年，朴正熙政府颁布的《国家福利养老金法》（National Welfare Pension Act）启动了NPF（national pension fund），国家养老金计划动员国内资本的一种工具，而国内资本在财政上支持当时的产业政策更多被理解为是非常必要的。1998年经过民主和市场经济两项原则同时推动的改革后，形成目前的框架[①]。韩国卫生福利部是NPF的行政管理部门，领导基金

① 韩国的国家养老金制度改革特色之一是其中体现的民主运动。1994年12月，韩国人民参与民主团结组织（1994年成立的一个民间组织）认为韩国国家养老基金在公共部门的投资损害了养老金参与者的利益，代表三名养老金参加者对韩国政府提起了损害赔偿诉讼。尽管人民参与民主团结组织在诉讼中没有获胜，但其行动被政府重视，提出的许多建议后来在修订后的《国家养老金法》中被采纳。改革后，人民参与民主团结组织充当了一个警惕的监督机构，防止任何企图将国家养老储备基金转移到其他政策目标或政治目的。

管理的总体治理工作，下属 NPF 管理委员会是对储备基金管理具有政策批准权的最高决策机构；国民年金管理公团为基金的管理实体，是卫生福利部下属非营利独立法人。国民养老金的经办和运营管理由同一机构负责使韩国资产负债匹配管理策略的制定和监管执行更加有效，实际投资运营效率更高。此外，国民议会为基金的立法和最高管理机构，审议和决定基金的发展规划和经营业绩；国家企划财政部指导基金发展计划的制订并上报国民议会。审计部门进行内部审计，国家养老金研究所、韩国国民年金公团和卫生福利部聘请的外部顾问每六个月进行一次事后绩效评估。外部审计由国民大会、审计检查局和卫生部三个实体进行。

中国自 20 世纪 50 年代开始建立养老金的基本框架，相比日韩养老储备基金的“先富后老”未雨绸缪，中国则是“未富先老”“未备后老”特征明显（刘文、焦佩，2016），面临扩大基金规模和改革管理机制的双重压力。2000 年全国社会保障基金（national social security fund，NSSF）建立，国务院委托全国社会保障基金会对社保基金进行投资运作。财政部负责拟订 NSSF 的管理运营办法，报国务院批准，国务院最终确定筹集和使用方案①。全国社会保障基金理事会是投资运营决策的执行机构，负责社保基金保障基金具体的管理运营。基金一部分由基金会进行直接投资，另一部分由基金会遴选出外部投资管理人进行委托投资。基金会日常开支由中央拨付，不从社保基金中列支，投资收益全部划归基金。

9.2.2 加拿大、挪威、新西兰的公共养老储备基金运作模式

加拿大养老保险制度始于 1927 年颁布的《养老金法案》，多年来养老制度不断完善。1952 年建立了老年保障金计划（OAS），1966 年建立了养老基金计划（CPP）。20 世纪 90 年代，为应对高福利和人口老龄化的挑战，加拿大政府对基本养老保险制度进行全面改革。1997 年，在原有固定收益（DB）型现收现付制度的前提下，通过提高缴费率增加社保制度“预筹”建立起了加拿大养老金储备基金（canada pension plan investment board，CPPIB），并成立 CPP 投资委员会负责投资运营。CPPIB 具有健全的养老金计划投资管理体制和完善的公司治理结构，实行投资的自我管理，与联邦和各省政府“保持距离”，不受政治的干预。

① 2018 年 3 月出台的国务院机构改革方案提出要改变全国社会保障基金理事会的隶属关系，由国务院直接管理改为隶属于财政部。

作为一个全球领先、专业和活跃的投资管理组织，CPPIB 负责对 CPP 转移给它的基金进行投资管理，其董事会成员都是具有拥有丰富国际投资经验的投资专业人员，CPPIB 享有高度的授权和投资灵活性，一旦养老金计划（CPP）、CPPIB 董事会和管理层共同确定目标投资、风险参数和总体限制因素，管理层在风险分配和投资组合管理决策方面具有极高的自由度。OECD 专家对加拿大养老金储备基金评价较高，认为 CPP 基金已成为世界上增长最快、规模最大的单一用途资本池之一，预计到 2031 年将超过 5000 亿美元，并总结其他国家可以从加拿大学习的经验：机构投资者可以投资于非流动性资产；养老基金直接投资基础设施的“加拿大模式”（旨在更好地控制和降低投资成本）；PPP 市场运行良好；强劲的项目债券市场等（Georg Inderst & Raffaele Della Croce，2013）。

挪威是北欧最大的产油国和世界第三大石油出口国，每年从石油中获得的收入占其 GDP 的 8% 以上。为了应对国际油价波动、石油资源的不可再生性及人口老龄化带来的挑战，挪威政府于 1990 年以石油收入为来源建立了石油基金，并于 1998 年成立挪威银行资产管理部（NBIM）具体负责挪威石油基金的投资运作。2006 年基于《挪威养老基金法》将石油基金改组为挪威全球养老基金（government pension fund-global，GPFG）。秉持可持续发展理念，政府通过 GPFG 集中管理石油相关产业收入，解决养老问题，并作为政府财政政策工具之一，共同约束政府支出。与加拿大 CPPIB 在投资经营决策上的高度自由不同，挪威财政部全面负责基金的管理，并发布管理政策，其中包括基金日常管理的各个方面的详细要求、定义、约束限制，NBIM 的管理团队只能在其管理下进行投资管理。

新西兰 1898 年就构建起了税收融资、统一标准、非缴费型的养老金制度，养老金制度建立早，经历改革多，1938 年社会保障法案改革，1977 年“国家退休金”项目，都对消除老年贫困起到重要作用，20 世纪八九十年代历经延迟退休和税收的诸多改革。进入 21 世纪，养老制度改革的目标是实施当代和未来纳税人之间税收平衡，代际间更加合理的分摊社会保障税。2001 年设立了新西兰超级年金（new zealand superannuation fund，NZSF），NZSF 是普享性质的非缴费型养老金制度，也是唯一的强制性公共养老金制度，这种做法在全球亦属特例。与大多数养老储备基金管理决策与具体运作分离的双层结构不同，NZSF 的管理职能和运作职责同时由养老金监管人承担。两项制度设计确保了 NZSF 独立于政府：一是政府不决定养老金监管人董事会成员候选人的人选；二是投资决策权属于董事会和管理层（见表 9 - 3）。

表 9－3　　加拿大、挪威、新西兰公共养老储备基金规模和管理体制

项目		加拿大	挪威	新西兰
基金名称		养老金计划储备基金（CPP）	全球政府养老基金（GPFG）	超级年金（NZSF）
建立时间		1997	1990	2001
基金类型		SSRF	SPRF	SPRF
规模	金额（亿美元）	2760	9555	267
	占 GDP 比重（%）	15.6	200	13.1
行政管理	机构名称	退休金计划（CPP）	财政部	—
	职责	负责养老金计划的设计、融资政策和行政管理，对加拿大联邦及省政府负责	制定 GPFG 的制定关键性限制，包括基准的投资组合、基准投资回报率和风险上限，并报挪威议会申请批准	—
管理实体	名称	CPP 投资委员会（CP-PIB）	挪威（中央）银行	养老金监管人
	任命	联邦财政部部长与各省财政部部长协商后，在提名委员会的协助下任命董事会成员。提名委员会主席由联邦任命，各省任命一名代表	按照挪威银行的规则由银行董事会聘任	新西兰总督根据财政部长的建议（建议遵循独立提名委员会的提命）任命董事会成员
	职责	只负责对 CPP 转移给它的基金进行投资管理——CPPIB 董事会批准投资政策，与管理层一起确定组织的战略方向，并做出关键的运营决策	挪威银行董事会将该基金的业务管理委托给下属投资管理部门（NBIM），NBIM 依据基准投资政策灵活地选择投资对象	监管人的董事会及管理层同时负责管理决策和投资运作，包括制定基金的投资政策、标准和程序；基金管理和运作；任命外部投资管理人

注：由于各国的财政年度划分不同，规模数据截止到各国最新 PPRF 年报期末，加拿大是 2018 年 3 月 31 日，新西兰是 2018 年 6 月 30 日，挪威是 2018 年 12 月 31 日。

资料来源：根据各国公共养老储备基金管理机构网站资料整理，http：//www.cppib.com/en/；https：//www.nzsuperfund.co.nz/；https：//www.nbim.no/en/。

9.2.3 各国公共养老储备基金治理机制比较

公共养老储备基金法定所有权或受益权属于社会保障机构或政府的内在特征使其易受政治影响，因此良好的治理结构对 PPRFs 尤为重要。从行政管理机构与政府的关系来看，加拿大、新西兰成立了独立机构负责 PPRFs 的行政管理和监管，不受政府或社会保障机构的直接管理；而日本、韩国、挪威和中国的储备基金直接受政府部门管理。

日本储备基金遵循隔离治理的优先模式。然而，GPIF 根据卫生福利部指示和批准的中期目标和计划来管理关键战略目标等任务，受到政府对运营成本的限制，包括对基金员工薪酬政策的控制等，因此，GPIF 的决策仅限于主管部长授权的范围，还不是一个完全独立的实体。安倍上台后对其进行了多项改革，促使决策机构和业务执行机构相分离，独立性有所增强，但 GPIF 作为厚生劳动省的直属机构，缺乏独立的董事会和监事会，依然受政府严格控制。韩国养老金投保人代表作为委员参与 NPF 管理委员会和评估委员会的工作，NPSIM 主席采取公开选拔制等措施一定程度上提高了国民养老金管理的透明度和独立性，但是，鉴于韩国 NPF 管理委员会由卫生福利部部长担任主席，其他四名副部长担任董事会主席，并由该部担任 NPF 管理委员会秘书处，投资管理决策还是由卫生福利部内部的 NPF 管理委员会做出，NPSIM 的决策自由度很小，并未隔离政治影响，以及确保养老储备基金的独立性。

中国的全国社保基金会是国务院直属事业单位，其行政化的体制机制与市场化的运营目标在机构性质与功能定位等方面存在冲突。加拿大和新西兰 PPRFs 的管理实体建立了公司型的治理结构，由董事会和管理层履行相应职责，在减少政府干预上十分有效。挪威 GPFG 的管理实体挪威银行本身是治理结构规范的股份制公司，管理层通过招聘产生，政府股东通过董事会进行重大事项的决策，在一定程度上限制了政府的干预。

作为储备基金管理的最终权力机构，管理机构的组成和职能是决定基金业绩的首要和主要因素。一个经验丰富、运作良好的董事会将确保建立适当的监督、激励和控制机制，以实现基金的目标，管理机构成员任命程序和构成也在一定程度上反映了政府对储备基金实施影响的程度。日本 GPIF 理事长由厚生劳动大臣直接任命，经营委员会的 9 名委员 1 人由劳资代表团体推荐，其他由厚生劳动大臣任免；韩国 NPF 管理委员会由卫生福利部长领导的 20 名成员组成（被保险人代表占委员会成员总数的 50% 以上）；加拿大和新西兰通过一个提名委员会来遴选人才，该委员会通过透明的招聘程序依次提名储备基金的董事，减少了政府对董事任命的直接影响和可能任人唯亲的范围（见表 9－4）。

表 9－4　储备基金管理机构人员的选择

国家	适合和适当的标准	提名或任命	任期	免职
加拿大	根据财务经验和其他标准选择董事	由财政部部长从提名委员会起草的名单中任命	董事任期 3 年，最多连任 3 届	董事只能因故被免职
日本	理事长和经营委员会成员必须具有经济或财务方面的经验	由厚生劳动省任命（相关团体推荐的被保险人代表 1 名）	委员任期为 5 年	从事银行、信托、证券交易等与 GPIF 关系密切的活动将被解雇
韩国	主管 NPF 管理和运作的执行董事应具有管理、经济、基金运营方面的丰富知识和经验	NPS CEO 由总统根据卫生福利部长的推荐任免，执行董事、董事（当然董事 * 除外）由卫生福利部长根据 CEO 建议任免	CEO 任期 3 年；当然董事任期是其公职期间；执行董事任期合同确定	管理机构人员因故失去任职资格或造成重大损失的可被免职
新西兰	所有董事会成员必须具有投资管理方面的经验、培训和专业知识	董事会成员由财政部通过提名委员会任命	董事会成员的任期最长为 5 年	若部长有正当理由，可解雇董事会成员
挪威	资产管理部（NBIM）执行董事由挪威央行董事会成员兼任	执行董事经议会选举后由国王任命；监事会成员由挪威议会任命	（副）董事长任期 6 年，最高连任两届；其他董事任期 4 年	每隔 1 年 2～3 名董事轮流退休，但可重新任命，任期共 12 年
中国	理事包括企业代表、职工代表、政府官员、专家学者和社会知名人士	理事长、副理事长由国务院任命，理事由国务院聘任	理事任期 3 年	理事任期届满，由国务院重新聘任

注：* 当然董事由卫生福利部负责国家养老金事务的三级的政府官员或属于高级公务员的一般政府官员担任。

资料来源：根据《日本政府年金管理运用独立行政法人法》《挪威银行法案》《韩国国民年金基金法案》《全国社会保障基金理事会章程》等各国 PPRFs 管理相关法案及管理机构官网资料整理。

9.3 各国公共养老储备基金投资策略和业绩

公共养老储备基金应当有明确的投资策略和具体的可衡量目标，并根据目标衡量董事会的投资绩效。但是，鉴于储备基金在一国内的唯一性，通常没有国家竞争对手，甚至没有同行，因此，其业绩（不仅包括投资业绩，还包括运营效率）只能以设定的初始目标为基准，如在一定时间范围内的融资比率或规定的回报率和相关风险目标。由于人口结构、时间范围、负债和风险规避等因素的不确定性，各国收益目标、投资策略不同，业绩表现也有较大差异。

9.3.1 目标收益率指标

养老储备基金投资需求的最低收益目标是保值，即养老基金收益率首先要与消费者物价指数（CPI）比较，基金收益率必须要等于或高于 CPI 增长率，才能保证基金资产保持的实际价值不贬值。赶上或跑赢通货膨胀，是社保基金投资的最低收益要求。养老基金最高收益目标应当是充分享受经济增长成果，并且不应为获得超额收益而承担更高风险，因此一般将国内生产总值（GDP）增长率作为最高收益目标，即增值目标。

为了更深入地分析养老基金在金融市场的投资业绩，需要引入与金融市场相关的收益率指标。我们引用了市场综合基准的概念，基准构造过程是选择一套反映国内外债券市场和股票市场波动的指数，作为养老金基金各大类投资的回报基准，最后以这些指数和各类资产配置比例为基础计算加权平均，得出市场综合基准，如果储备基金投资总资产收益率达到市场综合基准就是达到了市场收益指标。

鉴于各国的 PPRFs 在投资年报中都公布了其市场综合基准，我国还没有为全国社保基金的投资设定一套投资基准，为便于各国比较，本书选择国内具有代表性的指数或产品利率，根据全国社保基金大类资产配置限额，设定一个我国的市场综合基准，即：市场综合基准 = 银行存款（10%）× 七天回购利率（B_12M）+（40%）国债投资比例 × 中债国债总指数收益率 + 企业债、金融债投资比例（10%）× 中债企业金融债国债总指数收益率 + 证券投资基金、股票投资（10%）× 沪深 300 收益率。

其中，七天回购利率（B_12M）表示银行间市场七天回购移动平均利率（原来的基准利率参考指标）最近12个月的简单算术平均，数据基础是银行间市场7天回购利率（R007）。计算过程及结果见表9-5。

表9-5　　中国市场综合基准

年份	沪深300指数	中债国债总指数收益率	企业金融债	七天回购利（B_12M）	市场综合基准
2001	—	—	—	2.3%	—
2002	-16.2%	4.10%	3.43%	2.1%	-4.3%
2003	8.3%	-0.05%	3.66%	2.3%	3.9%
2004	-16.3%	-3.09%	-0.55%	2.2%	-7.6%
2005	-7.7%	11.37%	7.70%	1.4%	2.4%
2006	121.0%	2.61%	2.39%	2.1%	49.9%
2007	161.5%	-2.14%	-4.65%	2.8%	63.6%
2008	-65.9%	16.61%	14.84%	2.9%	18.0%
2009	96.7%	-2.15%	-0.24%	1.2%	37.9%
2010	-12.5%	1.67%	3.50%	2.2%	-3.8%
2011	-25.0%	6.90%	4.47%	4.1%	-6.4%
2012	7.6%	2.72%	4.79%	3.5%	4.9%
2013	-7.6%	-2.86%	0.08%	4.2%	-3.8%
2014	51.7%	10.94%	11.76%	3.6%	26.6%
2015	5.6%	8.18%	9.48%	2.9%	6.7%
2016	-11.3%	2.21%	1.48%	2.5%	-3.2%
2017	21.8%	-1.83%	0.63%	3.4%	8.4%
2018	-25.3%	8.87%	9.27%	3.0%	-5.3%

资料来源：根据网易财经、和讯网、Wind数据库相关数据整理计算。

最终选用CPI增长率，GDP增长率，市场综合基准三个指标定量评价各国养老储备基金的业绩。

9.3.2 中、日、韩三国公共储备基金投资策略与业绩评价

9.3.2.1 投资策略与资产配置

同为亚洲典型的老龄化国家，中、日、韩三国养老储备基金在投资原则上各有侧重。日本的投资管理模式注重稳定和保值，韩国更加注重收益和增值。这是由于日本进入超老龄化社会，已经进入了养老金的支付期，更加追求基金的稳健性，因此 GPIF 一直以来采取相对保守的投资策略，其长期目标是以最小的风险实现公共养老金体系必要的收益率。韩国的老龄化社会还处于养老金的积累期，更关注基金的收益性。NPF 采取市场化主动投资策略，要求在保证基金长期稳定的范围内，最大限度地增加收益。我国的社保基金会投资理念和投资方针主要侧重于低风险下的长期投资和安全保障下的收益性。由于是主权养老储备基金，短期内不会有大量支出，因此流动性要求并不迫切，甚至未在投资原则中提及流动性，但理事会在投资过程中仍适度保持流动性，用于支付各项支出。

在投资策略上，日本以被动投资为主，投资以规避风险为主，大部分资金投入回报率较低的日本国内债券。近年来，为了提高投资收益率，逐步提高了国内外股票、国外债券的投资比例，投资组合更加多元化，但受制于基金规模巨大，投资国外市场的比例不高。2017 年末，其资产配置比例是国内债券 27.67%，外国债券 14.13%，国内股票 26.05%，国外股票 25.08%，短期资产 7.06%，股票投资已经超过 50%。截至 2018 年第三季度末的资产配置比例为国内债券 28.20%、国内股票 23.72%、国外债券 17.41%、国外股票 24.29%、短期资产 6.38%。

在增加股票投资的同时，GPIF 资尝试增加主动投资的比例，但直到 2016 年，大部分股票仍由被动投资型基金管理，18.3 万亿日元由 10 家国内被动型基金公司管理，2.6 万亿日元由 14 家国内主动性基金公司管理，17.6 万亿日元由 6 家国外被动型基金公司管理，2.1 万亿日元由 15 家国内主动性基金公司管理。2016 年上半年，迫于股票被动投资的低业绩，GPIF 扩大了其主动投资，2016 年主动投资的业绩表现也不负众望。根据 GPIF 2016 财年报告，日本国内债券投资超额收益率 0.05%，其中主动投资是 0.18%，被动投资 0.02%；国外债券投资的超额收益率是 2.19%，其中主动投资部分是 5.91%，而被动投资部分只有 0.05%；国内股票投资超额收益率 0.21%，其中主动投资 2.61%，被动投资

-0.04%；国外股票超额收益率-0.41%，其中主动投资-2.49%，被动投资-0.01%。可以看出，除了国外股票，主动投资部分表现都优于被动投资部分。但好景不长，GPIF 在 2018 年第四季度的亏损约为 14.8 万亿日元，创历史最大亏损纪录。

韩国 NPF 以主动投资为主，占基金规模 60% 以上。截至 2009 年，韩国国家养老基金在国内股票市场的份额为 3.57%。随着韩国国家养老基金增加其对股本的战略分配，这一比例持续增长。由于国内资本市场规模不够大，无法适应投资和撤资的大规模波动，前韩国国家养老基金首席信息官曾将韩国国家养老基金的情况比作“试图在小池塘里游泳的大鲸鱼”。显然，韩国国家养老基金扩大其海外投资是注定的发展趋势（Woochan Kim & Fiona Stewart，2011）。2018 年末韩国国家养老基金资产配置比例为国内股票 17.07%，国内债券 48.73%，国外股票 17.70%，国外债券 4.17%，另类投资 12.01%，并持有少量的短期资产保持流动性。

中国的全国社保基金在证券市场上的投资是完全委托给专业投资管理人，并未对被动投资或主动投资做出限制。2017 年末直接投资和委托投资资产分别占社保基金资产总额的 42.35% 和 57.65%。全国社保基金理事会并不公开披露基金的资产配置比例，但根据规定，全国社保基金银行存款和国债的投资比例不低于 50%，证券投资基金、股票投资的比例不高于 40%，相对保守。

9.3.2.2 投资业绩评价

1. 保值目标（CPI 增长率）

从 2001~2017 年，中日韩养老储备基金平均收益率分别是 8.44%、3.39%、6.20%，均跑赢了同期平均 CPI 增长率 2.59%、0.05%、6.20%。日本年金基金市场运用累计收益 68.98 万亿日元（3.99 万亿人民币），平均收益率为 3.39%，2001 年以来，CPI 增长率大多数年份是负值，平均增长率仅为 0.05%，GPIF 基金收益率大部分年份均跑赢了 CPI 增长率。韩国 NPF 收益相当稳定，2008 年是韩国年金基金 2001 年以来唯一一次出现负收益（-0.18%）的年份，而考虑到当年金融危机席卷全球的背景，NPF 可谓躲过了危机，主要原因是当年 NPS 将 80% 左右的资产投资于债券类产品（见图 9-1）。NSSF 收益率在 2004 年、2008 年、2011 和 2016 年未能超过 CPI 增长率，其他年份均高于 CPI 增长率（见图 9-2）。中国社保基金的收益率增长主要受到国内证券市场的走势、全球经济形势动态变化等

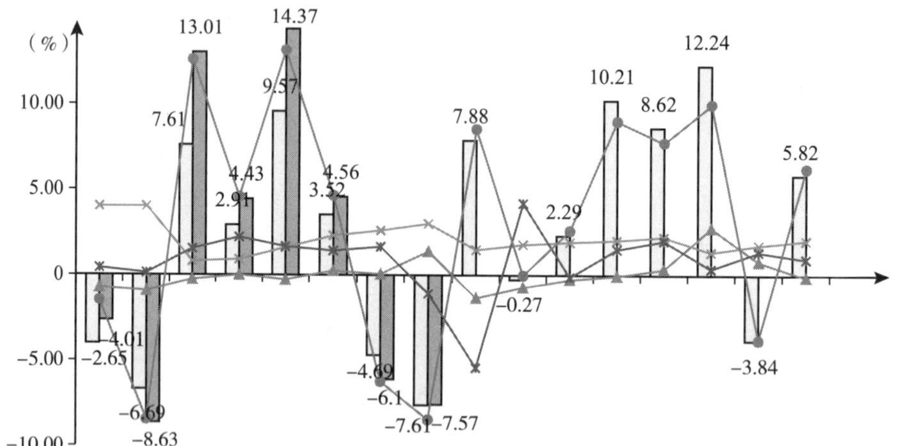

图 9 - 1　日本政府年金基金收益率情况

注：基金收益率为扣除债务利息和投资管理费用后的收益率；2015 年以后，厚生劳动省开始设定区间目标收益率，取其区间平均值计算。

资料来源：根据 GPIF 网站和 OECD 网站数据整理绘制。

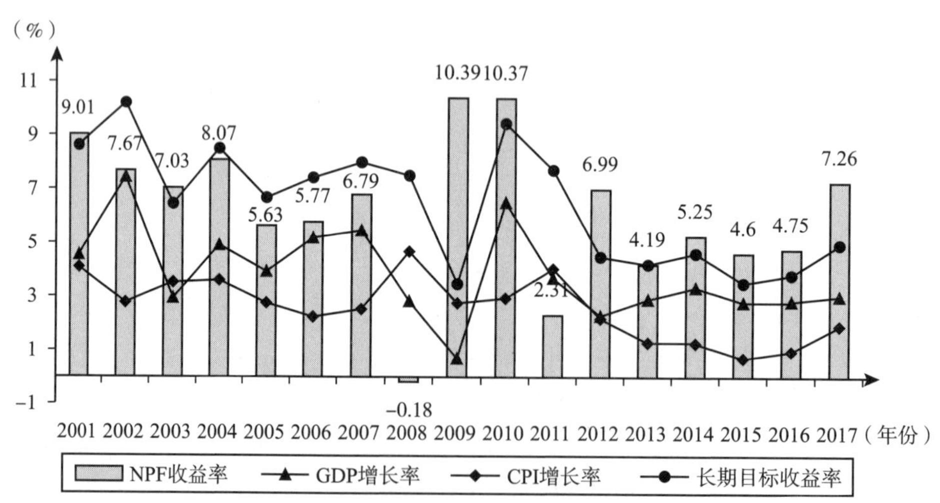

图 9 - 2　韩国国民年金基金收益率情况

资料来源：根据 NPS 网站和 OECD 网站数据整理绘制。

影响，若刨除2006～2009年的特殊股市行情，全国社保基金的投资收益率仅为5.06%，而同期通货膨胀率为2.18%，因此，全国社保基金的实际收益率不到3%（见图9－3）。总体上，中、日、韩三国养老储备基金的收益水平均能够在抵消物价上涨因素之后有所结余，很好地完成了社会保障基金的保值目标，保证国民领取的养老金不因物价上涨、货币购买力下降而遭受损失。

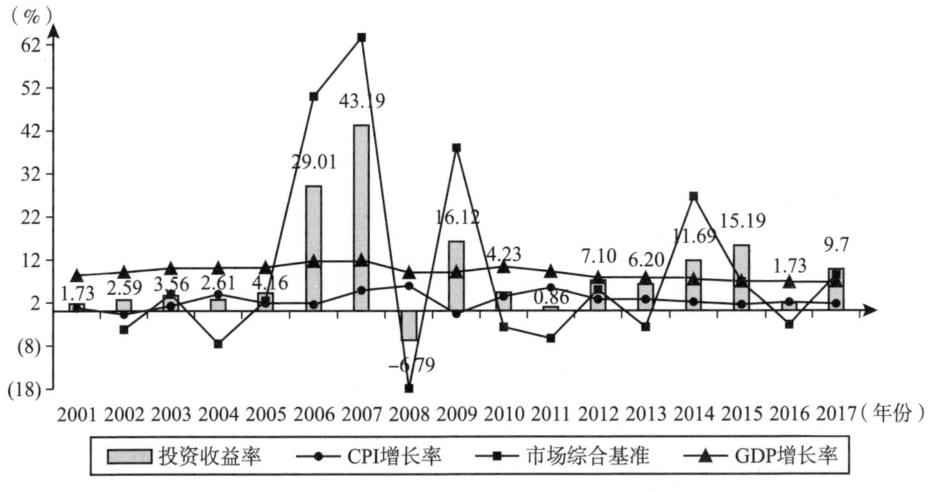

图9－3　中国全国社会保障基金收益率情况

资料来源：根据全国社会保障基金理事会网站历年财务报告，中国统计年鉴等资料整理。

2. 增值目标（GDP增长率）

2001～2017年，日本GPIF年均收益率3.39%，如果在经济快速增长阶段，这一投资收益率可能不算理想，但基于过去10多年日本经济社会发展状况，这种收益率还是相当可观的，远大于平均GDP增长率的0.76%。在很大程度上实现了养老金基金的增值。

同一时间，韩国GDP年均增长3.83%，除2008年和2010年外，NPF收益率均大于经济增速，2013年以来，由于中国经济增长放缓、国际油价暴跌和美国利率上升的影响，市场波动加剧，韩国经济增速下降，于2015降到2.79%，在此期间NPF却保持了4%～5%的稳定收益率。2017年韩国经济发展有所回升，NPF收益率也由2016年的4.75%增长到7.26%。NPF收益率明显跑赢经济增长速度，充分享受了发展的成果，很好地实现了增值目标。

中国的全国社保基金投资收益率年均值为8.44%，低于GDP年均增长率

8.94%。从各年数据来看，除2006年、2007年、2008年及2009年的股市特殊行情因素外，2011年之前社保基金收益率均远低于GDP增长速度，2012年以后，中国经济发展进入新常态，经济增长速度放缓，而全国社保基金收益率却逐年提高，2014年、2015年基金收益率超过了GDP增长率，2015年下半年开始，国内股市出现了崩溃式下跌，这一震荡延续到了2016年，而债市也在2016年四季度迎来了大跌，全国社保基金也不可避免地受到波及，收益率降到1.73%，远低于当年GDP增长率，甚至低于2%的CPI增长率，2017年情况有所好转。然而，全国社会保障基金并未实现最高的投资目标，没有能够充分享受到我国经济高速发展的成果。

3. 市场化投资目标（市场综合基准）

2008年以前，日本政府年金基金的改革尚未完成，相当一部分的债券还由信托管理局进行管理，用于公共部门投资，而用于公共部门的投资收益和风险低于市场投资部门的收益率，导致基金总体收益率与市场运用部分收益率存在较大差异，以2003年为例，基金总体收益率为7.61%，而市场运用部分收益率高达14.37%，由于市场综合基准反映的是金融市场表现，因此适用于衡量市场运用部分的收益率而不是基金总体。

2001~2008年基金收益率为0.96%，略低于市场综合基准1.08%，市场运用部分的基金收益波动情况与市场综合基准变化呈现高度的一致性，波动幅度甚至略大于市场，可见这一阶段基金市场投资并未很好地取得高于市场的投资成果，风险管理也并不算成功。2008年以后，日本公共储备基金改革完成，用于公共部门投资的基金比例越来越小，其低收益对总体基金收益率的影响几乎可以忽略不计，而GPIF入市多年投资水平也有所提高，从2009~2017年基金年均收益率为5.24%，收益率绝对值大大提高，并取得超过市场综合基准4.93%的超额收益率（见图9-1）。

韩国NPF自成立以来就有相当部分的资产投资于金融部门，到2005年，99%以上的资产都投资于金融部门。我们以国内外股票投资状况分析韩国金融部门投资相对于市场指数的表现，由图9-4和图9-5可以看出，NPF投资国内外股票的收益率涨跌趋势大体和当年世界经济的宏观形势一致，KOSPI波动率大于MSCI AC World Index，国内股票投资表现一般好于市场基准，能够获得超额收益，但国外股票投资很少获得超额收益。

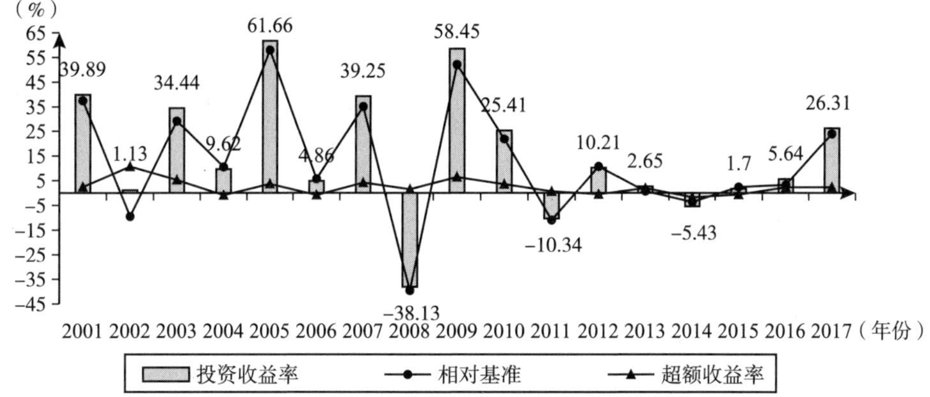

图9－4　NPF国内股票投资收益率情况

注：由于国外股票投资以MSCI AC World Index作为相对基准，该基准以美元计，为了保持一致，我们用基金资产以美元计的收益率进行比较。

资料来源：根据韩国NPS网站资料整理，http：//fund. nps. or. kr/。

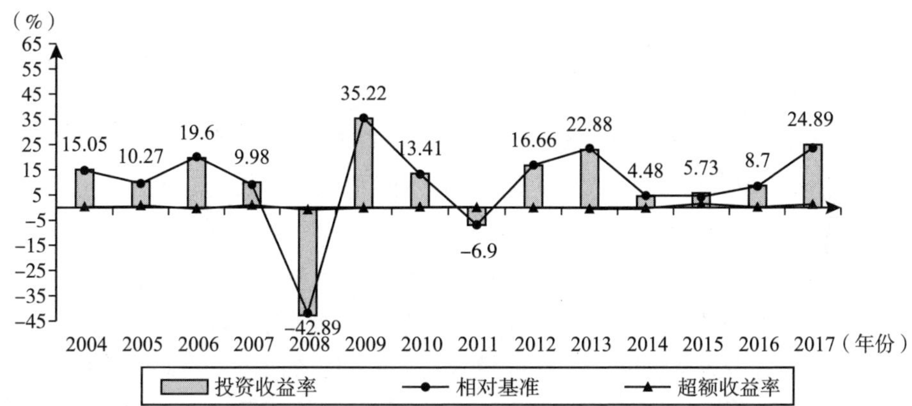

图9－5　NPF国外股票投资收益率情况

注：由于国外股票投资以MSCI AC World Index作为相对基准，该基准以美元计，为了保持一致，我们用基金资产以美元计的收益率进行比较。

资料来源：根据韩国NPS网站资料整理，http：//fund. nps. or. kr/。

中国的全国社保基金在大部分年份能够获得高于市场综合基准的收益率，而整体收益波动情况又比市场表现要好，以2008年金融危机前后为例，2007年，市场综合指数收益率达到峰值63.58%，到2008年又跌入谷底－17.56%，前后相差80%以上，全国社保基金受股市变动影响也经历了峰值到谷底的暴跌，但跌幅比整体金融市场要缓和很多，由43.19%到－6.79%，约50%（见图9－3）。

这在一定程度上得益于全国社会保障基金稳健的操作风格、投资渠道的逐步多元化。尤其是近两年，市场综合基准的波动幅度仍然很大，但社保基金投资收益率却稳步上升，这与全国社保基金海外投资的比例逐渐增加以及自身在投资和风险管理上渐趋成熟不无关系。

9.3.3 加拿大、挪威、新西兰养老储备基金投资策略与业绩评价

9.3.3.1 投资策略与资产配置

加拿大 CPPIB 以内部直接投资为主，吸纳全球的投资专业人员和运营专家优秀人才管理基金资产，部分资产通过招标、合同的形式委托国内外投资机构在特定领域进行投资管理。早期国内股权投资集中于多伦多证券交易所的指数基金，国外股权投资集中于标准普尔 500 指数和 MSCIEAFE 指数基金，目前扩展到公开交易证券、私人股权、不动产、基础设施等。CPP 基金分散投资于公开市场和非公开市场，分别占基金总额 50% 左右。公开市场投资进一步分解为主动投资和被动投资，主动投资比例占 54%；非公开市场包括私人股权、房地产和基础设施三大领域，私人股权约占 70%。以专业的投资能力使流动性较低的资产在低效率的非公开市场实现增值，由大型机构的内部团队进行直接管理产生的规模效应而节省大量投资费用的结合是加拿大模式的重要特点。相对宽松的投资和养老金监管（根据审慎个人原则）允许加拿大的养老基金投资于非流动性资产的程度高于大多数其他国家。CPPIB 持续 20 多年的优秀业绩引起全球关注，被誉为养老金大型机构投资的“枫叶模式”。从总体资产配置上来看，CPP 经历了一个从保守到稳健、从单一到多元化的一个过程，1999 年 100% 投资在固定收益类证券（政府债券）上，2006 年，投资组合中固定收益类证券（政府债券）、权益类证券、房地产类分别为 32.3%、63.0%、4.7%，2018 年，投资组合改变，固定收益类证券（政府债券）、权益类证券、房地产类分别为 17.4%、59.3%、23.5%。

挪威 NBIM 对 GPFG 采取有限积极的投资策略，全部投资于海外市场，目前持有全球 8000 多个公司的股份。全部投资海外的原因在于：GPFG 规模巨大，但国内资本市场狭小，如果集中投资国内，存在引起市场波动、流动性过剩的风险；避免因石油收益产生大量外币流入，导致汇率非正常波动的风险；避免石油行业波动对非石油行业带来的影响，促进挪威经济的平衡发展，同时，分享全球

经济增长的收益（李东平、姚远，2013）。GPFG 的投资策略稳健，注重长期回报，只投资于成熟市场的成熟公司的股票或债券，具有很强的风险控制意识。其资产配置策略分散于三种资产类别：权益类、固定收益类和未上市房地产类。2018 年年底，这三类资产的配置比例分别为 66.3%、30.7%、3.0%。与加拿大 CPP 一样，GPFG 资产管理也是内部管理与外包服务相结合[①]，不仅节约了管理成本，还提高了管理水平和运营效率。

新西兰养老金监管人将 NZSF 投资于一个以增长为导向、高度多样化的全球投资组合：80% 的全球权益类资产和 20% 的全球固定收益类资产。显然，NZSF 是一只比较激进型的基金，资本配置时非常注重投资对象的成长性，在基准投资组合的权益类资产中，发达国家、新兴市场、新西兰国内分别占比 65%、10%、5%，NZSF 以积极的投资策略获取超额收益，2009 年即凭借其长期投资的优势性作为逆向投资者参考投资组合实施反向操作，买进被低估的资产，成为基金资产增值的主要来源。2017 至 2018 年度末[②]的资产配置比例如下：国外股票类投资 64.8%，固定收益类 9.6%，木材投资 5.7%，非公开市场股票 5.3%，国内股票 4.0%，基础设施、其他公开市场和非公开市场等各类投资 10.6%。

9.3.3.2 投资业绩评价

加拿大、挪威、新西兰是典型的发达国家，经济增速和通货膨胀比较平缓稳定，21 世纪以来，三国 GDP 增长率稳定在 1% ~3% 之间，最高不超过 5%，甚至曾出现负增长，CPI 增长率也基本维持在这个范围，最高不超过 4%，而加拿大 CPP 近 10 年年化收益率为 8%，挪威、新西兰 PPRFs 自成立以来年化收益率在 5.5% 和 10.4% 之间，近 10 年经常保持在 10% 以上，较好地实现了与国民生活收入和生活相关的保值增值目标，保证基金资产保持的实际价值不贬值，也充分享受了经济增长的成果。

三国 PPRFs 的管理者都根据基金的投资目标、预期收益、投资期限及其他限制条件设定了基准投资组合，并以基准投资组合的投资业绩作为市场综合基准评价基金市场投资表现。加拿大 CPPIB、挪威 NBIM、新西兰养老金监管人对基金资本化运作相当成功，各基金在金融市场的表现大部分年份优于基准投资组合。

---

① GPFG 将风险管理外包给摩根士丹利，证券托管外包给摩根大通和花旗银行，信息技术支持业务外包给全球领先的信息技术服务提供商。

② 新西兰超级年金的业务报告中从某年的 7 月 1 日到下一年的 6 月 30 日为一个完整的财务年度，因此 2018 年 6 月 30 日的报告反映的是 2017 ~2018 年度末的运作情况。

新西兰更是取得了自成立到2018年平均1.19%的超额收益率（见表9－6）。

表9－6　　西方国家（加拿大、挪威、新西兰）市场投资业绩评价　　单位：%

PPRFs	加拿大 CPP		挪威 GPFG		新西兰 NZSF	
年份	收益率	超额收益率	收益率	超额收益率	收益率	超额收益率
2001	7	—	－2.47	0.02	—	—
2002	4	1	－4.74	0.25	—	—
2003	－1.5	0.8	12.59	0.59	—	—
2004	17.6	－2.7	8.94	0.53	7.69	－0.38
2005	8.5	0.5	11.09	1.1	14.13	0.25
2006	15.5	－2.1	7.92	0.48	19.21	1.65
2007	12.9	2.5	4.26	－3.4	14.58	1.51
2008	－0.3	2.4	－23.31	0.22	－4.92	－0.18
2009	－18.8	－0.2	25.62	4.1	－22.14	－3.89
2010	14.7	－6.1	9.62	1.1	15.45	0.83
2011	11.6	1.8	－2.54	－0.1	25.05	5.58
2012	6.3	1.7	13.42	－0.03	1.21	1.44
2013	9.8	－0.1	15.95	1	25.83	7.36
2014	18.3	1.9	7.58	0.8	19.36	－0.11
2015	16.1	－0.9	2.74	0.5	14.64	4.45
2016	3.4	－1	6.92	0.1	1.89	0.52
2017	11.8	3.1	13.66	0.7	20.71	4.37
2018	11.6	1.8	－6.12	2.68	12.43	2.02

资料来源：根据各国PPRFs历年投资报告整理。

9.4　结　　语

从国际实践看，平衡投资管理专业知识与民主化管理，保持基金管理独立于其他政府政策或政治，同时保持基金的增值性和可持续性，是所有国家公共养老储备基金改革试图满足的三个关键条件。通过分析加拿大、挪威、新西兰和中日韩等国的发展演变轨迹，我们可以得出以下几点结论。

9.4.1 市场化运作和政府干预之间的平衡反映了各国公共养老基金治理体制的差异

从国际实践来看，各国均努力探索构建良好的治理架构，隔离政府对PPRFs投资管理的过度干预。加拿大、挪威、新西兰等西方国家由于市场化程度高，政府在经济、社会中并不进行强制主导，因此储备基金的投资管理制度建立在明确的职责下放、有效的控制和监督制度之上，政治干预程度较低。东亚地区的国家具有典型的“国家主义特征”，政府在公共养老金管理上起主导作用，进一步加剧了政治影响，中、日、韩三国在PPRFs投资管理过程中存在不同程度的政府过度干预。日韩养老储备基金管理近年来致力于提高基金运营的独立性和专业性改革，提高养老金的管理效率，努力实现资金管理体制由国家管理向商业性的私有化公司管理过渡。中国目前关注重点还在扩大社保资金规模和扩大投资渠道，独立性问题尚未引起足够重视。

9.4.2 各国公共养老基金投资策略各有侧重，呈现从单一到多元化的共同发展趋势

加拿大CPP以专业的投资能力使流动性较低的资产在低效率的非公开市场实现增值，并因规模效应而节省大量投资费用。挪威GPFG采用的是组合型的投资策略，新西兰NZSF的资本配置非常注重投资对象的成长性。日本GPIF一直采取相对保守的投资策略，注重稳定和保值，韩国NPF采取市场化主动投资策略，力求最大限度地增加收益。中国的社保基金会投资理念和投资方针主要侧重于低风险下的长期投资和安全保障下的收益性。各国都逐步提高了国内外股票、国外债券的投资比例，投资组合更加多元化。加拿大、挪威、新西兰的国外股权投资都超过了70%，挪威更是仅持有海外资产作为其资产配置策略。日本GPIF、韩国NPF的国内投资都超过了50%，中国的全国社保基金资产配置主要集中在银行存款和国债，证券投资基金、股票投资的比例较低。

9.4.3 政府干预较少的国家养老储备基金的投资业绩更好

养老储备基金的投资行为及业绩表明，政府干预较少的国家投资绩效更好。加拿大、挪威、新西兰在国内经济增速较低的情况下，将大量养老储备基金资产投资到国外具有高增长的金融市场上，三个国家大部分年份的收益率都在10%以上。中、日、韩三国养老储备基金的收益率都完成了保值目标，避免了因通货膨胀，物价上升使养老金实际价值缩水的风险。日韩养老储备基金收益率还基本跑赢了GDP增长，日本低风险的投资风格导致收益率最低，韩国保持了较高而稳定的收益水平。我国NSSF收益率最高，但收益波动也最大，且未能充分享受到经济高速增长的成果。

9.4.4 完善的投资运营体系，提高了投资决策的科学性

在养老储备基金资本化运作流程上，无论是加拿大、挪威、新西兰西方国家还是日韩，均建立了精算估算→中长期、短期计划与目标设定（包括资产配置和收益率）→资产配置→业绩评价（包括收益情况评价和风险管理情况评价），完整的储备基金投资运营决策、执行和监管评价体系。对养老储备基金设计改革方案和政策调整之前做好精细、完善的精算模拟评估，预测新方案、新政策可能产生的各种效果和风险，提高了投资决策的科学性，并提前对改革风险予以防范（赵敬、孙立娟、鲁吴霜，2019）。中国的NSSF目前尚未设定一个基准投资组合，社保基金理事会缺乏市场投资依据和业绩评估标准。

9.4.5 公开信息披露制度，提高了基金运作透明度

在信息披露制度上，加拿大、挪威、新西兰和日韩公共养老储备基金投资管理都非常透明公开，及时发布季度和年度投资业务报告，详细披露其资金积累、资产配置、各类资产收益、业绩评价、风险管理情况，并在官网上披露下一步的资产配置目标、收益目标和长期投资计划。我国NSSF网站与基金运营有关的信息较少，年度报告十分简略，只包含了投资管理的基本原则规定、基本管理结构

以及会计报表核算原则①。由于透明度较低，我国公共养老金在进入海外资本市场进行投资活动时会受到东道国监管者的怀疑，投资活动会受到一系列限制，这无疑会对投资业绩造成不利的影响。

9.4.6 优化投资管理体制，改善投资业绩成为中国全国社会保障基金的必然选择

由于社会文化制度、体制机制、经济金融环境等限制，我国并不具备西方国家养老储备基金完全商业化运营的土壤，从发展路径来看，我国公共养老储备基金的管理运作依然偏向遵循东亚模式，在以政府为主导的东亚模式中融入西方国家商业化、私有化运营的有效措施，是更为可行的选择。首先，优化全国社会保障基金的投资管理体制，提高储备基金投资运作的独立性和专业性。其次，建立专门的投资管理监督机构。鉴于对养老金资本化运作的监管集中于养老金在证券市场的投资运营，证监会具备监督的便利条件和专业力量，可考虑在证监会下设养老金融管理司负责监督养老金市场化投资。人社部也应该将养老金的投资运营管理任务独立出来，成立由政府代表、参保人代表、参保公司代表、养老金投资等领域的专家组成的养老基金管理、业绩评估、风险管理等各类委员会负责监督管理。再次，建立一个透明的、基于市场的、持续的绩效目标和基准，借鉴发达国家经验，设定长期精算绩效目标，并将其明确地与基金的战略投资布局挂钩。完善全国社保基金治理结构和信息披露机制，随着基本养老保险基金规模的不断增大，民众对全国社保基金理事会投资管理的关注度会大大增加，NSSF 理事会应定期发布业务报告（如年报、半年报甚至季报），加大信息披露力度，让社会公众参与到基金的投资监管工作中。同时，增强自我监管能力，成立内部风险控制小组，全面把握基金组合的风险和收益情况并出具风险报告。运行良好的内部控制风险机制能够在源头上防止风险的发生，不仅减少上层监管的压力，对公共养老储备基金运作的安全性和稳定性也十分重要。

---

① 最直观的比较，其他国家的 PPRFs 年度报告动辄四五十页甚至几百页，全国社保基金理事会公布的年度报告却不足十页。

第10章　中、日、韩三国养老产业发展研究

随着老龄化水平的提高，老龄问题引起全社会的关注，如何更好地提供养老服务成为当前研究的热点。东亚五国中，因日本、韩国、中国人口老龄化水平更高，养老产业的发展也更为急迫，本章对中、日、韩三国的养老产业进行研究。

10.1　中、日、韩三国对养老产业的不同定义

10.1.1　日本对养老产业的定义及分类

20世纪70年代，日本开始进入老龄化社会，养老产业应运而生。80年代，日本养老服务产业逐步发展，并初步形成规模。90年代，日本养老体系逐步成熟，形成了系统的行业标准。2000年介乎保险法的出现使日本养老产业进入新的阶段。当今，日本的养老产业已经高度成熟，并不断向外扩展。

养老产业在日本被称为“银发产业”。1992年，厚生劳动省（日本国家社会福利行政中枢机关）发布的《厚生3年度白书》中首次使用“银发产业”一词，并对其做出明确定义：民间经济活动部门按照市场经济标准，为老年人提供相关服务和商品的产业。而早在1985年11月设立银发服务振兴指导室时，日本厚生劳动省就把银发行业详细分为收费养老院等住居相关行业、护理服务相关行业、生活辅助器械相关行业、金融相关行业、医疗相关行业、休闲娱乐相关行业、其他日常生活相关行业七大类。日本政府制定了一系列推动养老产业专业化、市场化、社会化的政策，不断满足老年人多样化的生活需求。

日本银发产业分为横向和纵向两个层次。横向层次包括养老地产、养老服务、养老用品和养老金融四大领域，养老服务又可以进一步分为家政服务、金融服务、健康保健、旅游娱乐、教育社交和心理咨询等其他行业六大细分领域（见图 10－1）。纵向层次包括本位产业、相关产业和衍生产业三个维度，本位产业又可以进一步细分为居住产业、老年护理服务产业、老年食品产业和健康医疗产业；相关产业细分为老年用品用具产业、老年旅游产业和老年教育产业；衍生产业细分为护理保险产品、老年住宅反向抵押、老年储蓄投资理财和其他老年金融产业（见图 10－2）。

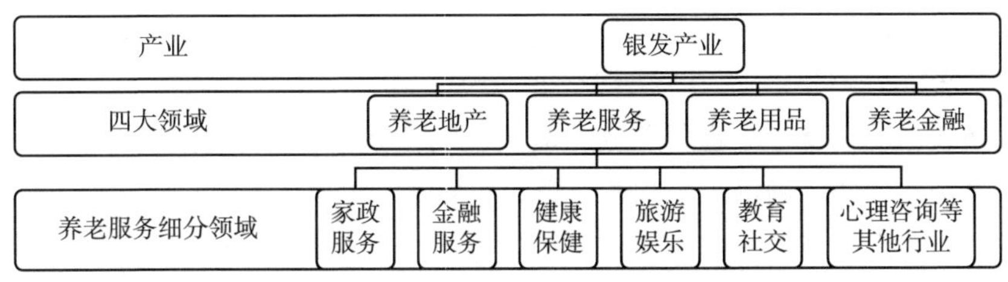

图 10－1　日本银发产业横向分类

资料来源：东兴证券研究所．养老产业专题报告之日本篇。

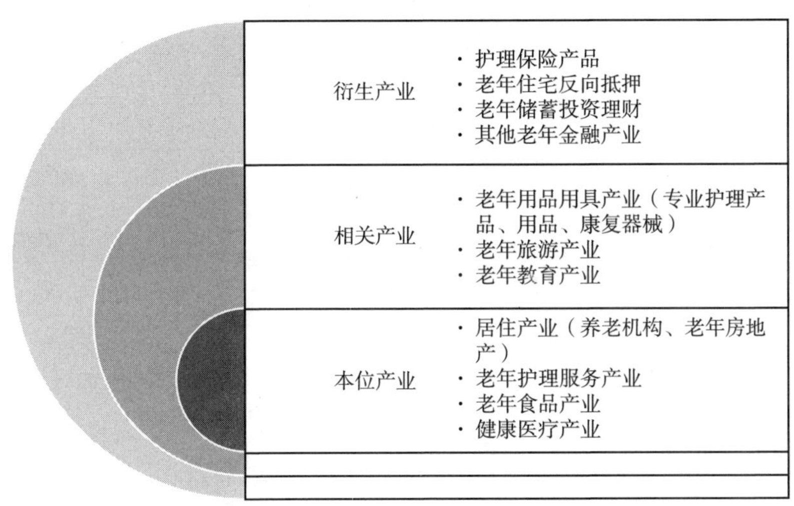

图 10－2　日本银发产业纵向分类

资料来源：田香兰．日本老龄产业制度安排及产业发展动向［J］．日本问题研究，2015（6）：37－49.

10.1.2 韩国对养老产业的定义及分类

2005 年，韩国政府用“老龄亲和产业”（senior-friendly industry）一词代替了“银发产业”（silver industry）一词，并对老龄亲和产业进行了明确的规定，即按照市场竞争原则为老年人提供身体、精神、生活等方面服务的民间产业。包括老龄亲和产品和服务的研究开发、生产制造、流通销售等过程，并将老龄亲和产业的对象界定为 65 岁及以上的老人及其照护人员。提出了八个部门共 19 个项目作为发展重点，2006 年将原有的护理、老年用品及器械、韩方（中药）、信息、休闲、金融、住宅、农业八大产业，扩展了交通、食品、服装、殡葬、药品（西药）六个行业。共选定 14 个部门 34 个项目作为重点发展内容。

目前韩国还没有老龄亲和产业的完整分类体系，一般沿用 2013 年韩国保健产业振兴院结合调查确定的定义和分类，如表 10－1 所示。

表 10－1　　韩国老龄亲和产业分类及重点发展内容

	分类	主要内容
老龄亲和产业	老龄亲和疗养产业	访问疗养服务、健康体检服务、疾病咨询和管理服务
	老龄亲和医药产业	抗痴呆溶剂、阿尔茨海默氏症溶剂、糖尿病治疗剂、高血压治疗剂、解热镇痛消炎药、肿瘤治疗剂
	疾病咨询和管理服务	—
	老龄亲和食品产业	特殊医疗用途食品、豆制品类、传统发酵食品（泡菜类、酱类、腌制食品）、保健食品
	老龄亲和化妆品产业	抗衰老化妆品（改善皮肤皱纹及松弛）、改善皮肤干燥和瘙痒化妆品、无味化妆品
	老龄亲和医疗设备产业	种植牙、牙科用 CAD/CAM 磨粉设备及牙科用材料（氧化锆）、助听器、牙科用电脑 X 线断层摄影装置、电刺激治疗仪、关节治疗仪
	老龄亲和用品产业	个人健康医疗用品、功能退化预防设备、休闲用品

资料来源：Jiyoung Kim，Narae Heo. A Study of Nurses' Recognition and Intention Senior Industry in Korea：Using Mixed Methods [J]. Korean Journal of Gerontological Social Welfare，2015（12）：267－292.

10.1.3 中国对养老产业的定义及分类

养老产业的概念首次在 1997 年全国第一届老龄产业座谈会上提出，对于如何定位养老产业以及养老产业涉及哪些市场和服务仍然是当今学界争论的热点。各国对于养老产业的称谓各有特色，如“银发产业”“老龄产业”“老龄亲和产业”等。当前学界普遍认同的观点是：养老产业是为老年人提供满足老年人物质、精神需求，提供相应产品与服务的产业。

养老产业可以分为横向与纵向两个层次，横向层次涵盖养老住宅市场、养老服务市场和养老用品市场三大板块，又可以进一步细分为养老服务市场、老年护理服务市场、老年卫生保健市场、老年生活用品市场、老年住宅市场、老年金融市场、老年保险市场、老年文化市场、老年教育市场、老年咨询服务市场十个细分市场（见图 10 – 3）。纵向层次包括核心产业、附属产业、关联产业三大领域。核心产业包括养老住宅产业、老年医疗和老年护理；附属产业包括专业家具、设施、易耗品，护理人员培训、劳务派遣，护理专业用品、老年医疗保健和老年娱乐学习；关联产业包括老年金融、老年保险、老年融资和老年咨询（见图 10 –4）。

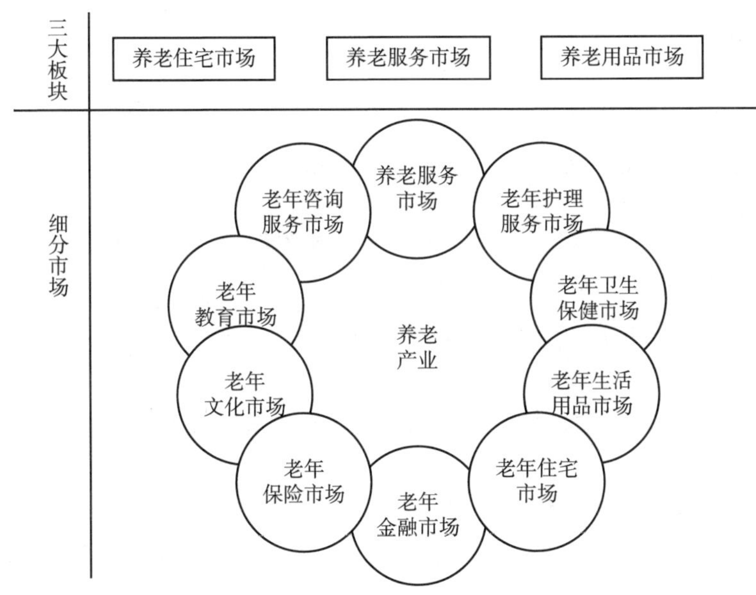

图 10 – 3 中国养老产业横向细分

资料来源：魏华林，金坚强．养老大趋势［M］. 北京：中信出版社，2014：72.

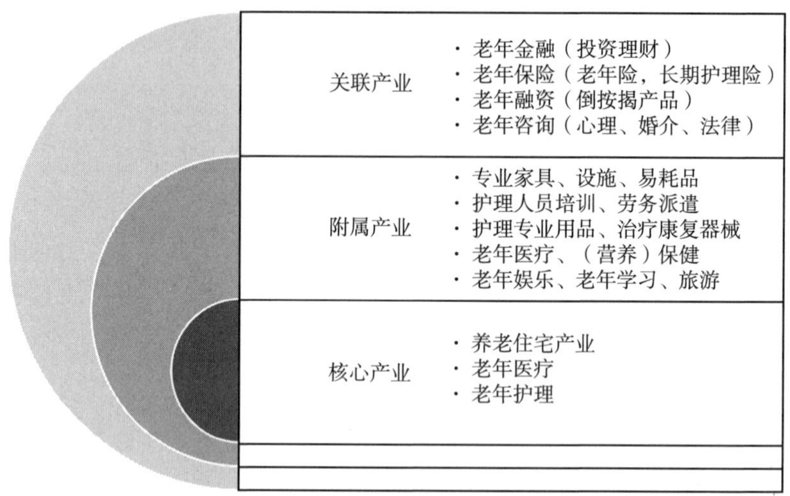

图 10－4　中国养老产业的纵向细分

资料来源：东兴证券研究所．养老产业专题报告之日本篇。

10.2　中、日、韩三国养老产业的发展状况

10.2.1　日本养老产业的发展特点

10.2.1.1　20 世纪 70～90 年代养老产业形成与发展

20 世纪七八十年代，政府在养老产业中发挥指导性的作用。政府设立专门的机构负责扶持养老产业的发展，为低收入群体提供必要的社会服务，通过出台相应的政策文件规范老龄产业行业标准，维护老年人的权益，推动日本老龄产业走向社会化和专业化。

20 世纪 80 年代后期，日本政府及企业开始注重发掘老年市场的潜力，着手开发老年产品和服务，标志性的事件是日本厚生省成立了“养老产业室”，通产省制定了“老龄商务伦理纲领”，规范老龄产业的标准和纪律。民间养老院还成立了区域间的养老协会，设立专门的基金会，为养老院提供资金支持。80 年代后期的日本养老产业逐渐走向专业化和规范化，更好地适应老龄社会和经济发展的需要。

20 世纪 90 年代，日本进入养老产业的全面发展时期。通产省出台一系列包括“促进福利用具研究、开发和普及的法律”“长寿社会住宅设计的指针”等政策和措施，实现中观层次的产业政策引导，调整市场产品结构，发展新型养老产业。

日本通过多层次、全方位的养老金体系与护理保险制度保证了老年人有足够的消费能力，推动了养老产业的社会化。同时，成熟的介护保险制度为日本形成以社区为依托、小规模多功能养老服务模式奠定了基础。通过推行“介护保险制度”，日本的寿险公司与养老机构开展了多方位的合作，多以股东出资成立合资公司的形式参与养老地产项目，或者通过股权收购的形式经营养老机构，物业运营权可以出租给介护服务商或者依托股东资源自建的运营服务商（李新华，2019）。

10.2.1.2 《介护保险法》促进了 21 世纪养老服务业的扩大

2000 年，随着介护保险制度的建立推行，日本养老产业开始进入大规模扩张期，介护保险制度也成为继“全民皆年金”和“医疗保险”之后日本最重要的社会保障制度。

日本的老年社会福利最初是一种国家主导的、自上而下的福利制度，缺乏地方自主性及社会的广泛参与。随着老龄化的急剧发展，老年人社会福利需求快速增加，同时家庭养老的基础变得更加薄弱，以国家为主导的强制性社会福利政策不堪重负，开始转向由家庭、邻里、社区、社会服务设施组成的综合性社会福利体系。2000 年《护理保险法》的实施进一步强化了市町村基层政府和其他社会力量参与养老服务的趋势。《护理保险法》实施之前，护理服务是根据“行政措施”来实行的，行政机构依法执行福利的行政处分权，福利服务的提供主体一般是以政府和公社民营的社会福利法人及部分民间非营利组织为主，老年人是被救助的对象，没有选择权。《护理保险法》实施后，服务的提供机构扩大到各种地方公共团体及民间组织、非营利组织以及医疗法人，政府也鼓励相关营利组织及民间企业进入服务领域。护理保险制度的实施改变了原先只针对贫困老人的情况，将覆盖面逐渐扩大，减轻了家庭子女的负担，同时赋予了老年人自由选择护理方式的权利，满足了各种各样的护理需求。另外，护理保险制度在一定程度上降低了医疗资源的浪费，整合了老年福利和医学领域护理服务，释放了医疗急需资源（新华网，2017）。

10.2.1.3 养老产业渗透日本社会各层次

目前养老产业已经是日本的支柱性和战略性产业，渗透到社会的各行各业之中。如建材公司为老年人专门进行居室、卫浴、座椅等的设计，打造舒心、便利的生活环境；不断研发适宜老年人的保健用具和介护用具；研发适宜老年人食用的软食；针对老年人开设的老年福利学等相关课程……日本形成以居住、健康医疗等本位产业为核心，老年用品用具、老年旅游、老年教育等相关产业为支撑，老年金融等衍生产业为补充的完整的产业链，该养老产业链横跨第一、第二、第三产业，融入人们经济社会生活各个方面。

10.2.1.4 进行适老设施改造，提倡老年人“自立支援”

面对日益提高的老龄化，维护老年人尊严、充分发挥老年人的自身能力，实现“自立支援”，成为非常重要的原则。为了给老年人自我照顾提供便利，在日本对适老设施改造十分普遍，从公共设施到老年人家中的各设施。以居家设施改造为例，在进入中老年后，很多家庭选择改造家用设施，包括具有理疗功能的老年用床、缓冲型地板、可以随时抓握的把手、具有防滑功能的浴缸、智能马桶等涉及生活各方面细节的设备改造。日本的养老服务机构根据自立支援理念，由“老年服务专业人才”来提供相应的服务。维持并提升现有身体机能的支援（自立支援），旨在帮助老年人实现自行进食、排泄、独立行走，帮助、方便老年人更好地独立自主生活，维护老年人尊严，帮助老年人维持生理机能（程晖，2018）。

10.2.1.5 养老机构以“小型化 + 连锁化”经营为主，智慧养老一体化服务

日本养老机构的建设以实用为主，认为养老的“软件”（即服务）比“硬件”（设施）更重要。不主张大型养老院建设，鼓励“小型化 + 连锁化”的社区型养老院经营，床位数一般在 100 张之内，适养老服务更加精细化、人性化。日本的养老院大都建在市内小区聚集的地方，以方圆十公里内的老人为目标客户群，迎合老人和子女不愿意相距太远的心理。此外，养老院还推出了养老院与居家养老相结合的模式。老年人在家中安装智能化设施，为老年人提供包括健康检查、家政服务呼叫、紧急呼叫等项目在内的养老服务。

日本智能建筑强调以人为本。室内和室外的感应装置能将各种环境信息发送给控制系统，系统自动调节门窗、空调、灯光甚至电视的开关，为老年人营造舒

适方便的生活环境。日本开发了许多针对老年人的智能科技产品，比如能够监控老年人睡眠质量的智能床垫、老年人专用的智能手机、智能家居系统、护理机器人、老年人智能玩具等。日本政府和企业合作研究和发展机器人技术，并利用其在机器人技术上的优势，研发了护理型机器人和生活辅助型机器人。预计未来，机器人还能智能识别老年人的生活状况，诊断和监控老年人的身体健康情况（徐凤亮，2019）。经济产业省预测，到 2025 年，老年人用的机器人将创造出 2.6 万亿日元的市场，到 2035 年，市场将增加到 5 万亿日元，机器人产业在日本的老年人照护中将发挥越来越重要的作用（刘伟祎，2019）。

10.2.1.6 养老产业“走出去”已上升为国家战略

20 世纪 90 年代以来，遭受亚洲金融危机之后日本经济长期低迷，与此同时，老龄人口比重不断增大，对养老产业的需求空前增加，为养老产业的发展提供了广阔的发展市场。借此机会，日本老龄化产业飞速发展，养老产业规模不断扩大，逐渐发展成日本的支柱产业之一。日本养老产业迅猛发展，然而日本国内市场已经接近饱和，因此，养老产业积极寻求国际市场，将目标市场投向中国等东亚国家。日本医学馆、长乐、理爱等日本各大养老行业公司纷纷进军中国，开展访问护理、养老设施建设、养老人才培训等服务，并进行护理设备的输出。

10.2.2 韩国养老产业发展特点

10.2.2.1 老龄亲和产业市场规模不断扩大

随着韩国老龄人口比重逐渐增加，国内对养老产业的需求也与日俱增，老龄亲和产业迅速发展。2014 年韩国建有 1297 所老年医院，与老龄人有关的疗养、食品、药品、休闲、金融、住宅等各大产业均有较大幅度的增长，预计 2020 年韩国老龄市场规模将会扩展到 70 多万亿韩元（Newsis，2017）。[①]

10.2.2.2 老年用品、医疗与居家养老服务设施持续增加

2014 年，韩国从事长期护理工作的人员增至 42.5 万人，从事护理师工作的

---

① ［韩］新闻（Newsis）. 打造 72 万亿韩元的老龄市场——花样爷爷奶奶将成为流通业的大帮手［EB/OL］. http：//www. asiatoday. co. kr/view. php? key = 20170124010015430，2017 - 01 - 24；http：//www. newsis. com/view/? id = NISX20170124_0014661464&cID = 10408&pID = 13000。

人员增至27.2万人，长期护理机构增至4800多所，居家机构增至2万多家。2015年文化活动型老年机构占老龄服务机构的88.4%，医疗型老年机构占比6.7%，居家照护型老年机构占比4.1%，居住型老年机构占比0.6%。从事老年生活安全援助技术开发的企业从2011的41%增长至2016年的52%①。据估计，老年报警器、健康测量器等老年康健产品规模到2020年将会增长至2.3万亿韩元。与此同时，韩国老龄产业也逐渐走向国际，在英、德、美、日等国的老龄产品博览会上也能经常发现韩国老龄产品的身影②。

10.2.2.3 老年休闲文化活动增多

当前，韩国老年休闲活动逐渐增多，但活动参与率与年龄呈现负相关关系。根据2015年统计数据，65~74岁的老年人活动参与率为28.4%，85岁以上老年人活动参与率仅为17.2%。在众多老年活动中，电影和读书最受老龄人欢迎，参与率分别为35.8%和34.6%。2015年韩国建有6.4万多所敬老堂、321家福利馆，福利机构进一步普及，调查显示，敬老堂成为老年人联络感情的主要场所，但是结构较为单一，缺少丰富化的老年活动。

10.2.2.4 老龄金融持续发展

2004年重启了1995年实施后中断的住房逆抵押贷款；2007年实施公共保障住宅年金，政府对无稳定收入来源的老年人实行住房租赁补贴制度。2008年，开始正式实施长期疗养保险制度，主要为那些进食、洗澡、排泄等基本日常难以自理的老人提供服务。长期疗养保险制度的保险给付有两种模式，一是机构给付，二是家庭给付。老人入住养老服务机构时，可享受机构保险给付，个人（家庭）承担总费用的20%，老人选择居家护理服务时享受居家护理保险给付，个人（家庭）承担总费用的15%，其余部分由保险机构承担。这一制度一方面活跃了养老护理服务和用品市场；另一方面由于老年人以低廉的价格购买或租赁老年用品，大大减轻了家庭的养老负担，提高了老年人的购买力，为保健食品、老年旅游、老年化妆品等行业的发展增加了有效需求。长期护理保险制度的实施每年可为老年人节省8亿韩元的医疗费（崔桂莲、刘文，2017）。

---

① ［韩］今日亚洲（Asiatoday）. 用专利技术守护独居老年人的安全［EB/OL］. 2017-01-24，http：//www. asiatoday. co. kr/view. php？key=20170124010015430.

② 英国：健康、福祉、银发、医疗器械、药品、卫生用品等；德国：老人运动、旅游、服装、健康、居住；美国：退休老人使用的商品；法国：老人旅游、健康、财政、IT；日本：长期照护、老人生活与兴趣用品、服务及信息提供。

10.2.3 中国养老产业发展特点

10.2.3.1 养老服务业发展迅速

“十二五”期间，我国养老服务业发展迅速，初步建立起以居家为基础、社区为依托、机构为支撑的养老服务体系。2015年，我国已经拥有各类养老服务机构和设施11.6万个，各类养老床位672.7万张，每千名老年人拥有养老床位30.3张；养老服务机构职工人数达到38.5万人；老年学校5.3万所，在校学习人员732.8万人。“十三五”以来，养老服务业进入发展快车道：大型养老服务项目作为养老服务的投资热点，通过一些大型、高端、综合性且兼具持续照顾性的老龄服务项目发展起来；由于市场需求的发展，小型、专业、连锁化的老龄服务机构也被投资者所关注。为老年人提供专业护理的专业化、连锁化护理院，成为市场上需求较大，发展前景看好的养老服务市场之一（许晓芸，2019）。我国养老产业市场规模不断壮大。全国养老产业市场规模从2014年的4万亿元提高到2018年的6.6万亿元，预计2020年达到7.8万亿元（包兴安，2019）。

10.2.3.2 参与主体呈现多元性，养老房地产和养老保险先行

随着地产、保险、医疗服务、康复辅具等企业踏入养老产业，参与养老产业的企业主体呈现多元性，形成了养老产业多元化的竞争格局。保利、远洋、万科、绿城、绿地、宜华等地产企业率先进入了养老产业。截至2015年底，超过80家房地产企业进入养老地产，其中，百强企业中进入养老行业的就有23家。养老产业的参与主体日益多元化，地产、医疗、康护、器械、保险、互联网、大健康等相关企业都在养老产业中显示出勃勃生机，逐渐构建起完善的养老产业链。“智慧养老、信息系统、养老器械等类型的企业通过嫁接‘互联网、O2O、人工智能’等创新技术，不断进行产品革新，间接推动着养老产业边界的外延，凸显技术革新对养老产业链拓展的影响”。2016年以来，国有大型企业和民营实力集团资本通过兼并重组等方式全面介入养老产业。国企、民企纷纷以资本撬动养老业务，快速形成规模并占领市场。养老地产随着资金实力的充实，服务质量

完善，服务链条延伸，养老产业总体上呈现体系化发展[①]（新华网，2017）。

10.2.3.3 养老产业与PPP[②]对接成为区域养老产业发展中的重要形式

截至2016年9月底，我国养老服务业和医养结合领域的养老PPP项目共计264个，其中山东省养老PPP项目数量以50个位居榜首，其次是贵州省41个，再者是河南省22个。各个地区之间养老PPP项目投资金额相差较大，根据财政部统计数据显示，投资金额前三位的养老PPP项目为山东省济宁市嘉祥九顶山养老服务和生态综合治理项目、云南省爱晚工程国际养老基地项目、山东省淄博市沂源县山东天湖养生养老旅游项目，分别投资1307830万元、680000万元和375645万元，其中北京市大峪街道黑山养老照料中心项目投资金额最少，仅为600万元。由于我国市场机制尚不完善，大部分人老年人消费水平较低，家庭养老意识根深蒂固，导致我国养老PPP项目会出现发展时间长、收益时间长、利用率不高的特点[③]。

2018年，国家和地方纷纷出台有关养老服务市场的相关政策，企业纷纷响应。2018年9月，龙湖集团推出的椿山万树项目，已经率先在重庆、上海、成都、北京等城市落地发展。寿康之家在京津冀、长三角、珠三角、华中、西南、东北等区域建立以北京、上海、合肥等15个城市为核心的全国化养老布局。未来，政府和企业也会加大对养老产业的重视力度，推动养老产业将会成为未来发展的重点举措[④]。

10.2.3.4 智慧养老成为发展趋势

随着技术水平的提高，养老产业已经摒弃传统的养老模式，智慧养老将会成为未来养老产业发展的重点方向。智慧养老是指通过信息技术等现代科技技术为老年人提供包括生活、健康、娱乐、学习、旅游等全方面、多层次的服务。智慧养老包括智慧助老、智慧用老和智慧孝老三个方面。智慧助老是指通过先进科技

---

① 根据新华网，中国健康养老产业发展报告——企业篇整理，http://news.xinhuanet.com/gongyi/yanglao/2017-01/23/c_129457778.htm。

② PPP（public-private-partnership）即公共私营合作制，是政府与私人组织之间为了合作建设城市基础设施建设项目，或是为了提供某种公共物品和服务，以特许权协议为基础，彼此之间形成一种伙伴式的合作关系，并通过签署合同来明确双方的权利和义务，以确保合作的顺利完成，最终使合作各方达到比预期单独行动更为有利的结果。

③ 根据新华网，中国健康养老产业发展报告——资本篇整理，http://news.xinhuanet.com/gongyi/yanglao/2017-01/23/c_129457778.htm。

④ 中指研究院，2018年中国养老地产市场发展年报。

技术帮助老年人；智慧养老是指通过一定的技术手段将老年人的智慧经验进行展现；智慧孝老是指通过远程技术等手段帮助不在身边的子女加强与父母的联系。

智慧养老一体化服务是指利用互联网和大数据，为老年人提供线上线下、家庭与社区一体化的服务。未来，我国智慧养老服务产品将会更注重人性及个性的解放，在为老年人提供生活和物质服务的同时，更加关注老年人的内心世界，满足其精神上的空缺感，提供医疗护理、精神慰藉、自我尊重等方面的服务，提高老年服务的满足感。

10.3 中、日、韩三国的养老产业政策

10.3.1 日本养老产业政策的发展

日本养老产业政策具有阶段性、统一性，可操作性强等特点（田香兰，2015）。20 世纪 70 ~80 年代是日本养老产业的形成时期。这一阶段的养老产业政策侧重于建立市场规范和行业准则，保护老年人权益，并推进养老福利的社会化和产业化。20 世纪 90 年代，日本经济进入低迷期，需求不足，而老年人口的比例和购买力却持续上升，提供适合老年人的产品和服务，开发老龄市场，从而带动经济增长。日本政府先后出台了《促进福利用具研究、开发和普及的法律》《长寿社会住宅设计的指导方针》等法律扶持养老产业发展。经过长期的发展过程，日本养老产业在规范、市场规模、社会功能、从业人员的专业性等方面已经相对成熟。介乎保险制度的实施使得日本养老产业焕发了新的活力，2010 年 6 月，日本政府公布《21 世纪复活日本的 21 个国家战略项目》，提出扩大看护、医疗等相关产业的市场规模，并积极鼓励养老产业走向海外，为此日本放宽“医疗签证”限制，鼓励日本周边国家人民去日本享受养老服务①。从 2005 ~2018 年，《保险护理法》还进行了四次修改（见表 10 -2）。

① 根据中商产业研究院“2014 ~2018 年中国养老产业市场深调查及投资机会研究报告”整理。

表 10－2 日本养老产业相关政策汇总

年份	成立机构/实施计划名称	主要内容
1974	制定《收费养老院设置运营指导方针》	对养老机构的属性、设施标准、人员配置、服务标准和优惠贷款制度等做了明确规定，并接受政府部门行政指导和监督
1980	成立“银色标志认证委员会”	对符合条件的养老机构、老龄产品和服务及其厂商进行认证
1985	成立老龄振兴指导室	指导促进养老产业的发展
1987	成立社团法人老龄服务振兴会	由从事养老产业的民间企业及团体组成，主要以信息交流为主，作为政府和企业、组织沟通的媒介
	颁布《社会福利师和介护福利士法》	建立职业资格考试制度，并逐渐在多所大学开设老年福利学等相关专业，为产业发展输送人才
1990～2004	制订三次“黄金计划”	首次计划总投资 6 万亿日元；二次计划确定以居家养老为重点，进一步完善了老龄社会福利，也扶持了养老产业的发展
2000	制定《社会福利法》《护理保险法》《介护保险法》	确立了福利提供者与利用者之间平等的契约关系，直接为养老产业的发展奠定了法律基础；提高老年人介护服务的支付能力
2001	全面修订《收费养老院设置运营指导方针》	放宽对营利企业和 NPO（特定非营利活动团体）法人的限制，使更多的民间企业和团体参与进来，通过市场机制，实现护理服务供给主体多元化
2009	制定 2010～2020 年“新发展战略”基本方针	涵盖六大重点行业，主要力度在医疗护理产业和健康相关产业
2011	制定“新增长战略”2011 方针、设立“护理职员制度研讨会”	明确提出养老产业（健康产业）为六大重点产业之一，并积极扩大医疗护理业的作用、扩宽“老人之家”法人的经营范围，完善护理产业的相关法律法规，加强推广社区巡回服务
2012	制订第五次护理保险事业计划	政府提出“护理保险制度修改意见”并推广
2005～2018	四次修改《护理保险法》	持续推进居家在地医养融合，鼓励开设护理医疗复合养老机构

资料来源：笔者根据相关资料整理。

10.3.2 韩国养老产业政策的发展

韩国应对老龄社会环境的变化采取的措施，通过制定有关法律和扶持政策等为老龄亲和产业提供成长动力和集中的产业扶持政策。1992 年韩国出台相关法律，保障老年劳动力就业，2006 年韩国出台《老龄亲和产业振兴法》，奠定养老产业的法律基础，2008 年韩国实行振兴养老产业战略，促进养老产业的发展。通过一系列制度和计划建立起韩国养老产业的政策体系（见表 10-3）。虽然韩国政府已经提出了养老产业发展战略意见，但关于具体问题及改善方案的原则性指导标准缺停留在原先的水平，保健医疗工作者缺乏针对当前的具体实施方案（Jiyoung Kim & Narae Heo，2015）。

表 10-3　　韩国养老产业相关措施与政策汇总

年份	成立机构/实施计划名称	主要内容及意义
1992～2003	颁布、修订《老龄人雇用促进法》	为老年劳动力就业提供政策支持
2004	韩国提议成立中日韩标准合作体	大力推广老年产品标准化，力争制定老年产品标准的规则，在“中日韩标准合作体”上通过对老龄产品标准的讨论，制定符合东亚人体型各种规格的相应标准
2005	制定《低出生、老龄社会基本法》	成立总统直接管辖的低出生、老龄社会委员会
2006	制定《老龄亲和产业振兴法》	提出了振兴养老产业战略，实施分阶段扶持计划，为养老产业的培育、发展提供了基本的法律依据
2006	制定第一次低出生. 老龄社会基本计划（2006～2010 年）	主要解决养老基础设施、养老产品和养老金融的发展问题，促进老龄亲和产品技术开发和标准化
2007～2008	制定《老年人长期疗养保险法》、实施长期疗养保险制度	为老年人自主选择福利提供者的服务制定法律基础，为养老产业的发展提供了足够的购买力和制度保障
2011	制定第二次低出生. 老龄社会基本计划（2011～2015 年）	大力扶持老年亲和产业，两大主题：养老产业基础设施——提高养老产业的市场竞争力，激发养老产业在国内外市场上的活力；健康——推进老年保健食品产业基础建设
2016	制定第二次低出生. 老龄社会基本计划（2016～2020 年）	建立和完善养老产业培育体系，增加 R&D 扶持费用；加强通用设计支持系统；培育养老产业宣传及出口补贴；基于 ICT（信息，通信和技术）的数字健康产业培育，培育老年保健食品产业；培育老年旅游产业

资料来源：笔者根据相关资料整理。

10.3.3　中国养老产业政策发展

1999 年我国成立全国老龄工作委员会，2001 年国务院印发《中国老龄事业发展“十五”计划纲要（2001～2005 年）》，从此养老产业有了明确的发展规划。

截止到2011年，我国养老仍然以保障老年社会权益问题为主。

在“十二五”（2011～2015年）期间，支持养老产业社会化的政策进程启动。2012年政府落实各项优惠政策和资金支持鼓励民间资本参与养老产业发展，诸多利好政策得以落实，而2013年被称为中国的养老产业元年，政策红利释放，养老产业进入市场化推进期。2015年，养老政策多集中于引导和纠正社会资本的投资转移（见表10－4）。随着技术水平的提高，养老产业政策逐步向智慧养老集中（见表10－5）。

表10－4　中国养老产业相关政策与措施

年份	成立机构/实施计划名称	主要内容及意义
1996	颁布《老年人权益保障法》	保障老年人合法权益，发展老龄事业的基本法律
1999	成立全国老龄工作委员会	国务院主管全国老龄工作的议事协调机构
2001～2011	“十五”“十一五”计划纲要时期	养老政策主题以老年社会权益问题的保障等基础性问题为主，养老更多的为政府性社会福利事业
2013	《关于加快发展养老服务业的若干意见》	到2020年建成以居家为基础、社区为依托、机构为支撑的养老服务体系
2014	《鼓励外国投资者在华设立营利性养老机构从事养老服务的公告》	鼓励外国投资者在华独资或与中国公司、企业和其他经济组织合资、合作举办营利性养老机构
2015	《关于鼓励民间资本参与养老服务业发展的实施意见》	鼓励民间资本参与居家、社区、机构养老服务；支持民间资本参与养老产业发展
	《关于推进医疗卫生与养老服务相结合的指导意见》	到2017年初步建立医养结合政策体系、标准规范和管理制度；基本形成专业化医养结合人才培养制度
2016	《关于金融支持养老服务业加快发展的指导意见》	到2025年，从金融组织体系、信贷产品、融资渠道、保险体系、金融服务等方面为养老服务业提供金融支持
2017	《关于运用政府和社会资本合作模式支持仰赖服务业发展的实施意见》	鼓励运用政府和社会资本合作（PPP）养老服务业供给侧结构性改革，加快养老服务业培育与发展
2018	《养老机构服务质量基本规范》《食品安全国家标准老年食品通则》《老年人找了设施建筑设计标准》	分别从养老服务质量、老年食品安全、建筑设计提出了具体的规范标准。各项细化标准的出台，标志着我国养老设施的标准化推进跨入了新时代

资料来源：笔者根据相关资料整理。

表 10－5　　中国支持智慧养老产业发展的政策措施

年份	颁发部门	政策通知	主要内容
2011	国务院	中国老龄事业发展“十二五”规划	加快居家养老信息系统建设
2013	国务院	关于加快发展养老服务业的若干意见	发展居家网络信息服务
2015	国务院	关于积极推进“互联网＋”行动的指导意见	明确提出了“促进智慧健康养老发展”的目标任务
2015	民政部等十部委	关于鼓励民间资本参与养老服务业发展的实施意见	鼓励民间资本参与居家和社区养老服务，推进养老服务信息化建设
2016	国务院	关于促进和规范健康医疗大数据应用发展的指导意见	推动健康医疗大数据融合共享、开放应用
2016. 3	人民银行、民政部、银监会、证监会、保监会	关于金融支持养老服务业加快发展的指导意见	积极创新专业金融组织形式，探索建立养老金融事业部制、组建多种形式的金融服务专营机构，加大对养老领域的信贷支持力度：推动符合条件的养老服务企业上市融资，支持不同类型和发展阶段的养老服务企业、项目通过债券市场融资，为养老服务企业及项目提供中长期、低成本资金支持
2016. 12	国务院办公厅	关于全面放开养老服务市场提高养老服务质量的若干意见	发展智慧养老服务新业态，打通养老服务信息共享渠道
2017. 2	工信部、民政部和卫计委	智慧健康养老产业发展行动计划（2017～2020）	计划要求到 2020 年，基本形成覆盖全生命周期的智慧健康养老产业体系，建立 100 个以上智慧健康养老应用示范基地，培育 100 家以上具有示范引领作用的行业领军企业，打造一批智慧健康养老服务品牌
2017. 3	国务院	“十三五”国家老龄事业发展和养老体系建设规划	健全养老服务体系
2017. 6	发改委	印发《服务业创新发展大纲（2017～2025）》的通知	鼓励发展智慧养老
2018. 7	工信部、民政部和卫健委	智慧健康养老产品及服务推广目录（2018 年版）	产品和服务类别
2017. 12	工信部	2017 年智慧健康养老应用试点示范名单	包括智慧健康养老示范企业 52 家，智慧健康养老示范街道（乡镇）82 个，智慧健康养老示范基地 19 家

续表

年份	颁发部门	政策通知	主要内容
2018.4	国务院	国务院办公厅关于促进"互联网+医疗健康"发展的意见	开展第二批智慧健康养老应用试点示范工作
2018.12	工信部、民政部、卫健委	关于公布第二批智慧健康养老应用试点示范名单的通告	包括智慧健康养老示范企业26家，智慧健康养老示范街道（乡镇）48个，智慧健康养老示范基地10家

资料来源：笔者根据相关资料整理。

近年来，中央及各地方出台的养老产业扶持政策很多，然而，实际操作中制约养老产业发展的瓶颈问题并未完全破解。老龄化和促进养老产业发展缺乏明确的法律约束，政策体系不够完善。同时，养老服务业涉及部门众多，其中利益关系错综复杂（相关政策见表10-5）。2019年7月27日，国务院建立了养老服务部际联席会议制度，涉及21个部门，[①] 这将对整合我国养老产业发展资源，促进养老产业发展起到推进作用。

10.4 中、日、韩三国养老产业的人力资源支持体系

10.4.1 日本养老产业人力资源培养状况

1987年，日本通过了《社会福祉士法》和《护理福祉士法》，并于1999年进行了这两项国家资格的首次考试。社会福祉士（相当于社工）主要为老年人的身心健康和日常生活提供咨询和指导，报考人员必须有大学及以上学历并选修过相关课程或大专及以上学历并有一定年限的实践经验且在培训中心经过培训。介护福祉士（护理员）主要为老年人提供具体的介护和日常生活服务，报考人员为高中及以上学历并接受过1~2年培训或无高中学历但有一定年限的工作经验。《社会福祉士法》和《护理福祉士法》，极大地促进了专业护理人员队伍的壮大

① 参见中国政府网，国务院办公厅关于同意建立养老服务部际联席会议制度的函，http://www.gov.cn/gongbao/content/2019/content_5421547.htm。

和质量的提高。政府力图通过签约服务、免除学费等措施加强专业护理人员队伍建设（闵晓，2016）。

护理工作劳动强度大、内容复杂，然而收入相对较低，所以对于日本年轻人缺乏吸引力。随着日本老龄人占总人口比重不断走高，据估计，2025 年日本将出现 38 万护理人员的空缺，为了预防这种现象，日本出台了《出入国管理难民认定法（入管法）修订案》，法案规定自 2017 年 9 月起，成为“介护福祉士”的在日外国人，最高可获五年日本在留签证[①]。在保证日本老年人获得较高质量服务的基础上，为产业发展提供了充足的人力资源支持。

日本注重对养老护理人才的学历教育。大多数高校都专门设有社会福利学系和老年福利学专业（见表 10－6）。养老产业以护理产业为核心，注重培养养老护理人才。目前有共有 80 多所国公立大学、170 多所私立大学设立护理学、保健学或保健福利专业，这些专业大部分都设置老年护理方法论、老年护理辅助、老年痴呆护理、老年护理援助论等专业课程，大部分国公立大学同时在研究院开设相关专业。静冈福祉大学、东京福祉大学等专门院校还培养能够在介护现场发挥主导作用的高度专业化人才[②]。

表 10－6　　日本社会福祉学高校招生专业、人数一览

高校	2019 年			
	开设专业（学部）	招生人数	开设专业（研究院）	招生人数
首都大学东京	健康福祉学部/护理学科	48	健康福祉学部/理疗学科	24
			健康福祉学部/工作疗法专业	31
			健康福祉学部/射线学科	31
神奈川县立保健福祉大学	保健福祉学部（大学院）	22	社会福祉学科	33

① 据课题组对国内劳务输出公司（威海市联桥国际合作集团有限公司）的调研，截至 2019 年 11 月，该公司为日本输出 8 批中国介护人才，称为“介护实习生”，需要在国内考过日语 N4，再办理签证手续，去日本的养老设施里面工作，工作内容是一般护理服务。“介护实习生”在日本工作 3 年，可以考“介护福址士资格”。

② “介护”（看护）在留资格，不仅加强了从海外引进大量具有专业资格的养老服务人员的力度，也吸引了外国留学生加入专业学习。据公益社团法人“日本介护福祉士培养设施协会”统计，从法律修正后的 2015 年开始，留学生人数开始慢慢增加。包括留学生在内，2017 年介护专业入学的人数多达 7528 人，其中留学生人数占总人数的 8.1%。参见张艾京．日本入管法新增“介护”在留资格最久可留日五年，中国新闻网，http：//www.chinanews.com/hr/2017/08－29/8316587.shtml。

续表

高校	2019年			
	开设专业（学部）	招生人数	开设专业（研究院）	招生人数
埼玉县立大学	社会福祉学科/社会福祉学专业	53	社会福祉学科/福祉学专业	20
岩手县立大学	社会福祉学部/社会福祉学科	54	社会福祉学部/人间福祉学科	47
山梨县立大学	人间福祉学部/福祉学科	53	人间福祉学部/人形学科	33
高知县立大学	社会福祉学部/社会福祉学科	32		
静冈县立大学	护理系	120		
大分大学	福祉健康科学部/理疗课程	31	福祉健康科学部/社会福祉课	37
			福祉健康科学部/心理学科	35
福井县立大学	护理福祉学部/护理学科	59	护理福祉学部/社会福祉学科	47
爱知县立大学	教育福祉学部/社会福祉学科	55	护理学部/护理学科	90
山口县立大学	社会福祉学部/社会福祉学科	105	护理营养系/护理系	56
			护理营养系/营养学科	44
关西福祉大学	社会福祉学部/社会福祉学科	156	教育学部/保健教育学科	99
			护理学部/护理学科	282
立正大学	社会福祉学部/社会福祉学科	116	教育学科	156
			社会课程	153
福冈女学院大学	人际关系学部/心理学科	264		
摄南大学	护理系/护理学	248		
樱美林大学	健康福利学群	302		
熊本学园大学	社会福祉学部/第一部社会福祉学科	223	社会福祉学部/福祉环境学科	119
			社会福祉学部/子家庭福祉学科	133
			社会福祉学部/社会福祉学科	128

续表

高校	2019 年			
	开设专业（学部）	招生人数	开设专业（研究院）	招生人数
高崎健康福祉大学	社会福祉学科	172	健康营养学科	167
			护理学科	244
			理疗学科/教育学科	75/1655
日本大学	社会学科	377	社会福祉学科	125
国际医疗福祉大学	医疗福祉学部/医疗福祉学科	72	福冈护理学部/护理学科	47
关西学院大学	人间福祉学部	282		
立教大学	福祉学部	391		
关西大学	人类健康学科	332	人类健康研究科	12
法政大学	现代福利学部	203	人类社会研究科	9
日本福祉大学	社会福祉学部	320	健康科学部	205
			护理学部	121
高校	2018 年			
	开设专业（学部）	招生人数	开设专业（研究院）	招生人数
神奈川县立保健福祉大学	保健福祉学部（大学院）	32		
埼玉县立大学	社会福祉学科/社会福祉学专业	54	社会福祉学科/福祉学专业	20
山梨县立大学	人间福祉学部/福祉学科	56	人间福祉学部/人形学科	31
静冈县立大学	护理系	120		
大分大学	福祉健康科学部/理疗课程	33	福祉健康科学部/社会福祉课	38
			福祉健康科学部/心理学科	38
冈山县立大学	保健福祉学部/护理学科	44	保健福祉学部/营养学科	63
			保健福祉学部/保健福祉学	61
山口县立大学	社会福祉学部/社会福祉学科	101	护理营养系/护理系	57
			护理营养系/营养学科	40

续表

<table>
<tr><th rowspan="2">高校</th><th colspan="4">2018 年</th></tr>
<tr><th>开设专业（学部）</th><th>招生人数</th><th>开设专业（研究院）</th><th>招生人数</th></tr>
<tr><td>福冈女学院大学</td><td>人际关系学部/心理学科</td><td>213</td><td></td><td></td></tr>
<tr><td>摄南大学</td><td>护理系/护理学</td><td>452</td><td></td><td></td></tr>
<tr><td>樱美林大学</td><td>健康福利学群</td><td>305</td><td></td><td></td></tr>
<tr><td rowspan="3">熊本学园大学</td><td rowspan="3">社会福祉学部/第一部社会福祉学科</td><td rowspan="3">49</td><td>社会福祉学部/福祉环境学科</td><td>32</td></tr>
<tr><td>社会福祉学部/子家庭福祉学科</td><td>56</td></tr>
<tr><td>社会福祉学部/社会福祉学科</td><td>64</td></tr>
<tr><td rowspan="3">高崎健康福祉大学</td><td rowspan="3">社会福祉学科</td><td rowspan="3">188</td><td>健康营养学科</td><td>188</td></tr>
<tr><td>护理学科</td><td>246</td></tr>
<tr><td>理疗学科/教育学科</td><td>89/206</td></tr>
<tr><td>关西学院大学</td><td>人间福祉学部</td><td>391</td><td></td><td></td></tr>
<tr><td>关西大学</td><td>人类健康学科</td><td>353</td><td>人类健康研究科</td><td>13</td></tr>
<tr><td>法政大学</td><td>现代福利学部</td><td>251</td><td>人类社会研究科</td><td>11</td></tr>
<tr><td rowspan="2">日本福祉大学</td><td rowspan="2">社会福祉学部</td><td rowspan="2">401</td><td>健康科学部</td><td>274</td></tr>
<tr><td>护理学部</td><td>163</td></tr>
</table>

资料来源：根据日本各高校招生网站信息整理。

10.4.2 韩国养老产业人力资源培养状况

韩国养老产业人才培养体系尚不完善。目前，韩国提供居家养老服务的机构主要是老年福利馆和社会福利馆，仅提供洗衣做饭、打扫、陪伴等日常事务，缺乏专业的医护知识。而在独居老人普遍的农村，护理人员更为缺乏，大多数老人不得不依靠其亲友提供护理。老年用品市场，高端市场由日本、欧美国家的高端技术产品为主，低端产品市场由中国和东南亚地区满足，韩国生产老年用品的多为小型企业，缺少新产品新技术开发的高级研发人才，导致产品缺乏竞争力，70%以上的国内养老用品市场被侵蚀。

为了应对老年人的医疗、护理、用品等市场规模扩大而对相关专业人才的需求，韩国也大力加强培养各层次养老专业人才。韩国也设有护理人员资格证书考试，考证人员无年龄和学历要求，需要通过理论学习和实践获得护理人员资格证书。资格证书分为两个等级，一级护理员能够给老人提供身体活动方面的服务，二级护理员能够为老人提供日常生活方面的服务。

韩国中央大学、首尔大学、延世大学等很多知名院校均设有社会福利系，江南大学、庆南信息大学、庆熙大学、崇实大学等特别开设老年福利或养老产业专业（见表 10－7）。多所院校设立老年化产业咨询、临床治疗、语言听觉治疗、老年护理等与养老产业相关的专业。其中，江南大学连续 5 年被评为养老产业专业人力培养的先导大学。不仅是在养老产业理论研究和培养养老产业高级专业人才领域颇有建树，更为韩国的生活健康研究所、老年生活体验中心以及通用设计中心等支援活动提供大力支持。

表 10－7　韩国开设社会福利专业的大学

学校	层次	专业
梨花女子大学	本科	社会福利学
东国大学	本科	社会福利学系
崇实大学	本科	社会福利
首尔市立大学	本科	社会福利学系
仁荷大学	本科	社会福利学
韩国加图立大学（圣心校区）	本科	社会福利学
京畿大学（水源校区）	本科	社会福利专业
釜山大学	本科	社会福利学
庆北大学（大邱校区）	本科	社会福利学部
忠南大学	本科	社会福利学系
全北大学	本科	社会福利学系
中央大学（首尔校区）	本科	社会福利
檀国大学（天安校区）	本科	社会福利学
成均馆大学	本科	社会福利学

续表

学校	层次	专业
延世大学	本科	社会福利学
国立首尔大学	本科	社会福利
启明大学	本科	社会福利学系

资料来源：根据韩国高校网站资料整理。

养老产业学部与养老产业企业和机关之间已经建立了有机的合作关系，培养现场实用知识与实践能力兼备的人才。很多毕业生作为专家活跃在居住、疗养、金融、休闲、文化用品产业等养老产业相关的各个领域，开发和提供高龄亲和产品与服务。很多高职院校也设立老年护理等相关专业培养理论实践相结合的养老人才。韩国还设有护理人员资格证书考试，考证人员无年龄和学历要求，需要通过理论学习和实习获得护理人员资格证书，为老人提供身体活动或日常生活方面的照护。

10.4.3 中国养老产业人力资源培养状况

由于我国养老专业人才培养体系设立时间短，存在专业人才缺乏、素质低等问题。《中国健康养老产业发展报告（2016）》统计数据显示，我国现有养老机构护理人员不到 30 万人，其中只有 4 万多人是持有职业资格证书的。而民政部印发的《全国民政人才中长期发展规划（2010～2020 年）》制定的目标，到 2020 年要实现养老机构护理人员达 600 万人。我国护理人才缺口非常严重，养老产业人才的供给与需求处于严重失衡的状态。养老服务行业中，仍以 41～50 岁中年护理人员为民办机构护工队伍的主力军，其中，养老护理员多以农村户籍已婚女性为主，受教育程度普遍偏低，且大多没有接受过专业训练。养老护理人才的劳动保障机制也存在较多问题，不签订劳动合同、缺乏培训晋升机制等成为普遍现象。以至于养老机构服务队伍整体素质不高，高级专业人才缺乏，服务水平比较低，只能提供最基础的照顾护理，而难以满足老年人精神需求的心理咨询服务、教育服务、文化娱乐服务，以及更高层次的投资理财服务、保险金融服务、养老养生地产服务、老年旅游等服务。同时，进行老年产品开发的高级人才也十分缺乏（程蕾、涂英、邹小芳，2019）。

我国从2012年起开始推行养老护理员职业资格考试认证制度。共设四个等级，分别为初级、中级、高级、技师。报考人员需通过理论知识考试和技能操作考核才能获得资格证书。据统计，截止到2016年8月，全国有134所技工院校开设养老护理员、家政服务员相关专业的培训，在校生达18000余人。2015年有4000余名养老护理员、家政服务员毕业生进入社会就业[①]。

2017年9月，全国共有129所本科院校开设与养老产业相关的专业，一些本科院校的护理学、康复治疗学专门开设老年护理、老年病学等相关课程。我国养老人才学历类教育还是以专科教育为主。全国约270所院校开设包括护理类、健康管理类、老年服务与管理、现代殡葬在内的多个养老相关专业，培养具有老年社会工作、老年护理保健、老年服务管理等方面的知识和技能，熟悉老年方面的法律法规的专门型人才。

截止到2018年9月，全国有170多所学校先后开设了老年服务与管理等相关专业，主要是培养技能型人才。部分本科院校开展非学历养老服务教育培训，部分大学开设老年护理、老年心理学、老年社会工作等课程，侧重于培养研究型养老护理服务人才（王君岚，2019）。

针对养老产业庞大的人才需求，还涌现出许多“校企联合”的人才培养方式，太平养老与湖南女子学院的校企合作，泰康与北京、上海等地20余所开设护理等专业的高校签订了“订单式”人才培养协议，利用校企合作多层次培养养老人才，以京津冀为主体的“京津冀养老专业人才培养产教协作会”，创新性地构建了“京津冀职业院校教育资源+全国养老产业优秀企业+政府部门+科研院所”的联合共享模式[②]（刘文，2017）。

与日本和韩国的人才培养体系相比，我国养老护理服务人才培养体系相对初级，养老服务类专业职业培训发展时间短，办学层次较低，尤其是本科和研究生教育人才不足，人才培养不能满足养老服务业扩大发展的需要。目前我国现有开设养老服务相关专业院校每年能够培养3000名左右的学生，相对社会对养老护理员不断增长的需求来说，供求缺口显然相差太大。养老护理服务人才在成人继续教育和开放教育领域的培养，也处于刚刚起步的阶段，不能给社会提供丰富的养老护理服务人才（王君岚，2019）。

---

① 人力资源社会保障部．对政协十二届全国委员会第四次会议第3783号（社会管理类343号）提案的答复，http：//www. mohrss. gov. cn/gkml/xxgk/201611/t20161110_259217. html。

② 根据新华网．中国健康养老产业发展报告——人才篇整理，http：//news. xinhuanet. com/gongyi/yanglao/2017－01/24/c_129457792. htm。

10.5 结论与启示

受东亚文化圈内儒家思想的共同价值观影响，东亚国家和地区养老产业发展具有一定的共性也有各自的特色。从对养老产业的定义来看，虽然各国对养老产业的称呼五花八门，分类也不尽相同，但基本涵盖在养老服务、养老地产、养老金融和养老用品四个领域内。从养老产业发展特点来看，中日韩都是以居家养老模式为主。出于“孝道”思想和对父母、祖先的孺慕之情，东亚国家和地区很多人把养老看作一个家庭问题而非社会问题。尽管工业化和西方思想的冲击已削弱了这种强烈的“孝文化”和家庭使命感，但赡养父母、和父母共同生活的文化压力依然存在，同时，社会保障制度尤其是老年福利制度尚不完善，机构养老成本过高，各种原因导致中日韩新四国养老模式均是以居家养老为主。日本的养老产业已发展得相当成熟，养老产业已经形成完整的产业链和良性循环，成为国家经济发展的支柱性和战略性产业，目前已经在探索“走出去”的发展路径。

日本的养老产业发展早于中韩。1985 年，日本成立老龄振兴指导室指导促进养老产业的发展，韩国 2006 年制定《老龄亲和产业振兴法》提出了振兴养老产业战略，而我国 2013 年才发布《关于加快发展养老服务业的若干意见》，开始将养老作为产业进行发展。但由于我国养老市场广阔，诸多利好政策发布后直接迎来了高速发展。中国的养老产业参与主体具有多元性，养老房地产、商业养老保险、老年教育发展势头迅猛，养老产业与 PPP 对接成为区域养老产业发展中的重要形式。韩国老龄亲和产业也处于快速发展阶段，市场规模不断扩大，老年用品、医疗与居家养老服务设施持续增加，老年休闲文化活动增多，老龄金融持续发展。另外，中韩两国也都存在城市和农村养老产业及福利设施十分不均衡的问题。

从政府发布的养老政策来看，日韩养老产业基本是由政府牵头、引导发展起来的。政策先于产业。政策以长期规划为主，系统性较强。中国养老产业市场是由高端消费者催生的，然后政府出台政策予以规范、引导，是产业先于政策。而政策多以政府文件的形式下发，涉及土地、资金、人才、医养、保险、对外开放等多方面，缺少高阶立法，不成系统，约束力及各部门和政策的协调性不够。另外，各国都很重视养老服务和产品的标准化发展，详细规定了各种关于养老服务质量、老年食品安全、建筑设计等方面的规范标准。

从人力资源支持体系来看，各国存在不同程度的养老服务业人才，尤其是高端人才缺乏的问题，中国和韩国更为严重。具体表现是养老产业就业人员整体素质不高，专业护理人才和老年产品开发高级人才短缺，并且专业人才培训体系不够成熟。目前两国都在努力构建养老产业人才培养体系，韩国高校养老专业教育和培训已初见成效，中国注重养老职业教育、校企合作，人才培养体系尚在初设阶段。

快速老龄化的中国，如何养老是亟须应对的重要问题。党的十九大报告提出，要“积极应对人口老龄化，构建养老、孝老、敬老政策体系和社会环境，推进医养结合，加快老龄事业和产业发展”。2019 年的政府工作报告中，李克强总理 16 次提及养老，大幅超过上年，继续对老龄化给予了高度关注，并且方向更加明确、重点更加突出，特别提出了“让老年人拥有幸福的晚年，后来人就有可期的未来”为了共同应对人口老龄化对养老产业需求提高的发展趋势，中日韩可在养老产业领域的诸多方面加强合作。

10.5.1 加强养老产品、服务质量标准化的交流与合作

中日韩都实施了不同程度的长期护理保险制度，内容包括以购买或租赁的方式为老年人提供便携马桶、洗浴椅、助行器、放压疮垫、自驱型轮椅、电动护理床等辅助器械，老龄用品尤其是辅助器具的市场发展迅速，制定相关标准以确保产品的安全性、功能性、可操作性和可靠性，降低市场营销和生产环节的成本越来越迫切。三国可加强老年用品范围和标准化的交流与合作，制订亚洲地区的统一质量管理体系，能够进一步提高产品的兼容性，促进养老服务贸易的发展。同时，还应提高公众对老龄产品的认识，提高老龄产品的竞争力。随着养老服务护理人员和养老服务企业的增加，还应将养老服务“商品化”，关注服务质量标准的统一。

10.5.2 深化保健医疗服务业的合作

随着中韩 FTA 实施，包括高频医疗器械在内的相关医疗用品关税被撤销，中韩两国在医疗器械、保健医领域的交流越来越密切，养老产业的交流与合作也越来越普遍。中日韩之间养老产业的合作也越来越多。中、日、韩三国在加强在产业布局、人才政策、养老健康产业发展环境等方面有很多合作契合点。

10.5.3 共同探索解决农村养老服务水平落后的问题

首先是养老模式的探索。以家庭养老为主的同时，辅以城镇化的社区养老，建立乡镇医养服务中心，完善敬老院建设，鼓励留守老人集中赡养。支持社会力量进入农村养老市场，扶持进城务工人员，尤其是有父母需要赡养的人员回乡在农村养老产业领域内进行创业或就业；其次是建立农村养老保障体系，提高老年人的消费能力，催生农村养老产业需求。我国现行将农村养老保障制度和缴费关联（家庭捆绑缴费机制）并设定较低的缴费率是合理有效的，能够在保持实际效果的前提下降低行政成本，并保证了家庭养老不被替代（林海波、杨黎源、刘莉，2016）。最后发挥农村人口密度小，生态环境好，适合老年人居住的优势，通过养老设备、养老院、养老地产等联动发展，吸引城市老年人到农村养老。

10.5.4 加强社保机构的交流合作，保障“旅居国外”老人的权益

目前老龄人口的消费能力越来越高，很多老人有出国养老的意愿。中、日、韩三国地理位置接近，文化相似，对于不适应远途旅行又想出国居住一段时间的老人来说，邻近国家无疑是一个常见的选择，但各国很多养老保障只有在各自国内才可享受，使不少有意愿在他国“异地养老”的老人望而却步。如果能够允许其他国家在本国建立社保、商业保险等分支机构，既能吸引外国友人前来居住、消费，又是对社会保障体系的一种补充，有利于相互学习，资源共享。

10.5.5 促进中日韩养老人才培养、学术交流与合作

采取多种措施进行人才培养的交流与合作，推进养老产业人才培养体系建设。通过互派访问学者、交换生、留学生研修，共同设立养老人才培养项目和相关专业奖学金计划等方式加强中日韩养老产业人才培养计划和政策的交流与合作。以建立东亚区域养老产业论坛、召开中日韩养老问题学术研讨会等形式，介绍彼此的养老产业发展状况与问题，寻找合作切入点，以国际化的视野和长远的战略眼光布局养老产业发展和养老人力资源开发。

第11章　东亚国家和地区积极老龄化水平测度

目前，人口老龄化已经成为东亚各国、各地区必须面对的十分紧迫的问题。随着人口老龄化趋势的加深，老龄化不再仅仅是一个人口层面的问题，其影响延伸到了经济社会的方方面面。东亚各国在推进积极老龄化进程中做出了许多努力，基于数据可得性，本章选择对中国大陆、中国香港和中国澳门、日本、韩国、新加坡①等东亚国家和地区的积极老龄化发展进行测度，并针对需要改进的领域提出相应建议。

11.1　研究背景

与西方发达国家相比，东亚国家和地区的人口老龄化问题更加复杂。首先，老龄化发展速度快。东亚老龄化的出现晚于欧洲，但是发展十分迅速，老年人口比重从7%达到14%，西欧国家普遍用了50～100年，而东亚国家普遍低于25年，日本用了24年，中国用了25年，韩国用了18年，新加坡仅用了16年。本章涵盖的国家和地区既有日本和韩国等较为富裕的老龄化国家，也有中国这样的老龄化进程加速的中等收入国家。其次，相比于欧洲国家，大多数东亚国家和地区在进入人口老龄化时代时，其经济、制度的发展尚未健全，尤其是社会保障体系，大多存在覆盖率过低、覆盖不平衡、替代率不足的缺陷，除日本外几乎没有国家接近全民覆盖。不仅如此，大多数东亚国家和地区隐性养老债务相对于公共债务比重过高，其养老保障体系可承受能力与可持续

① 由于缺乏数据资料，东亚国家中无法对朝鲜、蒙古国进行测度。新加坡从地理位置属于东南亚国家，但其人口老龄化在亚洲国家中较具有代表性，积极老龄化发展突出，为此，本书将其纳入东亚积极老龄化测度体系，以作比较分析。

性面临严峻挑战。老龄化存在的问题不仅仅是个人层面的老化，它还渗透政治、经济、文化等各个领域。

11.2 积极老龄化评价体系综述

WHO 在“积极老龄化”概念之下，围绕“健康”“参与”“保障”三大维度提出六组用于具体测量的指标体系，成为积极老龄化政策框架的支柱。WHO 认为积极老龄化可以通过疾病预防、保持生理和认知机能、保证经济安全、优化社会支持网络实现。WHO 的观点先后在吴（Woo，2000）、平夸特（Pinquart，2000）、马丁（Martin，2002）、卡哈那（Kahana，2003）、卡左（Kazuo，2012）等人的文章中得到验证。鲍林（Bowling）对 65 岁及以上老年人对积极老龄化观点的研究发现，“保持身体健康和正常工作（43%）、休闲和社交活动（34%）、功能和活动（18%）、社会关系和联系人（15%）”是影响老年人积极老龄化的最主要因素（Bowling，2008）。

葆迪尼（Boudiny，2013）认为现阶段绝大多数的积极老龄化或者关注以就业为中心的经济层面，或者关注以身体活动为中心的健康层面，这种单一层面的研究表现出的突出问题是忽视了老年人的异质性和老年人其他的活动对于幸福感的影响。因此在 WHO 的基础上，不断有学者对积极老龄化模型进行改进。塔纳克旺（Thanakwang，2009）认为除身体、认知、心理、社会和环境因素以及经济资源之外，积极衰老也受到文化因素的影响，他致力于开发具有文化意义的活跃老龄化指标体系，从独立生活、社会参与、精神世界、经济安全、健康生活方式、终生学习、家庭关系七个方面构建积极老龄化指数，并运用积极老龄化指标体系对泰国积极老龄化水平进行测度。凡（Van，2016）构建了一个包含文化、行为、心理因素、物理环境、社会环境、经济因素、关怀、休闲、参与九项指标构成的积极老龄化模型，对养老院老年人积极老龄化水平进行评估。巴列斯特罗斯（Ballesteros，2013）侧重分析心理因素对老年人的影响，定义积极老龄化为老年人有较低的患病率和残疾概率，保持较好的健康水平和认知能力，拥有积极的情绪并且能够处理各种压力环境，积极参与生活，构建一个包含健康、心理因素、认知功能、社会关系、生物行为、性格的模型，实证表明该模型对积极老龄化的解释程度优于 WHO 模型（Murphy，2007）。也有不少学者致力于从个体角度构建积极老龄化模型，提出人际关系、幸福感、健康和关怀是影响老年人生活质量的重要因素。冯（Feng，2015）在健康、参与基础上纳入生活满意度指标对香港老年人积极老龄化水平进行测度，实证表明在东亚国家老年人财务状况是影响成功老龄化的关键因素（Williams，2009）。在具体指标选择上，不少学者在具体测量指标之外纳入老年人的自我评估指标。詹尼弗（Jennifer）运用了 139 项关于老龄社会环境和老年生物特征构造台湾老龄化脆弱指数，调查内容涉及身体健康、心理健康、财务状况、婚姻状况、社会参与等多个领域。国家社会生活、健康、老龄化项目（national social life，health，and aging project，NSHAP）采用自我评估和具体测量相结合的方式多方面理解老年人健康状况的可变性，进而为评定老年人的健康状况提供更全面可靠的数据。

国际积极老龄化测度已经建立起相对完善的评价体系和多样化测评方法。针对不同文化背景和测评对象，指标体系也会做出相应调整。但由于积极老龄化涵盖领域过于广泛，学术界在具体指标的选择上存在很大分歧。相比其他指标，欧盟积极老龄化指数有其广泛应用和发展的价值。欧盟积极老龄化指数，用于测度与比较各国在就业、社会参与、健康独立和安全生活、积极老龄化的能力和环境四方面进程与水平。在指标构建方法上，欧盟积极老龄化指数采用专家组对指标权重进行确定。但是，由于专家组测定的主观性，该方法受到不少学者的质疑，按照权重计算的 AAI 指数对于各国进行改进的指导作用不强，因此，以卡拉（Carla）为代表的专家创造性地采用 DEA 方法计算积极老龄化指数，运用 DEA 方法对欧盟的积极老龄化指数进行重新计算，并对表现不佳的国家提出具体的改进意见。朱罗维奇（Djurovic，2017）采用 CIDI（composite i-distance indicator）方法确定了欧盟积极老龄化指标的权重，计算积极老龄化指数。

就业和社会参与从行为视角反映的是老年人已经达到的功能性组合，而独立、健康、安全生活和积极老龄化的环境和能力则从能力视角反映了老年人的可行能力，即能够实现的可能的功能性活动集合。能力与行为融合是欧盟积极老龄化指数这一框架的明显优势。虽然功能性活动很大程度决定着老年人有理由选择积极的生活方式，但这仅仅注意到了行为的工具性意义，忽视了可行能力能够增加功能性活动的参与，行为视角的不足使得环境和能力指标的纳入十分必要，能力不局限于身体和心理能力，良好的教育水平、熟练运用信息通信技术等都是老年人行为能力的重要组成部分。

本书借鉴欧盟积极老龄化指数和联合国开发计划署人类发展指数的构建方法，在欧盟 AAI 指数的基础上构建出东亚积极老龄化指标体系，采用 AHP 与 DEA 相结合的方法分别测算日本、韩国、中国、中国香港、中国澳门老龄化指数，新加坡虽然不属于东亚国家，但其老龄化不论是程度还是速度都相当高，在应对老龄化的进程中已发展出一套独具特色的积极老龄化体系，代表性的公积金制度辅以社区养老为老年人保障自身生活提供了坚实基础。因此我们将新加坡作为基准国纳入分析，以求对东亚代表性老龄国家和地区的积极老龄化水平进行全面评估，总结各自的发展特色与经验，通过不同国家和地区的横向比较，确定不同国家、地区的改进目标与改进策略。

11.3 东亚国家和地区积极老龄化指标体系设计

11.3.1 指标体系构建原则

综合性与主导性原则。积极老龄化的内涵和外延都很宽泛，涉及经济社会的方方面面，很难在指标体系中全面反映。从综合性和主导性原则出发，选取的指标既要尽可能将积极老龄化的各个方面表现出来，又要突出“积极”的关键内容。

层次性与系统性。层次性要求所建指标必须从个体、群体多个层面反映老年人积极老龄化水平，从身体、心理、精神、经济、文化、社会多角度探讨积极老龄化的影响因素。系统性是指积极老龄化不同领域内存在着由不同要素构成的子系统，因此在要素的选取上要考虑构成要素间的相互联系，以及从功能上划分出不同的系统。

现实性与可对比性。虽然东亚积极老龄化指标体系的建立是以欧盟积极老龄化指数为基础，但是必须具体考虑到东亚国家老龄化发展特色，还要兼顾到数据的可得性。可对比性则要求各国的指标之间具有可比性，为了保证纵向时间可比以及不同国家和地区的横向可比，指标侧重选取相对量指标。

11.3.2 东亚积极老龄化指标体系构成

本书参考欧盟积极老龄化指数，从行为和能力两个角度，就业，社会参与，独立、健康和安全生活，积极老龄化环境和能力四个领域构建指标体系（见表11-1）。

表 11－1　积极老龄化指标体系

目标层	指标层
就业	55～59 岁老年人劳动力参与率
	60～64 岁老年人劳动力参与率
	65 岁及以上老年人就业参与率
社会参与	老年人照顾子女或孙子女的比例
	老年人经常提供志愿服务的比例
	老年人照顾年迈或残疾亲属
	老年人参与政治活动
	老年人参与爱好和娱乐活动的比例
独立、健康和安全生活	老年人锻炼身体的比率
	老年人未来财产充足度
	自我健康评估良好的老年人比例
	走夜路安全的比例
	养老保障覆盖率
	老年人住房拥有率
	医疗保障体系指数
	老年人福利占 GDP 比重
	老年人自杀的比率
积极老龄化环境和能力	老年人相对心理健康比例
	老年人 IT 使用率
	受过中高等教育的老年人比例
	60 岁老年人预期寿命
	终身学习的老年人比例
	60 岁老年人的健康期望寿命
	遇到困难时可以依赖亲友的老年人比例

（1）就业。积极老龄化的核心是参与，主要观点是将老年人看作推动经济发展、社会进步的重要资源，因此将老年人资源转变为有效劳动力就显得尤为重要，而且老年人参与就业不仅能保持其收入来源，还能有助于其增加对社会的接触，获得自我和社会的认同，在物质与精神层面都具有重要意义。指标体系通过对不同国家55～59岁、60～64岁、65岁及以上老年人就业参与率进行比较，获取老年人的就业参与情况。

（2）社会参与。老年人退出劳动力市场并不意味着与社会联系的终止，老年人可以通过其社会参与来对社会做出贡献，维持积极的活动量与一定的活动范围是适应老龄生活的有效方法，老年人职业角色的缺失可以通过社会参与角色的确立得以弥补，老年人与社会的连续化、一体化可以有效减少其他社会角色缺失带来的失落感。社会参与目标层的确立旨在承认对老年人对社会的贡献，试图从政策领域为其社会参与提供更广泛的支持。积极老龄化理论认为社会参与应该成为老年人社会活动的基础，老年人寻求社会参与不仅是个人意愿的满足，而且符合社会发展需求。因此对老年人的社会认可以及促进其社会参与成为积极老龄化的重要内容。社会参与层面主要通过家庭层面的参与和社会活动的参与来衡量。家庭参与通过老年人照顾子女或孙子女的比例、老年人照顾年迈或残疾亲属的比例来衡量，社会活动的参与通过对老年人参与政治活动的比例、参与娱乐活动的比例、提供志愿服务的比例来衡量。

（3）独立、健康和安全生活。独立、健康和安全生活是其他一切社会活动的基础。老年人的生活状况是一国或一个地区积极老龄化水平的根本，是发挥老年人潜能、充分参与社会文化生活的前提。该目标层的设立是为了分析不同国家和地区老年人的生活状况，从老年人、社会、政府多层面探索制约老年人基本生活水平的关键因素。这一目标将从老年人的健康状况、生活习惯以及环境安全等方面综合评价，老年人健康水平和生活习惯通过老年人锻炼身体的比率、自我健康评估良好的老年人比率、老年人自杀的比率、医疗保障体系指数四项指标衡量；老年人的收入保障通过老年人未来财产充足度、养老保障覆盖率、老年人住房拥有率、老年人福利占GDP比重四项指标衡量；环境安全通过走夜路安全的指数来评估。

（4）积极老龄化的环境和能力。就业，社会参与及独立、健康和安全生活三个目标层指标评估积极老龄化的经验，积极老龄化的能力和环境目标则评估积极老龄化的潜能，其大小决定了未来一国积极老龄化水平的开发上限。环境和能力主要通过人力资源、健康资本以及人力资本三方面的指标来衡量，人力资源水平通过 60 岁老年人的健康期望寿命测度，健康资本通过 60 岁老年人的健康期望寿命与 50 岁及以上老年人心理健康比例从身体与心理两方面来测度，人力资本通过 60 岁以上老年人受教育比率和 IT 使用率来测度。

11.3.3 决策单元的选取

本书选取 2016 年日本、韩国、中国以及中国香港、中国澳门五个具有代表性的国家和地区，以及新加坡（作为参照纳入分析）数据，试图全面反映东亚不同老龄化阶段国家积极老龄化现状，日本率先于 1970 年进入老龄化社会，中国香港 1986 年进入老龄化社会，中国 1999 年进入老龄化社会，韩国与新加坡则于 2000 年左右进入老龄化社会，中国澳门则在 2005 年左右进入老龄化社会，六个国家和地区的老龄化水平与发展时间各不相同，通过对其目标层指标的对比分析，获取不同国家和地区积极老龄化发展的经验与不足，以便于决策者在国家和地区水平上对各国和地区积极老龄化进程有所了解，并针对具体领域提出改进建议。

11.3.4 权重确定

本书综合使用数据包络分析（data envelopment analysis，DEA）和层次分析法（analytic hierarchy process，AHP）确定指标权重。DEA 方法是采用数学模型从投入角度和产出角度评价具有多个输入、输出的决策单元的相对有效性，可以自由选择权重来最大化决策单元的效率。在评价的同时可以指出非有效单元在各个指标下的改进目标和改进程度。AHP 致力于为决策者寻找最优决策目标，基本原理是依据全面合理的分析框架建立相互关联的有序层次结构，基于每一层次要素的相对含义和重要性量化组成要素，最终根据要素权重排序分析和解决问题。通过加权 DEA 和保证域全局 DEA 模型将 AHP 权重与 DEA 分析相结合，兼顾主观偏好与客观信息，在对各国积极老龄化的整体水平做出客观评价的同时，深入剖析各国积极老龄化四个具体方面的优势与不足，以数据结果为依据提出具体的改进目标与对策。

11.4 东亚国家和地区积极老龄化的测度分析

11.4.1 指标计算

数据处理。由于 DEA 软件无法对缺失值进行处理，因此必须对采集数据中的缺失值进行预处理。对缺失数据的处理有删除法和补充法两种方式。本书构建的积极老龄化指标体系共包含 24 项具体指标，采用删除法将大大破坏指标体系的完整性，影响最终测算的积极老龄化指数的可靠性。已有文献对 DEA 构建指标体系时存在的缺失数据的处理均采用补充法，包括最低值替代和零值替代，鉴于本章选取的亚洲国家的老龄化水平差异较大，采用最低值和零值对不同水平国家进行衡量存在较大偏差，因此本书对缺失数据采用平均数替代方法，以已有指标数据的平均值替代该指标下的缺失数据。其中，对老年人自杀率指标采用倒数方式进行正向化处理。

指标层评价结果。指标层得分采用产出导向可变规模报酬的加权 SUPER - SBM 模型确定。由于本书 DEA 的使用是为了构建指标体系，因此模型设定投入变量为固定值 1，产出变量为指标值。非径向表明投入或者产出可以不同比例变化从而达到最优投入或者产出，产出导向是在不改变投入要素的条件下使产出最大，保证决策单元首先进行产出改进，而不是调整投入变量。可变规模报酬意味着得到最大效率，既可以通过扩大投入或者产出规模，也可以通过减少投入或者产出规模来实现。权重通过参考欧盟积极老龄化指数指标权重大小运用 AHP 确定，在保证指标权重相对大小的基础上确定指标层最优权重，超效率 DEA 模型解决了传统 DEA 模型无法对有效决策单元排序的问题。本书采用 MyDEA 1.0 软件将 24 个指标按照目标层不同分为四类，每一类为一组产出指标，进行四次 DEA 计算，获得六个国家和地区在四个目标层下得分。模型权重则通过 AHP 软件 Expert Choice 11.5 确定（见表 11 - 2）。AHP 要求运用 1 ~ 9 标度法对指标逐层比较评分（见表 11 - 3）。本书基于欧盟积极老龄化权重及对四个领域重要性的主观分析，对四个领域的重要程度以及每个领域对决策单元的重要程度通过两两比较进行排序，由于判断矩阵的赋值具有主观性，因此需要引入一致性检验，软件已经自动给出一致性指数的计算结果，当一致性指数小于 0.1，可以认为判断矩阵具有一致性，矩阵值是可以被接受的。根据计算结果，指标体系一致性指数等于 0.02，各目标层下相应指标的一致性也均小于 0.1，表明根据矩阵计算的指标值可靠。

表 11－2　　积极老龄化指标权重

目标层指标	指标	权重
就业（一致性指数 =0.00877）	55～59 岁老年人劳动力参与率	0.102
	60～64 岁老年人劳动力参与率	0.056
	65 岁及以上老年人就业参与率	0.031
社会参与（一致性指数 =0.02）	老年人照顾子女或孙子女的比例	0.046
	老年人经常提供志愿服务的比例	0.017
	老年人照顾年迈或残疾亲属	0.029
	老年人参与政治活动	0.011
	老年人参与爱好和娱乐活动的比例	0.006
独立健康安全生活（一致性指数 =0.03）	老年人锻炼身体的比率	0.009
	老年人未来财产充足度	0.078
	自我健康评估良好的老年人比例	0.110
	走夜路安全的比例	0.018
	养老保障覆盖率	0.038
	老年人住房拥有率	0.026
	医疗保障体系指数	0.055
	老年人福利占 GDP 比重	0.012
	老年人自杀的比率	0.005
积极老龄化环境和能力（一致性指数 =0.02）	50 岁以上相对心理健康比例	0.056
	60 岁以上老年人 IT 使用率	0.011
	受过中高等教育的老年人比例	0.016
	60 岁老年人预期寿命	0.124
	终身学习的老年人比例	0.024
	60 岁老年人的健康期望寿命	0.084
	50 岁以上遇到困难时可以依赖亲友的老年人比例	0.036

表 11-3　　指标比较标度

标度	定义（比较要素 i 和要素 j）
1	要素 i 和 j 一样重要
3	要素 i 比 j 稍微重要
5	要素 i 比 j 较强重要
7	要素 i 比 j 强烈重要
9	要素 i 比 j 绝对重要
2、4、6、8	两相邻判断要素的中间值

目标层评价结果。目标层权重的确定同样采用 AHP 和 DEA 相结合的方式，在 AHP 权重的基础上，采用产出导向可变规模报酬的保证域全局 DEA 模型，保证目标层指标权重能够在 $[(1-k)\alpha_i;\ (1+k)\alpha_i]$ 范围内变动，其中 $0 \leqslant k \leqslant 1$；$k=0$ 代表无弹性，权重大小完全等于 AHP 计算结果；$k=1$ 则赋予目标层指标过大的权重范围，失去保证域模型的意义，也可能导致部分目标层权重为 0，破坏积极老龄化指标体系框架。因此本书综合考虑采取 $k=0.5$ 来固定目标层权重变化范围，在不损失 AHP 权重信息情况下，实现 DEA 权重配置的自由性。目标层评价过程通过 DEA-Solver 5.0 软件实现。DEA 运算得到东亚六个国家和地区积极老龄化指数（见表 11-4、表 11-5，图 11-1～图 11-5）。通过对它们的横向比较，有利于综合判断东亚不同国家和地区的积极老龄化发展水平，深入剖析不同国家和地区积极老龄化发展优势与缺陷，提出六个国家和地区积极老龄化发展对策。

表 11-4　　指标体系评价得分

国家和地区	积极老龄化指数	就业	社会参与	独立健康安全生活	积极老龄化环境和能力
中国	74.04	52.92	118.50	100.43	50.05
中国香港	81.17	65.87	107.02	65.32	100.63
中国澳门	84.11	79.79	74.30	100.17	83.74
日本	100.00	106.72	111.37	109.09	109.93
新加坡	89.79	95.82	53.31	105.50	102.93
韩国	90.55	103.29	109.12	101.50	83.46

表 11－5　　　　指标体系改进

目标层	改进国家和地区	基准国	指标	原始值	改进值	目标值
就业	中国	日本（1）[①]	55～59 岁老年人劳动力参与率	40.89	39.01	79.90
			60～64 岁老年人劳动力参与率	32.61	30.99	63.60
			65 岁及以上老年人就业参与率	14.24	8.06	22.30
	中国香港	韩国（1）	55～59 岁老年人劳动力参与率	64.00	6.90	70.90
			60～64 岁老年人劳动力参与率	43.80	15.80	59.60
			65 岁及以上老年人就业参与率	9.70	21.00	30.70
	中国澳门	韩国（1）	55～59 岁老年人劳动力参与率	69.00	1.90	70.90
			60～64 岁老年人劳动力参与率	50.10	9.50	59.60
			65 岁及以上老年人就业参与率	14.50	16.20	30.70
	新加坡	日本（0.714） 韩国（0.286）	60～64 岁老年人劳动力参与率	73.00	4.33	77.33
			65 岁及以上老年人就业参与率	60.10	2.36	62.46
社会参与	中国澳门	中国（0.118） 韩国（0.882）	老年人照顾子女或孙子女的比例	28.90	26.92	55.82
			老年人经常提供志愿服务的比例	14.61	3.50	18.11
			老年人照顾年迈或残疾亲属	10.90	1.40	12.30
			老年人参与政治活动	17.90	14.84	32.74
	新加坡	日本（0.161） 韩国（0.839）	老年人照顾子女或孙子女的比例	33.33	12.98	46.31
			老年人经常提供志愿服务的比例	6.00	13.63	19.63
			老年人照顾年迈或残疾亲属	10.80	1.08	11.88
			老年人参与政治活动	11.67	21.06	32.73
	日本	中国（0.216） 韩国（0.784）	老年人照顾子女或孙子女的比例	4.18	52.82	57.00
			老年人参与政治活动	11.56	17.80	29.36
独立健康安全生活	中国	日本（0.740） 韩国（0.260）	老年人锻炼身体的比率	45.36	35.72	81.08
			老年人未来财产充足度	61.23	2.25	63.48
			自我健康评估良好的老年人比例	24.80	36.46	61.26
			走夜路安全的比例	58.24	23.08	81.32
			养老保障覆盖率	74.40	17.12	91.52
			医疗保障体系指数	63.25	19.24	82.49
			老年人福利占 GDP 比重	0.03	1.01	1.04

续表

目标层	改进国家和地区	基准国	指标	原始值	改进值	目标值
独立健康安全生活	中国香港	日本（1.000）	老年人锻炼身体的比率	61.30	34.90	96.20
			老年人未来财产充足度	61.23	8.77	70.00
			自我健康评估良好的老年人比例	40.20	24.20	64.40
			走夜路安全的比例	79.61	8.10	87.71
			养老保障覆盖率	61.00	37.40	98.40
			老年人住房拥有率	50.30	43.60	93.90
			医疗保障体系指数	64.13	18.01	82.14
			老年人福利占 GDP 比重	0.28	0.88	1.16
			老年人自杀的比率	3.00	1.35	4.35
	中国澳门	日本（1.000）	老年人锻炼身体的比率	58.40	37.80	96.20
			老年人未来财产充足度	61.23	8.77	70.00
			自我健康评估良好的老年人比例	33.30	31.10	64.40
			走夜路安全的比例	70.83	16.88	87.71
			老年人住房拥有率	66.20	27.70	93.90
			医疗保障体系指数	35.42	46.72	82.14
			老年人自杀的比率	2.20	2.15	4.35
	韩国	日本（1.000）	老年人锻炼身体的比率	38.00	58.20	96.20
			老年人未来财产充足度	44.90	25.10	70.00
			自我健康评估良好的老年人比例	52.30	12.10	64.40
			走夜路安全的比例	63.10	24.61	87.71
			养老保障覆盖率	71.90	26.50	98.40
			老年人住房拥有率	63.87	30.03	93.90
			老年人福利占 GDP 比重	0.69	0.47	1.16

续表

目标层	改进国家和地区	基准国	指标	原始值	改进值	目标值
积极老龄化环境和能力	中国	日本（1.000）	50 岁以上相对心理健康比例	87.10	0.70	87.80
			60 岁以上老年人 IT 使用率	5.00	63.00	68.00
			受过中高等教育的老年人比例	30.10	44.00	74.10
			60 岁老年人预期寿命	19.73	6.40	26.13
			终身学习的老年人比例	6.10	27.30	33.40
			60 岁老年人的健康期望寿命	15.86	5.26	21.12
			50 岁以遇到困难时可以依赖亲友的老年人比例	63.00	26.00	89.00
	中国澳门	日本（1.000）	50 岁以上相对心理健康比例	84.30	3.50	87.80
			60 岁以上老年人 IT 使用率	50.80	17.20	68.00
			受过中高等教育的老年人比例	31.40	42.70	74.10
			60 岁老年人预期寿命	25.96	0.17	26.13
			终身学习的老年人比例	15.00	18.40	33.40
			60 岁老年人的健康期望寿命	20.80	0.32	21.12
			50 岁以遇到困难时可以依赖亲友的老年人比例	70.80	18.20	89.00
	韩国	日本（1.000）	50 岁以上相对心理健康比例	70.00	17.80	87.80
			60 岁以上老年人 IT 使用率	32.10	35.90	68.00
			受过中高等教育的老年人比例	45.90	28.20	74.10
			60 岁老年人预期寿命	24.99	1.14	26.13
			终身学习的老年人比例	27.10	6.30	33.40
			60 岁老年人的健康期望寿命	20.00	1.12	21.12
			50 岁以上遇到困难时可以依赖亲友的老年人比例	60.00	29.00	89.00

注：括号内数字代表多大程度上参考该国。

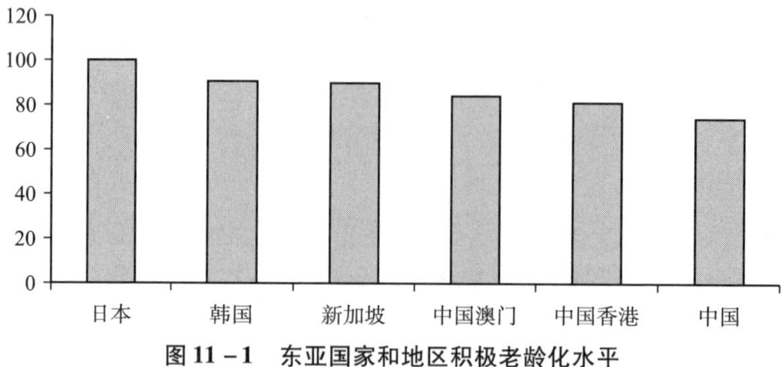

图 11－1　东亚国家和地区积极老龄化水平

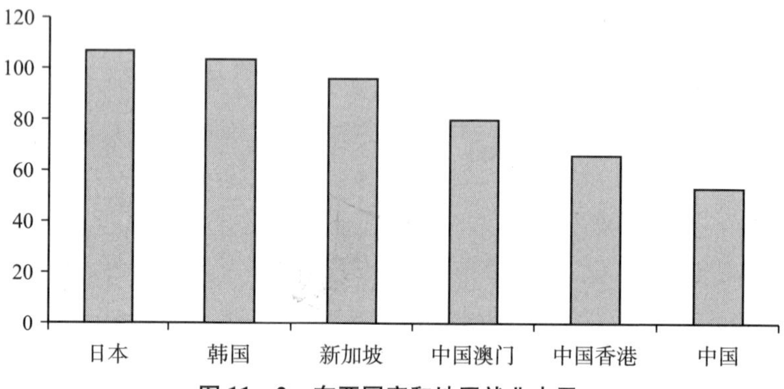

图 11－2　东亚国家和地区就业水平

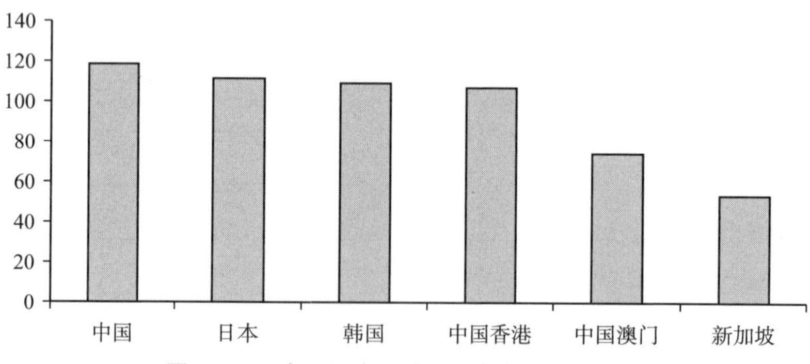

图 11－3　东亚国家和地区社会参与水平状况

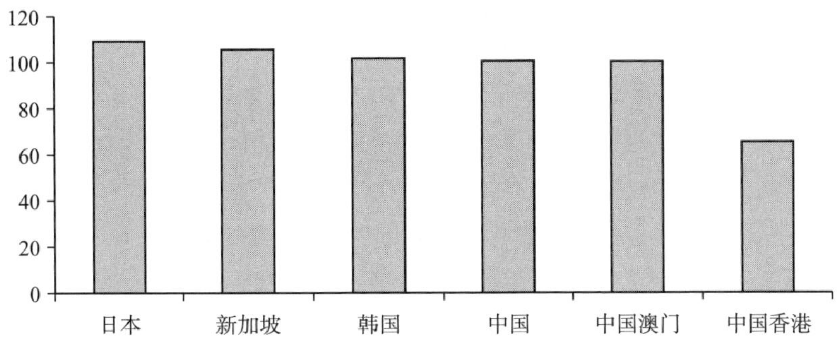

图 11－4　东亚国家和地区独立、健康、安全生活水平

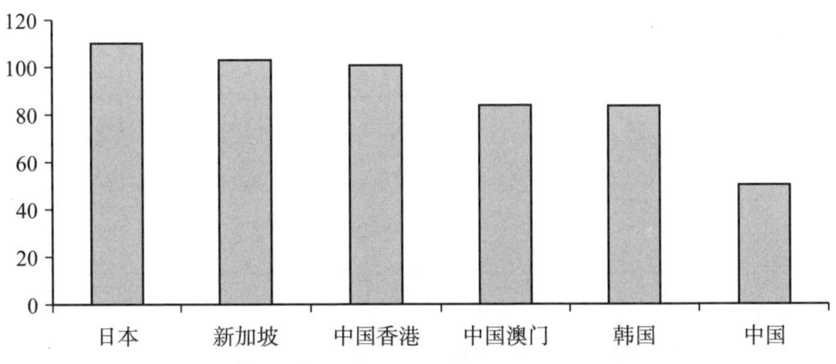

图 11－5　东亚国家和地区积极老龄化环境和能力水平

11.4.2　敏感性分析

采用 AHP 与 DEA 相结合的方式来计算积极老龄化指数，尽管比较科学、客观，但仍包含一定的主观性，需要对结果进行一致性评估和稳健性分析。确保评价结果的稳定性非常重要，既有助于保证评价结果的透明度、可信度，也有助于政策制定者更好利用评价结果制定和实施老龄化政策。本书采用六种不同权重确定方式对六个国家和地区积极老龄化指数的一致性和稳健性进行评估，通过比较排名变化来验证测度方式的可靠性。这里的基础权重为 AHP 方式确定的目标层权重，以基础权重为标准，利用 k 值赋予权重不同的变化范围（见表 11－6），并计算相应权重下的积极老龄化指数，并与基础权重下的排名进行对比分析，排名结果的稳定性决定了积极老龄化指标反映国家积极老龄化水平测度的可靠性。

表 11-6 不同 k 值下目标层范围

目标层指标	就业		社会参与		独立健康安全生活		积极老龄化环境和能力	
	下限	上限	下限	上限	下限	上限	下限	上限
指标范围(k=0)	18.9	18.9	10.9	10.9	35.1	35.1	35.1	35.1
指标范围(k=0.1)	17.01	20.79	9.81	11.99	31.59	38.61	31.59	38.61
指标范围(k=0.2)	15.12	22.68	8.72	13.08	28.08	42.12	28.08	42.12
指标范围(k=0.3)	13.23	24.57	7.63	14.17	24.57	45.63	24.57	45.63
指标范围(k=0.4)	11.34	26.46	6.54	15.26	21.06	49.14	21.06	49.14
指标范围(k=0.5)	9.45	28.35	5.45	16.35	17.55	52.65	17.55	52.65

七种权重确定方式分别为：AHP 方法、DEADEA(k=0.5)、DEA(k=0.4)、DEA(k=0.3)、DEA(k=0.2)、DEA(k=0.1)、DEA(k=0)（见表 11-7）。通过对积极老龄化指数计算结果的对比分析，可以有效评价指标层和目标层权重确定方式的可靠性。AHP 和 DEA(k=0) 在目标层权重的确定上均采用 AHP 方法，但在指标层权重上二者分别采用 AHP 和 DEA 两种方法。两种方式的结果基本一致，只有韩国与新加坡的排名互换，证明加权 DEA 方式确定的评价结果与 AHP 评价结果具有较高的一致性，指标层权重的确定方式较为合理。DEA(k=0.1、0.2、0.3、0.4、0.5) 指标层权重采用加权 DEA 方式确定，目标层权重采用保证域全局 DEA 方式确定，从评价结果看，k=0.5 确定的排名与 AHP 和 DEA(k=0.1、0.2、0.3、0.4) 排名结果保持较高的一致性，目标层权重的变动范围对最终结果影响的不大，证明保证域全局 DEA 方式确定目标层权重及积极老龄化指数总体评价结果较为可靠。同时，六个国家和地区在不同 k 值下的积极老龄化指数排名保持一致，受到不同权重设置的影响，积极老龄化指数排名存在一个波动区间，各个国家和地区的排名波动幅度相差不大，上下波动范围均不超过 10%，总体来看，积极老龄化指标体系评价采用了比较科学的研究和评价方法，构建的指标体系全面客观，权重设定和评价模型较为客观合理，各级指标

和综合排名比较稳定，具有很强的代表性，能够客观地反映各国（地区）积极老龄化实际水平。

表 11－7　不同权重下积极老龄化指数

国家和地区	AHP	DEA (k=0.5)	DEA (k=0.4)	DEA (k=0.3)	DEA (k=0.2)	DEA (k=0.1)	DEA (k=0)
中国	39.89	74.04	71.43	68.75	66.13	63.70	61.33
中国香港	43.92	81.17	79.47	77.66	75.91	74.22	72.57
中国澳门	44.24	84.11	83.14	82.23	81.37	80.56	79.53
日本	55.74	100.00	100.00	100.00	100.00	100.00	100.00
新加坡	54.21	89.79	88.56	87.31	86.05	84.77	83.43
韩国	47.95	90.55	89.64	88.75	87.92	87.05	85.90

11.4.3 结果分析

11.4.3.1 日本

从积极老龄化综合水平看，日本的积极老龄化发展较为成熟，积极老龄化水平显著高于其他国家，日本在就业，独立、健康、安全生活领域以及积极老龄化的环境和能力三方面均处于领先水平，其表现远好于排名最末中国，这可能得益于日本深厚的经济基础、发达的老龄产业以及完善的养老保障措施与养老服务体系。早在 20 世纪 70 年代，日本就进入老龄化社会，历经四十多年的发展，日本在居家养老、老年康复与预防以及制度建设等方面积累了丰富经验。政府在就业、教育、卫生、社会保障等领域的各种积极干预以及全体社会成员的努力，使得日本成为全世界预期寿命最长的国家之一，而且老年人的运动能力也在不断提高。日本完善的养老保障体系和护理机制是老年人独立、健康、安全生活的保证，日本的社会保障制度主要包含社会救济、社会保险、社会福利、公共卫生四个方面，社会保险作为社会保障制度的核心，涵盖了医疗、养老、雇佣、工人灾害补偿以及介护保险等五个方面，医疗和养老保险已经实行了“国民皆保险”“国民皆年金”的制度体系，介护保险也扩大到全社会范围。2015 年，日本社会保障支出占国民收入的比重达 29.6%，其中 67.6% 被用于老年群体。

日本积极老龄化的优势不仅在于日本老年人拥有高保障、高水平晚年生活，由健康的身体、良好的活动能力以及较高的受教育水平所带来的积极老龄化的潜能同样不容忽视，一定程度上能够反映当前日本老年群体就业和社会参与的极限水平。具体来看，老年人身体素质、受教育程度和终身学习能力均处于领先水平；互联网使用也逐渐发展成一种普遍趋势。虽然日本老年群体终身学习的比例很高，但老年人的以享受生活为目标的终身学习参与决定了爱好培养、运动和健康类的学习项目是其参与的主要形式，而与工作和职业相关的技能培训参与率远低于其他项目。

在保障之外，日本政府还将老年人就业和社会参与作为影响老年人晚年生活质量的关键因素。日本的老年人就业参与率在六个国家和地区中位于首位，目前老年人的就业方式主要有公司继续雇佣、自主创业与短期就业三种方式。2012年老年人就业稳定法案要求企业采取废除、提高退休年龄或者引进持续雇佣体制等方式保证65岁以下老年人的就业稳定。但是大多数老年人被安排在专门设立的子公司工作，而且从事的工作大多是简单的基础性工作，老年人的短期就业也多为简单的服务工作。据调查六成以上的老年人希望加强与年轻人的交流。老年人的职业限制一定程度上抑制了老年人提高自身专业技能的热情。

日本老年人社会参与排在第二位，与排名第一位的中国仅仅相差7个单位，是最后一位的新加坡的两倍，具体看来，满足社交需求是老年群体社会参与的主要目的，七成以上60～69岁的老年群体参与经济活动、志愿活动、社区活动、社会文娱活动或者一些学习活动。70岁及以上老年人参与的比例虽然有所下降，但仍高达47.5%。较高的参与率得益于2001年日本内阁办公室推行的“关于老龄化社会措施的一般原则”项目，该项目旨在为老年人提供一个有安全感的社会环境。该活动将帮助老年人参与社会活动、终生学习、与年轻一代保持互动作为主要活动内容推进。此外，日本大量的老年人俱乐部组织体育活动、兴趣小组和志愿服务等活动，鼓励老年群体和年轻群体共同参与，在提高全民的社会参与水平的同时，能够转变社会及老年人自身对老年人的认知，实现多代群体相互的理解和共融。丰富的社会生活虽然能够在一定程度上缓解老年群体内心的孤独感，但60岁以上老年群体中仍有17.3%的面临或者担忧孤独死境况，而这一比例在独居老年群体中占到45.4%，一定程度上反映了家庭生活对老年群体精神世界的重要性。这一点在老年群体提供的家庭照护上也有体现，老年人照顾子女或孙子女的比例仅有4.18%，与目标值57%差距悬殊。一方面，这可能是因为日本老年人高就业和集体活动参与一定程度上减少了提供家庭照护的时间；另一方面，日本的家庭形态以小家庭和核心家庭为主，三代同堂的家庭形态逐渐减少，老年夫妇共同生活和独居是当代日本老年人家庭的主要形态，而且日本完善的儿童福利体系在一定程度上减轻了家庭看护的负担，这也使得老年人逐渐从繁重的家务中解脱，参与到丰富的社会和文化活动中。

11.4.3.2 韩国

韩国的积极老龄化水平排在第二位。韩国老年人在就业，社会参与，独立、健康、安全生活，积极老龄化环境和能力四方面的表现分别位于第二位、第三位、第三位、第五位，韩国在就业和社会参与两方面表现较好，尤其是就业水平较高。但是韩国老年人在独立、健康、安全生活和积极老龄化的环境和能力两方面的发展有待改善，这说明虽然韩国老年人有较高的经济和社会就业参与，但是老年人的生活并没有达到与之相应的水平，老年人的潜力也并没有得到充分挖掘。从积极老龄化改进目标也可以看出韩国相对于作为基准国家的日本，在独立、健康、安全生活领域下的各个指标都需要改进，尤其是反映老年人身体健康以及财产保障的相关指标。韩国老年人参与锻炼的比率需要增加 1.5 倍才能达到目标值，未来财产充足度、养老保障覆盖率、住房拥有率、社会福利分别需要增加 25.1%、26.5%、30.03%、0.47%，相当于韩国现有水平的 56%、37%、47%、68%。从积极老龄化的潜力和能力上看，韩国老年人的预期寿命和健康期望寿命和其基准国（日本）差距不大，制约韩国老年人积极老龄化环境和能力的主要因素是心理健康水平、人力资本水平较差以及社会关系构建有待改善。相对于目标值，老年人相对心理健康比例、IT 使用率、受过中高等教育的比例以及终身学习和依赖亲友的比例分别需要增加 17.8%、35.9%、28.2%、6.3%、29%才能达到其理想水平，相当于现有水平的 25%、112%、61%、23%、48%。

韩国当前阶段的老年人主要是 20 世纪四五十年代出生的人群，这部分人群创造了韩国经济腾飞的奇迹，然而他们的晚年境况不容乐观。具体来看，韩国老年人的平均收入仅占国民平均收入的 61%，远低于 OECD 平均水平 86%（OECD，2017）。独居老年人贫困率极高，在一定程度上反映出家庭对老年人经济支持的减少是老年人贫困的原因之一。快速现代化社会下，孝道等传统价值观念逐渐被稀释，年轻一代奉养父母的传统责任意识逐渐淡化，此外迅速提高的对生活水平的追求也使得年轻人在赡养父母和照顾孩子两方面面临困境。

从西方发达国家的发展经验来看，完善的社会保障体制对于弥补家庭支持缺失意义重大。韩国养老保障在覆盖范围、补助水平和标准设定上都存在一定缺陷。现存韩国老年人养老保障体系主要包括社会福利计划、公众退休金和私人退休金三大部分。社会福利计划主要包含国民基础生活保障制度和基础老龄年金制度，国民基础生活保障制度认为有子女的老年人不符合家庭支持缺失的要求，事实上许多年轻人并没有履行其赡养父母的义务。缺乏灵活的衡量标准使得处于绝对贫困的老年人无法享受国民基础生活保障制度提供的补贴。基础老龄年金制度主要问题在于覆盖面过广，导致每位老年人享受到的福利被严重稀释。基础老龄年金制度这种广覆盖、低保障的特色与它最初稳定老年人生活、通过补助降低老年人贫困率的定位相背离。公众养老金的保障缺失体现在其与退休制度的有效衔接上，在雇主要求下绝大多数雇员会在55岁之前退休，但韩国的公众退休金要求韩国老年人至少60岁才能领取，二者的不匹配造成过早退休的老年人就此丧失生活来源。此外，韩国公众养老金由于发展历程短、社会认可低等原因，参与的劳动人口不足总劳动人口的一半，大量弱势群体仍被排除在公众养老金之外。以国民养老金计划为例，当前阶段75~79岁老年人中仅有13.5%的老年人有资格领取退休金，80岁以上老年人中这个比例下降到1.6%（OECD，2012）。养老金金额不足以保障日常生活也是公众和私人养老金的主要缺陷，国民养老金计划的补助水平仅仅为最低生活水平的一半，2000~2010年间，对老年人的社会转移支付大约占韩国老年人总收入的16%，远低于OECD国家59%的平均水平（Jang，2012）。韩国医疗保障体系存在的问题与公众养老金体系类似。尽管韩国国民医疗保障体系名义上将所有老年人都纳入保障范围，但是保障体系将有子女的老年人划归为生活水平高于贫困线185%的群体，因此一半以上的老年人不符合医疗补助资格（KIHASA，2010）。另一方面，国民医疗卫生体系医疗支持项目过窄，各种必要的健康保健项目要求共同支付或者完全自费，这可能造成那些低于贫困线生活水平的人陷入贫困循环。由于贫困对老年群体的身体和心理健康状态影响很大，再加之韩国家族体制的衰落、亲族关系纽带日渐松弛，众多处于社会底层的老年群体面临严峻的边缘化危机。有证据表明缺乏经济保障的老年人会产生严重的身体和心理问题，部分老年人甚至产生自杀行为（Ro，2015）。

老年人口的就业活动及意向的主要影响因素有：本人经济和健康状况、个人喜好、家庭关系、年龄以及本人的社会养老金待遇等。但经济是决定再就业的最重要因素。在欧美国家，老年人退休前后的公共和个人养老金以及个人资产等收入差别不大，因此他们的再就业意愿较低，更愿意投入大部分的时间在自己感兴趣的领域。韩国的公共养老金给付水平偏低，不少老年人选择通过子女支持或自己再就业的方式解决生活费来源问题。老年人的就业不仅有利于老年个体，而且更有利于减轻财政负担。由于公共养老金收支不平衡，推动老年人就业成为政府实现国家福利财政平衡的有效手段。韩国政府为促进老年人的再就业，制定了老年人雇佣政策，涉及基准雇佣率、雇佣企业减免税制度、工作岗位选定和开发、就职雇佣信息的收集和推荐就业职业培训、延长退休年龄的指导和退休人员的返聘等方方面面。相关法律不仅对企业作出具体要求，并规定详细的上诉程序保证老年群体就业权利受到侵犯时能够通过上诉程序保障自身权益。在具体实施上，韩国政府通过高龄人员雇佣稳定咨询费用支援事业、高龄人员雇佣环境改善融资支援事业、高龄人员雇佣促进设施支援政策等支援制度以及高龄人员人才银行、俱乐部、就业支援中心以及共同工作场所等社会组织为老年人就业提供专业、具体、周到的支持服务。从结果看，虽然韩国老年人就业率较高，但是老年人较低的受教育水平以及有限的信息技术能力严重限制了老年群体积极老龄化的潜能，进而影响到老年群体的经济和社会参与质量，韩国老年人就业质量较差，就业意向满意率较低，且多为临时工、日工。

11.4.3.3 新加坡

新加坡积极老龄化水平位于第三位，新加坡在独立、健康和安全生活及积极老龄化的能力环境均位于第二位，积极老龄化环境良好。新加坡的就业水平位于第三位，与第一位日本相差不大，对比其基准国（日本和韩国），新加坡在就业领域只需对 54 ~ 60 岁及 65 岁及以上老年人就业水平进行小幅调整。新加坡积极老龄化的弱项是社会参与水平，位于第六位，其评价值不足中国大陆的一半。在社会参与领域，改进基准国为日本和韩国，改进指标主要有老年人照顾子女或孙子女的比率、老年人政治参与率以及老年人参与志愿活动的比例，尤其是参政率和志愿活动比率，其改进幅度超出原有水平的一倍多。

新加坡积极老龄化的优势与日本有相似之处，进入老龄化社会之前已有充分物质积累，新加坡政府通过各种基础设施建设为公众尤其是老年群体提供便利的交通网络和服务设施，优质的城市环境有力保证了老年群体安全、舒适、便利的生活。20 世纪 90 年代之后，由于家庭规模缩减以及大量女性进入劳动力市场，家庭护理急剧减少，养老保障和护理服务成为积极老龄化的发展中心。新加坡养老保障体系依托于中央公积金制度运行，中央公积金作为一项强制储蓄计划，硬性供款、退休前不可支取和政府管理三大特色有力保障老年群体晚年收入来源；新加坡政府通过组屋的租售为全体公民提供住房保障，为中低收入家庭提供购房补贴，新加坡建屋发展局作为最大的建筑商，为新加坡计划为主、市场为辅的住房供给体制提供保障，公共住房的建设资金由政府税收和中央公积金提供，有力保障老年群体晚年居住条件；新加坡对居民健康和生活习惯的管理和引导贯穿整个生命周期，其政策旨在以社区为基点实施健康生态系统网络，通过“健康饮食计划”“健康标志计划”“健康配料方案”等健康食品方案和“步数挑战”“减肥计划”等锻炼活动以及“终生筛查”健康预防措施培养居民健康意识，转变生活方式以实现个体在整个生命周期的健康发展。

新加坡政府采用社区护理和雇佣外国劳动力的方式补充家庭养老（Yeoh，2009），在国家、非营利组织、社区的支持下，当前新加坡以家庭为中心的老年护理体系基本发展成型，国家确保老年人对基本医疗设施和医疗资金的需求获得满足，同时确保公众能够获得急症护理和短期疾病的基本护理，老年人的其他护理责任则由家庭、社区、个人三方共同承担。新型家庭护理依托社会护理和社区护理，政府出台包括外籍家庭雇工税收优惠在内的一系列计划，支持以家庭为基础的护理服务，同时长者照顾中心和护理院也提供暂托服务，极大地提高了老年人护理服务的专业性和健全性，缓解了家庭护理人员的身体和精神压力（Penkunas，2006）。众多的护理社区是新加坡积极老龄化护理理念的集中体现。护理社区以全方位提高老年人生活水平为指导，尤其关注老年人家庭关系和社会关系以及积极心态，新加坡具有代表性的重构计划是新加坡曹氏基金会发起的“成功老龄化社区”项目，该项目旨在满足老年人健康和个人成长的需求，通过专业团队的指导在健康、独立生活、社会参与和福利等领域全面提高老年人的寿命和生活质量。

当前新加坡面临的主要问题是老年人社会参与水平不高。社会是否提供了必要的条件和帮助、老年人的家庭生活状况和对社会参与的自觉性和主动性是影响老年人社会参与的主要因素。具体来看，家庭结构的转变是制约新加坡老年人家庭参与的重要原因，居民平均家庭规模持续下降，65 岁及以上老年人多为独居或者仅与配偶居住。参与意愿是影响新加坡老年人社会活动参与的最主要因素，对新加坡老年人社会参与意愿的一项实证调查显示老年人个人社会参与意愿受到个人经济状况、住所、家庭支持、种族、健康状况等多种因素的影响。根据参与情况可以将新加坡老年人分为四类群体：由于社交恐惧或者经济状况不佳对社会参与排斥的群体、由于健康和身体限制希望简化社会参与的群体、寻求群体一致性的老年群体和努力扩大社交网络、积极参与社会的群体。提高社会参与主要是针对前两类老年人群体。

11.4.3.4 中国澳门

澳门的积极老龄化水平位于第四位。澳门在就业，社会参与，独立、健康、安全生活以及积极老龄化的环境和能力四个领域的排名分别为第四位、第五位、第五位、第四位。澳门在积极老龄化各领域的发展水平较为均衡。在就业领域，澳门地区的基准国是韩国，三个年龄段的就业率均需改进，尤其是 65 岁及以上老年人的就业率需要增加一倍多；在社会参与领域，澳门地区的基准国是中国和韩国，主要改进指标是老年人照顾子女或孙子女的比例及老年人参与政治活动的比例，两项指标均需增加近一倍；在独立、健康、安全生活领域，澳门老年人的收入保障充足，但老年人健康状况相对较差，老年人自我健康评估良好的比例、锻炼身体的比例与目标值相差 33.10%、46.72%，是重点改善领域；在积极老龄化环境和能力领域，澳门老年人的主要问题是老年人力资本水平较低，受过中高等教育的老年人比例及老年人终身学习比例均需在原来基础上增加一倍多。

从独立、健康、安全生活领域看，福利性的社会保障制度极大地保障了澳门老年群体晚年生活水平。澳门的社会保障制度始于 1989 年，社会保障基金来源主要是雇主及雇员供款、博彩经营收入的拨款、特区政府每年财政总预算的收益的 1% 的拨款以及基金投资所得收益。澳门实行双层式社会保障制度，其覆盖范围涵盖了全部年满 22 周岁的澳门永久居民。此外，特区政府从 2005 年开始向年满 65 岁的老年人每年发放敬老金，政府在养老金上的支出从 2005 年的 4000 万澳元增长到 2010 年的 2 亿多澳元，受惠老年人超过 4 万人。65 岁及以上的澳门居民还可享受由政府和企业提供的各种福利和优惠。

从医疗服务和社会照护方面看，澳门现行医疗照护体系仍以政府为主导、以财政拨款为主要资金来源，为达到世界卫生组织所倡议的“人人享有卫生保健”的目标，卫生局在各区设立卫生中心，建成以卫生中心为单位的初级卫生保健网络，全澳居民都可以在居所附近的卫生中心免费享有基本卫生保健服务。澳门特区政府于 2009 年开始实施医疗补贴计划，通过向澳门永久性居民免费发放专用于私人卫生单位的医疗券，加强公营和私营医疗体系合作，以减轻医院候诊压力。虽然澳门老年人能够享受普遍的基础医疗服务，但是澳门医疗保障体系指数相对较低，存在公立医院轮候时间过长以及私立医院收费昂贵等问题，有限的医疗水平也在一定程度上影响了老年人的健康状况。综合来看，澳门当前的社会保障制度接近全民福利型社会保障，该制度下的所有居民，都有权利得到基本的社会保障，保障范围涵盖医疗、教育、养老、死亡等多个方面。虽然澳门的社会保障体系发展仍有待完善，但博彩产业带来的高收益极大地保障了澳门老年群体整体福利。

中国澳门致力于构建以家庭养老为基本、社区和社会养老为辅助的照护体系，澳门现有 19 间养老院，为各种原因不能在家庭中生活的老年群体提供服务。在社区层面，政府和社团紧密合作，推动切实可行的社会服务，协助陷于困境的家庭、个人和弱势群体，帮助他们恢复社会功能、提升生活能力和改善生活素质。同时，社区中专业性的长者日间中心和长者日间护理中心为身体欠佳的老年人提供起居照顾、护理和康复训练服务。护理服务的问题在于专业性的护理服务大多存在于养老院舍，但院舍养老往往被认为与亚洲的价值观念和文化背道而驰，因此这种由政府引导形成的社会资源并不能够被当前急剧扩张的扩张护理需求所消化。

在积极老龄化环境和能力方面，特区政府组织各种活动和课程，全面提高居民终身学习的意识。政府在社团及私人机构的协助下，持续举办成人教育及公民教育有关的活动。教育局通过“持续教育资助计划”“终身学习奖励计划”为澳门居民终身学习提供经济上的支持和奖励。但从结果上看，老年群体当前的人力资本状况提升不明显，一方面因为较高的福利水平抑制了老年群体为提高就业能力而进行人力资本投资的积极性；另一方面也说明相关学习项目的针对性不强，对老年群体缺乏吸引力。

澳门需要改善的主要问题同样是就业参与，而制约澳门老年人就业率提高的主要因素是澳门社会福利的提供方式，派钱、补贴、减税等惠民措施，尤其是澳门自 2008 年开始实施的现金分享计划，一定程度上抑制了老年人就业参与的积极性；其次，澳门老年人受教育水平不高，缺乏从事现代产业所必需的通信技术，再加之澳门经济产业相对单一，出口加工业、博彩旅游业、金融业和房地产业是澳门经济支柱产业，这些产业对从业人员专业能力有一定要求，专业知识和能力的不足一定程度上制约了老年人就业领域。

11. 4. 3. 5 中国香港

香港的积极老龄化水平排在第五位，在就业，社会参与，独立、健康和安全生活以及积极老龄化的环境和能力四个领域的排名分别为第五位、第四位、第六位和第三位。从各领域来看，香港在社会参与、积极老龄化能力和环境两方面均表现良好，与前几位的差距不明显。由此可见香港老年人积极老龄化潜力充足，老年人在文化、政治、社会各方面的参与度较高。香港老年人积极老龄化的主要问题是老年人就业率不高，参与水平不及日本一半，且老年人社会保障水平较低，缺乏可靠的社会安全网保障老年人的晚年生活。在就业改进问题上，中国香港改进基准国为韩国，其中，55～59 岁老年人劳动力参与率需要增加 6.9%，60～64 岁老年人劳动力参与率需要增加 15.8%，65 岁及以上老年人就业参与率需要增加 21%，相当于香港现有雇佣率的两倍多。在独立、健康、安全生活领域，老年人的健康、收入均缺乏保障，香港自我健康评估良好的老年人仅占 40.2%，与其基准国日本相差 24.2%，香港老年人的住房拥有率和养老保障覆盖率分别与日本相差 43.5% 和 37.4%，改进程度均超过 60%，中国香港老年人福利水平仅占 GDP 的 0.28%，对比日本 1.16% 的目标值，需增加三倍多。

香港在老年群体社会保障领域的政策集中于医疗、护理、养老保障和社会福利四方面。香港自 1997 年开始就将养老服务作为施政方针之一，香港已经建立起一个以保健和疾病预防为核心的涵盖完整人生阶段的健康服务体系，香港医疗服务分为基层医疗服务、中层医疗服务以及第三层医疗服务，每一层都有针对伤残人士和长期患病者及老年群体的康复及住院服务，护理服务按服务来源可以分为公共部门护理服务和私人部门护理服务，公共部门护理项目中，政府承担总护理费用的 95% 以及大部分的长期住院费用，以保证高水平的医疗服务不会为老年人造成经济负担。但公共部门的护理服务大多集中于初级的护理项目，私人部门的高水平医疗服务费用对老年人来说仍是一笔很大的负担。制约香港老年群体实现独立自主的晚年生活的主要因素是养老保障制度和老年福利体系的不健全。香港现行养老制度包含“综援”和高龄津贴、“强制性公积金”和职业退休计划、私人储蓄、保险及投资三部分构成，“综援”和高龄津贴旨在为低收入或残疾的老年群体提供生活保障，资金由政府财政统一支出，但补贴金额较低，难以独立保障老年人基本生活。强制性公积金 2000 年才开始实施，因此大量老年人被排除在基本养老保障之外，依靠微薄津贴和“综援”勉强生活。由于发展历程短、缺乏公众信任，强制性公积金仅仅在保障老年人最低生活水平上发挥作用。

收入减少激发老年人就业参与的意愿。但香港老年人就业形势严峻，虽然香港特区政府通过延长工作期、加强对长者就业培训的支援，推广积极乐颐年、发展银发市场以及充分释放和利用老年人的社会资本，释放当地劳动力潜力，但其政策效果并不明显。首先，香港没有法定退休年龄，绝大多数老年人在 55～65 岁之间退休，香港老年人的平均退休年龄是 OECD 中最低的，退休年龄缺乏强制要求在一定程度上影响了 65 岁以下老年人的就业参与。其次，香港特区政府强制建立的“强制性公积金”制度属于累计制个人账户，其收益完全依赖个人供款及管理公司的投资，养老金的偿付能力对香港老年社会影响不大，一定程度上抑制了政府提高退休年龄的需求。调查显示有67%的老年人计划在退休之后寻求一份有报酬的工作，但实际上只有6%的人成功找到。对老年人的社会态度以及就业歧视是阻碍老年人进入劳动力市场的最关键因素。汇丰银行调查显示香港公民中33%认为老年人的生活缺乏目标，15%的香港人认为老年人是社会的负担（HSBC，2017）。社会对老年人的消极看法阻碍了老年人在家庭和社会中积极承担角色。不少老年人存有提前退休以缓解香港青年人就业压力的消极观念（Chau，2009）。进一步来看，消极的社会态度一定程度上加剧了老年人社会歧视，尤其是在香港这样一个工作和个人身份、社会阶层紧密联系的社会。持续进行社会参与或者发展社会资本是积极生活方式的重要体现。

11.4.3.6 中国

中国（大陆）的积极老龄化指数位于第六位，在就业，社会参与，独立、健康和安全生活以及积极老龄化的环境和能力四个领域的表现分别位于第六位、第一位、第四位、第六位。老年人健康水平较差、医疗健康保障不充分、社会保障覆盖范围有待提高、缺乏安全的生活环境是当前中国老年群体面临的主要问题。在改进上，中国基准国是日本和韩国，中国需要在老年人参加体育锻炼、未来财产充足度、自我健康评估良好、夜路安全指数、养老保障覆盖率、医疗保障体系指数、老年人福利占GDP比重七项指标上分别增加34.90%、8.77%、24.20%、8.10%、37.40%、43.60%、18.01 %、0.88%、1.35%才能达到其理想水平。在就业领域，中国老年人就业水平与基准国日本差距悬殊，55~59岁、60~64岁、65岁及以上三个年龄段老年人就业率需要在原来基础上分别增加39.01%、30.99%、8.06%才能达到其目标水平，改进幅度相当于原指标值的95%、95%、57%。老年人积极老龄化潜力较低是制约老年群体就业水平的原因之一，老年人终身学习的比例、IT使用率与其基准国日本相差4倍和12倍之多，相应地也影响了老年人的就业水平。

中国的社会保障体系与老年人生活质量密切相关。中国现行养老保障体系包含养老保险医疗保险和社会救助三大部分，虽然中国职工和城镇居民基本养老保险总体覆盖率超过80%，基本医疗保险覆盖率达到了90%，但中国当前最主要的问题是农村老年人养老保障尚不健全，覆盖范围和保障力度均有待提高。农村老年人口的收入来源主要是子女的收入转移，一半以上的老年人依靠家庭成员供养，三成老年人通过就业实现自我供养。研究表明我国农村老年人贫困率远高于城镇老年人，农村老年人相对于城镇老年人承受更深、更强的贫困状况（Kang，2015）。这也在一定程度上解释了我国老年人就业动机，不同于日本等发达国家老年人的自我实现，中国老年人就业是为了获得收入来改善生活。近年来，中央政府推行了一系列保障政策满足农村老年人养老需求。2003 年推行的农村合作医疗制度和 2009 年施行的新型农村社会养老保险试点工程旨在建立覆盖全部农村人口的社会保障体系。这意味着我国社会保障从补缺型向普惠型转变，但是老年人的晚年需求涵盖了养老服务、社会参与、医疗保障等多方面，仅仅依靠政府的转移支付是远远不够的，因此开发老年人力资源补充政府养老资源，进一步提高老年人的收入水平是解决我国广大农村人口社会保障的关键。

就业是发挥老年人力资源潜力的有效手段。一方面，可以减少社会劳动力的浪费。老年人，尤其是老年高级知识分子和专家是宝贵的人力资源，鼓励这部分人继续就业或者参与多种形式的社会活动，有利于缓解目前人才资源方面的结构性矛盾。另一方面，通过就业和社会参与可以丰富老年人的晚年生活，还有助于获取收入，缓解自身经济压力。但相较于东亚其他国家和地区，中国老年人就业水平不高，影响老年人就业的首要因素是社会支持不足，缺乏专业机构负责管理、促进老年人就业，也缺乏足够有效的法律维护老年人就业权益；次要因素是老年人就业渠道过于狭窄，并且缺乏相应的就业指导和培训，从积极老龄化环境和能力评价中可以看出，中国老年人人力资源数量多、质量低。受教育水平极大地制约老年人就业数量和质量，不少老年人只能从事一些临时的体力工作，这些工作对老年人的身体是一个极大负担；此外，良好的身体和心理条件是老年人实现就业的重要保障，相对于东亚其他国家和地区，中国老年人的健康状况相对较差，成为制约就业提高水平的重要因素之一。

11.5 东亚积极老龄化发展结论与建议

总体来看，东亚国家和地区不论经济发展水平如何，总体上都具有大致相似的意识形态。这些政策或多或少地反映了儒家伦理背景下的家庭主义文化价值观。东亚国家和地区的老龄化因地缘政治、社会经济、文化、历史以及宗教因素的不同呈现出较大区别。六个国家和地区积极老龄化发展水平不一，总体看来可以分为两类，一类是经济基础较好的日本、新加坡、中国澳门，与其他东亚国家和地区中相比，这些国家和地区的老年人能够获得较为完善的基本社会保障，多元化的需求支持体系也能够满足老年人的物质和精神需求。现有研究表明，在经济稳定的国家和地区，比起物质支持老年人更注重精神慰藉。随着经济社会的发展带动老年人生活水平进一步提高，这种趋势会进一步加强（Cheng，2006）。这些国家和地区的积极老龄化的发展考虑以积极老龄化的思想内涵为基准，转变社会以及老年人自身对老年人的传统看法，鼓励老年人进行政治、经济和文化参与，在实现老年人自身价值的同时，重塑社会道德体系，为老年人创造一个安全、和谐、尊重的社会环境。虽然亚洲的医疗保健，技术和社会经济发展迅速，但许多国家必须在社会经济、技术和教育水平全面提高之前，解决人口老龄化面临的诸多挑战。第二类中国和韩国作为经济发展水平相对较低的国家，社会保障体系有待完善，不少老年人最基本的生活需求尚未得到满足，积极老龄化政策主要针对老年人脆弱性问题。针对中国和韩国老龄化现状，政府应当发挥主导作用，利用积极老龄化这一概念来指导政策制定并针对性地投入资源，优先满足老年人的就业意愿和物质需求。总体上，东亚老龄化的复杂多样、老龄问题的解决需要依靠政府、组织和个体等各方的通力协作，每个国家需要根据自身积极老龄化现状制定适当的策略和管理方式来应对老龄化即将带来的各种问题。

11.5.1 日本

增强老年群体的就业和社会参与是当前日本积极老龄化领域两大主要发展方向。虽然在政府和社会的大力支持下，日本老年人的就业在东亚国家中具有明显优势。但是相较于日本老年人拥有的高水平积极老龄化潜力，日本老年人的就业潜能尚未充分发挥。因此如何充分发挥日本老年人，尤其是具有高教育水平的老年人在就业和社会文化参与上的潜能，从根本上影响着老年人积极老龄化的可持续发展。在提高就业参与和就业质量上，政府应当承担起资源整合的角色，继续加大对老年人就业的支持力度，构建老年人经济、文化、社会参与的支持体系。日本政府应当考虑继续拓宽老年人就业渠道，搭建老年人再就业平台，大力发展再就业培训，鼓励老年人兼职，号召企业、社区、社会组织等为身体条件允许且有工作意愿的老年人提供合适的职位。值得一提的是，在当前劳动力市场需求有限的情况下，政府应当考虑增强对老年人创业的支持力度，鼓励老年群体在退出雇佣体制的同时充分利用自身知识和经验，通过各种形式和规模的创业，在提高全社会产出的同时实现人生价值。在就业系统内部，打破职业限制，尤其是高级管理阶层的职业歧视，运用法律、补贴及教育手段创建一个年龄友好的工作环境。其次，缩小老年人和年轻人在观念行为上的差异，推动双方的理解和支持是构建年龄友好工作环境和年龄友好社会需要解决的观念层面的问题。在当前日本老年群体的活动能力不断提高的情况下，打破年龄界限、创造能够调动和满足老年群体社会活动积极性的大环境至关重要。其关键在于提高各代人对老龄化社会的理解，尤其是提高对各代人矛盾的焦点——社会保障内在机理的认识，帮助各方了解老龄化社会的趋势和潜能，进而调动全社会的资源为充分发挥老年群体社会潜能提供支持和帮助。此外，发掘和增强老年群体自身潜能，是提高老年群体竞争力的关键，企业和政府应当鼓励老年人终身学习，提高自身人力资本水平，鼓励企业加强老年员工与年轻员工的交流合作，加强老年员工和青年员工的知识经验交流，在提高老年人人力资源开发水平的同时有效增强企业效益。

针对老年群体社会参与问题，考虑根据老年人的需求，以社区为中心、以非营利组织为依托组织老年人参与集体活动，丰富社区活动的内容、形式，尤其是组织适合老年人和年轻人共同参与的活动。当前日本许多老年人对致力于改善环境和福利的非营利机构活动有兴趣，但不充分的信息和有限的机会限制了老年群体的实际参与水平，因此非营利机构考虑以社区为活动站点，充分满足社区老年群体活动参与的积极性。在社区内部，通过各种社区活动增加不同代群体的接触和交流，社区活动中心可以组织有能力和有意愿的老年人提供儿童照顾服务，社区护理中心组织社区中赋闲在家的具有照护能力的群体协助专业人员为身体不便老人提供看护服务，以应对居家养老中逐渐增长的护理和保健需求，以此构建多代人合作互助、互相支持的新社区。多代群体之间的交流共融也能够在一定程度上缓释部分独居老人家庭生活缺失带来的失落感。

11.5.2 新加坡

新加坡当前积极老龄化发展的主要任务是提高老年人社会参与水平。提高老年人参与率应当从家庭参与、社区参与和社会参与三方面共同推进。当前新加坡老年人社会参与以社区为基础，社区在构建集健康服务、社会服务、家庭服务、家庭访问于一体的老年人关怀社区基础上，从终身学习、构建老年活动中心、社区俱乐部、社区厨房、代际活动等方面持续提高老年人社会参与水平。因此，充分利用新加坡完善的社区体系，将家庭参与活动和社会参与活动整合到社区层面是提高新加坡老年人社会参与水平的关键。老年人家庭参与的核心是提高老年人在家庭中的价值，从评价结果来看，照顾子女或孙子女以及生活不便的亲属是提高家庭参与、实现老年人家庭价值的有效措施。在社区层面上，新加坡可以考虑将这种家庭参与扩展到社区参与的水平上，将家庭照顾拓展为社区照护，以社区为单位提高老年人参与家庭、社区的热情和能力，满足老年人自我实现的需要。此外，老年志愿活动、老年参政活动均可分解到社区水平上，通过调动整体社区参与积极性进而提高社区老年人社会参与水平。在个人层面上，老年人社会参与意愿是影响参与率的主要因素。因此政策的核心在于针对不同老年人的具体情况给予帮助。针对部分生活在极端环境下的老年人，一方面，政府给予经济支持，保障老年人基本生活；另一方面，可以通过货币激励和实物奖励调动贫穷老年人参与社区活动。针对健康状况不佳的群体，考虑通过家庭的支持有效弥补老年人健康和身体功能的缺陷。对于存在社交恐惧的老年人，社区组织专业人员帮助老年人调整心态，改变老年人对社会网络的态度，从加强老年人的家庭融合入手，进而扩展到老年人社会融合。

11.5.3 中国香港

稳定的社会网络、持续的社会贡献以及良好的健康和经济状况是中国香港老年群体实现积极老龄化的关键因素。构建健全社会保障网络以改善老年人晚年生活质量是提高香港老年人独立、健康、安全生活水平的核心举措。首先，完善香港老年人社会保障首先要求扩大强制性公积金覆盖范围，保证未来进入老年阶段的中国香港公民拥有足够的基本生活保障；其次，提高现有高龄津贴的支付金额，保障现阶段老年人基本生活。独立、健康、安全生活的实现还要求构建一个年龄友好型社会，重塑老年人外在生活环境，构建年龄友好型社会不仅要求提供满足各年龄层需要的公共产品和服务，同时要求缓解家庭、社区、社会中普遍存在的代际矛盾，强调不同代群体间的沟通和理解。

社会经济参与和社会资本是香港老年群体积极老龄化的基石。就业被认为是提高老年人基本生活和发挥晚年价值的有效途径，不论对老年人自身保持积极的状态还是对经济发展、社会和谐来说，提高老年人的就业参与都十分必要。提高就业参与，首先，要逐步提高退休年龄，特区政府应当考虑通过立法保证香港雇员的工作权利，充分发挥老年人在专业知识和工作经验上的优势[①]。其次，提高就业水平关键在于保障老年人的就业权利和就业机会，政府、社会和组织需要共同从反对就业歧视、改善就业环境、保持就业能力、提供完善的就业服务四方面着手改革就业政策和实践，消除老年人就业障碍。转变社会对老年人的观念需要经历漫长的过程，政府在进行观念引导的同时，最重要的是通过提供就业服务、改善工作条件、创造更多的就业机会为老年人创造发挥价值的空间。改善工作条件可以通过允许兼职、灵活的工作安排、降低工作强度等方式有效提高老年人持续工作的能力，避免老年人过早从劳动力市场退出（Villosio，2008）。在提供就业服务上，政府应当重点考虑加强对老年人就业参与的引导，为有意愿参与就业的老年人提供再就业指导和职位安置帮助，扩大对老年人就业的服务力度，提供各项就业前准备、工作技能及适应等训练，提升老年人的就业能力，拓展他们的就业渠道。

11.5.4 中国澳门

改善老年群体的健康水平和提高就业是提高澳门老年群体独立、健康、安全生活水平的重中之重。澳门老年人健康水平不仅需要澳门特区政府加大对医疗卫生行业的投入，引进专业人才和设备，提高澳门医疗技术水平，更为重要的是鼓励和引导老年个体培养健康生活习惯和生活方式。针对此目标，建议启动“澳门居民健康促进行动”，在全澳门展开居民健康和营养普查，在此基础上建立“居民档案”，以社区为中心设立健康指导中心并开展相应的饮食、营养、运动、保健行动。虽然当前澳门已经形成了多层次的护理格局，但专业护理主要集中于住院照护，社区和家庭照护在支援老年群体上的能力仍然有限，面对未来人口老龄化及长期照护服务需求的上升，政府有需要加强各方长期照护服务的配套。澳门长期照护服务的发展必须首先由政府制定长远的长期照护框架，明确家庭和社会应承担的责任和义务，并为社会照护的发展准备充足的资金和专业的护理人才。具体来看，在发展院舍照护的基础上，要注重提升家庭在老年人照护、护理、康复及支援等方面的能力和水平，进一步扩大社区中日间护理服务

① 2017 年，一项针对中国香港文职人员的调查显示，一半以上受访者认为特区政府应当对法定退休年龄做出规定，其中近一半老年人支持 65 岁为法定退休年龄，近三成受访者认为应当为 60 岁。新华网．调查：香港半数白领支持法定退休年龄定于 65 岁［EB/OL］. 2017 - 10 - 27，http：//www. xinhuanet. com/gangao/2017 - 10/27/c_129727569. htm。

的数量和规模，通过雇佣专业人员提升护理服务水平，为家庭养老提供重要的支援性服务。此外，需要长期照护的人群多患有慢性疾病，考虑将专业的护理服务与医疗服务相配套，通过严格的审查机制确保老年群体能够获得专业的、有针对性的护理服务。

为提高老年人就业参与，澳门特区政府应当考虑改变福利供给方式，通过为老年人提供培训和工作岗位，将补给以工作补贴的形式向老年人发放，这在提高老年人生活水平的同时，还能够充分发挥了老年人的社会潜力。从就业促进效果来看，培养满足企业自身的劳动力需求的潜在劳动力比减税支援政策更为有效，因此澳门特区政府应当根据未来产业发展方向，制定专门的职业技术教育发展纲要，整合职业技术教育资源，特区政府统筹并发布职业技术人才需求信息，用以引导职业技术教育发展方向。实现职业技术教育与支柱产业充分融合，考虑聘请相关产业专业人员为老年人进行针对性的专业知识培训，帮助老年人掌握现代通信技术和从事相关行业的基本技能，提高老年人就业参与能力的同时提升产业竞争力。在培训项目运作上，鼓励企业与相关教育机构合作，建立职业技术教育的评审和认可机制，在培训机构和项目的设置上要充分发挥市场作用，鼓励相关机构的充分竞争。

11.5.5 韩国

韩国积极老龄化的核心是消除贫困率，为老年人提供稳定的收入保障。改革养老金体系和医疗保障体系是长期任务，其受益对象是未来老年人。解决现阶段老年人贫困主要思路是增大社会福利和提高老年人就业水平和就业质量。首先，对于65岁及以上的老年人，尤其是高龄老年人，这部分老年人绝大多数没有加入养老金体系，社会保障的重点应在社会福利保障上，应当进一步放宽老年人领取资格，确保福利计划以绝对贫困的老年人为主要对象，尤其要考虑到子女无法履行赡养责任的老年人，在提高社会福利覆盖精度的同时提高补助力度。其次，现阶段55～60岁老年人是1955～1963年出生的婴儿潮一代，这部分老年人尚处于老龄化初期阶段，稳定的健康状况为其参与劳动力市场提供了保障，针对婴儿潮一代老年人解决贫困的主要思路是扩大老年人就业水平。在自我成就感、生活满意度和生活质量指标上，韩国就业老人的满意度高于非就业老人，而且就业老年人通常拥有更紧密的家族关系和社会关系。

首先，退休年龄较低以及就业质量不高是制约韩国老年群体就业水平提高的主要问题。虽然韩国政府希望采取延长退休年龄的方式促进老年人就业，但各种例外条款决定了其政策措施不具有强制性，因此考虑以先试行后法制化这种温和的方式，阶段性提高老年群体退休年龄，一旦确定为法律便要求各种企业和组织严格遵守相关条款。其次，在就业质量和就业满意度上，以政府为中心有效整合职业培训和就业机会，考虑以政府为主导建立完善的老年人就业服务体系，为老年人提供再就业培训、劳工权益保障等服务，采取鼓励老年人更多参与培训，普及 IT 使用率等措施来发挥老年人积极老龄化的潜能，进而提高老年人的就业数量与就业质量。老年群体就业满意度的提高，一方面依赖完善的就业支持体系和上岗培训机制；另一方面要求政府创造多样化的工作岗位来满足老年人广泛的就业意向。

11.5.6 中国

中国老龄化政策的核心在于全面提高老年人的生活质量，同时提高老年人就业水平和就业质量。就业和老年人独立、健康、安全生活是相辅相成、相互促进的关系，建立更加完善的社会养老和医疗保险制度，提供多样化的医疗照管服务来改善老年人口的生活质量和促进健康水平的提高，对提高就业意义重大。削减贫困、提高生活质量必须从社会保障入手，首先，进一步加快城乡社会保障制度建设，以更好地发挥社会保障的贫困削减效应。当前重点在于农村，主要任务是加快推进新型农村养老保险制度，在实现制度全覆盖的基础上逐步提高养老金水平。对于医疗保障制度，当前农村医疗保障制度的主要任务是提高医疗保障水平和扩大报销比例，避免因病致贫和因病返贫现象出现；对于社会救助制度，提高社会救助的针对性和救助水平。其次，在养老服务领域，中国应当在促进社会保险制度成熟的同时，加快实现养老保险和医疗、照护服务、医疗保障一体化进程，将医疗服务和护理服务、康复关怀相结合，逐步实现护理服务社会化。

支持老年人再就业。首先，政府、社会、民间和个体都要变被动为主动，从“消极老龄观”向“积极老龄观”转化。支持和鼓励老年人形成再就业的观念，鼓励老年人自力更生，通过劳动参与来增加收入，而非仅靠社会福利和子女支持来维持和改善生活水平。其次，在法律层面上对老年人再就业提供保障，在应聘解聘、同工同酬、福利待遇，特别是工伤理赔等方面，亟须用规章制度来保护老年人再就业的合法权益，禁止企业歧视老年劳动力，禁止企业任意解雇老年就业人员。在政策层面，重视对老年人口再就业的调查研究，组织对有关政策的研讨和实验，制定适合中国国情的老年人口再就业政策。将就业政策的制定和加强老年收入保障联系在一起，通过调整养老金制度、改革领取养老金的年龄和退休年龄等措施调节就业率。各部门应协调制定政策，避免部门间的政策矛盾，政策碎片化等问题。具体来看，提高老年人就业要求政府尽快完善就业服务体系，成立社会专职机构为老年人再就业提供指导和培训；通过补贴或减税的优惠政策激励企业雇佣合格的老年劳动力，鼓励企业通过返聘、聘请顾问等方式发挥老年人经验优势，充分利用老年劳动力；积极发展劳动强度较低的第三产业，为老年人再就业提供更多的空间。

第 12 章　中国积极老龄化发展水平测度

中国是一个人口大国，区域广阔，各地区经济发展水平和老龄化进程都不同，对老龄化的应对措施和效果也不尽相同。基于中国积极老龄化发展的地区差异，本书利用 CHARLS 和 CGSS 数据库，借鉴欧盟积极老龄化测度框架，利用 AHP 与 DEA 相结合的方法设计中国积极老龄化指数，测度中国东、中、西三大区域及 28 个省份的积极老龄化指数，研究区域、城乡、省份、性别等层次的积极老龄化发展水平，并提出应采取的针对性积极老龄化发展对策。

12.1　问题的提出

中国拥有世界最多的老龄人口和高龄老人，截至 2015 年，65 岁及以上老龄人口达到 1.4 亿，占总人口的 1/10，预计到 2053 年，我国老龄人口将达到峰值 4.87 亿，超过总人口的 1/3，80 岁及以上人口将达 1 亿。人口老龄化快速推进，引发了社会各界关于养老金缺口、老年病理等老龄化问题的探讨，未富先老、高龄化和家庭空巢化成为当下中国面临的重要问题。

随着人口老龄化全球趋势的发展，积极老龄化战略日益引起各国的关注。WHO 围绕“健康”“参与”“保障”三大维度提出六组用于具体测量的指标体系，成为积极老龄化政策框架的支柱。积极老龄化可以通过疾病预防、保持生理和认知机能、保证经济安全、优化社会支持网络实现。马丁（Martin，2002）、卡哈纳（Kahana，2003）、塔里克（Tareque，2013）等对此进行了深入研究。文化因素（Thanakwang K.，2009）、心理因素（Van Malderen L.，2016）、生活满意度（Feng Q.，2015）等指标先后被纳入积极老龄化框架中。

在积极老龄化指标体系的研究中，欧盟确立的积极老龄化指数是应用范围最广泛、影响最深远的测评体系。欧盟积极老龄化指数用于测度与比较各国在就业、社会参与、健康独立和安全生活、积极老龄化的能力和环境四方面进程与水平。欧盟积极老龄化指数的建立为各国有针对性地改进老龄化水平，制定相关老龄政策提供了启示。

国内学者依据中国积极老龄化发展实践，从多个视角对 WHO 的积极老龄化内涵进行了发展。中国积极老龄化要在健康、参与、保障三个微观支柱的基础上纳入发展、和谐、共享三个宏观支柱，发展指的是包含经济、文化、政治、社会发展在内的广义发展，和谐蕴含着重视家庭代际关系的理念，老年共享涉及发展资源、发展关系、发展成果的共享（邬沧萍，2013）。积极老龄化的目的是营造积极的氛围鼓励老年人参与到丰富多彩的社会生活中（林卡、吕浩然，2016）。在老龄化过程中人与社区、社会之间存在相互依存的关系，以社会条件和环境的改善为重点提高社会生活质量是推动积极老龄化发展的关键（苗元江、胡敏、高红英，2013）。积极老龄化最重要的思想在于建立一个以"尊重""权利"为基础的战略计划，促进老年人与社会的融合，一方面通过社会支持提高老年人生活质量；另一方面强调弘扬孝道文化、承认老年人的社会贡献等文化层面支持对于推动老年人口积极参与社会的重要意义（宋卫芳，2016）。积极老龄化的前提包括健康、能力、意愿和机会四方面，将积极老龄化理念延伸到老年发展层面，核心思想在于激发老年人树立老年自觉和老年自信，充分利用老年健康资本、经验资本、智慧资本、社会资本，挖掘生命潜能，实现人生价值，鼓励老龄人口再社会化，以"老年获得"的正能量平衡"老年丧失"的负能量（穆光宗，2016）。

在"未富先老""未备先老"的形势日益严峻的情形下，积极老龄化理论和政策框架的提出为中国应对老龄化提供了全新的视角。2017 年 1 月 25 日，国务院印发国家人口发展规划（2016～2030 年）确定实施积极老龄化政策，将社会保障、长期护理保险、养老服务体系作为优先发展领域，在政策层面将个人积极老龄化与国家积极老龄化相结合，这是"积极老龄化"的理论创新和中国化的体现，标志着中国正努力探索适用于本国国情的老龄人口养老和发展之路。

综上所述，中国积极老龄化理论研究范畴拓展了 WHO 界定的范围，关注个人意愿和社会环境这些决定积极老龄化水平的关键因素，从整个生命过程视角出发，构建积极的老年文化，保障老龄人口参与权利，并拓展其活动领域，这对促成老龄人口的健康发展、角色发展、认知发展和价值发展意义重大。然而，国内对积极老龄化的理论探索虽取得一定成果，但缺乏系统性整合，且已有研究以定性研究为主，定量研究集中在对具体省份、城市的小范围研究，对不同老年群体的比较研究不足，也缺乏系统的积极老龄化测量工具。本书试图做出弥补，借鉴欧盟积极老龄化指标体系，从积极老龄化四个领域入手构建中国积极老龄化指标体系，从城乡，性别，东、中、西三大区域及 28 个省份，多个视角对中国积极老龄化状况进行研究，在丰富积极老龄化定量研究的同时为中国特色积极老龄化政策推进提供启示。

12.2 中国积极老龄化指标体系设计

12.2.1 中国积极老龄化指标内涵界定

对积极老龄化的阐释应当从社会和个人两个角度进行，对个人来说，积极老龄化是一种需求，对社会而言，积极老龄化是一种责任，社会应为满足老年人的各项需求提供支持。本书对中国积极老龄化指标体系的设计遵从社会和个人相结合的原则，从就业，社会参与，独立、健康、安全生活，积极老龄化环境和能力四个方面纳入 23 项指标（见表 12 - 1）。既有体现老龄人口健康、精神、就业、参与的个体指标，也有收入、医疗等社会性指标。

表 12 - 1　　中国积极老龄化指标体系

目标层	指标层
就业	55 ~ 59 岁的就业率
	60 ~ 64 岁的就业率
	65 ~ 74 岁的就业率
社会参与	参与志愿活动的老年人比例
	至少一周照顾一次（岳）父母的老年人比例
	每周照看孙子/女的时间
	参与选举的老年人比例

续表

目标层	指标层
独立健康和安全生活	进行身体锻炼的老年人比例
	日常生活没有困难的老年人比例
	拥有医疗保障老年人比例
	拥有养老保险的老年人比例
	家庭经济状况处于平均水平及以上的老年人比例
	60 岁以上老年人收入占 30 ~45 岁青年人收入的比重
	空闲时间经常学习的老年人比重
	对政府打击犯罪满意的老年人比例
积极老龄化环境和能力	精神健康的老年人比例
	老年人 IT 使用率
	受过中高等教育的老年人比例
	人均预期寿命
	身体功能正常的老年人比例
	对邻居、街坊和同村居民比较熟悉的老年人比例
	每月至少见到子女一次的老年人比例
	从子女处获得的经济帮助占生活支出的比重

资料来源：笔者整理。

积极老龄化的核心是就业和社会参与。就业水平的高低能够在一定程度上反映一个国家或地区老龄人口经济参与的程度和相应的就业支持体系的完善水平。就业是积极老龄化发展过程中的关键一环，从个人和家庭角度看，老龄人口就业不仅可以提高家庭收入，对老年人心理健康也有积极影响；从社会发展看，老龄人口再就业可以减轻养老保障负担，弥补劳动力市场人力资源短缺，有利于经济社会的可持续发展。对中国地区老龄人口就业水平的测度分为 55 ~59 岁、60 ~64 岁、65 ~74 岁三个年龄段，基本涵盖了中国大陆拥有劳动能力和劳动意愿的老龄人口。

老龄人口社会参与是保持老龄人口社会关系、重塑社会角色、实现自我和社会认同的有效措施，“活动理论”“社会角色理论”“增权理论”等老年社会参与理论认为适当的社会参与有助于保持老龄人口身体和心理健康，延缓身心衰退。老龄人口社会参与对社会和谐发展有重要社会价值，是老龄人口提升晚年生活质量的重要措施。我国已将服务于老龄人口的社会参与作为服务于社会养老的重要内容。本书通过至少一周照顾一次（岳）父母的老年人比例、每周照顾孙子女的时间、参与志愿活动的老年人比例、参与投票选举的老年人比例四项指标测度老龄人口社会参与水平，涵盖了老龄人口参与公益活动、家庭生活、政治活动等多方面内容，深入揭示老龄人口积极老龄化的生活态度和水平。

独立、健康、安全生活是积极老龄化的基础，是老龄人口就业和社会参与的前提。独立、健康、安全生活指的是老年人生理、心理和社会功能保持比较完满的状态，拥有独立性和自主性，生活基本能够自理，有较高的生活质量和社会保障。高度完善的保障水平、良好的身体习惯、环境安全，将使老年人拥有时间更长、质量更高的晚年生活。因此，独立、健康、安全生活领域测度主要从老年人独立生活能力、生活保障、生活方式、环境安全四个维度进行。独立生活水平通过能够独立完成日常生活的老年人比例衡量，生活保障维度包含养老保险和医疗保险覆盖率两项指标，经济水平通过家庭经济状况和老年人收入占青年人收入比重衡量，生活方式维度包括身体锻炼和空闲时间进行学习充电的老年人比例两项指标，环境安全则通过老年人对政府打击犯罪的满意程度测度。

积极老龄化环境和能力反映的是老龄人口现在和未来的积极老龄化潜能，其水平与老龄人口就业、社会参与水平息息相关，积极老龄化环境和能力能够准确反映老龄人口的身体能力、学习能力和社会能力三个决定其晚年发展的重要方面。环境和能力的测度主要从人力资源、人力资本两个维度展开，分别衡量老龄人口人力资本的数量和质量。老龄人口人力资源水平通过人均预期寿命和老年人心理健康以及身体功能反映，老龄人口人力资本水平则通过 IT 使用率和受过中高等教育的老龄人口比例衡量。此外，在传统儒家思想文化背景下，代际关系对老龄人口潜能的发挥至关重要，因此本书在环境和能力领域中补充代际关系维度，并通过子女生活照护和经济支持两项指标综合衡量。

12.2.2 决策单元的选取

首先，本书选取中国城乡、男女，东、中、西三个地区及 28 个省份作为积极老龄化测评对象，东部地区包括北京、天津、上海、河北、江苏、浙江、福建、山东、广东、辽宁、吉林、黑龙江共 12 省份，中部地区纳入山西、安徽、江西、河南、湖北、湖南 6 省，西部地区则由内蒙古、广西、重庆、四川、贵州、云南、陕西、甘肃、青海、新疆 10 个省份组成。其次，将老龄人口分为

45~64岁、60~74岁、75岁及以上三个年龄段，对比全年龄段和细分年龄段的区域、城乡以及性别积极老龄化指数，揭示三个年龄段积极老龄化总体水平及其在四个领域内的差异，深入探索不同社会背景下不同年龄阶段的积极老龄化发展特色。本书数据来源于中国健康与养老追踪调查（China Health and Retirement Longitudinal Study，CHARLS）和中国综合社会调查（Chinese General Social Survey,CGSS）2015年调查数据，部分数据来源于2016年《中国民政统计年鉴》《中国人口和就业统计年鉴》。

12.3　中国各省份积极老龄化的测度及分析

12.3.1　数据处理

鉴于数据库样本限制，部分省份的某些指标有效样本较少，所得指标值难以代表该省份平均水平，因此对样本量小于20的数据值进行删除，由于数据包络分析DEA（data envelopment analysis，DEA）软件无法对缺失值进行处理，因此必须对采集数据中的缺失值进行处理。对缺失数据的处理有删除法和补充法两种方式。由于本书构建的积极老龄化指标体系共包含23项具体指标，采用删除法将大大破坏指标体系的完整性，影响最终测算的积极老龄化指数的可靠性。鉴于已有文献对DEA构建指标体系存在缺失数据的处理多采用补充法，考虑到选取不同区域各省份积极老龄化数据差异明显，本书采用缺失省份所在区域相应指标值补充省份缺漏值。

12.3.2　指标层评价

指标层采用加权SUPER-SBM模型计算相应领域指数。由于DEA的使用是为了构建指标体系，因此模型设定投入变量为固定值1，产出变量为指标值，采用产出导向、非径向、可变规模报酬设定。非径向表明投入或者产出可以不同比例变化从而达到最优投入或者产出，产出导向保证决策单元首先进行产出改进。权重参考欧盟积极老龄化指数指标权重大小，运用层次分析法（analytic hierarchy process，AHP）确定，超效率DEA模型解决了传统DEA模型无法对有效决策单元排序的问题。

本书采用 MyDEA 1.0 软件将 23 个指标按照目标层不同分为四类，每一类为一组产出指标，分性别、地区、省份、城乡进行 DEA 计算。模型权重通过 AHP 软件 Expert Choice 11.5 确定（见表 12－2）。借鉴欧盟积极老龄化指标体系，权重运用 1～9 标度法（见表 12－3）对目标层和指标层指标进行两两排序。由于判断矩阵的赋值具有主观性，因此需要引入一致性检验，根据计算结果，指标体系一致性指数等于 0.01，各目标层下相应指标的一致性也均小于 0.1（见表 12－2），表明根据矩阵计算的指标权重是值得被信任的。

表 12－2　积极老龄化指标权重

<table>
<tr><th>目标层</th><th>指标层</th><th>AHP（隐性）目标层权重</th><th>AHP（隐性）指标层权重</th><th>显性指标层权重</th><th>显性目标层权重</th></tr>
<tr><td rowspan="3">就业（一致性指数 = 0.00877）</td><td>55～59 岁的就业率</td><td rowspan="3">0.35</td><td>0.540</td><td>0.344</td><td rowspan="3">0.391</td></tr>
<tr><td>60～64 岁的就业率</td><td>0.297</td><td>0.307</td></tr>
<tr><td>65～74 岁的就业率</td><td>0.163</td><td>0.349</td></tr>
<tr><td rowspan="4">社会参与（一致性指数 = 0.01）</td><td>参与志愿活动的老年人比例</td><td rowspan="4">0.109</td><td>0.156</td><td>0.420</td><td rowspan="4">0.094</td></tr>
<tr><td>至少一周照顾一次（岳）父母的老年人比例</td><td>0.275</td><td>0.460</td></tr>
<tr><td>每周照看孙子/女的时间</td><td>0.468</td><td>0.102</td></tr>
<tr><td>参与选举的老年人比例</td><td>0.101</td><td>0.018</td></tr>
<tr><td rowspan="8">独立健康和安全生活（一致性指数 = 0.02）</td><td>进行身体锻炼的老年人比例</td><td rowspan="8">0.190</td><td>0.037</td><td>0.126</td><td rowspan="8">0.209</td></tr>
<tr><td>日常生活没有困难的老年人比例</td><td>0.210</td><td>0.593</td></tr>
<tr><td>拥有医疗保障老年人比例</td><td>0.310</td><td>0.082</td></tr>
<tr><td>拥有养老保险的老年人比例</td><td>0.132</td><td>0.035</td></tr>
<tr><td>家庭经济状况处于平均水平及以上的老年人比例</td><td>0.132</td><td>0.058</td></tr>
<tr><td>60 岁以上老年人收入占 30～45 岁青年人收入的比重</td><td>0.084</td><td>0.055</td></tr>
<tr><td>空闲时间经常学习的老年人比重</td><td>0.037</td><td>0.024</td></tr>
<tr><td>人比例对政府打击犯罪满意的老年</td><td>0.058</td><td>0.027</td></tr>
</table>

续表

目标层	指标层	AHP（隐性）目标层权重	AHP（隐性）指标层权重	显性指标层权重	显性目标层权重
积极老龄化环境和能力（一致性指数 = 0.02）	精神健康的老年人比例	0.351	0.157	0.083	0.306
	老年人 IT 使用率		0.032	0.237	
	受过中高等教育的老年人比例		0.031	0.143	
	人均预期寿命		0.330	0.141	
	身体功能正常的老年人比例		0.231	0.129	
	和邻居、街坊及同村居民比较熟悉的老年人比例		0.046	0.023	

表 12－3　　指标比较标度

标度	定义（比较要素 i 和要素 j）
1	要素 i 和 j 一样重要
3	要素 i 比 j 稍微重要
5	要素 i 比 j 较强重要
7	要素 i 比 j 强烈重要
9	要素 i 比 j 绝对重要
2、4、6、8	两相邻判断要素的中间值

12.3.3　目标层评价

目标层权重的确定同样采用 AHP 和 DEA 相结合的方式，DEA 模型采用产出导向可变规模报酬的 ARG 模型确保目标层指标权重能够在 $[(1-k)\alpha\_i;\ (1+k)\alpha\_i]$ 范围内变动，$0 \leqslant k \leqslant 1$。$k=0$ 代表无弹性，权重大小等于 AHP 计算结果，由于 $k=1$ 赋予目标层指标过大的权重范围，失去保证域模型的意义，也可能导致指标权重为 0，破坏积极老龄化指标体系框架。因此本书采取 $k=0.5$ 来固定目标层权重变化范围，既不损失 AHP 权重信息，也可实现 DEA 权重配置的自由。目标层评价过程通过 DEA－Solver 5.0 软件实现。

12.3.4 稳健性分析

采用 AHP 与 DEA 相结合的方式确定积极老龄化指数的方式尽管比较科学客观，但仍然存在一定的主观性，需要对结果进行一致性评估和稳健性分析。确保评价结果的稳定性是非常关键的，既保证了评价结果的透明度和可信度，也可以帮助政策制定者更好地了解评价结果，有助于老龄化政策制定和实施。本书采用七种权重对城乡、性别、东、中、西三大地区，以及相应的 28 个省份积极老龄化指数进行稳健性评估，通过比较排名变化来验证测度方式的可靠性。

在权重确定上，以 AHP 权重为基础权重，利用 k 值赋予权重不一的变化范围，计算相应权重下的积极老龄化指数，并与基础权重下的排名进行对比分析，排名结果的稳定性反映了积极老龄化指数及相应改进结果的可靠性。七种权重确定方式分别为：AHP 方法、DEA(k = 0.5)、DEA(k = 0.4)、DEA(k = 0.3)、DEA(k = 0.2)、DEA(k = 0.1)、DEA(k = 0)（见表 12 - 4）。其中，AHP 权重借鉴欧盟方式，首先根据欧盟积极老龄化权重相对大小确定指标体系隐性权重，然后除以决策单元的平均值获得指标显性权重，显性权重同时考虑到指标权重和指标值对评价结果的影响，避免某些指标值过大或过小对最终排名造成冲击。由于决策单元的数量会严重影响显性权重的准确性，本书采用评价单元最多的省份指标平均值确定显性权重。

表 12 - 4　　不同 k 值下目标层范围

目标层指标	就业		社会参与		独立健康安全生活		积极老龄化环境和能力	
	下限	上限	下限	上限	下限	上限	下限	上限
指标范围(k=0)	0.350	0.350	0.109	0.109	0.190	0.190	0.351	0.351
指标范围(k=0.1)	0.315	0.385	0.098	0.120	0.171	0.209	0.316	0.386
指标范围(k=0.2)	0.280	0.420	0.087	0.131	0.152	0.228	0.281	0.421
指标范围(k=0.3)	0.245	0.455	0.076	0.142	0.133	0.247	0.246	0.456

续表

目标层指标	就业		社会参与		独立健康安全生活		积极老龄化环境和能力	
	下限	上限	下限	上限	下限	上限	下限	上限
指标范围（k=0.4）	0.210	0.490	0.065	0.153	0.114	0.266	0.211	0.491
指标范围（k=0.5）	0.175	0.525	0.055	0.164	0.095	0.285	0.176	0.527

通对积极老龄化指数计算结果的分析，可以有效评价指标层和目标层权重确定方式的可靠性。对积极老龄化区域、城乡以及性别指数进行分析，AHP 和 DEA(k=0) 在目标层权重的确定上均采用 AHP 方法，但在指标层权重上二者采用了 AHP 和 DEA 两种方法。两种方式的结果排名一致，证明加权 DEA 方式确定的评价结果与 AHP 评价结果具有较高的一致性，指标层权重的确定方式较为合理。DEA（k=0.1，0.2，0.3，0.4，0.5）指标层权重采用加权 DEA 方式确定，目标层权重采用 ARG 模型确定，从评价结果看，k=0.5 确定的排名与 AHP 和 DEA(k=0，0.1，0.2，0.3，0.4）排名结果保持较高的一致性（见表 12-5～表 12-7），目标层权重的变动范围对最终结果的影响不大，ARG 模型确定目标层权重及积极老龄化指数总体评价结果较为可靠。

表 12-5　不同权重下三大区域积极老龄化指数

地区	AHP	DEA（k=0.5）	DEA（k=0.4）	DEA（k=0.3）	DEA（k=0.2）	DEA（k=0.1）	DEA（k=0）
东部	31	100	100	100	100	100	111
中部	28	93	92	91	91	89	96
西部	25	85	84	83	82	81	87

表 12-6　不同权重下城乡地区积极老龄化指数

地区	AHP	DEA（k=0.5）	DEA（k=0.4）	DEA（k=0.3）	DEA（k=0.2）	DEA（k=0.1）	DEA（k=0）
城市	30	100	100	100	100	100	114
农村	27	92	92	91	91	91	103

表 12－7　　不同权重下男性和女性积极老龄化指数

性别	AHP	DEA (k＝0.5)	DEA (k＝0.4)	DEA (k＝0.3)	DEA (k＝0.2)	DEA (k＝0.1)	DEA (k＝0)
男	33	100	100	100	100	100	152
女	24	85	79	60	58	50	83

对 28 个省份积极老龄化指数的分析发现，当 k 由 0.1 变为 0.5，积极老龄化排序中除湖南和青海分别有 4 单位和 6 单位变动外，其余省份的排名变动均不超过 3 单位（见表 12－8）。说明目标层指标权重范围变化对最终结果的影响不大，目标层指标选择 k＝0.5 比较合理。其次，将 k＝0.5 的 DEA 运算结果与 k＝0结果进行对比，以验证目标层采用 ARG 模型的可靠性。结果显示 9 个省份排名不变，变动最大的湖南也仅有 4 单位，其余省份排名变化均不超过 3 单位（见表 12－8）。从平均值看，当 k 由 0 变为 0.5，导致陕西从平均水平以下上升到平均水平以上，其余省份相对于平均值的大小不变，尤其是首尾两端省份表现很稳定（见表 12－8）。

表 12－8　　不同权重下积极老龄化指数省份排名

AHP	DEA (k＝0.5)	DEA (k＝0)	DEA (k＝0.4)	DEA (k＝0.3)	DEA (k＝0.2)	DEA (k＝0.1)
浙江	浙江	浙江	浙江	浙江	浙江	浙江
上海	上海	江苏	上海	上海	上海	江苏
江苏	江苏	上海	江苏	江苏	江苏	上海
广东	辽宁	辽宁	天津	天津	天津	辽宁
北京	天津	天津	辽宁	辽宁	辽宁	天津
辽宁	北京	广东	北京	北京	北京	广东
湖南	安徽	北京	安徽	安徽	安徽	安徽
福建	广东	安徽	广东	广东	广东	北京
广西	广西	广西	广西	广西	广西	广西
安徽	河南	河南	河南	江西	江西	河南
四川	内蒙古	江西	江西	河南	河南	江西
山东	江西	福建	内蒙古	福建	福建	福建

续表

AHP	DEA (k=0.5)	DEA (k=0)	DEA (k=0.4)	DEA (k=0.3)	DEA (k=0.2)	DEA (k=0.1)
江西	福建	内蒙古	福建	内蒙古	内蒙古	内蒙古
天津	陕西	陕西	陕西	陕西	陕西	陕西
河南	新疆	湖南	新疆	新疆	新疆	吉林
吉林	青海	新疆	青海	吉林	吉林	新疆
山西	吉林	青海	吉林	湖南	湖南	湖南
贵州	河北	吉林	河北	河北	河北	山东
河北	湖南	山东	湖南	山东	山东	河北
湖北	黑龙江	河北	黑龙江	黑龙江	黑龙江	山西
重庆	山东	黑龙江	山东	山西	山西	黑龙江
黑龙江	山西	山西	山西	青海	青海	青海
云南	湖北	四川	湖北	湖北	湖北	湖北
陕西	四川	湖北	四川	四川	四川	四川
内蒙古	贵州	贵州	贵州	贵州	贵州	贵州
新疆	重庆	重庆	重庆	重庆	重庆	重庆
青海	甘肃	云南	甘肃	甘肃	甘肃	甘肃
甘肃	云南	甘肃	云南	云南	甘肃	云南

总体上，目标层采用 ARG 确定权重的方法与采用 AHP 的结果基本一致。此外，k =0 与 AHP 省份排名结果证明指标层权重确定方式的可靠性。对比 AHP 与 k =0.5 的 DEA 运行结果，发现放松指标权重的限制对陕西、内蒙古是有利的，其排名从平均水平以下上升到平均水平之上，湖南、四川、山东则降到平均水平以下。从变动范围看，湖南、四川、山东和贵州下降超过 5 个单位，天津、陕西、内蒙古、青海和新疆排名上升超过 5 个单位（见表 12 －9），其余大部分省份的位置变动不大，DEA 方法获得结果具有一定程度的可靠性。因此，区域、城乡和性别、省份积极老龄化评价采用研究和评价方法比较科学，构建的指标体系全面客观，权重设定和评价模型较为客观合理，各级指标和综合排名比较稳定，具有较强的代表性，能够客观反映不同区域、城乡以及不同性别的积极老龄化实际水平。

表 12-9　　不同权重下 28 省份积极老龄化指数得分

省份	AHP 得分	省份	DEA (k=0.5)	省份	DEA (k=0)
浙江	37.33	浙江	100.00	浙江	100.63
上海	35.54	上海	100.00	江苏	94.87
江苏	33.48	江苏	97.65	上海	92.27
广东	32.84	辽宁	95.95	辽宁	92.13
北京	32.60	天津	95.63	天津	87.26
辽宁	31.61	北京	94.07	广东	86.65
湖南	30.79	安徽	93.04	北京	84.49
福建	29.85	广东	91.59	安徽	84.22
广西	28.50	广西	89.91	广西	80.96
安徽	28.38	河南	88.67	河南	78.70
四川	28.18	内蒙古	86.33	江西	77.57
山东	28.13	江西	85.05	福建	77.30
江西	28.05	福建	83.87	内蒙古	73.64
天津	28.02	陕西	82.86	陕西	71.57
河南	26.87	新疆	76.09	湖南	68.73
吉林	26.83	青海	74.96	新疆	68.55
山西	26.68	吉林	71.60	青海	68.27
贵州	26.55	河北	70.78	吉林	66.74
河北	26.36	湖南	70.53	山东	66.21
湖北	26.31	黑龙江	69.44	河北	65.32
重庆	26.25	山东	68.78	黑龙江	64.67
黑龙江	26.16	山西	66.59	山西	62.62
云南	25.56	湖北	62.00	四川	58.18
陕西	24.59	四川	59.82	湖北	56.87
内蒙古	23.84	贵州	57.38	贵州	56.29
新疆	22.88	重庆	51.95	重庆	51.44
青海	22.70	甘肃	45.01	云南	50.18
甘肃	18.93	云南	40.39	甘肃	43.40
平均值	27.99	平均值	77.50	平均值	72.49

12.3.5 结果与分析

12.3.5.1 三大区域和28个省份积极老龄化评价

通过DEA和AHP运算获得中国三大地区及相应28个省份积极老龄化指数及其在不同领域的得分（见表12－10、图12－1～图12－6）。对其横向比较，可以综合判断不同地区的积极老龄化发展水平，深入剖析其积极老龄化发展优势与缺陷，并据此指出其发展方向和发展方式。

中国积极老龄化整体水平呈现东高西低的态势，在就业、积极老龄化环境和能力两个领域，区域差异明显。东部地区老龄人口受教育水平和IT使用率明显高于中部和西部。环境和能力领域的差异主要体现在老龄人口的教育和技能水平上。老龄化环境和能力直接影响老龄人口的就业水平。而且老龄就业因与地方政府就业政策、经济发展水平、就业机制等外部因素密切相关，无论是资源投入差异还是老龄人口潜能差距都与区域就业水的高低有着密切联系，因而不同区域和省份间差异较大。

表12－10　三大区域积极老龄化指标体系需改进值

<table>
<tr><th>目标层</th><th>改进区域</th><th>基准区域</th><th>指标</th><th>原始值</th><th>改进值</th><th>目标值</th></tr>
<tr><td rowspan="6">就业</td><td rowspan="3">中部</td><td rowspan="3">东部</td><td>55～59岁的就业率</td><td>38.22</td><td>6.45</td><td>44.66</td></tr>
<tr><td>60～64岁的就业率</td><td>24.33</td><td>6.98</td><td>31.32</td></tr>
<tr><td>65～74岁的就业率</td><td>11.94</td><td>2.23</td><td>14.17</td></tr>
<tr><td rowspan="3">西部</td><td rowspan="3">东部</td><td>55～59岁的就业率</td><td>35.61</td><td>9.05</td><td>44.66</td></tr>
<tr><td>60～64岁的就业率</td><td>22.17</td><td>9.15</td><td>31.32</td></tr>
<tr><td>65～74岁的就业率</td><td>9.42</td><td>4.76</td><td>14.17</td></tr>
<tr><td rowspan="4">社会参与</td><td rowspan="2">东部</td><td rowspan="2">西部</td><td>每周照看孙子女的时间</td><td>42.85</td><td>3.32</td><td>46.17</td></tr>
<tr><td>参与选举的老年人比例</td><td>58.67</td><td>3.35</td><td>62.02</td></tr>
<tr><td>中部</td><td>西部</td><td>参与选举的老年人比例</td><td>51.24</td><td>10.79</td><td>62.02</td></tr>
<tr><td>西部</td><td>东部（0.359）
中部（0.641）</td><td>参与志愿活动的老年人比例</td><td>2.76</td><td>0.21</td><td>2.97</td></tr>
</table>

续表

目标层	改进区域	基准区域	指标	原始值	改进值	目标值
独立健康安全生活	东部	中部	60 岁以上老年人收入占 30～45 岁青年人收入的比重	46.56	22.00	68.56
			对政府打击犯罪满意的老年人比例	50.88	7.18	58.07
	中部	东部	日常生活没有困难的老年人比例	7.55	1.72	9.28
			空闲时间经常学习的老年人比重	37.85	7.61	45.47
	西部	东部（0.228） 中部（0.772）	进行身体锻炼的老年人比例	6.34	0.85	7.19
			家庭经济状况处于平均水平及以上的老年人比例	54.19	6.59	60.78
			60 岁以上老年人收入占 30～45 岁青年人收入的比重	20.95	42.61	63.55
			空闲时间经常学习的老年人比重	32.34	7.25	39.59
积极老龄化环境和能力	东部	中部	从子女处获得的经济帮助占生活支出的比重	16.66	3.02	19.68
			对邻居、街坊和同村居民比较熟悉的老年人比例	60.20	19.05	79.25
	中部	东部（0.714） 西部（0.286）	受过中高等教育的老年人比例	5.36	0.97	6.32
			每月至少见到子女一次的老年人比例	70.79	3.59	74.38
			身体功能正常的老年人比例	55.18	2.96	58.14

续表

目标层	改进区域	基准区域	指标	原始值	改进值	目标值
积极老龄化环境和能力	西部	东部（0.082） 中部（0.918）	老年人IT使用率	1.24	1.28	2.52
			受过中高等教育的老年人比例	4.43	1.06	5.50
			从子女处获得的经济帮助占生活支出的比重	15.55	3.88	19.43
			精神健康的老年人比例	52.20	10.68	62.88
			身体功能正常的老年人比例	50.05	5.63	55.68

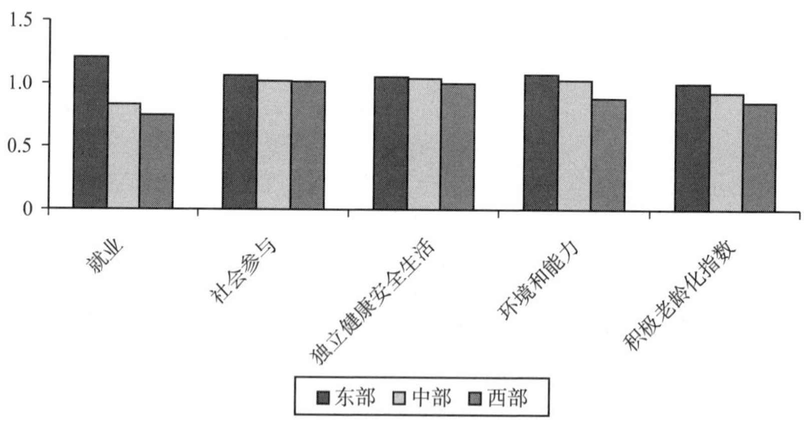

图 12－1　三大区域积极老龄化水平

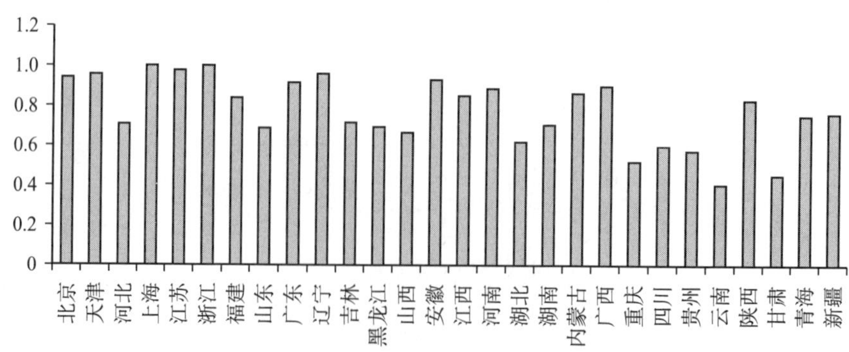

图 12－2　28 省份积极老龄化指数

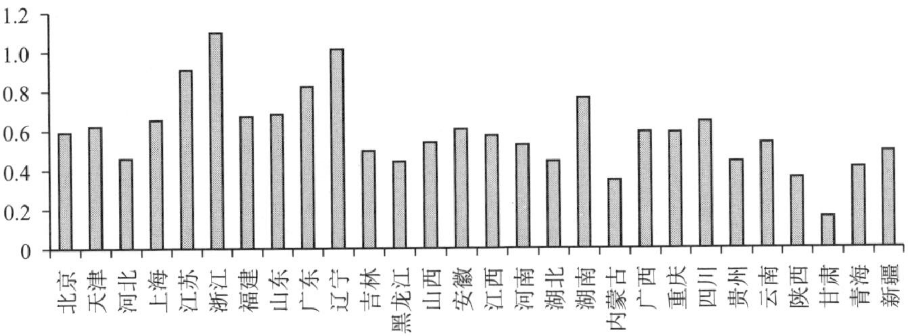

图 12－3　28 省份就业水平

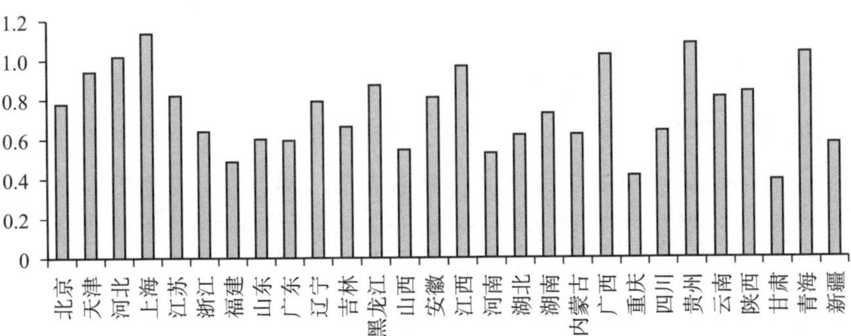

图 12－4　28 省份社会参与水平

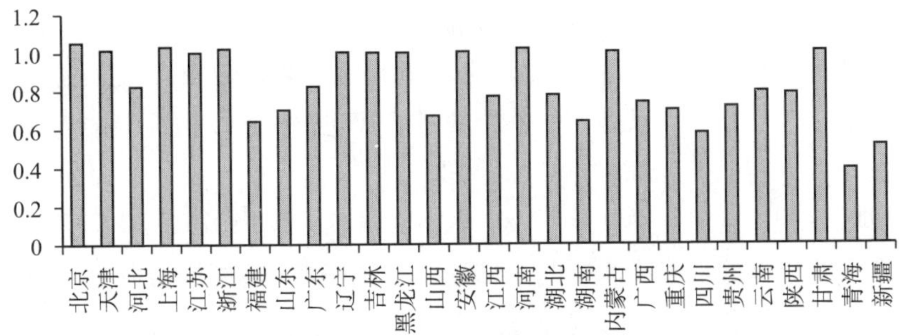

图 12－5　28 省份独立健康安全生活水平

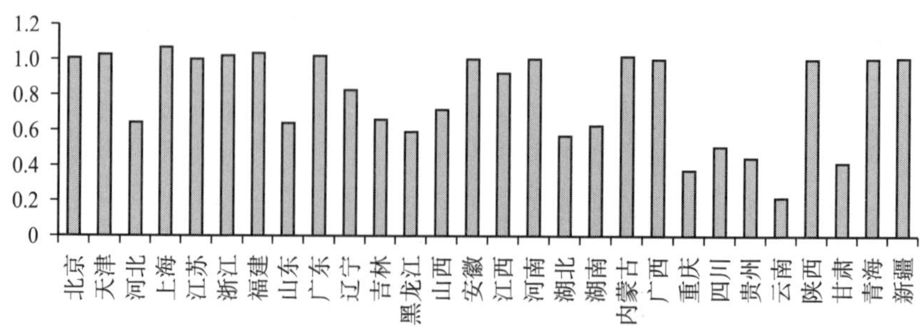

图 12-6　28 省份积极老龄化环境和能力

东部地区积极老龄化总体水平居于首位。老龄人口经济和社会参与程度处于全国领先水平，只有照顾孙子/女的老年人比例这一指标值相对略低，其原因可能是东部地区较发达的婴幼儿产业在一定程度上实现了子女照护市场化，完善的儿童照护机制减轻了老年人照顾孙子/女的负担。在独立、健康、安全生活领域，不同年龄段收入差距变化导致东部老龄人口相对收入低于中部，东部地区的经济优势，对高技能劳动力流动的锁入效应，以及自我循环功能，致使东部地区青年劳动力平均收入远高于中西部地区，但在收入下滑的退休阶段老龄人口平均收入差距明显减小。并且，东部社会安全环境和老龄人口社会联系也有待改善，社会联系需要增加近 20 个百分点才能达到其理想水平。进一步细分，东部地区 12 省市可分为两个层次，第一层次包括北京、天津、辽宁、浙江、上海、江苏、广东七省市，在积极老龄化多个领域内均表现突出，天津和北京的就业水平、江苏和广东的社会参与水平、辽宁的积极老龄化环境和能力尚有提升空间。第二层次包括河北、福建、山东、吉林、黑龙江 5 省，积极老龄化总体水平高于全国平均水平，但低于第一层次省份。积极老龄化环境和能力是需要重点改善的领域。此外，河北、吉林、黑龙江就业水平有待改进，福建、山东、河北老龄人口的物质和精神需求尚未得到充分满足。

中部地区积极老龄化总体水平及其四个领域的表现均居第二位。老龄人口社会参与和独立、健康、安全生活与东部地区大致相当。积极老龄化环境和能力需要重点改善的指标是老龄人口受教育水平，受过中高等教育的老龄人口需要在原有水平上提高近 1 个百分点，相当于现有水平的 18%。老年人就业水平也较低，55~59 岁、60~64 岁、65~74 岁三个年龄段的就业率需要分别增加 6.45%、6.98%、2.23% 才能达到其目标水平，相当于原有水平的 16.87%、28.70%、18.71%。中部各省间差距不大，安徽、江西、河南积极老龄化总体发展略好于山西、湖北、湖南，中部省份的发展优势集中在某一两个领域，湖南老龄人口的就业水平，江西老龄人口社会参与水平、积极老龄化环境和能力，安徽和河南老龄人口的独立、健康、安全生活水平，以及积极老龄化环境和能力均位于区域前列，甚至超过东部地区平均水平。

西部积极老龄化总体水平及其在就业，社会参与，独立、健康、安全生活，积极老龄化环境和能力四个领域的表现均位于第三位。其积极老龄化待改进指标涉及老龄化各个领域，以就业、环境和能力两个领域最为明显。55～59 岁、60～64 岁、65～74 岁三个年龄段的就业率分别需要在原有水平上增加 25.42%、41.26%、50.49% 才能达到其理想水平。制约西部地区老龄人口潜能发挥最严重的问题是其教育水平不高，且社会技能不足，IT 使用率不足基准值的一半，严重制约了该地区老龄人口积极老龄化潜能的发挥。西部地区独立、健康、安全生活水平同样不容乐观，老龄人口经济状况、终身学习以及进行身体锻炼的比率仍有待提高。西部地区绝大多数省、市、自治区都面临老年人就业率不足的问题，问题最严重的甘肃就业水平不足全国平均水平的 1/3；社会参与上，甘肃、新疆、重庆和四川四省低于全国大部分省份；青海和新疆老龄人口的保障水平低于全国平均水平；西部省份老龄人口在积极老龄化环境和能力领域的问题最为严重，重庆、四川、贵州、云南、甘肃 5 个省份积极老龄化潜能不足，其中，云南老龄人口环境和能力位居全国末位，其水平不足全国平均水平的 1/3。

12.3.5.2 城乡积极老龄化评价

通过 DEA 运算获得城乡不同年龄段积极老龄化水平及其在四个领域的改进值（见表 12－11、图 12－7～图 12－10）。从测评结果可以看出，农村积极老龄化总体水平及其在四个领域的表现均低于城市，其中就业水平差距最为明显。55～59 岁的就业率需要增加 11 个百分点才能达到其理想水平，接近现有水平的 1/3。在社会参与中，农村老年人志愿活动参与率比城市低近 40%，极大地解释了城乡老年人社会参与领域的差距。城乡老年人独立、健康、安全生活的差距主要分布在生活能力、经济保障、健康习惯和终身学习等方面，独立完成日常生活的农村老年人比例和城市相差近 1/3，有锻炼身体习惯的农村老年人不足城市的 1/3。城乡积极老龄化环境和能力表现各有优劣，农村老年人的经济保障、教育和技能以及健康水平上均低于城市老年人，其中，教育水平需要增加近两倍才能达到理想水平。

表 12－11　城乡积极老龄化指标体系改进

目标层	改进区域	基准区域	指标	原始值	改进值	目标值
就业	城市	农村	65～74 岁的就业率	11.19	1.44	12.63
	农村	城市	55～59 岁的就业率	34.04	11.01	45.05
			60～64 岁的就业率	25.60	1.61	27.21
社会参与	城市	农村	参与选举的老年人比例	49.18	18.26	67.44
	农村	城市	至少一周照顾一次（岳）父母的老年人比例	52.58	7.26	59.85
			参与志愿活动的老年人比例	2.73	1.05	3.78
独立健康安全生活	城市	农村	60 岁以上老年人收入占 30～45 岁青年人收入的比重	43.12	11.78	54.90
			对政府打击犯罪满意的老年人比例	48.57	11.76	60.33
	农村	城市	日常生活没有困难的老年人比例	7.64	2.27	9.91
			家庭经济状况处于平均水平及以上的老年人比例	54.57	9.36	63.93
			进行身体锻炼的老年人比例	3.77	8.52	12.29
			空闲时间经常学习的老年人比重	23.75	29.99	53.74
积极老龄化环境和能力	城市	农村	从子女处获得的经济帮助占生活支出的比重	14.14	4.01	18.15
			对邻居、街坊和同村居民比较熟悉的老年人比例	55.65	30.91	86.56
	农村	城市	老年人 IT 使用率	0.32	5.46	5.78
			受过中高等教育的老年人比例	3.71	6.18	9.89
			每月至少见到子女一次的老年人比例	69.95	6.71	76.66
			精神健康的老年人比例	56.46	11.80	68.25
			身体功能正常的老年人比例	52.73	8.23	60.96

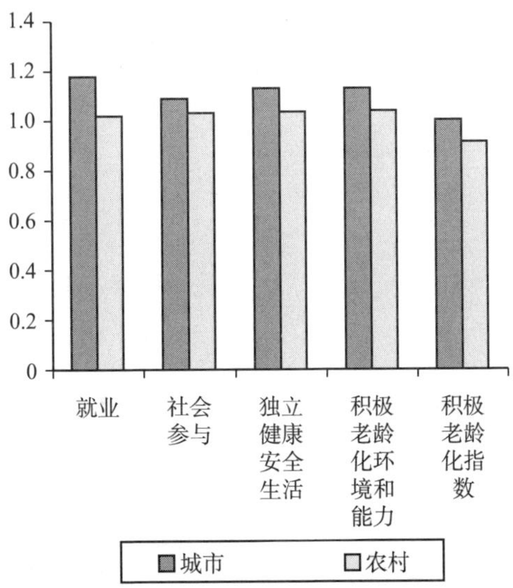

图 12－7　城乡积极老龄化水平

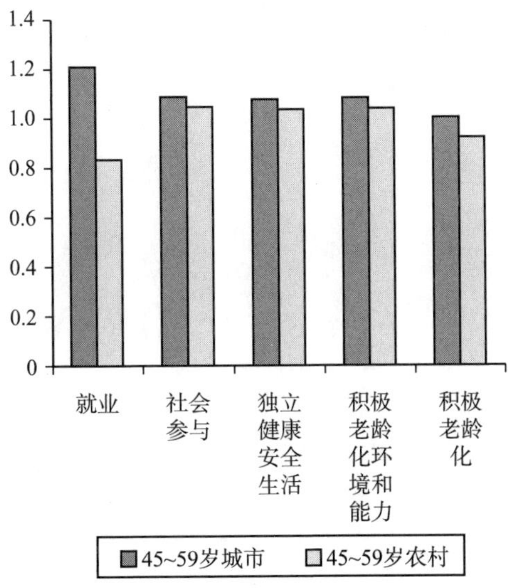

图 12－8　45～59 岁城乡积极老龄化水平

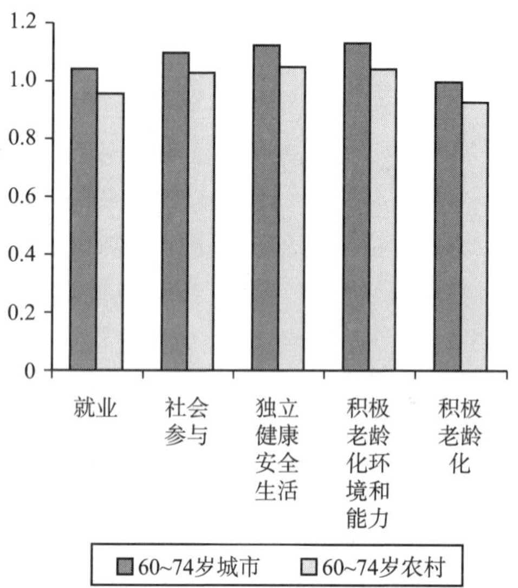

图 12－9　60～74 岁城乡积极老龄化水平

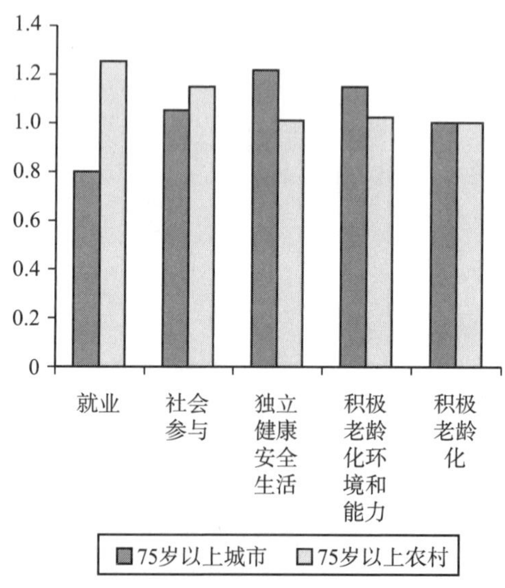

图 12－10　75 岁及以上城乡积极老龄化水平

需要注意的是，大量农村青壮年外出务工导致农村地区空巢老人现象越来越突出，农村老年人子女照护不足的问题日益加剧。城市老龄人口较为充足的晚年经济保障一定程度上减轻了子女赡养的压力，致使测评结果中城市老年人从子女处获得的经济支持不如农村地区。我们将城乡老龄人口划分为 45 ~59 岁、60 ~74 岁、60 岁以上三个年龄段，系统分析城市和农村老龄人口群体内部表现，其中 45 ~59 岁老年人作为对照组，以更好揭示不同年龄段城乡老年人的积极老龄化特点。结果显示，随着年龄的增长，老龄人口的就业差距逐渐缩小，75 岁以后，农村的就业率反超城镇，虽然这极有可能是因为农村老年人缺乏充足的晚年生活保障而不得不通过工作补充。三个年龄段城乡老龄人口社会参与水平差距不大，在 45 ~59 岁以及 60 ~74 岁两个年龄段中，城市老龄人口社会参与略高于农村老年人。三个年龄段城市老年人的独立、健康、安全生活水平生活均高于农村老年人，而且差距随着年龄的增长也在逐渐增大，这也在一定程度上揭示了 75 岁及以上老年人的高就业参与。城市低龄老年人口积极老龄化环境和能力高于农村地区，但这种差距在 75 岁之后被拉平。

12. 3. 5. 3　不同性别老龄人口积极老龄化评价

经过四次 DEA 运算，分别获得不同年龄段男性和女性群体积极老龄化水平及其改进程度（见表 12 -12、图 12 -11 ~图 12 -14）。虽然二者在独立、健康、安全生活和积极老龄化环境和能力两个领域基本持平，但在传统社会角色和家庭分工背景下，男性老龄人口就业水平远高于女性。55 ~59 岁、60 ~64 岁、65 ~74 岁三个年龄段女性的就业参与均不足男性的一半水平。缘于高强度和高频率的家庭照护参与，女性老龄人口的社会参与水平则高于男性，尤其是对子女和孙子/女的照护。同样，我们将男性和女性老龄群体划分为不同年龄段，探究年龄对不同性别群体积极老龄化水平的影响。在劳动力市场、身体条件、传统价值观以及退休年龄等多重因素作用下，45 ~59 岁女性参与劳动力市场的比例低于男性，随着年龄增长，女性退出劳动力市场的速度更快，二者间的差距进一步增大，75 岁之后的老年人口几乎完全退出市场，男性和女性的差距有所减小。在社会参与上，45 ~59 岁以及 60 ~74 岁男性和女性老龄人口参与水平差距不大且相对稳定，但这种相对平衡的态势在 75 岁及以上的老年群体中被打破，75 岁及以上的老年女性社会参与水平明显高于男性。男性和女性老龄人口在独立、健康、安全生活领域的差距随着年龄的增长逐渐增大，这一点在 75 岁及以上老龄人中尤为明显：首先，高龄女性经济状况不如同年龄段男性；其次，女性老龄人口身体功能状况衰退明显，独立完成日常生活的比例不足男性的一半；[①] 此外，比起同年龄段男性，利用空闲时间学习的老年女性极少。

表 12 - 12　　　　不同性别积极老龄化指标体系改进值

<table>
<tr><th>目标层</th><th>改进对象</th><th>基准</th><th>指标</th><th>原始值</th><th>改进值</th><th>目标值</th></tr>
<tr><td rowspan="3">就业</td><td rowspan="3">女性</td><td rowspan="3">男性</td><td>55 ~ 59 岁的就业率</td><td>23. 22</td><td>36. 50</td><td>59. 72</td></tr>
<tr><td>60 ~ 64 岁的就业率</td><td>17. 60</td><td>20. 22</td><td>37. 82</td></tr>
<tr><td>65 ~ 74 岁的就业率</td><td>7. 67</td><td>9. 14</td><td>16. 81</td></tr>
<tr><td rowspan="3">社会参与</td><td>男性</td><td>女性</td><td>每周照看孙子女的时间</td><td>32. 37</td><td>14. 29</td><td>46. 65</td></tr>
<tr><td rowspan="2">女性</td><td rowspan="2">男性</td><td>参与选举的老年人比例</td><td>54. 16</td><td>7. 05</td><td>61. 22</td></tr>
<tr><td>参与志愿活动的老年人比例</td><td>2. 90</td><td>0. 43</td><td>3. 33</td></tr>
<tr><td rowspan="5">独立健康安全生活</td><td rowspan="2">男性</td><td rowspan="2">女性</td><td>进行身体锻炼的老年人比例</td><td>5. 54</td><td>2. 73</td><td>8. 27</td></tr>
<tr><td>60 岁以上老年人收入占 30 ~ 45 岁青年人收入的比重</td><td>36. 99</td><td>8. 32</td><td>45. 31</td></tr>
<tr><td rowspan="3">女性</td><td rowspan="3">男性</td><td>日常生活没有困难的老年人比例</td><td>6. 90</td><td>3. 24</td><td>10. 14</td></tr>
<tr><td>家庭经济状况处于平均水平及以上的老年人比例</td><td>57. 82</td><td>3. 87</td><td>61. 68</td></tr>
<tr><td>空闲时间经常学习的老年人比重</td><td>33. 10</td><td>14. 73</td><td>47. 83</td></tr>
<tr><td rowspan="6">积极老龄化环境和能力</td><td rowspan="3">男性</td><td rowspan="3">女性</td><td>每月至少见到子女一次的老年人比例</td><td>69. 42</td><td>6. 62</td><td>76. 04</td></tr>
<tr><td>从子女处获得的经济帮助占生活支出的比重</td><td>16. 75</td><td>1. 37</td><td>18. 13</td></tr>
<tr><td>人均预期寿命</td><td>72. 38</td><td>4. 99</td><td>77. 37</td></tr>
<tr><td rowspan="3">女性</td><td rowspan="3">男性</td><td>老年人 IT 使用率</td><td>1. 58</td><td>1. 54</td><td>3. 12</td></tr>
<tr><td>受过中高等教育的老年人比例</td><td>3. 33</td><td>5. 48</td><td>8. 81</td></tr>
<tr><td>精神健康的老年人比例</td><td>59. 63</td><td>6. 86</td><td>66. 49</td></tr>
</table>

① 数据显示虽然女性预期寿命高于男性，但老年人日常活动的自评数据显示老年女性身体条件不如同年龄段男性。一般认为老年女性比老年男性有着更低的自我健康评价，老年女性更可能因缺损日常自理能力而陷入较差的健康状态。

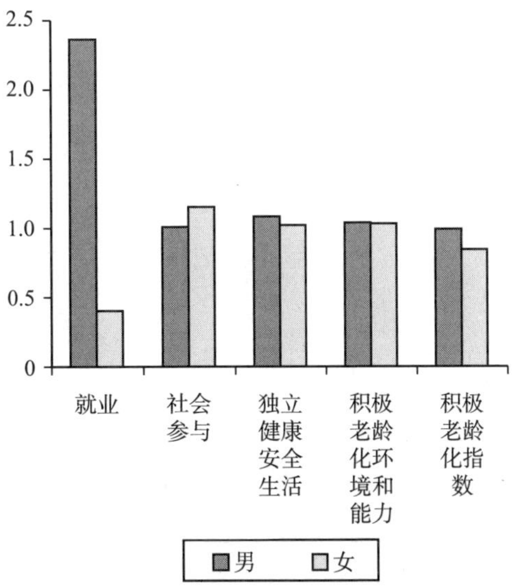

图 12－11　男性和女性积极老龄化水平

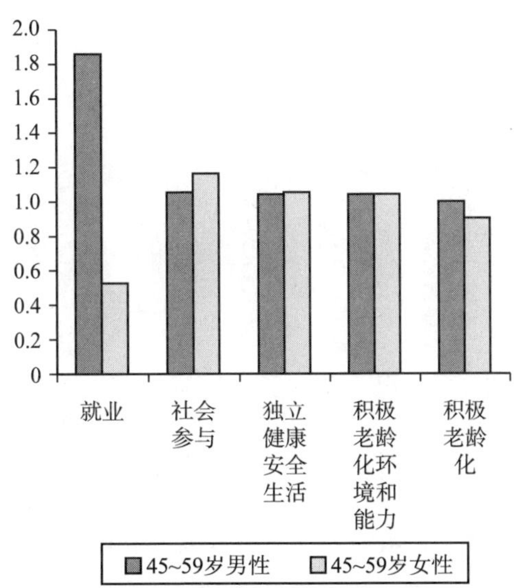

图 12－12　45～59 岁男性和女性积极老龄化水平

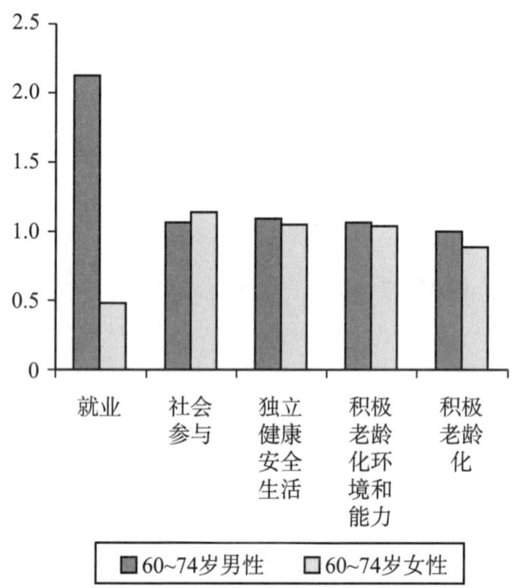

图 12－13　60～74 岁男性和女性积极老龄化水平

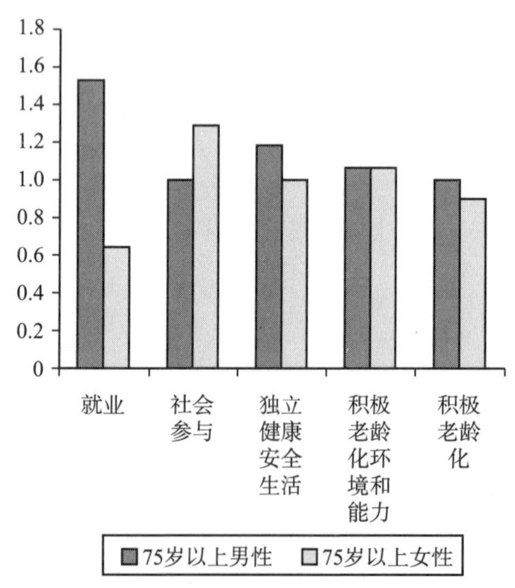

图 12－14　75 岁及以上男性和女性积极老龄化水平

12.4 结　　论

本章利用 CHARLS 和 CGSS 数据库，借鉴欧盟积极老龄化测度框架，利用 AHP 与 DEA 相结合的方法设计中国积极老龄化指数，测度中国三大区域及 28 个省份的积极老龄化指数，结果显示中国区域间积极老龄化发展不平衡。作为一个幅员辽阔、人口众多的发展中国家，不同性别、不同区域，以及城乡间、省份间的政治、经济、文化、传统等发展状况不同，必然会带来不同背景下积极老龄化发展水平和发展路径的不同。但积极老龄化的总体发展方向一致，即在稳步提高现有生活水平的基础上，通过增加教育投入和完善社会支持体系，提高老龄人口就业和社会参与水平，在全社会营造尊重、支持积极老龄化发展的社会氛围。因此，基于不同区域和省份的发展特色，应采取针对性的积极老龄化发展对策。

12.4.1 东部地区应促进老龄人口全方位的社会参与，丰富老年人的物质和精神生活

北京、天津、辽宁、浙江、上海、广东、江苏应继续挖掘积极老龄化潜能，努力发展成为东部地区积极老龄化的核心省市。河北、福建、山东、吉林、黑龙江五省应重点关注本省积极老龄化发展弱势。其中，山东、福建需要在保障老龄人口基本生活的前提下，提高其社会参与水平。河北、吉林、黑龙江三省应关注满足不同层次老龄人口的就业需求。福建、山东、河北、吉林、黑龙江应加大老年教育资源的投入，设立老年学校、开展老年技能和知识培训，鼓励老龄人口终身学习，以老龄人口的切实需要为基准，转变以休闲娱乐为主的老年教育提供方式，帮助老龄人口掌握现代电子信息技术以及相应的就业技能，提高老龄人口人力资本水平和老龄化的潜能，为提高其就业和社会参与的数量和质量奠定坚实基础。

12.4.2 中部地区应整合区域资源，满足老龄人口就业需求并提高其潜能

中部地区的优势是老年人社会参与和独立、健康、安全生活的水平较高，老

年人物质生活和精神生活得到一定程度的保障，但老龄人口的人力资本水平和就业水平却难以与其匹配。因此，中部地区应加强区域内省份间的合作交流，共同发展老年教育事业，培育老龄人口就业市场。加大老年教育投入，构建老年大学、社区教育中心、远程老年教育、空中老年教育等多种形式相结合的老年教育体系，以终身教育为理念，以提高素质和发展潜能价值为核心，营造老有所为的社会氛围，消除年龄歧视。为老龄人才服务社会提供支持，拓宽职业机构的服务范围，帮助老龄人口就业。

12.4.3 西部地区应关注老龄人口的生存条件，完善社会支持体系，发展社区养老服务

西部地区应重点关注老龄人口的生存条件，提高老龄人口基本生活水平，鼓励、扶持专业服务机构及其他组织和个人，为居家老人提供生活照料、紧急救援、医疗护理、精神慰藉、心理咨询等多种形式的服务。在此基础上，加大对老龄人口就业服务的投入，建立老龄人口就业数据库，借助政府和社会各界力量为老龄人口提供形式灵活的短期临时性工作，满足其就业参与需求。甘肃、新疆、重庆和四川四省应重点提升老龄人口社会参与水平，尤其是老年人的志愿活动参与率。青海和新疆老龄人口身体老化快于同龄平原地带的老年人，且当地老年人健康生活意识较差，导致其健康状况远低于全国平均水平。低保障、低就业水平也在一定程度上制约了老龄人口生活水平和生活质量的提高。因此，应扩大医疗保障覆盖范围，构建老龄人口社会支持网络，引导老年人培养健康的生活习惯，提高其健康水平。

12.4.4 努力缩小老龄人口就业性别差距，关注高龄女性的健康和经济状况

提高女性群体积极老龄化水平是改善当前中国积极老龄化总体水平的关键。就业参与不足是低龄老年女性群体面临的主要问题。提高低龄老年女性经济和社会参与的积极性，推动老年女性社会角色由纯粹的消费者角色向生产者角色转变是女性群体积极老龄化发展的关键。由于老年女性受教育水平普遍较低、缺乏培训以及市场长期存在的性别和年龄歧视，老龄女性在劳动力市场上一直缺乏竞争力，进入劳动力市场的老年女性更多地聚集在低收入和低技能需求的劳动密集型

产业。而囿于传统性别文化观念和固有角色分工定位，老年女性作为家庭照料的主要承担者，其就业参与的意愿和能力均受到限制。因此，在通过职业培训、老年教育等传统方式发掘老年女性自身潜能和特长、提高女性就业层次的同时，必须改善女性劳动时间配置和就业决策。应为家庭照料提供更多的社会服务，实现照护服务社会化，并为低收入家庭提供一定比例的照料补贴、税费减免、补贴等。鼓励企业提供灵活的就业方式和弹性工作时间，提高老年女性的劳动参与意愿和参与能力。利用互联网的使用有效弱化身体条件的限制，打破地域界限，提高老年女性就业的灵活性。应对高龄女性中丧失经济来源、身体状况不佳、难以独立完成日常生活的群体给予足够关注，构建社会护理和居家养老双重体系，在专业护理人员的指导下制定合理的生活方式，并提供健全的医疗护理服务提高高龄女性群体晚年生活幸福感。

12.4.5 全方位提高农村积极老龄化水平，完善农村高龄群体生活保障

相较于城市，薄弱的经济基础、落后的基础设施以及教育科技文化卫生条件是阻碍农村老龄人口积极老龄化提升的外部原因。健康水平、自身素质和家庭背景是造成城乡积极老龄化水平差距的内在因素。加速农村地区工业化是短时期吸纳农村老年劳动力最切实的办法，在经济落后的农村地区，优先发展以特色农副产品加工业和传统手工产业为代表的市场独占性强、适合个体私营经济发展的劳动密集型产业，大力发展乡镇中小企业，让农村老龄人口就近就业；设立专门针对农村老龄人口的就业服务指导工作小组，提供包含政策咨询、职业介绍、就业培训、劳动维权在内的服务管理工作。此外，农村地区教育资源有限，老年人很难接触到正规的公立教育和私立教育体系，绝大多数的教育以短期培训和讲座的形式提供，对开发老龄人口潜能提高其素质的作用有限，因此必须提高老年大学在农村地区的覆盖面和影响力，以提高老龄人口素质和发展潜能为目标，建立正规教育和非正规教育相结合的多元教育体系。

值得一提的是，75 岁及以上农村和城市老龄人口就业差距的缩小，极大程度上是因为当前农村地区仍然存在所谓的“无休止劳动”现象，即使身体状况变差，但农村老年人由于种种原因仍不能减少劳动参与。在身体功能衰退的晚年阶段，无休止的劳动严重影响了老年人晚年生活的福利状况。在物质生活和文化生活都相对匮乏的农村地区，子女的经济支持和生活照护对农村高龄老人尤为重

要。可通过道德引领、村规民俗约束、司法干预等方式推进“子女尽责、集体担责、社会分责、政府负责”的养老保障格局，通过政府购买服务方式，对没有子女的孤寡老人生活提供帮助[①]。加大对农村地区医疗卫生基础设施的投入，完善农村地区老年护理体系，引导农村老人形成健康的生活习惯，注重慢性疾病预防，提高其健康水平和生活满意度。

① 课题组在2017年暑期调研发现，山东省日照市五莲县通过政府购买服务、社会爱心捐赠等方式，在90个村实施爱心互助养老扶贫，聘请225名贫困妇女为512名贫困老人提供居家养老服务，解决了农村贫困老人的“困”与贫困妇女的“贫”。

第 13 章　东亚经济一体化与老龄服务贸易发展

在经济全球化和东亚地区经济往来愈发密切的形势下，东亚经济一体化引起越来越多的关注。已有研究主要基于宏观视角，在国际背景下从经济和政治利益等方面分析东亚经济一体化的问题，对老龄化与东亚经济一体化的关系关注不足。本书试图做出弥补，研究老龄化背景下的东亚经济一体化，分析两者之间的互相影响及老龄服务贸易在东亚经济一体化中的发展，探索构建东亚老龄服务贸易合作机制。

13.1　东亚经济一体化的发展态势

1997 年亚洲金融危机之后，东亚区域经济一体化深入发展①。而在东亚区域中，中国、日本和韩国所拥有的政治及经济地位使其在区域经济一体化发展过程中拥有独特优势，并且可以发挥主导作用，它们的经济发展和经济合作情况在一定程度上能够决定东亚经济一体化发展进程。目前，中日韩 GDP 分居世界第二、第三、第十一位，三国的人口合计占世界人口的 40%，GDP 总量占亚洲的 70%、世界的 20%，三国进出口总额占全球贸易总量的 35%，三国贸易一体化已现端倪。

① 经济一体化的概念，最初是指厂商通过各种协定、卡特尔、托拉斯以及其他兼并方式而形成的诸多工业组织。20 世纪 50 年代末，世界上第一个区域经济一体化组织——欧洲经济共同体的建立，标志着全球范围内区域经济一体化的第一次浪潮的开始，也使经济一体化的概念逐步丰富起来。1954 年，丁伯根第一个提出了经济一体化的定义，他将经济一体化分为消极一体化和积极一体化，消极一体化是消除歧视和管制制度，引入经济变量自由化；积极一体化则是运用强制的力量改造现状，建立新的自由化政策和制度。参见：Tinbergen，J. International Economic Integration [M]. Amsterdam：Elsevier，1954.

13.1.1 中、日、韩三国间贸易规模持续增长，贸易依存度逐渐转变

13.1.1.1 中韩两国的贸易规模和贸易依存度

从1992年中韩两国建交以来，双边贸易规模持续增长，1992年，中韩货物进出口规模为50.28亿美元，2018年提高到2686.4亿美元，其中，韩国对中国出口为1621.6亿美元，自中国进口为1064.8亿美元，韩国与中国的贸易顺差额为556.8亿美元。同时，双方贸易依存度都呈现上升趋势，1995前中国对韩国的贸易依存度高于韩国对中国的贸易依存度，1995年后逐渐转化为韩国对中国的贸易依存度高于中国对韩国的贸易依存度。1995年，中韩贸易总额占韩国贸易总额比重、中韩贸易总额占韩国GDP比重、韩国对中国出口占韩国GDP比重分别为5.17%、3.28%、1.99%，中韩贸易额占中国贸易总额比重、中韩贸易总额占中国GDP比重、中国对韩国出口占中国GDP比重分别为6.05%、2.23%、5.17%。2018年，中韩贸易总额占韩国贸易总额比重、中韩贸易总额占韩国GDP比重、韩国对中国出口占韩国GDP比重分别为23.56%、16.23%、9.79%，中韩贸易额占中国贸易总额比重、中韩贸易总额占中国GDP比重、中国对韩国出口占中国GDP比重分别为5.93%、2.01%、0.8%。中国已成为对韩国经济增长贡献最多的国家（见图13－1）。

13.1.1.2 中日两国的贸易规模和贸易依存度

中日进出口规模也呈持续增长态势。1990年，中日进出口总额为166亿美元，2018年提高到3175.3亿美元，其中，日本对中国出口额为1439.9亿美元，自中国进口额为1735.4亿美元，日本与中国的贸易逆差额为295.5亿美元。20世纪90年代中国对日本的贸易依存度高于日本对中国的贸易依存度，21世纪逐渐转化为日本对中国的贸易依存度高于中国对日本的贸易依存度。1990年，中日贸易总额占日本贸易总额比重、中日贸易总额占日本GDP比重、日本对中国出口占日本GDP比重分别为3.17%、0.53%、0.24%，中日贸易额

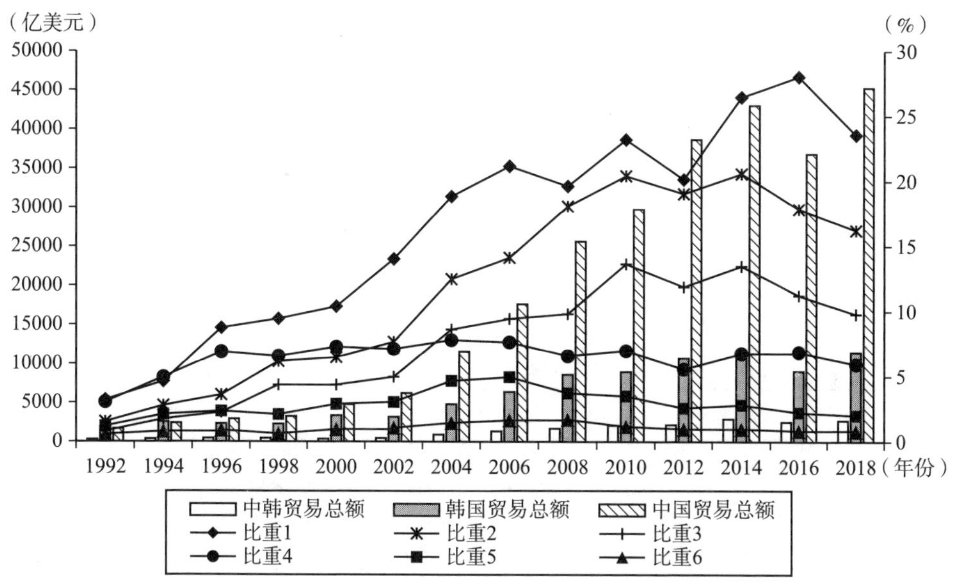

图 13-1　1992～2018 年中韩贸易规模和贸易依存度

注：比重 1 指中韩贸易总额占韩国贸易总额比重；比重 2 指中韩贸易总额占韩国 GDP 比重；比重 3 指韩国对中国出口占韩国 GDP 比重；比重 4 指中韩贸易额占中国贸易总额比重；比重 5 指中韩贸易总额占中国 GDP 比重；比重 6 指中国对韩国出口占中国 GDP 比重。

资料来源：中国贸易额、GDP 均来源于中国统计局 http://www.stats.gov.cn/；韩国贸易额来源于韩国海关网站 http://www.customs.go.kr；韩国 GDP 来源于韩国统计厅 http://www.nso.go.kr；中韩贸易额来源于中国驻韩国大使馆经济商务参见 http://kr.mofcom.gov.cn/index.shtml。

占中国贸易总额比重、中日贸易总额占中国 GDP 比重、中国对日本出口占中国 GDP 比重分别为 14.38%、4.65%、2.52%。2018 年，中日贸易总额占日本贸易总额比重、中日贸易总额占日本 GDP 比重、日本对中国出口占日本 GDP 比重分别为 21.36%、6.26%、3.42%，中日贸易额占中国贸易总额比重、中日贸易总额占中国 GDP 比重、中国对日本出口占中国 GDP 比重分别为 7.01%、2.38%、1.08%（见图 13-2）。

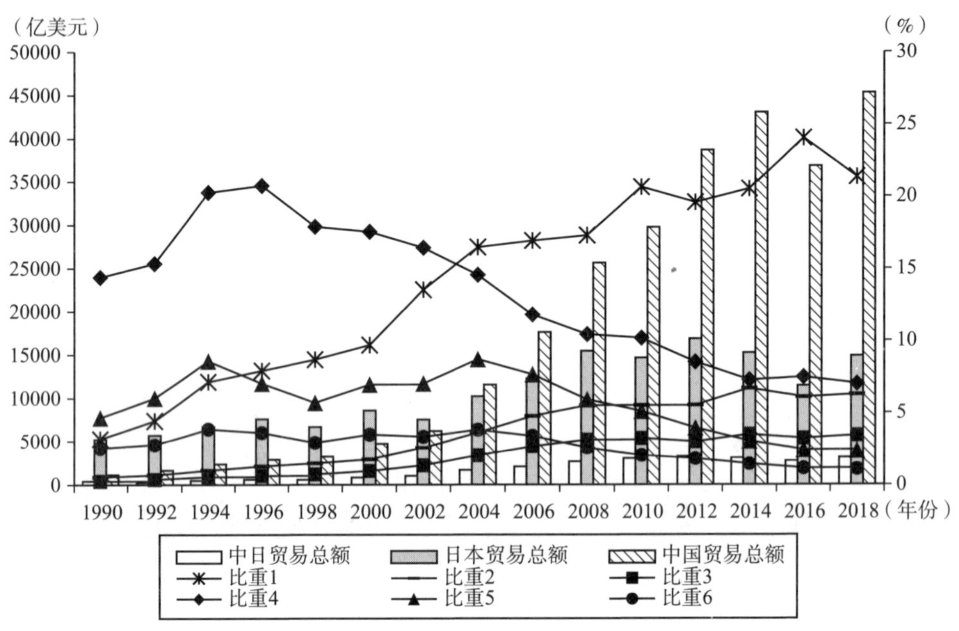

图 13-2 1990~2018 年中日贸易依存度

注：比重 1 指中日贸易总额占日本对外贸易总量比重；比重 2 指中日贸易总额占日本 GDP 比重；比重 3 指日本对中国出口占日本 GDP 比重；比重 4 指中日贸易总额占中国对外贸易总量比重；比重 5 指中日贸易总额占中国 GDP 比重；比重 6 指中国对日本出口占中国 GDP 比重。

资料来源：根据中国海关统计、中国统计局数据库资料整理。

13.1.1.3 日韩两国的贸易规模和贸易依存度

日韩贸易额总体也呈上升趋势，经历了“M”型发展过程。1990 年日韩贸易额是 322.12 亿美元，2018 年提高到 846.02 亿美元。1990~2018 年，日韩贸易总额占日本对外贸易总额比重从 6.16% 下降到 5.69%；日韩贸易总额占日本 GDP 比重从 1.04% 上升到 1.67%，日本对韩国出口占其 GDP 比重从 0.60% 上升到 1.03%。从贸易依存度看，日本对韩国贸易依存度基本保持水平状态，韩国对日本贸易依存度呈下降趋势。1990~2018 年，日韩贸易总额占韩国对外贸易总量比重从 23.89% 下降到 7.42%；日韩贸易总额占韩国 GDP 比重从 12.21% 下降到 5.11%，韩国对日本出口占其 GDP 比重从 4.79% 下降到 1.94%（见图 13-3）。日韩双边出口贸易中，日本一直处在顺差地位，但是 2012 年之后顺差额在逐渐减小，这和中日之间贸易差额出现逆转的原因相似，日本这一时期重心在于加强与欧美之间的合作，因此与中韩之间的贸易顺差出现了逆转与下降。

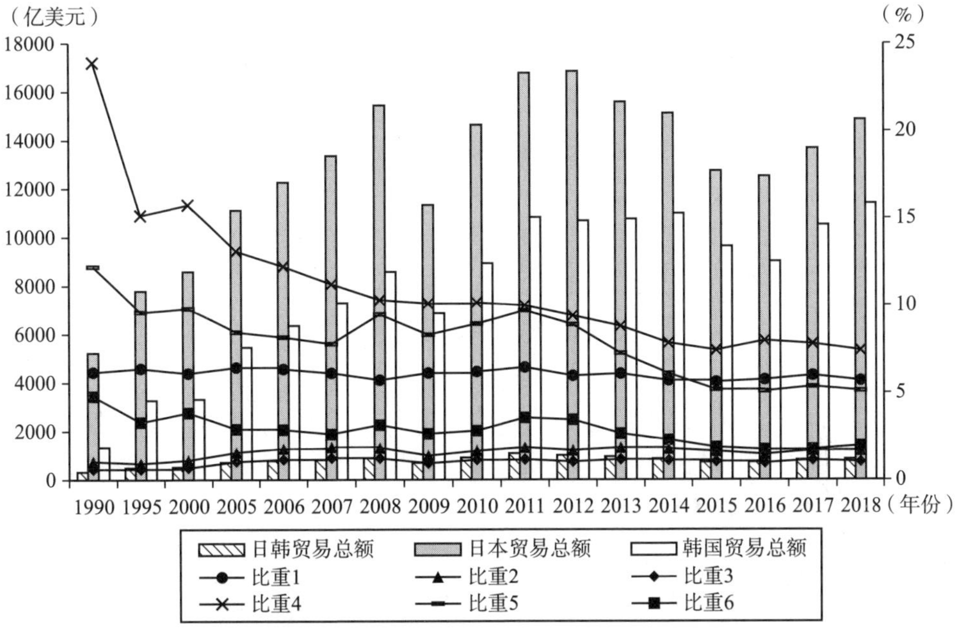

图 13-3 1990~2018 年日韩贸易规模和贸易依存度

注：比重 1 指日韩贸易总额占日本对外贸易总额比重；比重 2 指日韩贸易总额占日本 GDP 比重；比重 3 指日本对韩国出口占其 GDP 比重；比重 4 指日韩贸易总额占韩国对外贸易总量比重；比重 5 指日韩贸易总额占韩国 GDP 比重；比重 6 指韩国对日本出口占其 GDP 比重，单位均为%。

资料来源：日本 GDP 来源日本内阁府，https：//www. cao. go. jp/；韩国 GDP 来源于韩国统计厅，http：//www. nso. go. kr；韩国贸易额来源于韩国海关网站，http：//www. customs. go. kr；日本贸易额、日韩贸易额来源于日本贸易振兴会，https：//www. jetro. go. jp/。

13.1.2 中、日、韩三国间贸易结构转变

13.1.2.1 中韩两国双边贸易结构变化

由于经济发展和产业结构经历了相似的发展过程，中韩间双边贸易先后经历了互补性产业间、垂直型产业内贸易阶段，目前正在向水平型产业内贸易阶段发展。根据商务部《2018 韩国货物贸易及中韩双边贸易概况》，据韩国海关统计，韩国对中国出口的主要产品为机电产品、化工产品和光学、医疗设备，其中机电产品的出口额从 2007 年的 348.04 亿美元增长到 2018 年的 880.36 亿美元，占总出口商品的比重从 2007 年的 42.5% 上升到 2018 年的 54.3%，占韩国对中国出口商品的一半还多；化工产品的绝对出口额从 2007 年的 107.09 亿美元增长到 2018

年的223.27亿美元，但占总出口的比重经历了先下降后上升的过程，总体变化幅度很小；光学、医疗设备的出口额从2007年的95.85亿美元增长到2018年的136.18亿美元，但占总出口的比重经历了和化工产品相反的过程。韩国自中国进口的主要商品为机电产品、贱金属及制品和化工产品，其中机电产品的出口额从2007年的238亿美元增长到2018年的504.13亿美元，占总出口商品的比重从2007年的37.8%上升到2018年的47.4%，无论从绝对值还是占比看都显著低于韩国对中国的出口；化工产品的绝对出口额从2007年的36.49亿美元增长到2018年的114.63亿美元，但占总出口的比重一直在提高，从2007年的5.8%上升到2018年的10.8%；贱金属及制品的出口额从2007年的133.93亿美元下降到2018年的121.69亿美元，占总出口的比重经历了和化工产品相反的过程，从2007年的14.2%下降到2018年的11.4%。中国在纺织品及原料、家具这类劳动密集型产品上的出口上继续保持优势，韩国从中国进口的纺织品及原料占总出口的比重维持在5%以上。在这些产品上，中国面临的竞争对手主要有越南、印度尼西亚、日本等国家。两国在运输设备，以及其他制造业、机械和设备的维修和安装存在互补性；工业领域的基本金属和金属制品、计算机、电子和电气设备，以及未分类的机械和设备等行业存在竞争关系（见表13－1、表13－2）。

13.1.2.2 中日两国的贸易结构变化

中日贸易结构也在发生变化，但相比中韩，日本仍处在价值链的上端。日本对中国的主要出口产品为机电、化工产品以及运输设备。其中机电产品的出口额从2007年的486.58亿美元增长到2018年的620.06亿美元，占总出口商品的比重从2007年的47.5%下降到2018年的43.1%，但2015年之后呈现出小幅上升趋势；化工产品的绝对出口额从2007年的105.37亿美元增长到2018年的165.20亿美元，占总出口的比重从2016年开始出现上升趋势，从10.1%上升到2018年的11.5%；运输设备的出口额从2007年的70.58亿美元增长到2018年的139.20亿美元，占总出口的比重基本上呈上升趋势。日本自中国进口的主要商品为机电产品、纺织品及原料和家具、玩具和杂项制品。其中机电产品的出口额从2007年的468.15亿美元增长到2018年的789亿美元，占总出口商品的比重从2007年的37%上升到2018年的45.5%，基本呈上升趋势；纺织品及原料的出口

表 13－1　　韩国对中国出口主要商品构成（类）

商品类别	2007 年		2015 年		2016 年		2017 年		2018 年	
	绝对值（百万美元）	占比（%）	绝对值（百万美元）	占比（%）	绝对值（百万美元）	占比（%）	绝对值（百万美元）	占比（%）	绝对值（百万美元）	占比（%）
总值	81985	100	137140	100	124433	100	142115	100	162158	100
机电产品	34804	42. 5	67794	49. 4	59221	47. 6	73836	52	88036	54. 3
化工产品	10709	13. 1	15207	11. 1	15914	12. 8	19340	13. 6	22327	13. 8
光学、医疗设备	9585	11. 7	19294	14. 1	16646	13. 4	14542	10. 2	13618	8. 4
塑料、橡胶	6337	7. 7	9846	7. 2	9773	7. 9	10633	7. 5	11568	7. 1
贱金属及制品	6821	8. 3	7384	5. 4	7140	5. 7	7750	5. 5	8467	5. 2
矿产品	5579	6. 8	5115	3. 7	5149	4. 1	7248	5. 1	10132	6. 3
运输设备	3090	3. 8	6864	5	4997	4	3279	2. 3	2553	1. 6
纺织品及原料	2759	3. 4	2166	1. 6	1947	1. 6	1852	1. 3	1826	1. 1
食品、饮料、烟草	234	0. 3	816	0. 6	912	0. 7	785	0. 6	891	0. 6
家具、玩具、杂项制品	424	0. 5	724	0. 5	684	0. 6	531	0. 4	481	0. 3
陶瓷、玻璃	217	0. 3	606	0. 4	657	0. 5	785	0. 6	854	0. 5
纤维素浆、纸张	354	0. 4	283	0. 2	285	0. 2	395	0. 3	459	0. 3
皮革制品、箱包	415	0. 5	316	0. 2	230	0. 2	193	0. 1	164	0. 1
贵金属及制品	163	0. 2	244	0. 2	288	0. 2	253	0. 2	277	0. 2
鞋靴、伞等轻工产品	259	0. 3	130	0. 1	136	0. 1	137	0. 1	201	0. 1
其他	234	0. 3	351	0. 3	454	0. 4	555	0. 4	304	0. 2

注：（1）占比表示此类商品占所有出口商品的比重；（2）2007 年贵金属及制品对应行的其他年份数据的类别为活动物；动物产品；鞋靴、伞等轻工产品对应行的其他年份数据的类别为贵金属及制品。

资料来源：韩国海关网站，http：//www. customs. go. kr。

表 13 – 2　　韩国自中国进口主要商品构成（类）

商品类别	2007 年		2015 年		2016 年		2017 年		2018 年	
	绝对值（百万美元）	占比（%）	绝对值（百万美元）	占比（%）	绝对值（百万美元）	占比（%）	绝对值（百万美元）	占比（%）	绝对值（百万美元）	占比（%）
总值	63027	100	90237	100	86962	100	97857	100	106479	100
机电产品	23800	37.8	41874	46.4	39837	45.8	45703	46.7	50413	47.4
贱金属及制品	13393	21.3	12802	14.2	11862	13.6	12960	13.2	12169	11.4
化工产品	3649	5.8	6668	7.4	6799	7.8	8857	9.1	11463	10.8
纺织品及原料	5365	8.5	5962	6.6	5770	6.6	5697	5.8	6092	5.7
光学、医疗设备	1631	2.6	4545	5	3730	4.3	4445	4.5	4567	4.3
家具、玩具、杂项制品	1949	3.1	3068	3.4	3279	3.8	3575	3.7	3888	3.7
塑料、橡胶	1218	1.9	2578	2.9	2534	3.1	3055	3.1	3443	3.2
陶瓷、玻璃	1609	2.6	2654	2.9	2685	2.9	2788	2.9	2933	2.8
运输设备	993	1.6	2052	2.3	2144	2.5	2204	2.3	2132	2
食品、饮料、烟草	1001	1.6	1219	1.4	1334	1.5	1385	1.4	1534	1.4
鞋靴、伞等轻工产品	793	1.3	1347	1.5	1326	1.5	1317	1.4	1459	1.4
活动物、动物产品	994	1.6	1060	1.2	1074	1.2	1076	1.2	1312	1.2
植物产品	1612	2.6	1204	1.3	1214	1.4	1157	1.1	1204	1.1
矿产品	3329	5.3	854	1	892	1	1058	1.1	1181	1.1
皮革制品、箱包	641	1	952	1.1	964	1.1	1000	1	1061	1
其他	1050	1.7	1397	1.5	1517	1.7	1579	1.6	1629	1.5

注：占比表示此类商品占所有出口商品的比重。

资料来源：韩国海关网站，http：//www. customs. go. kr。

额从 2007 年的 224.9 亿美元下降到 2018 年的 218.82 亿美元，占总出口的比重呈下降趋势，从 2007 年的 17.8% 下降到 2018 年的 12.6%；运输设备的出口额从 2007 年的 96.89 亿美元增长到 2018 年的 107.48 亿美元，占总出口的比重在 6% 左右波动。

从表 13－4 中数据可以看出，在日本市场上，中国的劳动密集型产品仍占有较大优势，如纺织品及原料、鞋靴伞和箱包等轻工产品，这些产品在日本进口市场的占有率均在 60% 左右，在这些产品上，中国产品的主要竞争对手来自亚洲国家和地区（如越南、泰国、中国台湾地区）以及意大利、美国等国家。两国在工业领域的纺织品、服装、皮革和相关产品以及运输设备，服务业领域的批发和零售贸易、机动车维修和运输和仓储存在互补关系；工业领域的计算机、电子和电气设备以及未分类的机械和设备等行业存在竞争关系（见表 13－3、表 13－4）。

13.1.2.3　日韩两国的贸易结构变化

从 HS 分类的日韩各行业进出口数据看，韩国自日本进口商品种类多样，涉及机电产品、化工产品、贱金属及其制品和光学、钟表、医疗设备等，而日本自韩国进口商品相对单一，多集中在机电产品和贱金属及其制品。韩国对日本出口的商品多为半成品和低端技术产品，而日本对韩国出口的主要是高端技术品。由于两国的工业化水平均较高，因此在工业领域的发展差距相对较小，在产业结构上表现出相对竞争性特点，而在服务业出口中依然表现出相对互补性特点。比起中日、中韩贸易来说，日韩的产业内贸易水平较高，两国服务业领域的批发和零售贸易、机动车维修等行业存在长期互补关系；基本金属和金属制品、计算机、电子和电气设备、未分类的机械和设备和运输设备等行业存在竞争性（见表 13－5、表 13－6）。

13.1.2.4　中韩两国的服务贸易结构变化

中韩服务贸易呈现稳定增长态势。21 世纪初期，韩国为中国提供的服务主要是运输服务，其他服务占比较低。近年来，旅行服务已取代运输服务成为在韩中服务贸易中所占份额最大的服务种类。另外，电信，计算机和信息服务所占份

表 13-3　日本对中国出口主要商品构成（类）

商品类别	2007 年		2015 年		2016 年		2017 年		2018 年	
	绝对值（百万美元）	占比（%）	绝对值（百万美元）	占比（%）	绝对值（百万美元）	占比（%）	绝对值（百万美元）	占比（%）	绝对值（百万美元）	占比（%）
总值	109279	100	109286	100	113894	100	132857	100	143992	100
机电产品	48658	47.5	44171	40.4	46975	41.3	56199	42.3	62006	43.1
化工产品	10537	10.3	11344	10.4	11541	10.1	13947	10.5	16520	11.5
运输设备	7058	6.9	9749	8.9	11440	10.1	12458	9.4	13920	9.7
贱金属及制品	13884	13.6	11268	10.3	10745	9.4	12075	9.1	12335	8.6
光学、医疗设备	6025	5.9	10532	9.6	10202	9	12093	9.1	12055	8.4
塑料、橡胶	6607	6.5	7494	6.9	8021	7	9136	6.9	9399	6.5
纺织品及原料	3381	3.3	2443	2.2	2346	2.1	2378	1.8	2408	1.7
家具、玩具、杂项制品	906	0.9	1623	1.5	1580	1.4	1889	1.4	1886	1.3
陶瓷、玻璃	1019	1	1376	1.3	1581	1.4	1746	1.3	1789	1.2
矿产品	2038	2	1095	1.1	1235	1.1	1290	1	1713	1.2
纤维素浆、纸张	1306	1.3	1174	1	1189	1	1289	1	1452	1
贵金属及制品	361	0.4	476	0.4	345	0.3	980	0.7	877	0.6
活动物、动物产品	269	0.3	307	0.3	357	0.3	308	0.2	367	0.3
食品、饮料、烟草	120	0.1	188	0.2	245	0.2	280	0.2	497	0.4
皮革制品、箱包	82	0.1	84	0.1	97	0.1	131	0.1	145	0.1
其他	7028	6.4	5961	5.5	5995	5.3	6659	5	6623	4.6

注：（1）占比表示此类商品占所有出口商品的比重；（2）2007 年皮革制品；箱包对应行 2015 年、2016 年数据类别为职务产品；2017 年、2018 年为木及制品。

资料来源：日本贸易振兴会，https://www.jetro.go.jp/。

表 13－4　日本自中国进口主要商品构成（类）

商品类别	2007 年		2015 年		2016 年		2017 年		2018 年	
	绝对值（百万美元）	占比（%）	绝对值（百万美元）	占比（%）	绝对值（百万美元）	占比（%）	绝对值（百万美元）	占比（%）	绝对值（百万美元）	占比（%）
总值	127844	100	160570	100	156608	100	164424	100	173539	100
机电产品	46815	37	72011	44.9	71168	45.4	75228	45.8	78900	45.5
纺织品及原料	22490	17.8	22898	14.3	21625	13.8	21448	13	21882	12.6
家具、玩具、杂项制品	9689	7.7	9345	5.8	9357	6	10609	6.5	10748	6.2
贱金属及制品	7979	6.3	8790	5.5	8126	5.2	8769	5.3	10010	5.8
化工产品	5982	4.7	7789	4.9	7508	4.8	8410	5.1	10146	5.9
塑料、橡胶	3649	2.9	5589	3.5	5577	3.6	5767	3.5	5904	3.4
光学、医疗设备	4191	3.3	5467	3.4	5380	3.4	5610	3.4	5829	3.4
食品、饮料、烟草	4836	3.8	5033	3.1	4761	3	4767	2.9	5061	2.9
运输设备	2351	1.9	4105	2.6	4179	2.7	4453	2.7	4678	2.7
鞋靴、伞等轻工产品	3506	2.8	4061	2.5	3721	2.4	3535	2.2	3548	2.1
皮革制品、箱包	2865	2.3	2795	1.7	2702	1.7	2678	1.6	2670	1.5
植物产品	2101	1.7	2429	1.5	2526	1.6	2542	1.6	2655	1.5
陶瓷、玻璃	1968	1.6	2187	1.4	2092	1.3	2133	1.3	2295	1.3
木及制品	1828	1.5	1709	1.1	1669	1.1	1607	1	1614	0.9
矿产品	3412	2.7	1541	1	1428	0.9	1652	1	2285	1.3
其他	4182	3.3	4821	3	4789	3.1	5216	3.2	5314	3.1

注：（1）占比表示此类商品占所有出口商品的比重；（2）2007 年矿产品对应行 2016 年数据的类别为纤维素浆；纸张。

资料来源：日本贸易振兴会，https://www.jetro.go.jp/。

表 13－5 韩国对日本出口主要商品构成（类）

单位：千美元

商品编码	2007 年	占比（%）	商品编码	2015 年	占比（%）	商品编码	2017 年	占比（%）	商品编码	2018 年	占比（%）
总值	26370191	100	总值	25576507	100	总值	26816141	100	总值	30528580	100
854232	1970120	7.5	271012	1974025	7.7	271019	1588321	5.9	271019	2689694	8.8
271011	1843844	7.0	271019	1398800	5.5	271012	1311863	4.9	271012	2349491	7.7
901380	1821039	6.9	851712	906266	3.5	710691	707059	2.6	710691	698107	2.3
271019	1673905	6.3	710691	730224	2.9	854232	499706	1.9	854232	552315	1.8
854231	1640429	6.2	854232	630789	2.5	732690	417226	1.6	285390	486051	1.6
851712	384327	1.5	854140	426778	1.7	848071	384863	1.4	721049	406659	1.3
854239	380168	1.4	854231	417785	1.6	721049	371799	1.4	732690	401490	1.3
852851	367143	1.4	732690	302814	1.2	848690	341208	1.3	854140	340865	1.1
732690	287194	1.1	848071	290564	1.1	854140	339439	1.3	848690	324410	1.1
710691	267787	1.0	721049	271831	1.1	854231	313240	1.2	854231	272362	0.9
847330	258266	1.0	880330	243945	1.0	720851	292144	1.1	848071	258881	0.8
721913	257680	1.0	870899	242955	0.9	880330	251648	0.9	843149	254190	0.8
720917	225176	0.9	851770	219132	0.9	870899	241512	0.9	720851	249656	0.8
847170	219465	0.8	290220	215217	0.8	851770	224641	0.8	880330	241487	0.8
848071	204015	0.8	720851	200337	0.8	720917	223631	0.8	870899	238989	0.8
870899	203776	0.8	843149	183800	0.7	240220	209783	0.8	730890	221206	0.7
720421	164491	0.6	720917	161128	0.6	843149	201301	0.8	240220	212979	0.7
721049	159375	0.6	392062	146668	0.6	392062	187621	0.7	720917	209646	0.7
811292	155490	0.6	840999	146031	0.6	210690	168289	0.6	330499	195526	0.6

注：占比表示此类商品占所有出口商品的比重。

资料来源：韩国海关网站，http：//www. customs. go. kr。

表 13 – 6　韩国自日本进口主要商品构成（类）

单位：千美元

商品编码	2007 年	占比（%）	商品编码	2015 年	占比（%）	商品编码	2017 年	占比（%）	商品编码	2018 年	占比（%）
总值	56250126	100	总值	45853834	100	总值	55124725	100	总值	54603749	100
854231	2864444	5. 092333	854231	1577817	3. 440971	848620	3797781	6. 889433	848620	3842184	7. 036484
381800	1486801	2. 643196	848620	1275636	2. 781961	854231	2239514	4. 062631	854231	1921532	3. 519048
848620	1336226	2. 375508	270730	1023894	2. 232952	848630	1910235	3. 465296	720449	1468626	2. 689607
720851	1208689	2. 148776	900120	1020994	2. 226627	720449	1133846	2. 056874	854140	975764	1. 786991
720449	1105850	1. 965951	382490	773129	1. 686073	854140	968554	1. 757023	270730	971534	1. 779244
720839	861857	1. 532187	720449	702370	1. 531759	900120	954776	1. 732029	381800	889164	1. 628394
382490	857651	1. 524709	392073	696472	1. 518896	382499	896601	1. 626495	848690	885152	1. 621046
392073	824046	1. 464967	854140	692958	1. 511232	848690	867844	1. 574328	382499	879636	1. 610944
870840	725042	1. 288961	290250	639314	1. 394243	270730	850164	1. 542255	720839	698264	1. 278784
700490	720830	1. 281473	854232	622471	1. 357511	720839	698347	1. 266849	900120	653303	1. 196443
720838	712313	1. 266331	870323	522502	1. 139495	870340	649117	1. 177542	271019	632469	1. 158289
720712	701287	1. 24673	720839	517977	1. 129626	381800	588774	1. 068076	732690	622866	1. 140702
890190	665204	1. 182582	870840	483240	1. 05387	732690	570923	1. 035693	870323	621050	1. 137376
900120	616974	1. 09684	720851	474886	1. 035652	853890	527428	0. 95679	848640	524912	0. 961311
848630	614713	1. 092821	381800	439613	0. 958727	848640	518945	0. 941402	870340	519512	0. 951422
854232	570721	1. 014613	848690	428269	0. 933987	290250	514943	0. 934142	720851	491066	0. 899327
903082	549094	0. 976165	271019	419186	0. 914179	392073	490650	0. 890072	285390	470705	0. 862038
270730	528293	0. 939185	853400	403112	0. 879124	870840	459951	0. 834382	903082	463312	0. 848499
750120	508493	0. 903986	392099	397011	0. 865819	854232	429419	0. 778995	870840	452121	0. 828004

注：占比表示此类商品占所有出口商品的比重。

资料来源：韩国海关网站，http：//www. customs. go. kr。

额也在逐步增加。韩国对中国出口的服务贸易总额从2006~2018年增加了2.59倍。2016年，占据前三位的运输服务、旅行、知识产权使用费分别占比61.11%、13.06%、10.7%，2018年，占据前三位的旅行、运输服务、知识产权使用费分别占比34.23%、30.6%、13.55%。值得关注的是，保险和养老金服务数量和所占比重也在提高，从2006年的1500万美元提高到2018年的5400万美元。

中国对韩国出口的服务贸易总额从2006年到2018年增加了2.06倍。中国对韩国的主要出口服务是制造服务、旅行服务和运输服务，随着中国工业化的快速增长，中韩服务贸易中制造服务所占份额不断提高。随着人口老龄化水平提高，2006年，占据前三位的旅行、制造服务、运输分别占比31.66%、31.46%、23.54%，2018年，占据前三位的制造服务、运输、旅行分别占比41.55%、24.06%、10.14%。保险和养老金服务数量和所占比重也在提高，从2006年的负100万美元提高到2018年的300万美元（见表13-7、表13-8）。

13.1.2.5 中日两国的服务贸易结构变化

从日本对中国出口服务构成来看，旅行、知识产权使用费以及运输是最主要的出口服务贸易类型，其中日本对中国旅行服务出口额从2014年的53.36亿美元增长至143.41亿美元，增长了约1.7倍；知识产权使用费从16.46亿美元增长到18.04亿美元，增长幅度虽然不大，但是在三国双边该类型服务贸易出口中绝对值是最大的；运输服务出口额从2014年的45.67亿美元下降到2018年的36.69亿美元，说明日本的服务贸易也在进行产业升级，传统劳动密集型行业正在被高技术和高附加值产业取代。从日本自中国进口服务构成来看，其他商业服务、旅行、运输和电信、计算机和信息服务是最主要的进口服务贸易类型，其中其他商业服务发展较为平稳，2014年为40.86亿美元，2018年提高为41.82亿美元；旅行服务略有下降，从2014年的23.11亿美元下降到21.22亿美元；运输服务从2015年起缓慢增长，从14.21亿美元增长到2018年的17.55亿美元。保险和养老金服务数量一直在提高，中国对日本的出口从2014年的4400万美元提高到2018年的5100万美元。

表 13－7 韩国对中国出口主要服务构成（类）

单位：百万美元

服务类别	2006年	2007年	2008年	2009年	2010年	2011年	2012年	2013年	2014年	2015年	2016年	2017年	2018年
总值	7227	8963	13108	9630	13160	13212	14722	18333	22333	20822	20542	15603	18738
制造服务	83	86	225	140	290	221	201	167	114	249	192	155	176
运输	4489	6078	8679	6085	8496	7332	8110	8114	7850	7396	5606	4993	5733
旅行	944	1166	1448	1412	2170	2900	3359	5701	9264	9141	10164	5624	6413
保险和养老金服务	15	29	19	1	53	29	39	29	39	44	42	58	54
知识产权使用费	773	495	1078	920	1090	1290	1239	1537	2173	1827	1851	2015	2538
电信，计算机和信息服务	44	61	119	113	101	129	171	575	349	313	302	242	353
其他商业服务	642	819	836	647	744	869	1041	1639	1827	1153	1502	1718	2373
政府商品和服务	20	31	28	27	22	30	29	63	121	108	101	73	89
其他服务	219	199	676	285	194	413	534	508	598	591	781	727	1010

注：占比表示此类服务占所有出口服务的比重。

资料来源：根据 OECD 数据库数据计算编制，https：//stats. oecd. org/Index. aspx。

表 13－8　韩国自中国进口主要服务构成（类）

单位：百万美元

服务类别	2006 年	2007 年	2008 年	2009 年	2010 年	2011 年	2012 年	2013 年	2014 年	2015 年	2016 年	2017 年	2018 年
总值	8475	9984	11659	10469	12324	14061	13538	13041	14384	15112	15430	16520	17446
制造服务	2666	3317	4099	4900	5513	6832	6599	5894	5844	5971	5846	6556	7249
运输	1995	2783	3427	1876	2399	2471	2627	3098	3548	3614	3718	3966	4197
旅行	2683	2530	2104	2038	2594	2833	2165	2075	2134	2400	2551	2194	1747
保险和养老金服务	－1	10	13	－9	－25	19	14	22	29	24	34	29	30
知识产权使用费	5	15	10	10	22	21	14	14	38	53	90	116	90
电信，计算机和信息服务	107	130	353	107	163	120	133	71	78	118	119	98	106
其他商业服务	887	1043	1391	1321	1488	1611	1821	1656	2443	2538	2574	2922	3037
政府商品和服务	100	110	109	57	66	47	55	64	71	137	165	123	89
其他服务	34	46	154	169	103	107	112	146	198	258	334	516	901

注：占比表示此类服务占所有出口服务的比重。

资料来源：根据 OECD 数据库数据计算编制，https：//stats. oecd. org/Index. aspx。

与中韩两国服务贸易相似，日本对中国服务出口主要是旅行、知识产权使用费以及运输。旅行一直都是在中日服务贸易中所占份额较大的服务种类，与此同时，知识产权使用费等服务所占份额也在不断上升，日本对中国服务出口逐步走向单一化。日本自中国服务进口主要构成结构则相对稳定，近年来变化较小。保险和养老金服务数量一直在提高，日本对中国的出口从2014年的7600万美元提高到2018年的9900万美元（见表13－9）。

13.1.2.6　日韩两国的服务贸易结构变化

从韩国对日本的出口服务构成来看，运输、旅行以及其他商业服务占前三位，其中运输的出口额从2006年的25亿美元升高到2018年的29.42亿美元，2012年之后基本呈下降趋势；旅行的出口额从2006年的18.79亿美元上升到2011年的最大值40.12亿美元，之后又下降到2018年的17.72亿美元；其他商业服务的出口额从2006年的16.40亿美元增长到2018年的27.28亿美元；其他类别的进口额从绝对值来看都较小，从发展趋势上看变化幅度也非常小。保险和养老金服务的出口变化明显，韩国对日本保险和养老金服务的出口从2006年的负600万美元提高到2018年的2100万美元。从韩国自日本的进口服务构成来看，旅行、运输，以及其他商业服务占前三位，其中旅行的进口额从2006年的34.12亿美元增长到2018年的51.67亿美元，2014年之后基本呈上升趋势；运输的进口额从2006年的29.73亿美元下降到2018年的23.55亿美元，2010年之后基本呈下降趋势；其他商业服务的进口额从2006年的14.75亿美元增长到2018年的26.74亿美元；其他类别的进口额从绝对值来看都较小，从发展趋势上看变化幅度也非常小。保险和养老金服务的进口一直增加，韩国从日本保险和养老金服务的进口从2006年的1200万美元提高到2018年的2400万美元。

从上述分析可以看出，在日韩两国的服务贸易中，两国服务进出口主要构成相似，运输、旅行以及其他商业服务占据日韩两国的服务贸易绝大部分份额，两国相关产业在这三方面展开激烈竞争，两国各有优势。目前看，韩国的优势在运输服务出口方面凸显，而日本则在旅行服务出口方面表现突出（见表13－10、表13－11）。

表 13－9　　中日进出口主要服务构成（类）　　单位：百万美元

服务类别	日本对中国出口					日本自中国进口				
	2014 年	2015 年	2016 年	2017 年	2018 年	2014 年	2015 年	2016 年	2017 年	2018 年
总值	16448	19773	20851	22796	26070	11792	10803	10481	10001	11136
制造服务	23	11	11	5	7	1089	979	820	768	833
保养和维修服务	44	40	55	61	82	399	242	220	205	266
运输	4567	4078	3844	4288	3669	1765	1421	1510	1583	1756
旅行	5336	9265	10264	11020	14341	2311	2041	2293	2084	2122
施工	72	81	96	82	52	85	103	213	169	174
保险和养老金服务	76	69	67	63	99	44	41	43	45	51
金融服务	152	176	167	148	202	14	19	15	17	18
知识产权使用费	4299	4047	4126	4753	5358	89	108	60	56	111
电信，计算机和信息服务	146	157	269	370	281	1826	1591	1468	1366	1566
其他商业服务	1646	1700	1729	1771	1804	4086	4184	3786	3645	4182
个人文化和娱乐服务	15	58	94	108	32	12	16	5	12	15
政府商品和服务	73	89	129	127	143	72	58	50	52	44

注：占比表示此类服务占所有出口服务的比重。
资料来源：根据 OECD 数据库数据计算编制，https：//stats. oecd. org/Index. aspx。

表 13 - 10　　韩国对日本服务出口主要构成（类）　　单位：百万美元

服务类别	2006 年	2007 年	2008 年	2009 年	2010 年	2011 年	2012 年	2013 年	2014 年	2015 年	2016 年	2017 年	2018 年
总值	6694	7383	9910	8459	10248	11965	12948	9954	10002	7822	7923	7745	8686
制造服务	358	519	383	315	356	299	359	463	704	385	402	391	466
运输	2500	3124	3936	2772	4055	4833	5178	3803	3464	2847	2646	2469	2942
旅行	1879	1273	3078	3375	3408	4012	3920	2275	2035	1083	1358	1501	1772
保险和养老金服务	-6	19	10	-32	57	15	15	10	14	12	9	15	21
知识产权使用费	97	84	98	134	171	201	225	245	270	147	176	191	194
电信，计算机和信息服务	72	103	73	68	136	183	287	243	392	450	237	120	100
其他商业服务	1640	2094	2137	1655	1903	2220	2661	2587	2728	2579	2726	2710	2728
政府商品和服务	39	18	18	13	8	18	21	16	19	24	15	26	15
其他服务	115	149	180	160	155	184	280	312	377	295	355	321	450

注：占比表示此类服务占所有出口服务的比重。

资料来源：根据 OECD 数据库数据计算编制，https：//stats. oecd. org/Index. aspx。

表 13－11　韩国自日本服务进口主要构成（类）

单位：百万美元

服务类别	2006 年	2007 年	2008 年	2009 年	2010 年	2011 年	2012 年	2013 年	2014 年	2015 年	2016 年	2017 年	2018 年
总值	8748	10402	10563	8249	9663	9515	9319	9902	8739	8865	9309	11546	11528
制造服务	18	15	26	25	29	61	20	35	14	27	36	19	16
运输	2973	3153	3651	2719	3135	3198	3070	2732	2867	2425	2376	2457	2355
旅行	3412	4472	3509	1787	2572	2097	1976	2474	2290	3033	3533	4959	5167
保险和养老金服务	12	29	34	5	17	28	25	28	24	32	39	21	24
知识产权使用费	553	625	755	1128	1107	1024	789	750	853	620	652	787	912
电信，计算机和信息服务	148	153	83	107	132	159	152	82	79	96	102	64	96
其他商业服务	1475	1734	2312	2197	2475	2679	3028	3456	2298	2436	2319	2944	2674
政府商品和服务	57	53	60	56	53	69	82	112	61	70	77	79	78
其他服务	101	170	132	226	143	200	176	232	252	126	176	216	207

注：占比表示此类服务占所有出口服务的比重。

资料来源：根据 OECD 数据库数据计算编制，https：//stats. oecd. org/Index. aspx。

13.2 东亚老龄服务贸易的发展

老龄服务贸易是建立在广义的老龄服务业和老龄服务的基础之上，国与国或区域组织之间互相提供老龄服务的经济交换活动，具有服务贸易的所有特征。当今世界由于各国经济的普遍低迷以及人口老龄化在全球范围内的蔓延，老龄服务贸易作为国家之间合作的新领域逐渐受到各国的关注。东亚老龄服务业比较成熟的日本重视向亚洲国家出口老龄服务贸易，为本国经济发展寻找新的增长点；而中国、韩国等作为老龄服务业刚刚起步的国家，亟须引进发达国家的老龄服务，以满足其快速增长的老龄服务的需要。老龄化催生老龄产业的发展，老龄服务贸易体现在多个方面，涉及老龄产品、老龄金融及服务的进出口，本书主要从各国签署的自由贸易协定（FTA）和中日韩在老龄产业的合作两个方面进行分析。

13.2.1 中国老龄服务贸易的发展

中国老龄人口的快速增对老龄服务有着极大需求，中国老龄产业起步较晚，市场空间巨大，重视借鉴发达国家的经验，支持老龄国际贸易的发展，充分体现在中国已经签署的 FTA 中。

13.2.1.1 老龄服务贸易主要涉及老年金融服务和老年康复护理服务

在我国已签署的 FTA 中，老年康复护理与金融服务是老龄服务贸易的核心内容，这一内容存在较大需求，发展较为快速（见表 13 - 12）。未满 60 岁的人在尚未年老之时所做的形形色色的资产准备，在老年以后将此类资产置换成能享用的服务或产品的金融运行制度即为老年金融（党俊武，2013）。老年金融既是金融体系的重中之重，也是老龄产业的核心构成。老年康复护理服务包括老年养护和康复服务，老年康复、养护服务分别以老年医疗康复服务为主，以养老服务为辅；以养老服务为主，以医疗服务为辅。老龄服务贸易集中于老年康复护理与老年金融方面，与老龄服务的核心领域相关。在老龄服务中，二者均存在较大需求，发展也较为迅速。结合发达国家的经验来看，随着老龄人口的不断增多，金融以及医疗将成为被关注的两大核心问题。在 FTA 中尽管老龄服务贸易处于起步阶段，但把握住了中国发展老龄服务业的关键点。

表 13-12　　中国签订的 FTA 中涉及老龄服务的分类

老龄服务类别	服务产品
老年金融服务	银行服务、保险服务、证券服务、老龄基金服务、信托服务
老年康复护理服务	老年养护服务如机构养老服务、居家养老服务等； 老年康复服务如老年护理院、老年康复中心、老年长期照护服务

资料来源：根据吴玉韶，党俊武．中国老龄产业发展报告（2014）［M］．北京：社会科学文献出版社，2015，出版整理。

截至 2019 年，在我国已签署的 17 个 FTA 中，涉及老龄服务贸易的国家和地区有 10 个，分别为新加坡、新西兰、瑞士、东盟、中国香港、澳大利亚以及新加坡升级等（见表 13-13）。

表 13-13　　中国已签订的 FTA 中涉及的老龄服务的具体内容

FTA	有关老龄服务贸易的具体内容
中国—新加坡	中国服务贸易承诺：允许外国的保险公司提供健康险、年金险和养老金； 在货币经纪中的资产管理，例如养老基金管理、有价证券的保管、受托和信托服务，在以商业存在形式提供服务方面有一定程度的开放
中国—新西兰	在货币经纪中资产管理领域，如养老金管理、信托托管，对商业存在形式的服务贸易没有限制
中国—瑞士	参与法定养老基金计划时要求以合作社或者基金会的形式组织参与
中国—东盟	中国可以进入越南的养老基金管理市场
中国—秘鲁	中国可以进入秘鲁的养老基金管理市场
《内地与香港关于建立更紧密经贸关系安排》补充协议	内地服务贸易承诺：允许香港服务提供者在内地独资举办营利性养老构； 允许澳门服务提供者在广东省设立独资、合资、合作疗养院，提供医疗服务； 允许澳门服务提供者以独资民办非企业单位形式在内地开办提供养老服务的养老机构
中国—澳大利亚	中国承诺：为澳大利亚的保险服务提供新的市场准入机制，并确保经改善后的市场准入高于 WTO 的承诺； 在老年护理方面，该国提供了最为有利的条件，准允该国企业在我国创建老年护理机构

续表

FTA	有关老龄服务贸易的具体内容
中国—新加坡升级	中国服务贸易承诺：允许外国保险公司向外国人和中国人提供健康险、团体险和养老金、年金险； 新加坡服务贸易承诺：以商业形式存在的寿险服务贸易有一定程度的开放。由住宿机构提供的针对老年人和残疾人的社会服务，境外消费方式中除新加坡保留是否允许非本地居住的服务提供者在新加坡开展业务或进行积极的市场营销的权力外，没有限制。商业存在方式中没有限制，但是对部分或全部依靠国家资金支持的非营利性服务提供者经营的设施/服务不做承诺

资料来源：根据中国商务部网站资料整理，http：//www. mofcom. gov. cn/。

13. 2. 1. 2　老龄服务贸易的市场准入程度日益深化

服务贸易市场准入承诺与不同国家的竞争力、发展水平存在着紧密联系。在各国服务贸易关系不断加深的形势下，现实状况必然会有所改变。以老年金融为例，从表 13 – 13 中可以看出，中国在做出市场准入的承诺时，虽然服务开放水平上与入世时基本一致，但老年金融服务方面的内容仍然占据了一席之地。与新加坡、新西兰、瑞士、东盟签订的 FTA 中，准予外国的保险公司提供健康险、年金险和养老金。其中年金险的主要险种之一为养老保险，而随着中国老龄化水平的提高，健康险中的医疗保险，护理保险将会变得更为重要。这些险种也是外资保险公司目前主推的保险险种。在中国与澳大利亚签订的 FTA 中，为澳大利亚的保险服务提供新的市场准入机制，并确保经改善后的市场准入高于 WTO 的承诺，而中国与韩国订立的 FTA 更是独立成章地对这一方面的内容做出了专门规定。另外，国外养老基金服务对国内市场的开放则是老龄金融服务走出国门的全新落脚点，未来随着养老基金运营的成熟，我国养老金也将在养老基金运营日益成熟的形势下全方位对外开放。可见，老龄服务贸易的市场准入程度也将日益深化。

13. 2. 1. 3　老龄服务贸易的范围不断扩大

老龄服务贸易的内容不断深入，从最初的老年金融服务，逐步扩展到老年康复护理服务，中澳 FTA 和中韩 FTA 更是涉及了包括老龄服务业在内的整个老龄亲和产业的合作。总体上，在我国已签订的 FTA 中，老龄服务贸易合作内容不断增多，合作范围日益加大。

13.2.2 韩国老龄服务贸易的发展

韩国是东亚人口老龄化速度最快的国家，老龄亲和产业成为韩国经济增长新引擎。2013 年的《充实中韩战略合作伙伴关系行动计划》提出，两国在社会福利政治领域方面，将拓展合作范围以应对老龄人口不断增加的趋势，通过技术开发来更好地应对人口老龄化问题，如在老龄亲和产业等加大合作力度。韩国老龄服务在老龄亲和产业中所占份额巨大，但在其 FTA 中尚未得以体现。韩国 FTA 中的老龄服务贸易集中在老龄金融领域，主要体现在包括健康险的寿险业务（见表 13-14）。

表 13-14　韩国已签订的 FTA 中涉及的老龄服务的具体内容

FTA	包括健康险的寿险业务
韩国—新加坡	不允许外国寿险公司设立商业存在，对其他三种方式的保险服务贸易无限制
韩国—中国 韩国—东盟 韩国—EFTA 4 国 韩国—印度	允许外国寿险公司设立商业存在；不允许与韩国人寿成立合资企业保险公司； 保险公司招募和雇佣包括销售人员在内的国外专业人员是受限制的； 各单位最高管理人员必须居住在韩国；对其他三种方式的保险服务贸易无限制
韩国—美国 韩国—澳大利亚 韩国—加拿大 韩国—秘鲁	在金融机构的市场准入方面做出了相应限制。同一家商业银行、互助储蓄银行只允许有两名雇员，或者一名投资交易者，或者一名投资经纪人可以在同一地点的任何时间出售保险产品；为了提高透明度，韩国限制销售保险产品，包括限制一家银行用于保险销售的窗口数目、单一保险人承保的百分比等，以及可由银行销售的保险产品类型；限制不公平的商业行为，例如强迫顾客购买保险产品以换取贷款

资料来源：根据韩国 FTA 官网资料整理，http：//fta. go. kr/main/。

13.2.3 日本老龄服务贸易的发展

日本是东亚人口老龄化程度最严重的国家，老龄政策制定比较完善，老龄产业发展成熟，进入中韩老龄市场时间较早，涉及领域主要包括老龄地产、老龄用品等。2016 年夏季，日本政府启动官民合作项目“亚洲健康构想”，决定针对中国、泰国等人口老龄化开始加剧的国家出口护理体系，这些国家人口老龄化的速度远远高于日本，但提供老龄服务的体系仍然尚未完善。这一构想在其经济伙伴关系协定（economic partnership agreement，EPA）中得到了体现，根据 EPA 条款，日本接收 EPA 国家的护理师候选人，并在外国人技能实习中增加护理内容，考虑聘用通过 EPA 学成归国后的外国人。为了增加引进介护人才的力度，日本政府不断放宽资格要求和语言能力要求，2017 年要求留日的介护人才通过资格考试，取得资格证书；目前只需参与看护技能培训。在语言水平方面，2014 年，日本要求介护人才的日语能力达到 N3 以上，两个月后更改为 N4 水平，2018 年变更为“一年内未达到 N3，也可继续留在日本”。在老龄金融方面，对于保险以及与保险相关的服务部门，日本在签署的涉及金融服务的 EPA 中不限制自然人流动，但对其他形式的金融服务贸易并未做出承诺，可见日本对于金融服务贸易持有保守态度。

从中、日、韩三国在 FTA 老龄服务贸易的内容来看，中国老龄服务贸易涉及领域最广、FTA 中老龄服务贸易的内容较多。日本主要集中于老年康复护理服务，并在 FTA 中有所体现；韩国有意与中国进行合作，但其 FTA 中尚未制定相应条款。韩国的老龄服务贸易主要体现在包含健康险的寿险业务，但与中国老龄金融服务贸易相比，范围较窄。

13.3 中、日、韩三国老龄产业交流和合作

中、日、韩三国为共同应对老龄化，从政策研究到产业发展，开展了多方面的合作。2006 年三国建立了中日韩卫生部长会议机制，由三国轮值举办，多次就三国老龄产业发展展开了交流和讨论（见表 13 - 15）。

日本老龄化产业相对发达，日本政府支持其老龄服务业拓展海外市场，2016 年 7 月制定《亚洲健康构想基本方针》（2018 年 7 月修订）提出扩大亚洲各国赴日学习护理知识的人员规模，同时帮助日本养老服务业开拓亚洲市场，为对象国独立发展养老服务事业提供支持，从而为从日本学成回国的护理人员创造就业岗位，在全亚洲范围内推动形成护理人才培养及产业振兴的良性循环。该方针将日本贸易振兴机构（JETRO）定位为支持养老服务领域的日本企业等开拓海外市场的执行机构。JETRO 在中国许多省市展开了养老产业的交流合作，自 2013 年起举办洽谈会、研讨会和现场考察，截至 2019 年底共举办 60 多届，参会日本企业数量累计已近 2000 家，中国企业更是多达 3000 多家（见表 13 - 15、表 13 - 16）。

表 13－15 中日韩养老产业合作交流项目与活动

项目名称	时间	地点	主要内容
第七届中日韩卫生部长会议、中日韩健康老龄社会论坛	2014 年 11 月 23 日	北京	三国代表就“促进养老服务业发展政策与实践”和“卫生体系应对老龄化挑战”两个议题展开了交流和讨论。（中、日、韩三国卫生部长会议机制于 2006 年建立，会议由中、日、韩三国按轮值顺序举办）
中韩高端健康产业人才研修团深度探访韩国养老服务机构	2015 年 1 月 12 日	韩国	中韩高端健康产业人才研修团，对韩国优秀健康企业、机构、大学开展一系列的考察、研讨活动。韩国老年健康产业协会崔学希会长介绍韩国老年产业协会的现状及对未来老年健康产业的七大趋势分析，韩国老年健康产业协会 IT 分会金泽焕会长，为研修团成员分享了韩国老年专业网站及 App 应用、医保相关查询软件、就近就医软件等
首届中日韩健康养老论坛	2015 年 10 月 9 日	日本静冈	会议达成共识，中日韩共同面对的老龄化社会问题十分严重，需要共同合作，共同面对
《第八届中日韩卫生部长会议联合声明》	2015 年 11 月 28～29 日	日本京都	从 2010 年起，中日韩老龄化论坛一直是三国分享老龄化政策的有益平台。三国将进一步加强健康老龄化对话，分享最佳实践，尤其是长期照护体系建设、基于社区的医养结合及护理专业人员培训等领域
2016 中韩国际养老产业博览会	2016 年 11 月 18～20 日	北京	论坛范围涉及“老年产业发展研究与政策解读”“失能老人长期照护”“医养结合养老服务的探索与研究”以及“智能化养老”等相关课题；现场还举办慈善义拍、老年书法大赛、老年歌唱比赛等创新活动，展现老年人的风采
“中日韩养老产品产业园”项目	2016 年 5 月 29 日	合肥肥西	“中日韩养老产品产业园”项目举行签约仪式，根据协议，将在肥西县建设中日韩养老产品产业示范园，设立中国国际养老产业博览中心（合肥馆），并计划在肥西县三河古镇举办以养老产业为主题的论坛。“中日韩养老产品产业园”项目举行签约仪式，根据协议，将在肥西县建设中日韩养老产品产业示范园，设立中国国际养老产业博览中心（合肥馆），并计划在肥西县三河古镇举办以养老产业为主题的论坛
第六次中日韩老龄化论坛	2016 年 7 月 5～6 日	日本东京	三国代表分别介绍了本国在促进健康老龄化，尤其是高龄老人护理领域的最新工作进展及未来政策和规划，重点就老年痴呆的综合应对及老龄化背景下的农村空巢问题进行了经验交流和讨论。与会者认为，三国同属东亚文化圈，都面临老龄化进程加快、慢性疾病负担重且照护问题突出等问题，日、韩两国的高龄少子化问题尤为严重，希望日、韩现有的政策做法能够为中国提供借鉴和启发

续表

项目名称	时间	地点	主要内容
中日韩养老洽谈会	2016年10月18日	常州高新区	此次养老洽谈会上，该区签约引进了日本养老产品展示中心、韩国适老产品展示和公办养老机构康复护理等项目。其中，日本养老产品展示中心落户该区河海街道丰臣国际，该中心占地面积达5000余平方米，将展示并销售老人专用的家居及保健用品等。来自日本、韩国的嘉宾也交流分享了日、韩两国在发展智慧养老产业、提供优质养老服务方面的先进经验
中日韩健康养老产业高峰论坛	2019年9月21日	山东潍坊	第五届中日韩健康养老产业高峰论坛在鲁台会展中心举办。来自中国、日本、韩国各界专家学者、企业代表共同就养老产业跨境合作展开对话，有关企业就养老产业合作项目举行了签约仪式
中日养老服务业合作论坛	第一届：2018年10月23日	北京	双方就两国共同面临的老龄化社会应对问题交换了意见。企业间签署了11份备忘录，并就推进具体合作达成协议。具体达成的协议包括日立制作所与中国企业联合开发新型医疗与养老服务、日本的护理用品厂商与中国企业联手开拓中国市场
	第二届：2019年9月26日	日本东京	论坛分为政策交流会和项目对接会两大模块。在政策交流会上，国家发改委社会发展司相关负责人围绕中国应对人口老龄化、支持养老产业发展等方面趋势、策略及合作展望进行了主旨发言，日方有关社会组织负责人和专家学者全面介绍了日本老年人护理政策的未来走向、日本企业在华开展养老服务的现状以及康复辅助器具重要性等。来自中日养老服务领域的150余家企业在项目对接会上交流了自身优势和合作意向，探讨养老服务业的发展趋势和产业机遇，并进行了深度务实的项目对接
中日养老产业国际合作交流会	2019年5月8日	重庆	日本、中国养老企业代表和老龄科研专家学者以主题演讲、话题研讨、中外相结合的形式，分享日本在养老服务领域的先进经验，分析中国养老产业的发展现状，研讨适合中国国情尤其是内陆地区的养老服务模式，从而推动中国养老服务产业转型升级，引导国内健康养老产业高质量发展
中日养老产业交流会	2019年	中国多地	日本贸易振兴机构（JETRO）在中国沈阳、济南、北京、大连、武汉、南京、重庆等地举行，并与各地政府签署MOU（谅解备忘录）

资料来源：根据中、日、韩三国网站相关资料整理。

表 13-16 日本贸易振兴机构（JETRO）与中国地方政府签署的 MOU

签署双方	签署内容	来源
日本贸易振兴会、广东省政府	签署 MOU（谅解备忘录）	JETRO《日本企业 在华开展养老服务业领域》
日本贸易振兴会、山东省政府	签署 MOU（谅解备忘录）	JETRO《日本企业 在华开展养老服务业领域》
日本贸易振兴会、湖北省政府	签署 MOU（谅解备忘录）	JETRO《日本企业 在华开展养老服务业领域》
日本贸易振兴会、浙江省政府	签署 MOU（谅解备忘录）	JETRO《日本企业 在华开展养老服务业领域》
日本贸易振兴会、陕西省政府	签署 MOU（谅解备忘录）	JETRO《日本企业 在华开展养老服务业领域》
日本贸易振兴会、四川省政府	签署 MOU（谅解备忘录）	JETRO《日本企业 在华开展养老服务业领域》
日本贸易振兴会、广东省政府	签署 MOU（谅解备忘录）	JETRO《日本企业 在华开展养老服务业领域》

资料来源：根据 JETRO 网站资料整理。

13.4 构建东亚老龄服务贸易合作机制，促进老龄服务贸易发展

在老龄服务贸易的推进中，东亚各国应当秉承开放互惠的原则，共同构建发展老龄服务贸易的机制，在老龄服务贸易的顶层设计、具体条款和产业发展等方面进行合作，从而更好地化解人口老龄化危机，促进经济增长。

13.4.1 构建政府间的合作机制

为了应对日渐增加的老龄服务的需求，中、日、韩三国相继分别建立了相应的政府机构，指导、协调本国老龄化规划的制定、对接和实施。日本于 1996 年成立了“高龄社会对策会议”，形成以内阁总理大臣为首，各政府部门的内阁大

臣为委员的超部门机构，每年召开会议，以完成“制定高龄社会对策大纲，与高龄社会对策大纲相关的各行政机构间的相互调整，关于高龄社会对策大纲重要事项的审议及对策实施的推进”等任务。

韩国于 2004 年设立“老龄化及未来社会委员会”（隶属保健福利家庭部）。其职能为预测人口结构变化对未来社会经济的影响，并据此制定相应对策。2005 年通过了《低生育·老龄化社会基本法》，成立由总统任委员长、由政府 11 个部门和 9 名民间委员为成员的“老龄产业扶持促进委员会”，直接协调政府各部门制定、应对老龄化规划①。

2019 年 7 月 27 日，中国国务院建立了养老服务部际联席会议制度，联席会议由民政部为牵头单位，21 个部门和单位组成②，为中国养老服务业发展提供组织保障。

中日老龄服务贸易合作已有基础。2018 年 5 月，日本经济产业省与中国发改委会签署了《关于开展服务产业合作的谅解备忘录》，明确提出，日中双方一致同意积极促进服务领域合作，成立“双边服务贸易合作机制”，通过开展宏观政策交流，推动双方在老龄化、教育等服务产业领域的合作。基于此，在中日“双边服务贸易合作机制”的基础上，扩大中、日、韩三国在顶层设计和战略规划上的合作。依托日本“高龄社会对策会议”、韩国“低出生老龄社会委员会”和中国“养老服务部际联席会议”，构建“中、日、韩三国老龄服务贸易合作机制”。

首先，在北京、首尔、东京三地建立常设机构，设立一套日常化的联合行动机制，专门、专业、常规化地全程负责三国老龄服务合作项目的推进，每年举行一次中、日、韩三国老龄服务贸易合作论坛，完善政府间合作的执行机制；其次，将中日韩政府的合作扩大到蒙古国、俄罗斯、朝鲜等东北亚国家，以及越南、泰国等东南亚国家，开拓第三方市场；最后，建立东亚城市老龄服务贸易联盟，探讨地方之间的战略合作，以促进共同的长远利益。城市联盟的优点在于不

① 2005 年 5 月，制定《低生育·老龄化社会基本法》，将“老龄化及未来社会委员会”升格为“低出生老龄社会委员会”。该委员会下设四个分科委员会，分别为低出生、老后生活、人口及经济、老龄亲和产业。2006 年 12 月制定《老龄亲和产业振兴法》，于 2007 年 6 月 28 日实施。该法由总则、建设老龄产业基础、提高老龄产品质量、罚则四个部分组成。参见金益基，左琦．重思中国的人口新政策：与日韩低生育率和人口老龄化比较［J］．学海，2017（1）：134－143.

② 包括发展改革委、教育部、科技部、工业和信息化部、公安部、财政部、人力资源社会保障部、自然资源部、住房城乡建设部、商务部、卫生健康委、应急部、人民银行、国资委、税务总局、市场监管总局、统计局、医保局、银保监会、扶贫办等。主要职能包括统筹协调全国养老服务工作，研究解决养老服务工作重大问题，完善养老服务体系；研究审议拟出台的养老服务法规和重要政策，拟订推动养老服务发展的年度重点工作计划；部署实施养老服务改革创新重点事项，督促检查养老服务有关政策措施落实情况；加强各地区、各部门信息沟通和相互协作，推广先进做法和经验等。

局限于协商解决具体的问题，而重点考虑城市之间或区域范围内老龄服务贸易合作与共同发展的远景规划。通过组织城市老龄管理研讨会、老龄优势产品和老龄服务推介会等，使中日韩政府之间的合作更加密切和务实。

13. 4. 2　培育行业协会等社会性机构

培育构建东亚养老行业协会。积极推动中、日、韩三国养老服务、养老地产、养老金融和养老用品行业协会的交流，通过提供咨询服务、行业调研、项目招商、政策落实、合作交流、维权自律等全方位服务，推动三国养老领域的核心产业、附属产业、关联产业等各类型企业共同发展。

加大扶持公益服务类社会组织力度。支持中、日、韩三国联合建立公益服务社会组织，加强三国在智慧养老、教育社交、健康保健、老龄金融服务、家政服务、救助灾害、环境保护、社会公共设施建设等方面提供资助和公益性服务。鼓励三国企业通过基金会或公益性社会团体进行跨境公益活动合作。为老龄人口提供多样化服务，提供志愿互助、文体活动、综合事务、社区联谊、扶危济困、技能培训、老龄就业辅导、情绪疏导、调节矛盾、信息反馈等方面的服务。

13. 4. 3　促进中日韩老龄企业服务贸易和投资合作

日本的企业注重开拓中国养老产业市场，自 2012 年起，多家企业就在中国投资布局养老服务产业链①。JETRO 作为支持养老服务领域的日本企业开拓海外市场的执行机构，帮助促进了日本企业在中国养老产业市场的贸易和投资。由于日本技术的先进，韩国国内高端养老产品市场也基本由日本产品占领。日本企业拥有设施运营与管理经验、护理与康复护理方法（需要护理的老年人、认知症护理等）、充分利用丰富的福祉辅助器具和用品、人才培训与培养、设施设计（无障碍设计等）方面的优势，中韩企业在本土化经验技巧、国内的业务关系网（政

---

① 2012 年，日本 AYA 医疗福祉集团在大连设立了首家日本独资介护企业“大连维斯福祉健康管理有限公司”，创建了“维斯之家”“ 维斯门诊”品牌—嵌入式社区医养中心，开始连锁经营；并开拓了介护人员培训基地，引进日本介护人才；进行日本式养老一站式咨询。共荣集团（大连怡康福祉实业有限公司）2012 年开始在大连进行日式养老机构经营模式创建与介护及质控流程构建，不断打磨本土化的日式上门护理（居家），日间照料（日托），长托（养老院）养老服务等模式，投资运营四家日式养老院与公寓，三家日式日间照料中心，2019 年开始在沈阳，重庆与北京等城市进行连锁加盟。公司同时也开展日式介护人才培训与海内外派遣及推荐，老年长者的海外医疗体检与养老养生深度体验旅居等业务。多家日本企业在中国多地投资养老产业。参见 JETRO 网站资料，https：//www. jetro. go. jp/china. html。

府和医院等合作方）、护理人才、资产（不动产、建筑物等）、迅速拓展业务的能力等方面具有优势，中日韩企业优势互补，可以构建起东亚养老服务业领域的合作模式。

当前我国的老龄服务有效需求较为匮乏，提供老龄服务的日资机构大多瞄准高端市场。我国政府应通过政策支持，进而倡导老龄人口消费，提高老龄服务有效需求。同时，鼓励引导外资企业与我国中小企业合作，为中低端市场提供老龄服务，从而使各个阶层的老龄人口都能从中受益，为老龄产业与国际贸易的稳健发展起到切实的推动作用。

13.4.4 探索跨境“政产学研用”合作机制

鼓励中日韩跨境科研合作。鼓励三国间业界、学术界、研究界合作，建立跨境产学研协同创新的激励机制，完善跨境产学研合作的评价体系，推动科研经费跨境使用先行先试。支持就三国共同关注的智慧养老科研项目开展联合攻关，整合智慧养老产业涉及的各种要素资源，实现东亚区域合作以及资源优化配置，改进养老服务供给结构。通过选择试点城市，建造中日韩智慧养老社区，为老龄人口提供更加个性化、智能化的服务，为他们创造更加便利的生活条件。

13.4.5 加强老龄服务标准、认证和知识产权的合作

由于东亚各国人口老龄化程度不同，并且老龄服务贸易尚处于初级阶段，国际上没有统一的老龄服务贸易标准和法规。老龄服务贸易标准的统一有利于促进国家之间的交流沟通、贸易往来，为将来更深层次的合作奠定基础；而健全的知识产权保护和运用体系，完善的法规可以规范企业行为、明确老龄服务贸易双方的权利义务关系，是处理老龄服务贸易纠纷的有力依据。

13.4.6 加强老龄服务专业人才的引进与培训

在老龄服务专业人才教育和培训领域，中、日、韩三国分别处在低、中、高三个层次。与日本相比，国内老年护理教育机构在专业课程设置的结构规划和内容设计上存在较大差距（李林子，2013）。可以借鉴日本老年护理人才的培养模式，在已有老年护理员职业资格的基础上，设立社会福利师资格，鼓励本科院校

设置社会福利专业，培养更高层次的老年护理人才，构建系统的老龄服务专业人才体系，满足老龄人口的多样化、个性化需求。通过中外合作办学的形式，引进日本社会福祉类专业课程设置和师资队伍；鼓励中国留学生学习社会福祉类专业；通过政策扶持、政策优惠，吸引一批基础较好、条件较为成熟的日本社会福祉类公司到中国开设培训部门或机构，参与到中国老龄服务专业人才培养事业中来。

参 考 文 献

第 1 章

［1］ Daniel Blumenthal. The Coming Rivalry of Grumpy old Men in East Asia. November. 7. 2013. http：//shadow. foreignpolicy. com/posts/2013/11/07/the_coming_rivalry_of_grumpy_old_men_in_east_asia.

［2］ Ronald Lee. The Demographic Transition：Three Centuries of Fundamental Change ［J］. The Journal of Economic Perspectives，Autumn，2003，17（4）：167 - 190.

［3］ United Nations. Department of Economic and Social Affairs，International Migration ［EB/OL］.（2013）. www. unmigration. org.

［4］ United Nations. Department of Economic and Social Affairs，International Migration ［EB/OL］.（2017）. www. unmigration. org.

［5］ United Nations. Department of Economic and Social Affairs，Population Division ［EB/OL］.（2019）. https：//ourworldindata. org/world - population - growth.

［6］ United Nations. Department of Economic and Social Affairs，International Migration Report ［EB/OL］.（2017）. United Nations New York 2019.

［7］ United Nations. High-level meetings of the 68th Session of the General Assembly ［EB/OL］.（2013）. http：//www. un. org/en/ga/68/meetings/migration/about. shtml.

［8］ 黄丽瑾. 世界杯的四大经济真相 ［EB/OL］.（2014）. http：//read. bbwc. cn/g33hvk. html.

第 2 章

［1］ Age Platform Europe，Towards an Age-friendly EU ［EB/OL］.（2013）. http：//www. age - platform. eu/fr.

[2] Bass, Scott A. and Francis G. Caro. The New Politics of Productive Aging [J]. Greenwood Press, 1992, 2 (3): 59 –79.

[3] Butler, Robert. Productive Aging, in Bengtson and Schaie eds [J]. The Course of Later Life, Springer, 1982: 55 –64.

[4] CDDH – AGE, Draft Recommendation of the Committee of Ministers to Member States on the promotion of the human rights of older persons [R]. 2014.

[5] Cicero MT44BC In: Powell JGF (ed) Catomaior desenectute [M]. New York: Cambridge University Press, 1998.

[6] Depp, Colin A. & Jeste, Dilip V. Definitions and Predictors of Successful Aging: A Comprehensive Review of Larger Quantitative Studies [J]. The American Journal of Geriatric Psychiatry, 2006, 14 (1): 6 –7.

[7] Elizabeth A. Phelan, Lynda A. Anderson, Andrea Z. La Croix, and Eric B. Larson, Older Adults Views of "Successful Aging" ——How Do They Compare with Researchers' Definitions? [J]. The American Geriatrics Society, 2004, 52 (2): 211 –212.

[8] European Commossion, Taking forward the strategic implementation plan of the European innovation [EB/OL]. (2012). http: //ec. europa. eu/index_en. htm.

[9] Gergen, K. J. & Gergen, M. Positive ageing: New images for a new age [J]. Ageing International, 2001 –2002, Winter, 2000.

[10] Hicks, J. R. Value and Capital. New York [M]. Oxford University Press, 1939.

[11] International Labor Organization. World Social Protection Report 2017 – 19: Universal social protection to achieve the Sustainable Development Goals [EB/OL]. (2017). http: //www. ilo. org/global/research/global – reports/world – social – security – report/2017 – 19/lang – en/index. htm.

[12] International Labor Organization. World Social Protection Report [EB/OL]. (2014). http: //www. wsws. org/en/articles/2014/06/05/ilo – j05. html.

[13] Kalache A. Ageing in developing countries: are we meeting the challenge? [J]. Health Policy Plan, 1986, 1 (2): 171 –173.

[14] Kinsella K, Phillips D R. Global Aging: The Challenge of Success [J]. Population bulletin, 2005, 60 (1): 3 –40.

[15] Laslett P. A fresh map of life: the emergence of the Third Age. 2nd ed.

[J]. Cambridge Massachusetts Harvard University Press, 1991, 16 (2): 363.

[16] Matilda White Riley, Robert L. Kahn, and Anne Foner. Age And Structural Lag: Changes in Work, Family, And Retirement. Wiley, 1994.

[17] Prince M J, Wu F, Guo Y, et al. The burden of disease in older people and implications for health policy and practice [J]. The Lancet, 2015, 385 (9967): 549 – 562.

[18] Rowe J W, Kahn R L. Human Aging: Usual and Successful [J]. Science, 1987, 237 (10): 143 – 149.

[19] United Nations Department of Economic and Social Affairs (UN DESA). (2013). World population prospects: the 2012 revision [R]. Volume II: demographic profiles. New York (NY): UN DESA, Population Division.

[20] Wang S, Marquez P, Langen brunner J. Toward a healthy and harmonious life in China: stemming the rising tide of non-communicable diseases [R]. Washington (DC): World Bank, 2011.

[21] William J. Strawbridge, Margaret I. Wallhagen and Richard D. Cohen. Successful Aging and Well – Being: Self – Rated Compared With Rowe and Kahn [J]. The Gerontologist, 2002, 42 (6): 727 – 728.

[22] World Health Organization. Active Ageing: A Policy Framework [EB/OL]. (2002). http: //www. who. int/ageing/publications/active_ageing/en/.

[23] United Nations Economic Commission for Europe (UNECE) and European Commission (EC). Active Ageing Index 2014 Analytical Report [EB/OL]. (2014). https: //ec. europa. eu/eip/ageing/library/2014 – active – ageing – index – aai – analytical – report_en.

[24] United Nations Economic Commission for Europe (UNECE) and European Commission (EC). Active Ageing Index 2018 Analytical Report June 2019 [EB/OL]. (2019). https: //ec. europa. eu/eip/ageing/library/.

[25] World Health Organization. Global strategy and action plan on ageing and health [R]. 2017.

[26] World Health Organization. Active Ageing: A Policy Framework. http: //www. who. int /ageing /publications /active_ageing /en /. 2002.

[27] [美] 哈耶克. 通往奴役之路 [M]. 王明毅，冯兴元译. 北京：中国社科出版社，1998.

［28］［英］马歇尔．经济学原理（上）［M］．陈良壁译．北京：商务印书馆，1994.

［29］［英］亚当·斯密．国民财富的性质和原因的研究［M］．郭大力，王亚南译．北京：商务印书馆，1994.

［30］郭沧萍．积极应对人口老龄化理论诠释［J］．老龄科学研究，2013（1）：4－13.

［31］国际劳工组织．人力资源开发：教育、培训和终身学习［EB/OL］．(2004). http：//www. un. org/chinese/esa/ageing/pdf/rep－iv－2b. pdf. 2004.

［32］联合国秘书长安南在联合国第二届世界老龄大会开幕式上的讲话［EB/OL］（2003). http：//www. un. org/chinese/events/ageing/docs. htm.

第3章

United Nations. World Population Prospects 2019［EB/OL］．（2019). https：//population. un. org/wpp/.

第4章

［1］Auty，Richard M. Economic Development and Industrial Policy，Korea，Brazil，Mexico，India and China［M］. New York：Mansel，1994.

［2］David B. Carpenter，Urbanization and Social Change in Japan［J］. The Sociological Quarterly，1960，1（3）：155－166.

［3］Haub C. Tracking trends in low fertility countries：An uptick in Europe?［D］. 2008.

［4］Jones，L. P.，I Sakong. Government，Business，and Entrepreneur ship in Economic Development：The Korean Case［M］. Harvard University Press，1980.

［5］Kim Yong－Woong. Industrialization and Urbanization in Korea［J］. Korea Journal，Autumn，1999：35－62.

［6］MoriyukiOe. Problems and Implications of Japan's Aging Society for Future Urban Developments，Policy and Governance. Working Paper Series No. 89. 11th International Conference of the European Association for Japanese Studies（EAJS）at Vienna University，Austria，organized by the EAJS and the Department of East Asian Studies［J］. Vienna University，2005：29－31.

［7］Toshie Kurihara. Urbanization and Changing Funerals in Japan. The original of this paper was presented at the XXIV eme Conference Societe Internationale de Sociologie des Religiouns which was held at the Université de Toulouse le – Mirail in Toulouse [J]. France, 1997: 129 – 140.

[8] V. Skirbekk, Lutz Vegard. Policies Addressing the Tempo Effect in Low – Fertility Countries [J]. Population and Development Review, 2005, 31 (4): 699 – 720.

[9] WANG CT. History of the Chinese family planning program: 1970 – 2010 [J]. Contraception, 2012, 85 (6): 563 – 569.

[10] [美] 钱纳里 (Chenery, H.), 塞尔昆 (Syrquin, M.). 发展的型式. [M]. 李新华等译. 北京: 经济科学出版社, 1988.

[11] 陈佳贵, 黄群慧, 钟宏武, 王延中等. 中国工业化进程报告 [M]. 社会科学出版社, 2007.

[12] 陈周. 东亚"后发现代化"的低生育率陷阱 [N]. 广州日报, 2015 – 01 – 19.

[13] 段琦. 西方教会的堕胎之争 [J]. 世界宗教文化, 1996 (3): 22 – 29.

[14] 冯波. 日本人口及计划生育概况 [J]. 人口与经济, 1982 (3): 41 – 42, 59.

[15] 郭熙保, 袁蓓海. 韩国计划生育政策演变及对我国的启示 [N]. 光明日报, 2015 – 04 – 29.

[16] 何平均. 国外"三化"同步发展的道路设计、典型经验及借鉴——以美、日、韩为例 [J]. 当代经济管理, 2012 (2): 21 – 25.

[17] 胡乃军, 杨燕绥, 于淼. 中国城镇人口老龄化与城镇居民消费研究 [J]. 人口学刊, 2014 (5): 61 – 71.

[18] 金度完, 郑真真. 韩国人口老龄化过程及其启示 [J]. 人口学刊, 2007 (5): 44 – 49.

[19] 靳菊春. 儒家文化在生育率转变过程中的地位与作用 [D]. 南京大学, 2011.

[20] 景普秋, 张复明. 工业化与城市化关系研究综述与评价 [J]. 中国人口·资源与环境, 2003 (3): 34 – 39.

[21] 李恩平, 李奇昤. 韩国快速城市化时期的住房政策演变及其启示 [J]. 发展研究, 2011 (7): 37 – 40.

[22] 李刚, 魏佩瑶. 中国工业化与城镇化协调关系研究 [J]. 经济问题探

索，2013（5）：72－79.

［23］李辉，刘春艳．日本与韩国城市化及发展模式分析［J］．现代日本经济，2008（4）：46－50.

［24］李中清，王丰．人类的四分之一：马尔萨斯的神话与中国的现实［M］．北京：三联书店，2000.

［25］罗璇．东亚地区主要国家的低生育率陷阱的形成及原因分析［D］．吉林大学，2016.

［26］苗国，庞飞．现代化与低生育率陷阱——东亚国家与地区生育政策的转向与反思［J］．现代经济探讨，2019（6）：26－30.

［27］翟永兴．韩国低生育水平的原因研究［D］．河北大学，2011.

［28］张航．中国低生育率困局成因探析［J］．现代经济信息，2019（7）：14.

［29］张宁．儒家文化与东亚地区的生育危机［J］．湖北教育学院学报，2005（6）：67－69.

第5章

［1］Andrea Boltho & Maria Weber. Did China follow the East Asian development model?［J］. The European Journal of Comparative Economics，2009，6（2）：267－286.

［2］Growth and Reform in Latin America［D］. Washington DC，Institute for International Economics.

［3］Kuczynski，P. P. and Williamson，J.（eds）［D］. After the Washington Consensus：Restarting，2003.

［4］Maddison A. The World Economy：Historical Statistics［R］. OECD，Paris，280 EJCE，2009，6（2）.

［5］Maddison A. "Measuring the Economic Performance of Transition Economies：Some Lessons from Chinese Experience"［J］. The Review of Income and Wealth，55（S1），July：423－441.

［6］Maddison，A. Chinese Economic Performance in the Long Run，930－2030［R］. Development Centre Studies，OECD，Paris，2007.

［7］OECF，The OECF Research Quarterly［R］. Japan，OECF，1992.

［8］OECF，Journal of Development Assistance［R］. Japan，OECF，1995.

[9] Perkins D. H. China's Recent Economic Performance and Future Prospects [J]. Asian Economic Policy Review, 2006 (1): 15 -40.

[10] Perkins, D. H.. China: Asia's Next Economic Giant? [D]. Seattle: University of Washington Press, 1986.

[11] Rie Taniguchi and Sarah Babb. The global construction of development models: the US, Japan and the East Asian miracle [J]. Socio - Economic Review, 2009 (7): 277 -303.

[12] Wade, R. "Japan, the World Bank, and the Art of Paradigm Maintenance: The 'East Asian Miracle' in Political Perspective" [J]. New Left Review, 1996 (217): 3 -37.

[13] World Bank, East Asia and Pacific Regional Update [R]. World Bank Publications, 2007.

[14] World Bank, World Development Indicators [R]. Washington, D. C. World Bank, 2012.

[15] 蔡昉. "中等收入陷阱"的理论、经验与针对性 [J]. 经济学动态, 2011 (12): 4 -9.

[16] 蔡昉. 从人口学视角论中国经济减速问题 [J]. 中国市场, 2013 (7): 12 -16.

[17] 蔡昉. 人口转变、人口红利与刘易斯转折点 [J]. 经济研究, 2010 (4): 4 -13.

[18] 蔡昉. 中国经济如何跨越"低中等收入陷阱"? [J] 中国社会科学院研究生院学报, 2008 (1): 13 -18.

[19] 陈峰君. 东亚模式的争议与我见 [J]. 教学与研究, 2001 (2): 45 -51.

[20] 陈晅. 东亚地区人口老龄化特征分析 [J]. 南方人口, 2002 (1): 42 -46.

[21] 东亚老龄化趋势及对策比较 [J]. 博鳌观察, 2013 (3): 49.

[22] 杜传忠, 刘英基. 拉美国家"中等收入陷阱"及对我国的警示 [J]. 理论学习, 2011 (6): 50 -54.

[23] 傅新. "新地区主义": 东亚经济发展模式的新要素 [J]. 世界经济与政治, 2004 (3): 68 -73.

[24] 高杰, 何平, 张锐. "中等收入陷阱"理论述评 [J]. 经济学动态,

2012（3）：83－89.

［25］郭金兴，胡映．典型地区跨越中等收入陷阱的比较研究［J］．亚太经济，2016（5）：84－91.

［26］郭金兴，胡映．拉美、东南亚和东亚经济体跨越中等收入陷阱的比较研究［J］．学海，2015（2）：135－141.

［27］和春雨．重新审视东亚经济发展模式［J］．云南社会科学，2003（2）：56－59.

［28］姜文辉．产业升级、技术创新与跨越“中等收入陷阱”——东亚和东南亚经济体的经验与教训［J］．亚太经济，2016（6）：92－98.

［29］焦力军．东亚模式与政府职能的定位［J］．法制与经济，2015（12）：98－100.

［30］李建民．21世纪东亚经济发展模式的重塑［J］．当代经济研究，2006（3）：39－41.

［31］李倩．东亚模式的经验与启示：政治制度、经济体制与社会认同［J］．湖南行政学院学报，2016（3）：102－107.

［32］全毅．跨越“中等收入陷阱”：东亚的经验及启示［J］．世界经济研究，2012（2）：70－75.

［33］沈红芳．东亚经济发展模式多样性研究［J］．当代亚太，2003（5）：29－35.

［34］沈远．浅析中日韩三国老龄化问题及对策［J］．才智，2014（33）：345.

［35］史晋川，郎金焕．跨越“中等收入陷阱”——来自东亚的启示［J］．浙江社会科学，2012（10）：10－17.

［36］史龙祥．从比较优势看东亚经济发展模式的变迁［J］．亚太经济，2006（1）：13－16.

［37］孙兴杰．东亚模式谋变［N］．新金融观察，2013－10－14.

［38］陶新宇，靳涛，杨伊婧．“东亚模式”的启迪与中国经济增长“结构之谜”的揭示［J］．经济研究，2017（11）：43－58.

［39］田毅鹏，夏可恒．作为发展参照系的东亚——“东亚模式”研究40年［J］．学术研究，2018（10）：2，41－50，177.

［40］徐瑾．中等收入陷阱研究评述——兼对“东亚增长模式”的思考及启示［J］．经济学动态，2014（5）：96－103.

［41］易娅莉，中国经济模式发展分析——基于“华盛顿共识”“北京共识”和“孟买共识”的比较［J］. 国际经济合作，2016（1）：79－83。

［42］易娅莉. 东亚经济发展模式的研究与评价［J］. 国际经济合作，2013（2）：33－35.

［43］张德荣. “中等收入陷阱”发生机理与中国经济增长的阶段性动力［J］. 经济研究，2013（9）：17－29.

［44］张海涵. 中国人口老龄化特征及其对社会经济的影响［J］. 安徽农学通报，2018（18）：7－8，23.

［45］张璐，茆健. 从“东亚奇迹”到“东亚复兴”——对东亚经济增长区域产业循环模式的文献述评［J］. 现代管理科学，2011（5）：86－87，101.

［46］张敏. 浅谈人口老龄化的现状与趋势［J］. 科技风，2017（10）：275.

［47］张宗斌. 东亚经济发展模式的演变与重构［J］. 东北亚论坛，2006（4）：36－41.

［48］赵春明. 东亚经济发展模式的历史命运与发展前景［J］. 世界经济与政治，2000（12）：61－66.

［49］郑秉文. “中等收入陷阱”与中国发展道路——基于国际经验教训的视角［J］. 中国人口科学，2011（1）：2－15.

第6章

［1］Banks，J. & S. Smith. Retirement in the UK［J］. Oxford Review of Economic Policy，2006，22（1）：40－56.

［2］Blöndal，S. & S. Scarpetta. Early Retirement in OECD Countries：The Role of Social Security System［R］. OECD Economic Studies No. 29，1997.

［3］Blöndal，S. & S. Scarpetta. The Retirement Decision in OECD Countries［D］. OECD Economics Department Working Paper 202，1999.

［4］BMAS，Gesetzliche Rentenversicherung［BE/OL］.（2014）. http：//www.bmas.de/DE/Startseite/start.html.

［5］Börsch－Supan，Axel H. & Christina B. Wilke. The German Public Pension System：How it Was，How it Will Be，Research Institute for the Economics of Aging. University of Mannheim［D］. Research Paper No. WP2003－041，2003.

［6］Bozio，A.，R. Crawford，and G. Tetlow. The History of State Pensions in the UK：1948 to 2010［J］. Institute for Fiscal Studies，IFS Briefing Note BN105，

2010.

[7] Cahill K. E. , M. D. Giandrea, and J. F Quinn. Retirement Patterns from Career Employment [J]. The Gerontologist, 46: 514 – 523.

[8] Chandler, D. & G. Tetlow. Retirement in the 21st Century. Institute for Fiscal Studies [J]. IFS Report R98, 2014: 10 – 11.

[9] Chung, K. Living Profiles of Older Persons and Social Policies on Ageing in Korea [D]. Korea Institute for Health and Social Affairs, 1999.

[10] Delsen, L. & G. Reday – Mulvey. Gradual Retirement in the OECD Countries: A Summary of the Main Results [J]. The Geneva Papers on Risk and Insurance Issues and Practice, 1996, 21 (4): 502 – 523.

[11] Die Zeit Online, Rente Mit 67: Müntefering warnt SPD vor Kurswechsel in der Rentenpolitik [D]. 2010.

[12] DTI, Towards Equality and Diversity: Report of Responses on Age [D]. 2003.

[13] DWP, Security in Retirement: Towards a New Pension System [D]. 2006.

[14] Elizabeth, T. P. & D. Neumark, The Interaction of Public Retirement Income Programs in the United States [J]. The American Economic Review, 2003, 93 (2): 261 – 265.

[15] Fields, G. & O. Mitchell, Retirement, Pensions and Social Security, Cambridge [D]. MA: MIT Press, 1984.

[16] GAO. Other Countries' Experiences Provide Useful Insights for the United States [D]. 2008.

[17] Ghent, L. & R. Clark. The Impact of a New Phased Retirement Option on Faculty Retirement Decision [J]. Research on Aging, 2001, 23 (6): 671 – 693.

[18] Gruber, J. & D. Wise eds. , Social Security and Retirement around the World. Chicago: University of Chicago Press [D]. 1999.

[19] Heckman, J. Life-cycle Consumption and Labor Supply: An Exploration of the Relationship between Income and Consumption over the Life-cycle [J]. American Economic Review, 1974, 64 (1): 188 – 194.

[20] Hofäcker, D. & E. Naumann, The Emerging Trend of Work beyond Retirement Age in Germany Increasing Social Inequality? [J]. Ztschrift Fur Gerontologie Und

Geriatrie, 2015, 48 (5): 473 -479.

[21] Kilpatrick, C. The New UK Retirement Regime [J]. Employment Law and Pensions. Industrial Law Journal, 2008, 37 (1): 1 -24.

[22] Lazear, E. , Why is there Mandatory Retirement? [J]. Journal of Political Economy, 1979, 87 (6): 1261 -1284.

[23] Lee, C. & J. Lee. , Employment Status, Quality of Matching, and Retirement in Korea: Evidence from Korean Longitudinal Study of Aging [D]. RAND Working Paper Series WR -834, 2011.

[24] Lumsdaine, R. & O. Mitchell, New Developments in the Economic Analysis of Retirement, in D. Card and O. Ashenfelter eds [M]. Handbook of Labor Economics, North Holland: Elsevier Science Ltd, 1999.

[25] Mares, I. Enterprise Reorganization and Social Insurance Reform: The Development of Early Retirement in France and Germany [J]. An International Journal of Policy and Administration, 2002, 14 (3): 295 -317.

[26] Neumark, D. & W. A. Stock, Age Discrimination Laws and Labor Market Efficiency [J]. Journal of Political Economy, 1999, 107 (5): 1081 -1125.

[27] Nikolova, M. & C. Graham, Employment, Late-life Work, Retirement, and Well-being in Europe and the United States [J]. IZA Journal of European Labor Studies, 2014, 3 (5): 1 -30.

[28] O'Grady, J. , Job Control Unionism vs. The New Human Resource Management Model [M]. IRC Press, 1995.

[29] OECD, Live Longer, Work Longer: Ageing and Employment Policies [R]. Paris, 2006.

[30] Samwick, A. , New Evidence on Pensions, Social Security, and the Timing of Retirement [J]. Journal of Public Economics, 1998, 70 (2): 207 -236.

[31] Sargeant, M. , The Default Retirement Age: Legitimate Aims and Disproportionate Means [J]. Industrial Law Journal, 2010, 39 (3): 244 -263.

[32] Stock, J. & D. Wise, Pensions, the Option Value of Work, and Retirement [J]. The Gerontologist, 2006, 46 (4): 514 -523.

[33] Suzuki, Tōru. Low Fertility and Population Aging in Japan and Eastern Asia [M]. 2013.

[34] Taylor - Gooby, P. , Uncertainty, Trust and Pensions: The Case of the

Current UKReforms [J]. Social Policy & Administration, 2005, 39 (3): 217 - 232.

[35] UK, Employment Equality (age) Regulations [D]. 2006.

[36] UK, Public Service Pensions Act 2013 [D]. 2013.

[37] UN, World Population Prospects: The 2012 Revision [D]. 2012.

[38] US Senate Committee on Health Education Labor & Pension, The Retirement Crisis and a Plan to Solve it [D]. 2012.

[39] US, The 1978 Amendments to the Age Discrimination in Employment Act [D]. 1978.

[40] US, The Age Discrimination in Employment Act of 1967 [D]. 1967.

[41] Wang, M. & K. S Shultz, Employee Retirement: A Review and Recommendations for Future Investigation [J]. Journal of Management, 2010, 36 (1): 172 - 206.

[42] Yamada, A. & M. Higo, Institutional Barriers to Work beyond Retirement in an Aging Japan: Evidence from a Recent Employee Survey [J]. Contemporary Japan, 2011, 23 (2): 157 - 186.

[43] 青柳親房. 皆年金の半世紀と今後の展望 [J]. 週刊社会保障 (2610), 2010: 44 - 49.

[44] 厚生労働省 [D]. 労働管理調查, 1999.

[45] 厚生労働省 [D]. 平成20年版厚生労働白书, 2008.

第7章

[1] Cepar Z, Troha M. Impact of Population Ageing on Education Level and Average Monthly Salary: The Case of Slovenia [J]. Managing Global Transitions International Research Journal, 2015, 13 (3): 281 - 299.

[2] Boadway R W, Wildasin D E. A Median Voter Model of Social Security [J]. International Economic Review, 1989, 30 (2): 307 - 328.

[3] Boucekkine R, Croix D D L, Licandro O. Vintage Human Capital, Demographic Trends, and Endogenous Growth [J]. Journal of Economic Theory, 2002, 104 (2): 340 - 375.

[4] Choi K H, Shin S. Population aging, economic growth, and the social transmission of human capital: An analysis with an overlapping generations model [J]. Economic Modelling, 2015, 50 (2): 138 - 147.

[5] Cipriani G P, Makris M. A Model With Self – fulfilling Prophecies of Longevity [J]. Economics Letters, 2006, 91 (1): 122 – 126.

[6] Downes T A. An Examination of the Structure of Governance in California School Districts Before and After Proposition 13 [J]. Public Choice, 1996, 86 (86): 279 – 307.

[7] Ehrlich, Kim J. Social Security and Demographic Trends: Theory and Evidence From the International Experience [J]. Review of Economic Dynamics 2007, 10 (1): 55 – 77.

[8] Fougère M, Harvey S, Mercenier J, et al. Population Ageing, Time Allocation and Human Capital: A General Equilibrium Analysis for Canada [J]. Economic Modelling, 2009, 26 (1): 30 – 39.

[9] Fougère M, Mérette M. Population Ageing and Economic Growth in Seven OECD Countries [J]. Economic Modelling, 1999, 16 (3): 411 – 427.

[10] Becker G. S. and Chiswick B. R. Education and the Distribution of Earnings [J]. American Economic Review. 1966, 56 (1 – 2): 358 – 369.

[11] Gimzauskiene E, Duoba K, Pavie X, et al. A Development of Human Capital in the Context of an Aging Population [J]. Procedia – Social and Behavioral Sciences, 2015, 213 (12): 753 – 757.

[12] Gradstein M, Kaganovich M. Aging Population and Education Finance [J]. Journal of Public Economics, 2003, 24 (194): 1500 – 1506.

[13] Harris A R, Evans W N, Schwab R M. Education Spending in an Aging America [J]. Journal of Public Economics, 2001, 81 (3): 449 – 472.

[14] Ladd H F, Murray S E. Intergenerational Conflict Reconsidered: County Demographic Structure and The Demand for Public Education [J]. Economics of Education Review, 2001, 20 (4): 343 – 357.

[15] Ludwig A, Schelkle T, Vogel E. Demographic change, human capital and welfare [J]. Review of Economic Dynamics, 2012, 15 (1): 94 – 107.

[16] Mason A, Kinugasa T. East Asian Economic Development: two Demographic Dividends [D]. Economics Study Area Working Papers, 2008, 19 (5 – 6): 389 – 399.

[17] Mason A, Lee R, Jiang J X. Demographic dividends, human capital, and saving [J]. Journal of the Economics of Ageing, 2016 (7): 106 – 122.

[18] Miller C. Demographics and Spending for Public Education: a Test of Interest Group Influence [J]. Economics of Education Review, 1996, 15 (2): 175 - 185.

[19] Pecchenino R A, Pollard P S. Dependent Children and Aged Parents: Funding Education and Social Security in an Aging Economy [J]. Journal of Macroeconomics, 2002, 24 (2): 145 - 169.

[20] Poterba J M. Demographic Structure and the Political Economy of Public Education [J]. Journal of Policy Analysis & Management, 1996, 16 (1): 48 - 66.

[21] Rubinfeld D L. Voting in a Local School Election: A Micro Analysis [J]. Review of Economics & Statistics, 1977, 59 (1): 30 - 42.

[22] Sadahiro A, Shimasawa M. The computable overlapping generations model with an endogenous growth mechanism [J]. Economic Modelling, 2003, 20 (1): 1 - 24.

[23] Vinovskis, Maris A. An Historical Perspective on Support for Schooling by Different Age Cohorts: 45 - 65 in The Changing Contract across Generations, edited by Vern L. Bengtson and W. Andrew Achenbaum [M]. New York: Aldine de Gruyter, 1993.

[24] Zhang J, Zhang J, Lee R. Rising Longevity, Education, Savings, and Growth [J]. Journal of Development Economics, 2003, 70 (1): 83 - 101.

[25] "完善农村义务教育财政保障机制"课题组，孟祥银．韩国20世纪70年代中期至80年代中后期义务教育普及与保障过程 [J]. 经济研究参考，2005 (46): 16 - 26.

[26] 蔡昉，孟昕，王美艳．中国老龄化趋势与养老保障改革：挑战与选择 [J]. 国际经济评论，2004 (4): 40 - 43.

[27] 蔡昉．人口转变、人口红利与刘易斯转折点 [J]. 经济研究，2010 (4): 4 - 13.

[28] 蔡昉．未来的人口红利—中国经济增长源泉的开拓 [J]. 中国人口科学，2009 (1): 2 - 10.

[29] 蔡秀云，李雪，汤寅昊．公共服务与人口城市化发展关系研究 [J]. 中国人口科学，2012 (6): 58 - 65.

[30] 顾佳峰．人口结构与教育财政的空间计量分析：对于代际关系的再诠释 [J]. 社会科学战线，2011 (11): 28 - 33.

[31] 何斌．日本教育投资对我国的启示 [J]. 江苏高教，2005 (3)：126－127.

[32] 金华林，刘伟岩．城市化、人口红利与日本经济增长关系研究 [J]. 人口学刊，2017 (2)：37－46.

[33] 刘玉飞，汪伟．人口老龄化对人力资本积累影响的研究评述 [J]. 西北人口，2016 (1)：99－111.

[34] 毛毅，冯根福．人口结构转变、家庭教育投资与中国经济增长 [J]. 西安交通大学学报：社会科学版，2012 (4)：25－33.

[35] 彭希哲，胡湛．公共政策视角下的中国人口老龄化 [J]. 中国社会科学，2011 (3)：121－138.

[36] 瞿凌云．人口政策的经济效应分析——基于人口数量与质量替代效应的视角 [J]. 人口与经济，2013 (5)：24－32.

[37] 王林．中国人口老龄化过程中的人力资本变迁 [J]. 人口与发展，2006 (5)：69－75.

[38] 王云多．人口老龄化背景下人力资本对福利的影响 [J]. 西安交通大学学报（社会科学版），2013 (6)：41－45.

[39] 王云多．人口老龄化对劳动供给、人力资本与产出影响预测 [J]. 人口与经济，2014 (3)：69－75.

[40] 吴俊培，赵斌．人口老龄化、公共人力资本投资与经济增长 [J]. 经济理论与经济管理，2015 (10)：5－19.

[41] 伍新德，张人崧．韩、日推进义务教育均衡发展的经验及其启示 [J]. 教学与管理，2012 (24)：157－158.

[42] 姚从容，李建民．人口老龄化与经济发展水平：国际比较及其启示 [J]. 人口与发展，2008 (2)：80－87.

[43] 原新，刘厚莲．中国人口红利真的结束了吗？[J]. 人口与经济，2014 (6)：35－43.

[44] 张晓娣．公共教育投资与延长人口红利——基于人力资本动态投入产出模型和 SAM 的预测 [J]. 南方经济，2013 (11)：17－26.

[45] 钟水映，赵雨，任静儒．“教育红利”对“人口红利”的替代作用研究 [J]. 中国人口科学，2016 (2)：26－34.

第8章

［1］ Angela C, Lyons, John E, Grable, So – Hyun. A Cross – Country Analysis of Population Aging and Financial Security ［J］. The Journal of the Economics of Ageing, 2018 (12): 96 – 117.

［2］ BjornA. Scandinavian Evidence on Growth and Age Structure ［J］. Region Studies, 2001 (26): 377 – 390.

［3］ Bosworth B, Chodorow – Reich G. Saving and Demographic Change: The Global Dimension, 8th Annual Joint Conference of The Retirement Research Consortium ［M］. The Brookings Institution, 2006

［4］ Braun A R, Ikeda D, Joines D H. The Saving Rate in Japan: Why It Has Fallen and Why It Will Remain Low ［J］. International Economic Review, 2009, 50 (1): 291 – 321.

［5］ Browning M, Lusardi A. Household Saving: Micro Theories and Micro Facts ［J］. Journal of Economic Literature, 1996, 34 (4): 1797 – 1855.

［6］ Chadwick C, Curtis, Steven Lugauer, Nelson C, Mark. Demographics and Aggregate Household Saving in Japan, China, and India ［J］. Journal of Macroeconomics, 2017 (51): 175 – 191.

［7］ DekleR. Aging And Capital Flows in Japan and Korea ［J］. Discussion Paper, 2002.

［8］ Hayashi F. Why is Japan's Saving Rate so Apparently High? ［M］. Cambridge MA: MIT Press, 1986: 147 – 234.

［9］ Horioka C, Y. Aging and Saving in Asia ［J］. Pacific Economic Review, 2010 (1): 46 – 55.

［10］ HoriokaC Y, WanJ. The Determinants of Household Saving in China: A Dynamic Panel Analysis of Provincial Data ［J］. Journal of Money, Credit and Banking, 2007 (8): 2077 – 2096.

［11］ Iwaisako T, OkadaK. Understanding the Decline in Japan's Saving Rate in the New Millennium ［J］. Japan and the World Economy, 2012 (3): 163 – 173.

［12］ Katayama K. Why Does Japan's Saving Rate Decline so Rapidly? ［R］ Japan: Policy Research Institute. Ministry of Finance, 2006.

［13］ Koga M, The Decline of Japan's Saving Rate and Demographic Effects ［J］. Japanese Economic Review, 2006, 57 (2): 312 – 321.

[14] Kuijs L. How Will China's Saving – Investment Balance Evolve? [D]. Washington: World Bank Policy Research Working Paper No, 3958, 2006 (8).

[15] Lee R. The Demographic Transition: Three Centuries Of Fundamental Change [J]. The Journal of Economic Perspectives, 2003 (4): 167 – 190.

[16] Leff N H. Dependency Rates and Savings Rates [J]. The American Economic Review, 1969 (59): 886 – 896.

[17] Modigliani, F. and Brumberg R. H. Utility Analysis and the Consumption Function: An Interpretation of Cross – Section Data. In: Kurihara, K. K., Eds., Post – Keynesian Economics [M]. Rutgers University Press, Brunswick, NJ, 1954: 388 – 436.

[18] Modigliani F, Cao L S. The Chinese Saving Puzzle and the Life – Cycle Hypothesis [J]. Journal of Economic Literature, 2004 (1): 145 – 170.

[19] Shibuya H. Japan's Household Saving Rate: An Application of The Life – Cycle Hypothesis [D]. TMF Working Paper, No, 8715, 1987.

[20] Suzuki T. Low Fertility and Population Aging in Japan and Eastern Asia, Springer Briefs in Population Studies [J]. Japan: Springer Verlag, 2014: 1 – 87.

[21] Tomoaki Yamada. Income Risk, Macroeconomic and Demographic Change, and Economic Inequality in Japan [J]. Journal of Economic Dynamic and Control, 2012 (36): 63 – 84.

[22] UN, Population Division. World Population Prospects: The 2019 Revision [R]. Volume I: Comprehensive Table ST/ESA/SER, A/379, 2019

[23] YuWei Hu. Population Ageing and Saving Rates in China, Japan and Korea: A Panel [J]. Global Economic Review, 2015 (1): 64 – 73.

[24] Zeldes S P. Optimal Consumption with Stochastic Income: Deviations from Certainty Equivalence [J]. Quarterly Journal of Economics, 1989, 104 (2): 275 – 298.

[25] 강종구, 김영준. Demographic Changes and Industry Structure [J]. Journal of Korean Economic Analysis, 2013 (3): 233 – 289.

[26] 保罗·舒尔茨. 人口结构和储蓄：亚洲的经验证据及其对中国的意义 [J]. 经济学（季刊），2005 (4): 991 – 1018.

[27] 蔡昉. 未富先老与中国经济增长的可持续性 [J]. 国际经济评论，2012 (1): 82 – 95.

[28] 陈晶，黄险峰，冯志．亚洲国家（地区）人口年龄结构变化对储蓄率的影响研究——基于 HW 模型对中国“第二人口红利”的分析 [J]．经济经纬，2014 (5)：62 -67.

[29] 范叙春，朱保华．预期寿命增长，年龄结构改变与我国国民储蓄率 [J]．人口研究，2012 (4)：18 -28.

[30] 冯润祥．中国高储蓄率：国际比较及发展趋势研究 [R]．金融热点问题研究，中国人民银行，2010.

[31] 胡翠，许召元．人口老龄化对储蓄率影响的实证研究——来自中国家庭的数据 [J]．经济学（季刊），2014 (4)：345 -1364.

[32] 姜熹焊，林仁焕．国民年金与人口老龄化给民间消费、储蓄的影响 [R]．韩国银行，2005.

[33] 金刚．预期寿命对国民储蓄率的影响 [M]．北京：社会科学文献出版社，2016.

[34] 李秉龙，刘丽敏．中国农村居民储蓄行为影响因素分析 [J]．中国农村经济，2006 (3)：53 -58.

[35] 李超，罗润东．老龄化、预防动机与家庭储蓄率——对中国第二次人口红利的实证研究 [J]．人口与经济，2018 (2)：104 -113.

[36] 李秀芳，黄志国，陈孝伟．全面二孩政策能够解决人口老龄化困境吗？——统账结合制养老保障制度下的 OLG 分析 [J]．中央财经大学学报，2017 (12)：73 -82.

[37] 李豫新，程谢君．中国“后人口转变”时代老龄化对居民储蓄率的影响 [J]．南方金融，2017 (8)：3 -10.

[38] 李宗和，金载弼．政府政策与储蓄：国家之间小组讨论材料以及韩国资料分析 [R]．韩国经济分析，第三卷第二号，韩国金融研究院，1997.

[39] 林炜，杨连生．中国人口老龄化对居民储蓄和投资资本的影响——来自中国省际面板数据的实证证据 [J]．新疆社会科学，2015 (4)：21 -26.

[40] 刘文，别安姊．中、日、韩三国人口老龄化对储蓄率的影响研究 [J]．劳动经济评论，2016 (2)：47 -69.

[41] 芦东．人口结构，经济增长与中国居民储蓄率 [J]．上海金融，2011 (1)：10 -15.

[42] 牟晓伟，张宇．日本储蓄率的变动及对中国的启示 [J]．现代日本经济，2012 (3)：35 -42.

［43］倪红福，李善同，何建武．人口结构变化对消费结构及储蓄率的影响分析［J］．人口与发展，2014（5）：25－34.

［44］瞿凌云．储蓄率居高不下的人口年龄结构影响分析——基于微观家庭的养老和子女教育储蓄动机的研究［J］．金融发展研究，2016（6）：24－32.

［45］上海总部重点研究课题选编［M］．上海：上海三联书店，2011.

［46］施锦芳．人口少子老龄化与经济可持续发展——日本经验及其对中国的启示［J］．宏观经济研究，2015（2）：119－147.

［47］石阳．人口老龄化与居民储蓄动态——基于养老保险视角的分析［J］．商业研究，2017（8）：184－192.

［48］史晓丹．我国人口老龄化趋势对储蓄率的影响研究［J］．南方经济，2013（7）：56－63.

［49］宋奇成，袁凯．我国人口抚养比变化对居民储蓄率的影响——基于时间序列的实证研究［J］．重庆理工大学学报（社会科学版），2013（11）：14－19.

［50］苏春红．人口老龄化的经济效应与中国养老保险制度选择［D］．山东大学，2010.

［51］隋澈．中国未来人口老龄化水平变化趋势对经济增长的影响——以“全面二孩”政策为背景［J］．河北经贸大学学报，2018（3）：39－46.

［52］孙奎立，刘庚常．我国高储蓄率的人口老龄化因素探讨［J］．金融与经济，2009（8）：12－14.

［53］汪伟，艾春荣．人口老龄化与中国储蓄率的动态演化［J］．管理世界，2015（6）：47－62.

［54］汪伟，中国居民储蓄率的决定因素——基于1995—2005年省际动态面板数据的分析［J］．财经研究，2008（2）：53－64.

［55］汪伟．经济增长，人口结构变化与中国高储蓄［J］．经济学（季刊），2009（1）：29－52.

［56］汪伟．人口老龄化、生育政策调整与中国经济增长［J］．经济学（季刊），2016（1）：67－96.

［57］汪伟．中国“高储蓄现象”的部门分析：1952—2008［J］．上海行政学院学报，2011（5）：61－74.

［58］王德文，蔡昉，张学辉．人口转变的储蓄效应和增长效应［J］．人口研究，2004（5）：2－11.

［59］王丽民．人口老龄化的经济影响及应对研究综述［J］．现代管理科学，2018（6）：60-62.

［60］王森．中国人口老龄化对居民储蓄率影响的定量分析——基于 VAR 模型的方法［J］．中国人口科学，2010（S1）：66-71.

［61］王树，吕昭河．人口红利与“储蓄之谜”的实证研究——基于动态演化模型的实证分析［J］．华中科技大学学报（社会科学版），2018（6）：51-62.

［62］王颖，邓博文．老龄化国家人口转变与人口红利再生［J］．财经科学，2017（8）：67-77.

［63］谢勇．中国农村居民储蓄率的影响因素［J］．山西财经大学学报，2011（2）：9-16.

［64］严东旭．韩国三星经济研究所研究报告，韩国：2002，吴莲姬编译，浅谈韩国的老龄化问题及对策［J］．国外社会科学，2003（3）：100-102.

［65］游士兵，蔡远飞．人口老龄化对经济增长影响的动态分析——基于面板 VAR 模型的实证分析［J］．经济与管理，2017（1）：22-29.

［66］袁志刚，宋铮．人口年龄结构、养老保险制度与最优储蓄率［J］．经济研究，2000（11）：22-32.

［67］赵文哲，董丽霞．人口结构，储蓄与经济增长——基于跨国面板向量自回归方法的研究［J］．国际金融研究，2013（9）：29-42.

［68］中国人民银行课题组．中国国民储蓄与居民储蓄的影响因素［J］．经济研究，1999（5）：3-10.

［69］周浩，刘平．中国人口老龄化的现状及其对居民储蓄的影响研究［J］．东岳论丛，2014（3）：77-82.

［70］周晓慧．中国人口老龄化与居民储蓄率研究——基于组群分析的视角［J］．经济研究参考，2016（14）：61-74.

［71］朱超，周烨，张林杰．人口结构效应存在于储蓄投资行为与外部平衡吗？-来自亚洲的经验证据［J］．中国人口科学，2012（1）：39-50.

［72］朱礼华，赵志勇．当前中国老龄化的储蓄效应及其未来影响——基于日本的经验借鉴［J］．西北人口，2013（1）：21-25.

第9章

［1］Chovancova B，Arendas P. Long Term Passive Investment Strategies as a Part of Pension Systems［J］. Economics & Sociology，2015，8（3）：55.

［2］ Fiona Stewart & Juan Yermo. Options to Improve the Governance and Investment of Japan's Government Pension Investment Fund ［D］. OECD Working Papers on Finance, Insurance and Private Pensions No. 6, 2010.

［3］ Georg Inderst & Raffaele Della Croce. Pension Fund Investment in Infrastructure: A Comparison Between Australia and Canada ［D］. OECD Working Papers on Finance, Insurance and Private Pensions No. 32, 2013.

［4］ Hu Yuwei. Growth of Asian pension assets: Implications for financial and capital markets ［R］. Tokyo: Asian Development Bank Institute, 2012.

［5］ Hu Yuwei. Pension reform, economic growth and financial development-an empirical study ［M］. London: Brunel University, 2005.

［6］ OECD. Pensions at a Glance 2017: OECD and G20 Indicators ［R］. OECD Publishing, Paris, 2017.

［7］ Rozanov Andrew. Public Pension Fund Management: Best Practice and International Experience ［J］. Asian Economic Policy Review, 2015 (10): 275 –295.

［8］ Woochan Kim & Fiona Stewart. Reform on Pension Fund Governance and Management: The 1998 Reform of Korea National Pension Fund ［D］. OECD Working Papers on Finance, Insurance and Private Pensions No. 7. 2011.

［9］ Yiwen Dou, David R, Gallagher, David Schneider, Terry S. Walter. Out-of-sample stock return predictability in Australia ［J］. Australian Journal of Management, 2012, 37 (3): 461 –479.

［10］ Zvi Bodie, E. P. Davis, The Foundations of Pension Finance ［M］. Edward Elgar Publishing Ltd, 2000.

［11］ 房连泉，郑延慧．韩国国民年金基金投资的经验教训［J］. 天津社会保险，2008（5）：48 –52.

［12］ 高洁．挪威主权财富基金——政府全球养老基金的投资模式［J］. 经济研究导刊，2010（1）：82 –84.

［13］ 蒋忠平．日本养老储备基金投资管理模式分析［J］. 理论月刊，2006（6）：146 –148.

［14］ 刘文，焦佩．国际视野中的延迟退休演进［J］. 中山大学学报（社会科学版），2016（1）：182 –196.

［15］ 卢驰文．统筹建立基本养老保险与全国社会保障基金投资运营制度［J］. 财政研究，2014（3）：49 –50.

[16] 铃青莲. 我国社会养老保险基金投资运营问题研究 [J]. 经济研究参考，2017 (28): 43-47.

[17] 叶楠. 挪威主权财富基金运作对我国的启示 [J]. 全国商情（经济理论研究），2008 (14): 49-51.

[18] 岳公正，王俊停. 我国社会养老保险基金组合投资风险比较分析 [J]. 统计与决策，2018，34 (8): 156-159.

[19] 赵敬，孙立娟，鲁吴霜. 公共养老金财政评估中的精算应用——以日本为例 [J]. 日本学刊，2019 (1): 136-162.

[20] 郑秉文，房连泉，王新梅. 日本社保基金“东亚化”投资的惨痛教训 [J]. 国际经济评论，2005 (3): 26-32.

[21] 郑秉文. 全国社会保障基金理事会管理体制的转型与突破——写在基本养老基金投资进入市场之际 [J]. 辽宁大学学报（哲学社会科学版），2017 (3): 1-25.

[22] 李东平. 借鉴挪威养老金经验扩充来源优化管理 [N]. 中国证券报，2013-03-08.

第 10 章

[1] Jiyoung Kim, Narae Heo. A Study of Nurses' Recognition and Intention Senior Industry in Korea: Using Mixed Methods [J]. Korean Journal of Gerontological Social Welfare, 2015 (12): 267-292.

[2] 包兴安. 养老业 6 月份迎减税红包，明年市场规模有望达 7.8 万亿元 [N]. 证券日报，2019-06-30.

[3] 程晖. 日本养老机构，帮助老年人“自立支援”很重要 [N]. 中国经济导报，2018-10-25.

[4] 崔桂莲，刘文. 韩国老龄亲和产业的经验与不足及对中国的启示 [J]. 社会保障研究，2017 (8): 93-102.

[5] 党俊武. 老龄金融是应对人口老龄化的战略制高点 [J]. 老龄科学研究，2013 (5): 3-10.

[6] 康传坤. 人口老龄化会阻碍城市化进程吗？——基于中国省级面板数据的实证研究 [J]. 世界经济文汇，2012 (1): 91-105.

[7] 李林子. 日本老年护理人才培养模式的经验与启示 [J]. 老龄科学研究，2013 (4): 74-80.

[8] 李新华．国内外养老健康产业模式探析［J］．保险理论与实践，2019（6）：141－150.

[9] 林海波，杨黎源，刘莉．韩国农村家庭养老模式及其对中国的启示——基于韩国 KLoSA 微观数据的分析［J］．探索，2016（2）：128－135.

[10] 刘伟祎，国外智慧养老的发展现状及对我国的启示［J］．中国集体经济，2019（7）：166－168.

[11] 刘宇苓．新加坡观察：浅释四位一体成功乐龄化框架［J］．特区经济，2014（5）：134－135.

[12] 田香兰．日本老龄产业制度安排及产业发展动向［J］．日本问题研究，2015（6）：37－49.

[13] 吴玉韶，党俊武．老龄蓝皮书：中国老龄产业发展报告（2014）［M］．北京：社会科学文献出版社，2014.

[14] 徐凤亮，王梦媛．国内外智慧养老比较与发展趋势的研究［J］．劳动保障世界，2019（9）：17－18.

[15] 张士斌，梁宏志，肖喜生．日韩养老金制度改革比较与借鉴［J］．现代日本经济，2011（6）：35－43.

[16] 周扬．日本养老服务业"走出去"的现状和问题——以日本养老服务业在华投资为例［J］．长春大学学报，2016（11）：1－6.

第 11 章

[1] Boudiny K. "Active ageing": From empty rhetoric to effective policy tool［J］. Ageing & Society，2013，33（6）：1077－1098.

[2] Bowling A. Enhancing later life：How older people perceive active ageing?［J］. Aging and Mental Health，2008，12（3）：293－301.

[3] Chau P H，Mak B，Choy S Y，et al. Raising health literacy and promoting empowerment to meet the challenges of aging in Hong Kong［J］. Educational Gerontology，2009，36（1）：12－25.

[4] Cheng S T，Chan A C M. Filial Piety and Psychological Well－Being in Well Older Chinese［J］. Journal of Gerontology：Psychological Sciences，2006，61（5）：262－269.

[5] Cumming E. and W. Henry1961Growing Old：The Process of Disengagement［M］. New York：Basic Books，1961.

[6] Daatland S O. Quality of life and ageing [EB/OL]. Published online January 2005, DOI: 10.1017/CBO9780511610714.038.

[7] Djurovic I, Jeremic V, Bulajic M, et al. A Two – Step Multivariate Composite I – Distance Indicator Approach for the Evaluation of Active Ageing Index [J]. Journal of Population Ageing, 2017, 10 (1): 73 – 86.

[8] Feng Q, Son J, Zeng Y. Prevalence and correlates of successful ageing: a comparative study between China and South Korea [J]. European Journal of Ageing, 2015, 12 (2): 83 – 94.

[9] Fernάndez – Ballesteros R, Robine J M, Walker A, et al. Active aging: a global goal [J]. Current Gerontology and Geriatrics Research, 2013. Published online 2013 Feb 13. doi: 10.1155/2013/298012, vol. 2013 (2013): 298012. doi: 10.1155/2013/298012.

[10] Hochschild A R. Disengagement theory: A critique and proposal [J]. American Sociological Review, 1975, 40 (5): 553 – 569.

[11] Holstein M B, Minkler M. Self, society, and the "new gerontology" [J]. The Gerontologist, 2003, 43 (6): 787 – 796.

[12] HSBC The future of retirement in a world of rising life expectancies [R]. 2006.

[13] Jang S C. A study on the definition of non-regular workers and its scale in Korea [J]. Industry Relations Study, 2012, 22 (1): 55 – 77.

[14] Kahana E, Kahana B, Kercher K. Emerging Lifestyles and Proactive Options for Successful Ageing [J]. Ageing International, 2003, 28 (2).

[15] Cheng, Sheung – Tak, Iris Chi, Helene H. Fung, Lydia W. Li, and Jean Woo. 2015. Successful Aging: *Asian Perspectives* [M]. 2015th ed. Dordrecht: Springer Netherlands.

[16] Korean Institute for Health and Social Affairs. Statistical report on wave 4 of KOWEPS survey [EB/OL]. Seoul, Korea: KIHASA, 2010.

[17] Martin P. Individual and social resources predicting well – being and functioning in the later years: Conceptual models, research and practice [J]. Ageing International, 2002, 27 (2): 3.

[18] Murphy K, Shea E O, Cooney A. Quality of life for older people living in long-stay settings in Ireland [J]. Journal of clinical nursing, 2007, 16 (11): 2167 – 2177.

［19］ OECD. OECD economic survey：KOREA ［R］. Paris：OECD，2012.

［20］ Penkunas M J，Chan A W M，Wong C H，et al. The Role of a Multicomponent Home－Health Intervention in Reducing Caregiver Stress in Singapore：A Qualitative Study ［J］. Journals of Gerontology Series B：Psychological Sciences and Social Sciences，2016.

［21］ Pinquart，M. and S. Sorensen，Influences of socioeconomic status，social network，and competence on subjective well-being in later life：A meta-analysis ［J］. Psychology and Aging，2000，15（2）：187－224.

［22］ Ro J，Park J，Lee J，et al. Factors that affect suicidal attempt risk among korean elderly adults：a path analysis ［J］. Journal of Preventive Medicine and Public Health，2015，48（1）：28－37.

［23］ Rowe J W，Kahn R L. Human aging：usual and successful ［J］. Science，1987，237（10）：143－149.

［24］ Scheidt R J，Humpherys D R，Yorgason J B. Successful aging：What's not to like? ［J］. Journal of Applied Gerontology，1999，18（3）：277－282.

［25］ Shin H G. Effects of Korean elder's four major pains on suicidal thought mediated by depression：focused on Gyungrodang users ［J］. J Korean Gerontol Soc，2011，31（3）：653－672.

［26］ Stenner P，McFarquhar T，Bowling A. Older people and "active ageing"：Subjective aspects of ageing actively ［J］. Journal of health psychology，2011，16（3）：467－477.

［27］ Strawbridge W J，Deleger S，Roberts R E，et al. Physical activity reduces the risk of subsequent depression for older adults ［J］. American journal of epidemiology，2002，156（4）：328－334.

［28］ Tareque M I，Hoque N，Islam T M，et al. Relationships between the active aging index and disability-free life expectancy：a case study in the Rajshahi district of Bangladesh ［J］. Canadian Journal on Aging/La Revue canadienne du vieillissement，2013，32（4）：417－432.

［29］ Tate R B，Lah L，Cuddy T E. Definition of successful aging by elderly Canadian males：The Manitoba follow-up study ［J］. The Gerontologist，2003，43（5）：735－744.

［30］ Tchoe B，Nam S H. Aging Risk and Health Care Cost in Korea ［J］. Social

Science Electronic Publishing, 2010, 7 (8).

[31] Thanakwang K. Social relationships influencing positive perceived health among Thai older persons: a secondary data analysis using the National Elderly Survey [J]. Nursing & health sciences, 2009, 11 (2): 144 – 149.

[32] Van Malderen L, De Vriendt P, Mets T, et al. Active ageing within the nursing home: a study in Flanders [J]. Belgium. European journal of ageing, 2016, 13 (3): 219 – 230.

[33] Villar F. Successful ageing and development: The contribution of generativity in older age [J]. Ageing & Society, 2012, 32 (7): 1087 – 1105.

[34] Villosio C, Di Pierro D, Giordanengo A, et al. Working Conditions o fan Ageing Workforce [J]. European Foundation for the Improvement of Living and Working Conditions, 2008.

[35] Walker, A. , & Foster, L. . Active ageing: Rhetoric, theory and practice. In R. Ervik& T. SkogedalLindén (Eds.) [M]. The making of aging policy: Theory and practice in Europe, 2013.

[36] WHO. Active ageing: A policy framework [R]. The Aging Male, 2002, 5 (1): 1 – 37.

[37] Williams S R, Pham – Kanter G, Leitsch S A. Measures of chronic conditions and diseases associated with aging in the national social life, health, and aging project [J]. Journals of Gerontology Series B: Psychological Sciences and Social Sciences, 2009.

[38] Woo J. Relationships among diet, physical activity and other lifestyle factors and debilitating diseases in the elderly [J]. European Journal of Clinical Nutrition, 2000, 54 (S3): S143.

[39] World Health Organization. Active Ageing: A Policy Framework [R]. Geneva: Author, 2002.

[40] Yeoh B S A, Huang S. Foreign domestic workers and home-based care for elders in Singapore [J]. Journal of Aging & Social Policy, 2009, 22 (1): 69 – 88.

[41] 程杰. 社会保障对城乡老年人的贫困削减效应 [J]. 社会保障研究, 2012 (3): 52 – 66.

[42] 刘文, 焦佩. 国际视野中的积极老龄化研究 [J]. 中山大学学报 (社会科学版), 2015 (1): 167 – 180.

第12章

[1] MiroslavJovanovic, International Economic Integration [M]. Routledge (UK), 1991.

[2] Sakakibara E, Yamakawa S. Regional integration in East Asia: challenges and opportunities - Part 1: history and institutions [J]. Policy Research Working Paper, 2003, 35 (5): 482 - 489.

[3] Sohn Y, Japan's New Regionalism: China Shock, Values, and the East Asian Community [J]. Asian Survey, 2010, 50 (3): 497 - 519.

[4] 陈奕平. 美国与东亚经济一体化 [J]. 暨南学报 (哲学社会科学版), 2007 (3): 6 - 14.

[5] 贾利军. 东亚经济一体化进程中的中日博弈分析 [J]. 日本研究, 2007 (2): 24 - 29.

[6] 李淑娟. 东亚地区的双边 FTA "热" 与东亚经济一体化 [J]. 亚太经济, 2006 (1): 5 - 8.

[7] 刘宏松. 东亚经济一体化的约束条件与当前模式选择 [J]. 亚太经济, 2006 (3): 10 - 13.

[8] 刘建江, 李曼, 袁冬梅. 美国干预东亚经济一体化的动因与举措——基于复合相互依赖视角 [J]. 当代经济研究, 2014 (11): 61 - 66.

[9] 刘正. 服务贸易 "意大利面条碗" 现象及应对策略 [J]. 山东社会科学, 2013 (11): 152 - 156.

[10] 彭述华. 试析东亚经济一体化的内部制约因素——国际政治经济学视角 [J]. 国际论坛, 2006 (4): 47 - 52.

[11] 王子昌. 东亚区域合作的动力与机制 [M]. 北京: 中国社会科学出版社, 2004.

[12] 吴金平, 赵景峰. 东亚区域经济一体化的历史演进: 一个制度变迁视角 [J]. 亚太经济, 2009 (3): 8 - 12.

[13] 徐春祥. "浅层次" 贸易一体化: 东亚区域经济合作新模式 [J]. 亚太经济, 2009 (1): 27 - 31.

[14] 于震, 李晓. 中国在东亚经济一体化中的角色演化与策略选择: 基于经济周期同步性的实证研究 [J]. 世界经济研究, 2013 (6): 79 - 86.

[15] 张伯伟, 胡学文. 东亚区域生产网络的动态演变——基于零部件贸易

产业链的分析 [J]. 世界经济研究，2011 (3)：81 - 86.

第 13 章

[1] 党俊武. 老龄金融是应对人口老龄化的战略制高点 [J]. 老龄科学研究，2013 (5)：3 - 10.

[2] 金益基，左琦. 重思中国的人口新政策：与日韩低生育率和人口老龄化比较 [J]. 学海，2017 (1)：134 - 143.

[3] 李林子. 日本老年护理人才培养模式的经验与启示 [J]. 老龄科学研究，2013 (4)：74 - 80.

[4] 吴玉韶，党俊武. 中国老龄产业发展报告 (2014) [M]. 北京：社会科学文献出版社，2015.

主要浏览网站：

[1] 东亚日报，http：//www. donga. com/。

[2] 国际货币基金组织 (IMF)，http：//www. imf. org/external/index. htm。

[3] 韩国产业通商资源部，http：//www. motie. go. kr/。

[4] 韩国海关网站，www. customs. go. kr。

[5] 韩国进出口银行. http：//www. koreaexim. go. kr。

[6] 韩国统计厅. http：//kostat. go. kr/portal/english/index. action。

[7] 韩国央行统计数据库，http：//www. bok. or. kr/main/korMain. action。

[8] 韩国养老储备基金管理网站，http：//english. nps. or. kr/jsppage/english/main. jsp。

[9] 加拿大公共养老储备基金管理机构网站，http：//www. cppib. com/en/。

[10] 经济合作发展组织 (OECD)，http：//www. oecd. org/。

[11] 联合国货物贸易数据库 (UNCOMTRADE)，www. unstats. un. org/unsd/eomtradez。

[12] 联合国经济和社会事务部人口司。

[13] 联合国人文发展数据库，http：//hdr. undp. org。

[14] 联合国统计司 (UNSD)，http：//unstats. un. org/unsd/default. htm。

[15] 挪威公共养老储备基金管理机构网站，https：//www. nzsuperfund. co. nz/。

[16] 澎湃新闻，https：//www. thepaper. cn。

［17］全国社会保障基金理事会，http：//www. ssf. gov. cn/。

［18］日本财务省统计数据，http：//www. mof. go. jp/。

［19］日本海关网站，https：//www. customs. go. jp/。

［20］日本经济产业省，http：//www. meti. go. jp/。

［21］日本贸易振兴机构 JETRO 网站，https：//www. jetro. go. jp/ext_images。

［22］日本统计厅，http：//www. stat. go. jp/。

［23］日本养老储备基金管理网站，https：//www. gpif. go. jp/en/index. html。

［24］世界贸易组织一体化数据库（WTO Integrated Database），www. wto. org。

［25］世界卫生组织（WHO），http：//www. who. int/en/。

［26］世界银行数据库网站，www. worldbank. org/data。

［27］世界知识产权网站，http：//www. wipo. int/portal/en/index. html。

［28］新华网，http：//www. xinhuanet. com/。

［29］新京报，http：//www. bjnews. com. cn/。

［30］新西兰公共养老储备基金管理机构网站，https：//www. nbim. no/en/。

［31］中国商务部网站，www. moftec. gov. cn。

［32］中国统计局，http：//www. stats. gov. cn/。

［33］中国养老网，http：//cnsf 99. com/。

［34］中国自由贸易区服务网，http：//fta. mofcom. gov. cn/。